V&R Academic

I0893830

elementar Arbeitsfelder im Pfarramt

Johannes Eurich/Heinz Schmidt (Hg.)

Diakonik

Grundlagen – Konzeptionen – Diskurse

Vandenhoeck & Ruprecht

Bibliografische Information der Deutschen Nationalbibliothek

Die Deutsche Nationalbibliothek verzeichnet diese Publikation in der Deutschen Nationalbibliografie; detaillierte bibliografische Daten sind im Internet über http://dnb.d-nb.de abrufbar.

ISSN 2198-283X
ISBN 978-3-525-62012-0

Weitere Ausgaben und Online-Angebote sind erhältlich unter: www.v-r.de

© 2016, Vandenhoeck & Ruprecht GmbH & Co. KG,
Theaterstraße 13, D-37073 Göttingen/
Vandenhoeck & Ruprecht LLC, Bristol, CT, U. S. A.
www.v-r.de
Alle Rechte vorbehalten. Das Werk und seine Teile sind urheberrechtlich geschützt. Jede Verwertung in anderen als den gesetzlich zugelassenen Fällen bedarf der vorherigen schriftlichen Einwilligung des Verlages. Printed in Germany.

Satz: textformart, Göttingen
Druck und Bindung: ⊕ Hubert & Co GmbH & Co. KG,
Robert-Bosch-Breite 6, D-37079 Göttingen

Gedruckt auf alterungsbeständigem Papier.

Inhalt

Johannes Eurich/Heinz Schmidt

Einführung in das Studienbuch Diakonik

Was sollten Mitarbeiterinnen und Mitarbeiter von Kirche und Diakonie, Theologinnen und Theologen sowie Sympathisanten und Kritiker auf jeden Fall wissen, wenn sie sich mit »der« Diakonie befassen und/oder dazu äußern? Zuallererst sollten sie sich darüber klar sein, dass »die« Diakonie nicht einheitlich, sondern vielfältig ist. Sie ist kein (Sozial-) Konzern, kein Unternehmen und auch nicht eine Abteilung oder der verlängerte Arm der so genannten Amtskirche, wie häufig zu lesen ist. Diakonie meint aber auch nicht einfach helfendes Handeln, für das Nächstenliebe als Motiv, Gebot oder Leitwert in Anspruch genommen wird. Sicher ist es zulässig, zunächst einmal christlich motiviertes Helfen mit dem Begriff Diakonie zu bezeichnen. Man muss sich aber darüber klar sein, dass die einzelne Handlung damit in den Horizont des Handelns und Wirkens Jesu Christi, d.h. des Heilshandelns Gottes (in und außerhalb des organisierten Christentums), gestellt und damit einer Wirkungsgeschichte zugeordnet wird, die mit hohen Ansprüchen, weitreichenden Verheißungen, aber auch mit viel Versagen und Verstrickung verbunden ist. Jede darauf bezogene Qualifizierung, Beurteilung oder Kritik gehört damit ebenfalls zu dieser Wirkungsgeschichte und muss sich daher auch ihrem ursprünglichen Anspruch und den damit verbundenen Erfahrungen stellen. Macht man sich zudem klar, dass jedes helfende Handeln soziale Beziehungen impliziert, folgt daraus die Notwendigkeit, auch die jeweiligen sozialen Strukturen und organisatorischen Formeln zu reflektieren, die diakonisches Handeln immer mit bedingen. Mit gesellschaftlichen Strukturen und organisationalen Formen kommen zwangsläufig auch Konzeptualisierungen und Institutionalisierungen ins Spiel, mithin staatliche und kirchliche Organisation mit ihren je eigenen Normativitäten. Schließlich sind Legitimation, Kritik und Veränderungsimpulse heute ohne eine wissenschaftliche Analyse, Einordnung und Reflexion nicht mehr möglich. Dass dabei mehrere wissenschaftliche Disziplinen ihre eigenen Kriterien einbringen, ist ebenfalls selbstverständlich. Die hierfür zuständige Diakoniewissenschaft versteht sich deshalb als interdisziplinär, sie greift jeweils einschlägige einzelwissenschaftliche Themen und Untersuchungen auf und versucht, sie gegenstandsangemessen zu verknüpfen, wobei sie unter Wahrung ihres geschichtlichen Erbes eine konzeptionelle Integration und eine für Bildungsprozesse geeignete Explikation anstrebt.

Den vielfältigen Bezügen von Diakonie entsprechend, richtet sich dieses Buch nicht nur an Theologinnen und Theologen, sondern an alle, die sich damit auseinandersetzen wollen. Obgleich sich dieser Adressatenkreis – auch wegen der Interdisziplinarität moderner Diakoniewissenschaft – nahelegt, ist der etwas altertümlich wirkende Titel »Diakonik« gewählt, der – ähnlich wie Homiletik, Poimenik oder Religionspädagogik – herkömmliche Teilgebiete der Praktischen Theologie bezeichnet, deren Studium auf den Pfarrberuf vorbereitet. Da sich diese Vorbereitung nicht nur in wissenschaftlicher Distanz erschöpfen kann, sondern vielfältige und reflexionsbedürftige Praxis einschließt, erscheint es angemessen, den Begriff Diakonik auch auf jede diakonisch engagierte Praxisreflexion, die sich selbst interdisziplinär versteht, zu beziehen. M.a.W.: wer sich diakonisch engagieren und dies vorbereitend oder begleitend reflektieren will, kann sich als Diakonikerin oder als Diakoniker verstehen und entsprechend argumentieren. Dabei soll dieses Buch helfen. Seine Beiträge sind daher auf je eigene Weise interdisziplinär angelegt, jedoch so, dass sie die in gegenwärtigen Praxisdiskursen virulenten Aspekte in erster Linie beachten, auch in den grundlegenden exegetisch-historischen Artikeln (Kap. 1). Deshalb richtet Manfred Oeming die Aufmerksamkeit auf die Rolle und Unterstützung der Armen und anderer benachteiligter Gruppen im Alten Testament (1.1) und Renate Kirchhoff zeigt bei der Erörterung neutestamentlicher Texte auf, dass auch deren Auswahl und Interpretation mit aktuellen Lebenslagen zu tun hat, genauer die Autorität und Relevanz eines Textes von den Leserinnen und Lesern abhängt (1.2). Thomas Hörnig nimmt die Perspektivität und Kulturabhängigkeit jedes diakonischen Handelns zum Anlass, die jeweiligen Legitimationen »von der anderen Seite«, genauer aus heutiger Sicht institutionenkritisch zu beleuchten, wobei er besonders auf diskriminierende Folgen des in seiner Zeit hochgeschätzten mildtätigen Umgangs mit den Armen abhebt (Kap. 2). Rolf Hoburg verfolgt die Entwicklung diakonietheologischer Konzeptionen, so Kap. 3, in Abhängigkeit von und Auseinandersetzung mit anderen je aktuellen konzeptionellen Herausforderungen (3.1). Heinrich Bedford-Strohm sichtet kritisch die aktuellen Diakoniekonzeptionen und integriert sie teilweise in ein von ihm neu entwickeltes Konzept einer öffentlichen Diakonie, das einer weiter fortschreitenden kulturellen und wissenschaftlichen Pluralisierung gerecht werden kann (3.2).

Gesellschaftliche Veränderungen und politisch intendierte Umstrukturierengen des Dienstleistungssektors haben die Diakonie wie alle Verbände der Freien Wohlfahrt zu erheblichen Umstrukturierungen genötigt (Kap. 4). Wolfgang Maaser charakterisiert die Veränderung weg von einem komparatistischen hin zu einem marktorientierten Modell und bezeichnet das Ergebnis als einen »Spagat« (4.1). Johannes Eurich beschreibt danach, ergänzt durch Exkurse von Beate Hofmann, die wesentlichen Elemente der marktkonformen Umstrukturierung und diskutiert die damit verbundenen Chancen und Risiken (4.2). Das Management hybrider Organisationen, d.h. eine erfolgsorientierte Vermittlung zwischen den unterschiedlichsten Antriebskomponenten und Ansprüchen wird zur zentralen Führungsaufgabe. Weniger marktbedingte als kulturbedingte gesellschaftliche Heterogenität fordern die Diakonie zu einem nicht mehr privilegierten zivilgesellschaftlichen Engagement heraus, in dem verschiedene Akteure um die gesellschaftliche Umsetzung teilweise unterschiedlicher Wertvorstellungen kooperieren, aber auch konkurrieren. Beate Hofmann beleuchtet diese Entwicklung (4.3), denen Johannes Eurich noch zwei Aspekte in Form von Exkursen angefügt hat. Im folgenden Kapitel zeichnet Heinz Schmidt nach, wie der gesellschaftliche und ökonomische Wandel auch das Verhältnis zwischen Diakonie und verfasster Kirche tangierte und bis heute beeinflusst (4.4).

Nach einer so gründlichen Behandlung von Strukturproblemen soll die vielfältige Praxis der Diakonie in den Blick genommen werden. Ingolf Hübner beschreibt die unterschiedlichen Handlungsfelder der Diakonie, in denen freiwilliges Handeln und professionelle Fachlichkeit sowie die verschiedensten Ansprüche und konzeptionellen Ansätze gemeinwohl- und personenorientiert integriert werden müssen. Selbstbestimmung und soziale Verantwortung, Ermutigung/Empowerment, Inklusion und Beziehungsintensität sind hier leitende Grundsätze (Kap. 5). Gemeinwesenorientierte Ansätze versuchen verschiedene Handlungsfelder zu vernetzen und eine »fächerübergreifende Professionalität« zu erreichen

In Kap. 6 befassen sich Katharina Wegner und Konrad Seitz mit den Herausforderungen der internationalen Diakonie, erstere angesichts aktueller sozialpolitischer Entwicklungen der Europäischen Union (6.1), letzterer angesichts der zunehmenden Konflikte, Katastrophen und Notlagen weltweit (6.2). Wie sich die Diakoniewissenschaft der Vielfalt der aktuellen Herausforderungen stellt und welche konzeptionellen Kontroversen sich daraus ergeben, ist Gegenstand des 7. Kapitels. Ellen Eidt und Johannes Eurich konzentrieren sich in diesem Zusammenhang auf die theoretischen Grundfragen (7.1), Beate Hofmann kann verschiedene Formen von Interdisziplinarität identifizieren (7.2), Christoph Sigrist plädiert für eine Marginalisierung konfessioneller Prämissen zugunsten einer interreligiös akzeptablen ethischen Universalisierung – ein in mancher Hinsicht noch klärungsbedürftiges Konzept (7.3). Annette Noller erörtert schließlich Konsequenzen von Interdisziplinarität für die Strukturierung diakonischer (Aus-) Bildung (7.4).

Diakonie ist heute mindestens so komplex, wie sie in diesem Buch dargestellt wird. Einfacher und kürzer wird es nicht möglich sein, diakonische Kompetenz zu erlangen. Den Autorinnen und Autoren, die zu diesem Versuch beigetragen haben, sei herzlich gedankt. Ebenso gilt unser Dank Franziska Boltenhagen und Julia Fauth vom Diakoniewissenschaftlichen Institut der Universität Heidelberg, die sich bei der Redaktion der Beiträge engagiert haben. Nicht zuletzt danken wir dem Verlag Vandenhoeck & Ruprecht für die gute Zusammenarbeit.

Heidelberg,
im Frühjahr 2016

Johannes Eurich und Heinz Schmidt

1. Biblische Grundlagen

Manfred Oeming

1.1 Selig ist, wer sich um den Armen kümmert (Ps 41,2)

Das Alte Testament als Grundlage des diakonischen Handelns

Die Bibel enthält zahlreiche Impulse für diakonisches Handeln.[1] Insbesondere das Alte Testament ist mit dem Schicksal von armen Menschen intensiv befasst. In den Erzählungen von Josef und seinen Brüdern, der Moabiterin Ruth oder von Elia und Elisa, in den prophetischen Predigten, bes. in der sogenannten prophetischen Sozialkritik, in den Gebeten der Psalmen und in den Weisheitssprüchen, vor allem aber in der Tora, der gesetzlichen Regelung des Alltags, begegnen auf Schritt und Tritt Menschen in Not. Verhungernde Flüchtlinge (Dtn 26), verlassene Schwangere (Gen 16), misshandelte Kriegsgefangene (2 Kön 5), traumatisierte Kranke wie Hiob, manisch Depressive wie Saul – das Elend hat viele Gesichter. Man darf aber nicht zu viel erwarten: Öffentliche Einrichtungen für Bedürftige, z. B. Kinderheime, Altenheime, Krankenhäuser etc., gab es damals nicht. In der antiken Gesellschaft war Hilfe eine Aufgabe der Großfamilie (s. u.). Die hebräische Bibel kümmert sich dennoch in einem für die zeitgenössische altorientalische Literatur ganz ungewöhnlichen Umfang um das Denken und Fühlen von Witwen und Waisen, von Ausländern und Fremdlingen, von kranken Menschen auch mit Behinderung und

1 Dröge, Entwicklung; Söding, Licht; Hauschild, E., Erkenntnisse; von Hauff, Frauen.

von sozial ausgegrenzten Minderheiten. Hier begegnet das Schicksal vieler Flüchtlinge aller Art, sowohl politisch Verfolgter wie auch von Kriegsopfern und von Wirtschaftsflüchtlingen. Migration hat viele Ursachen und Formen. Aber die Grundbotschaft des Alten Testaments, die auch Jesus und Paulus als Zusammenfassung der ganzen Tora zitieren, lautet: »Liebe deinen Nächsten wie dich selbst!« (Lev 19,18 = Mk 12,31 = Röm 13,9 = Gal 5,14). Drei Gründe für die herausragende Hilfsbereitschaft sollen hier angeführt werden:

a) *Die eigenen Erfahrungen*, die Israel im Laufe seiner Geschichte machen musste. Israel soll niemals vergessen, wie sich die Sklaverei in Ägypten, die Deportation nach Babylon oder die Religionsverfolgungen unter den seleukidischen Herrschern anfühlten. *Zecho* – »Erinnere dich daran!«.

b) Ein anderer sehr wesentlicher Grund für die Aufmerksamkeit und das aktive Eintreten für Menschen in Not ist *das Gottesbild*. JHWH gilt als Schöpfer der Welt, der für die Rechte aller seiner Geschöpfe eintritt, er ist eine, nein, *die Hilfe der Armen*:

   Wohl dem, dessen Hilfe der Gott Jakobs ist,
   der seine Hoffnung setzt auf JHWH, seinen Gott,
   der Himmel und Erde gemacht hat,
   das Meer und alles, was darinnen ist; der Treue hält ewiglich,
   der Recht schafft denen, die Gewalt leiden,
   der die Hungrigen speiset. JHWH macht die Gefangenen frei.
   JHWH macht die Blinden sehend. JHWH richtet auf, die niedergeschlagen sind.
   JHWH liebt die Gerechten.
   JHWH behütet die Fremdlinge und erhält Waisen und Witwen.
   (Ps 146,5–9)

   Das Fundament alttestamentlicher Ethik ist die *imitatio dei*, die Nachfolge und die Nachahmung JHWHs; daher will und soll jeder Fromme so gesinnt sein, wie Gott selbst es ist, und sich aus Glaubensgründen für die Menschen in Not einsetzen.

c) Ein dritter Grund des starken sozialen Gewissens ist die ethische Botschaft der Tenach, vor allem der Propheten. »Aber Recht ergieße sich wie Wasser und Gerechtigkeit wie ein immerfließender Bach!« (Amos 5,34) Sowohl das Gesetz als auch die Propheten wie die Weisen und die Psalmenbeter treten für die Belange von benachteiligten Menschen, auch mit Behinderungen ein. Der Schutz der »Unterdrückten, Bedürftigen und Gebeugten« ist eine zentrale Forderung Gottes an seine Gemeinde:

> *»Verschafft Recht den Unterdrückten und Waisen, verhelft den Gebeugten und Bedürftigen zum Recht!«* (Ps 82,3)

> *»Brich dem Hungrigen dein Brot, und die im Elend ohne Obdach sind, führe ins Haus! Wenn du einen nackt siehst, so kleide ihn, und entzieh dich nicht deinem Fleisch und Blut!«* (Jes 58,7)

Zur Entfaltung der alttestamentlichen Fundamente der Diakonie[2] möchte ich bei sprachlichen Beobachtungen ansetzen und aufzeigen, dass Armut für das Alte Testament ein sehr wesentliches und sehr differenziert angesprochenes Thema ist. Gegenüber allen Tendenzen zur Verharmlosung oder gar Idealisierung der Armut läuft die Armentheologie der hebräischen Bibel auf einen Kampf gegen die Armut hinaus. Dazu entwickelt die Hebräische Bibel zahlreiche Vorstellungen, die als Inspiration und Orientierung auch für gegenwärtiges kirchliches Handeln im Bewusstsein gehalten werden müssen. Das Spektrum reicht von allgemeinen theologischen Grundlegungen und individualethischen Verhaltensformen über die wichtigen Schritte zur rechtlichen Verankerung der Armutsbekämpfung bis hin zu Ansätzen organisierter Diakonie. Ein Fazit wird die Hauptgedanken kurz zusammenfassen.

1.1.1 Die hohe Sensibilität des Alten Testaments für Menschen in Armut – ein sprachlicher Zugang

Das Alte Israel und entsprechend die Literatur des Alten Testaments gehören zur antiken Welt. Es hat mit dem gesamten Alten Orient und mit Griechenland Kulturkontakt gehabt und dabei bei aller Beeinflussung doch in kritischer Prüfung und Auswahl das nach Maßgabe seines Glaubens Beste behalten. So hat Israel mit der paganen Umwelt vieles gemeinsam. In Manchem aber –

2 Vgl. grundlegend dazu Crüsemann, F. Diakonie.

keineswegs nur in der Mischung – nimmt es eine Sonderstellung ein. Dabei muss man an den theologischen Bereich im engeren Sinne denken und an Israels *Monotheismus* mit seiner strengen Orientierung an einem Heiligen Buch und seiner Entdämonisierung und Entzauberung der Welt. Man muss aber auch und vor allem *Israels Ethik* hervorheben. So sehr das auserwählte Volk auch in diesem Bereich reichlich Anleihen bei der Umwelt gemacht hat, so leistet es auf dem Gebiet der Moralität doch wirklich Besonderes und Herausragendes. Auch wenn in der Umwelt der Bibel ebenfalls beachtliche Impulse zur Wohltätigkeit und Armenpflege vorliegen,[3] darf man doch sagen: In keiner anderen Heiligen Schrift wird Armut so intensiv berührt, in keinem anderen Buch wird die Perspektive der Armen so eindringlich und tiefgreifend eingenommen wie in der Bibel Israels. Im Laufe der eintausendjährigen Traditionsgeschichte ist dieses Nachdenken sehr differenziert (und zum Teil auch widersprüchlich) entfaltet worden.[4] Israel hat eine profilierte theologische Armenethik, eine – das Fremdwort sei hier gestattet – *»Pauperologie«* entwickelt und modellhaft Ansätze praktischer Überwindung der Armut entfaltet. Dabei ist das Wort »Arme« im weiten Sinne zu verstehen, d. h. es umfasst Menschen in materieller Not, aber auch geistig Arme, körperliche Kranke und Opfer von Krieg, Gewalt und Verbrechen. Die biblische Pauperologie in dieser weiteren Bedeutung ist die geistige und geistliche Basis für einen wichtigen Aspekt des Handelns der Kirche geworden.

Wenn Sprache ein Indikator für Weltsicht ist, dann spielt das Phänomen der Armut im Weltbild Israels eine bedeutende Rolle, denn es gibt eine große Fülle von Begriffen, die das Wortfeld ausmachen[5]: Das Hebräische kennt zahlreiche Lexeme für Armut, die alle eng miteinander zusammen hängen und doch jeweils un-

3 Vgl. Brunner-Traut, Wohltätigkeit; Thraede, Wohlfahrtspflege, sowie Herrmann/Stalscheit, Wohltätigkeit; Lohfink, Sorge.

4 Vgl. u. a. die Monographien Sachwantes, Recht der Armen; Liberti, Ricchezza; Crüsemann, M./Schottroff, Schuld; Bosman/Gous/Spangenberg, Plutocrats; Blomberg, Poverty. An Überblicksaufsätzen vgl. Porteous, Care; Strauß, Horizont; Clements, Poverty; Berges, Armoede; Rodd, Glimpses, 161–184; Levin, Old Testament; Schwantes, Bibel.

5 Vgl. Kuschke, Arm und reich.

terschiedliche, wenn auch schwer präzise zu benennende Aspekte differenzieren:[6]

- עָנִי/*'ani* (»arm, niedrig, bedrängt«) beschreibt Menschen ohne Landbesitz, die auf Grund dieses Mankos rechtlos und einflusslos auf Hilfe angewiesen sind;
- עָנָו/*'anaw* (»unterdrückt, angefochten«) hebt auf den tiefen Zusammenhang von Besitzlosigkeit und Unterdrückung ab; Armut zieht den Verlust von gesellschaftlicher Achtung und Ehre nach sich;
- דַּל/*dal* (»dünn, schwach«) hebt die Kraftlosigkeit und Zerbrechlichkeit hervor;
- אֶבְיוֹן/*'ebyon* (»bedürftig, arm«) beschreibt die Situation des Tagelöhners, der »von der Hand in den Mund« leben muss;
- רוּשׁ/*rûš* (»bedürftig«) meint den Angehörigen der Unterschicht;
- מִסְכֵּן/*misken* (»zwischen Vollbürger und Sklave stehend«) betont die niedrige Herkunft;
- מָךְ/*muk* (»verarmt«) meint die temporäre Mittellosigkeit;
- רֵיק/*rek* (»entleert«) betont die aus der materiellen »Entblößung« resultierende Verzweiflung (»Desperados« Ri 9,4).

Man kann beobachten, dass die Armen an zahlreichen Stellen, bes. in den Psalmen, mit den Frommen identifiziert zu werden scheinen, die Reichen dagegen häufig mit den Sündern. Eine genauere Analyse ergibt aber, dass dies keineswegs impliziert, dass von Gott ein Leben in Armut gefordert würde. Wohl gibt JHWH den Armen Würde und Recht, aber dies zielt nicht auf eine Verherrlichung von Armut, sondern ganz im Gegenteil. Letztlich will JHWH eine grundlegende Überwindung der Armut. Der Fromme muss keineswegs arm sein, aber er muss im Konfliktfall Gottes Willen mehr gehorchen als dem Mammon und sich entscheiden, gegen die »Erfolgsrezepte« des Wirtschaftens auf fairen und ehrlichen Handel zu setzen. Die wichtigsten Verben, die das Verhalten gegenüber Menschen in Not bezeichnen, sind:

ahab »lieben«[7], *awad* »dienen«, *jascha* »helfen« und *paqad* »sich kümmern um«. Die von Gott geforderte Haltung seiner Gemeinde

6 Vgl. Rodd, Glimpses 161–184.

7 Marthys, Liebe.

gegenüber den Armen heißt *chäsäd* = »Güte und Barmherzigkeit«, *rechamim* »herzliches Erbarmen«, *zedakah* »schenkende Gerechtigkeit« und *ahabah* »tätige Liebe«.

1.1.2 Widerstand gegen die Armut – Soziale und diakonische Maßnahmen im Interesse der Armen

Eine Durchsicht der Texte zum Thema Armut ergibt, dass die Hebräische Bibel sich nicht mit der Armut abfindet. Vielmehr entwickelt sie zahlreiche »Strategien« gegen die Armut. Der »Exodus aus dem Leben in Armut« hat zahlreiche Teilschritte:

1.1.2.1 Gottes Grundversorgung – Landbesitz für jedermann

Das Land hat als reale Existenzgrundlage eine fundamentale Bedeutung.[8] Deswegen kreisen Pentateuch und Propheten so intensiv um die Landgabe (und den Landverlust). Gott hat jedem Stamm und jeder Familie in Israel bei der Landnahme ein Erbland (*nachalah*) als Grundsicherung des Existenzminimums zugewiesen. Dieser Anteil am Land ist – wie die Landverheißungen an die Väter schon zeigten – für das Gottesvolk konstitutiv.[9] (Man kann wohl sagen, dass die Landtheologie mit der Idee der Sicherung eines Existenzminimums strukturell verwandt ist.) Auch wenn durch die Wechselfälle der Geschichte Familienbesitz verloren gehen sollte, soll doch der ursprüngliche Zustand immer wieder hergestellt werden. Die Forderung des kontinuierlichen Familienbesitzes wird sogar rechtsschöpferisch umgesetzt in Gestalt des *Jobeljahres*[10]:

> *Und ihr sollt das fünfzigste Jahr heiligen und sollt eine Freilassung ausrufen im Lande für alle, die darin wohnen; es soll ein Erlassjahr für euch sein. Da soll ein jeder bei euch wieder zu seiner Habe und zu seiner Sippe kommen.* (Lev 25,10)

8 Köckert, »Land«.
9 Crisanto Tiquillahuanca, Die Armen.
10 Ohler, Landbesitz; Otto, Gerechtigkeit; Groß, Gesetze.

Diese Vorschrift ist eher fiktiv und gehört möglicherweise in die Situation der frühnachexilischen Zeit, als die aus Babylon zurückkehrende Gola eine Wiederherstellung der vorexilischen Besitzverhältnisse durchsetzen wollte; dennoch hat das Jobeljahr eine hohe Bedeutung, um die soziale Schere immer wieder zu schließen.[11] Eine weitere Maßnahme gegen die Verarmung ist das Erlassjahr: Alle sieben Jahre müssen sämtliche Kredite erlassen werden.[12]

1.1.2.2 Elementare soziale Fürsorge durch die Großfamilie

Die Familien, die auf ihrem von Gott geschenkten Land leben dürfen, sind *zu gegenseitiger Solidarität verpflichtet*. Dass im Alten Testament kein Krankenhaus erwähnt wird, liegt daran, dass die Krankenversorgung wie auch die Betreuung der Menschen mit Behinderung genuine Aufgabe der Familien war. Das Gleiche gilt auch für die Pflege der Alten. Die wichtigste Maßnahme zur Armutsbekämpfung ist daher die Stärkung des familiären Zusammenhalts. Wenn ein Familienmitglied in Not geraten ist, dann soll die ganze Familie diesem helfen. Das Institut des Lösers, dessen exakte rechtliche Ausgestaltung schwer zu fassen ist,[13] schärft dieses Ethos der Verwandtschaft ein:

> *Wenn dein Bruder verarmt und etwas von seiner Habe verkauft, so soll sein nächster Verwandter kommen und einlösen, was sein Bruder verkauft hat. Wenn aber jemand keinen Löser hat und selbst so viel aufbringen kann, um es einzulösen, so soll er die Jahre abrechnen, seitdem er's verkauft hat, und was noch übrig ist, dem Käufer zurückzahlen und so wieder zu seiner Habe kommen.* (Lev 25, 25–27; vgl. Ruth 3,9 ff.; Hiob 19,25)

Wenn eine Ehefrau unversorgt und ohne männlichen Nachkommen zur Witwe wird, ist der nächstälteste Bruder des Verstorbenen verpflichtet, mit der Hinterbliebenen eine sog. »Leviratsehe« einzugehen:

11 Vgl. Bianchi, Jobeljahr.
12 Kessler, Utopie.
13 Vgl. Kessler, Löserinstitution.

Wenn Brüder zusammen wohnen und einer von ihnen stirbt und hat keinen Sohn, dann soll die Frau des Verstorbenen nicht auswärts einem fremden Mann angehören. Ihr Schwager soll zu ihr eingehen und sie sich zur Frau nehmen und mit ihr die Schwagerehe vollziehen. Und es soll geschehen: der Erstgeborene, den sie dann gebiert, soll den Namen seines verstorbenen Bruders weiterführen, damit dessen Name aus Israel nicht ausgelöscht wird. Wenn aber der Mann keine Lust hat, seine Schwägerin zu nehmen, dann soll seine Schwägerin ins Tor hinaufgehen zu den Ältesten und soll sagen: Mein Schwager weigert sich, seinem Bruder den Namen in Israel aufrechtzuerhalten; er will die Schwagerehe mit mir nicht eingehen. Und die Ältesten seiner Stadt sollen ihn rufen und mit ihm reden. Doch stellt er sich dann hin und sagt: Ich habe keine Lust, sie zu nehmen, dann soll seine Schwägerin vor den Augen der Ältesten zu ihm hintreten und ihm den Schuh von seinem Fuß abziehen und ihm ins Gesicht spucken. Und sie soll antworten und sagen: So soll dem Mann geschehen, der das Haus seines Bruders nicht bauen will! Und sein Name soll in Israel heißen »Haus des Barfüßers«. (Dtn 25,5–10)

Auch das Erbrecht der Frauen (normalerweise für den Fall, dass es keinen männlichen Erben gab), kann als Teil der sozialen Absicherung der Frauen gedeutet werden:

Dies ist das Wort, das JHWH betreffs der Töchter Zelofhads geboten hat, indem er sprach: Sie mögen dem, der in ihren Augen gut ist, als Frauen zuteil werden; nur sollen sie einem aus der Sippe des Stammes ihres Vaters als Frauen zuteil werden, damit nicht ein Erbteil der Söhne Israel von Stamm zu Stamm übergehe; denn die Söhne Israel sollen jeder am Erbteil des Stammes seiner Väter festhalten. Und jede Tochter, die ein Erbteil aus den Stämmen der Söhne Israel besitzt, soll einem aus der Sippe des Stammes ihres Vaters als Frau zuteil werden, damit die Söhne Israel ihr Erbteil, jeder das Erbteil seiner Väter, besitzen und nicht ein Erbteil von einem Stamm auf einen anderen Stamm übergehe. (Num 36,6–9; vgl. Hiob 42,15)

1.1.3 Schutz der Alten

Die Tora schärft ein, dass jeder gute Mensch lebenslang Dankbarkeit gegenüber seinen Erzeugern, Erziehern und Ernährern zu empfinden und auszudrücken hat. Der Dekalog, das ethische Grundgerüst der Hebräischen Bibel, fordert apodiktisch:

»Du sollst deinen Vater und deine Mutter ehren, auf dass du lange lebest in dem Lande, das dir der HERR, dein Gott, geben wird.« (Ex 20,12//Dtn 5,16)

Dieses Gebot hat *zwei* Sinnspitzen. Zum einen ist es an Kinder gerichtet und fordert von ihnen Gehorsam gegenüber ihren Eltern. In diesem Sinne legt es der Weisheitslehrer Jesus Sirach aus:

Liebe Kinder, gehorcht der Weisung eures Vaters und lebt nach ihr, damit es euch gut geht. Denn der Herr will den Vater von den Kindern geehrt haben und das Recht der Mutter von den Söhnen geachtet wissen. Wer seinen Vater ehrt, macht damit Sünden gut, und wer seine Mutter ehrt, der sammelt sich einen bleibenden Schatz. Wer seinen Vater ehrt, der wird auch Freude an seinen Kindern haben; und wenn er betet, so wird er erhört. Wer seinen Vater ehrt, der wird länger leben; und wer dem Herrn gehorsam ist, an dem hat seine Mutter einen Trost. Wer den Herrn fürchtet, der ehrt auch den Vater und dient seinen Eltern, wie man Herrschern dient. Ehre Vater und Mutter mit der Tat und mit Worten und mit aller Geduld, damit ihr Segen über dich kommt. Denn der Segen des Vaters baut den Kindern Häuser, aber der Fluch der Mutter reißt sie nieder. (Sirach 3,1–11*)

Im privaten Bereich der Familie sind die Alten die »Könige«, sie sind »wie die Herrschenden«, denen sich die Jungen zu unterwerfen haben. Entsprechend der altorientalischen Hochachtung vor den alten Eltern[14] erscheint die Elternehrung als Grundlage der ganzen Gesellschaft und wird außerordentlich hoch geschützt. Verletzungen werden sogar mit der Todesstrafe sanktioniert:

Wenn jemand einen widerspenstigen und ungehorsamen Sohn hat, der der Stimme seines Vaters und seiner Mutter nicht gehorcht und auch, wenn sie ihn züchtigen, ihnen nicht gehorchen will, so sollen ihn Vater und Mutter ergreifen und zu den Ältesten der Stadt führen und zu dem Tor des Ortes und zu den Ältesten der Stadt sagen: Dieser unser Sohn ist widerspenstig und ungehorsam und gehorcht unserer Stimme nicht und ist ein Prasser und Trunkenbold. So sollen ihn steinigen alle Leute seiner Stadt, dass er sterbe, und du sollst so das Böse aus deiner Mitte wegtun, dass ganz Israel aufhorche und sich fürchte. (Dtn 21,18–21)

14 Vgl. Stol/Vleeming, Near East.

Neben dieser massiven Mahnung zum Gehorsam hat das Gebot noch eine zweite Sinnspitze. Es richtet sich auch an Erwachsene und fordert dann: »Du sollst deine alten Eltern gut versorgen«. So legt es z. B. Tobit aus:

> *Lieber Sohn, höre meine Worte und behalte sie fest in deinem Herzen. Wenn Gott meine Seele zu sich nehmen wird, so begrabe meinen Leib und, ehre deine Mutter, solange sie lebt; denke daran, was für Gefahren sie ausgestanden hat, als sie dich unter dem Herzen trug.* (Tobit 4,2 f.)

Ebenso auch Jesus Sirach, der in geradezu rührender Weise den Respekt auch vor den senil bis debil gewordenen Eltern einfordert:

> *Liebes Kind, nimm dich deines Vaters im Alter an, und betrübe ihn ja nicht, solange er lebt; und habe Nachsicht mit ihm, selbst wenn er kindisch wird, und verachte ihn nicht im Gefühl deiner Kraft. Denn was du deinem Vater Gutes getan hast, das wird nie mehr vergessen werden, sondern dir für deine Sünden zugute kommen. Und in der Not wird an dich gedacht werden, und deine Sünden werden vergehen wie das Eis vor der Sonne. Wer seinen Vater verlässt, der ist wie einer, der Gott lästert; und wer seine Mutter betrübt, der ist verflucht vom Herrn.* (Sirach 3,14–18)

Das hebräische Wort für »ehren« lautet *kabbed* (כַּבֵּד); darin steckt weniger die Bedeutung gehorchen, als vielmehr »schwer, gewichtig, wohlhabend machen«, d. h. mit materiellen Gütern gut versorgen. Die Liste der Pflichten der jungen Menschen gegenüber den Alten ist also lang.

> *Vor einem grauen Haupt sollst du aufstehen und die Alten ehren und sollst dich fürchten vor deinem Gott; ich bin der HERR.* (Lev 19,37)

1.1.4 Schutz der Witwen, Waisen und Fremden

Die antike Gesellschaft ist patriarchal, d. h. die wesentlichen Rechte und Entscheidungen werden von einem erwachsenen Mann, dem Oberhaupt der Familie, getroffen. Wenn der aber stirbt und Frau und Kind allein zurücklässt, sind diese schutzlos und vielfach gefährdet. Diese furchtbare Lücke sollte die Solidargemeinschaft ausfüllen.[15]

Was der Begriff *ger* = »Fremdling«[16] besagt, ist umstritten. Sicherlich haben diese Menschen kein eigenes Land und sind insofern ohne Sicherung des Existenzminimums in einer prekären Lage. Folgendes ist festzuhalten: Zunächst handelt es sich um eine freie Person, nicht-israelitischer, aber auch israelitischer Herkunft, die sich – vorwiegend aufgrund einer Hungersnot oder kriegerischen Auseinandersetzung – für längere Zeit an einem ihr ursprünglich fremden Ort aufhält. Die diesbezüglichen Schutzbestimmungen und seine Aufnahme in die Gruppe der sozial Benachteiligten der israelitischen Gesellschaft zeugen von seiner sozialen Stellung als vermutlich besitzlose Person, die aufgrund ihres Aufenthalts in der Fremde in einem persönlichen Abhängigkeitsverhältnis zu grundbesitzenden Israeliten steht. Gerade sie wird dem besonderen Schutz Gottes unterstellt. In den späteren priesterlich geprägten Schriften ist eine zunehmende soziale wie auch religiöse Integration der Fremden zu konstatieren, die bis zur Forderung einer Gleichsetzung mit den Einheimischen reicht, sofern der Fremde sich integriert und zum Judentum konvertiert.

> *Wenn ein Fremdling bei euch wohnt in eurem Lande, den sollt ihr nicht bedrücken. Er soll bei euch wohnen wie ein Einheimischer unter euch, und du sollst ihn lieben wie dich selbst; denn ihr seid auch Fremdlinge gewesen in Ägyptenland. Ich bin der HERR, euer Gott.* (Lev 19,33 f.)

1.1.5 Der Schutz der Menschen mit Behinderung[17]

Das Leben in der Antike war unvergleichlich viel härter als das Leben heute. Krankheiten und Behinderungen stand man weithin hilflos und voller Angst und Abwehr gegenüber. Die Ärzte konnten außer mit magischen Ritualen und Hausmitteln kaum hel-

15 Schellenberg, Hilfe.
16 Achenbach, Sacral Distinctions; Albertz, Aliens; Crüsemann, F., Fremdenliebe.
17 Oeming, Behinderung; Ders., Strafe; Ders., Lichtblicke.

fen. Krankheiten galten als »Strafe Gottes«, die wegen Sünden und Verfehlungen über Menschen, Familien oder ganze Völker kommen konnten. Für die Israeliten, die die Tora brechen, wird als Fluch angekündigt:

> *JHWH wird dich schlagen mit Wahnsinn und mit Blindheit und mit Geistesverwirrung. Und du wirst am Mittag umhertappen, wie der Blinde im Finstern tappt, und du wirst keinen Erfolg haben auf deinen Wegen* (Dtn 28,28 f.; vgl. Lev 26,13 ff.).

Die Situation von Menschen mit dauerhaften Funktionsstörungen des Körpers oder des Geistes war nach heutigen Maßstäben katastrophal. Sie wurden als Schande für die Familie und als nutzloser Ballast empfunden und behandelt. Allerdings lassen sich im AT auch zunehmend Gedanken erkennen, die den Blick auf behinderte Menschen verändern können. Unter anderem findet eine Befreiung von der einseitigen Fixierung auf die individuelle Schuld statt. Nicht jeder, der behindert ist, ist schuldig (vgl. z. B. Hiob). Ferner wird in das Idealbild eines ethischen Menschen die Fürsorge für dauerhaft eingeschränkte Mitmenschen fest eingebaut: »Auge war ich für den Blinden, und Fuß für den Lahmen!« (Hiob 29,15) Behinderten Menschen wird eine minimale rechtliche Absicherung zuteil: »Du sollst einem Tauben nicht fluchen und vor einen Blinden kein Hindernis legen, und du sollst dich fürchten vor deinem Gott. Ich bin der HERR«. (Lev 19,14) Zudem werden sie zum Bestandteil eschatologischer Erwartungsbilder:

> *[Gott] selbst wird kommen und euch erretten. Dann werden die Augen der Blinden geöffnet, auch die Ohren der Tauben sind wieder offen. Dann springt der Lahme wie ein Hirsch, die Zunge des Stummen jauchzt auf. In der Wüste brechen Quellen hervor, und Bäche fließen in der Steppe* (Jes 35,4–6).

Die Sicht auf behinderte Menschen als von Gott Bestrafte und Verfluchte ist durch zahlreiche Entwicklungen verändert worden. Z. B. haben die Disability Studies[18] aufgezeigt, dass »Behinderung« in erheblichem Umfang eine soziale Konstruktion ist.

18 Vgl. grundlegend Avalos/Melcher/Schipper, Abled Body; Oylan, Disability.

1.1.6 Das absolute Mindestmaß an Armenfürsorge

Die Aufgabe der Armenfürsorge kann man nicht immer an die jeweiligen Herkunftsfamilien oder den König abschieben. Jeder in der Gesellschaft ist gefordert, im Umgang mit Menschen am Rande des Existenzminimums einige Regeln zu beachten: da ist zunächst eine korrekte Zahlungsmoral. Der Arme, der von der Hand in den Mund lebt, muss sich darauf verlassen können, dass ihm sein Lohn auch sofort ausgezahlt wird, nachdem er eine Arbeitsleistung als Tagelöhner erbracht hat:

> *Wer für dich arbeitet, dem gib sogleich seinen Lohn und enthalte dem Tagelöhner den Lohn nicht vor* (Tob 4,15).

> *Du sollst den Lohn eines Notleidenden und Armen unter deinen Brüdern oder unter den Fremden, die in deinem Land innerhalb deiner Stadtbereiche wohnen, nicht zurückhalten. An dem Tag, an dem er arbeitet, sollst du ihm auch seinen Lohn geben. Die Sonne soll darüber nicht untergehen; denn er ist in Not und lechzt danach. Dann wird er nicht JHWH gegen dich anrufen, und es wird keine Strafe für eine Sünde über dich kommen* (Dtn 24,15 f.).

Das *Pfandrecht*, das auch außerbiblisch belegt ist,[19] sichert zumindest auf elementarer Ebene das Überleben eines verarmten Menschen in den eiskalten Nächten.

> *Wenn du deinem Nächsten irgendein Darlehen leihst, so sollst du nicht in sein Haus gehen und ihm ein Pfand nehmen, draußen sollst du stehen bleiben, und der Mann, dem du geliehen hast, soll das Pfand zu dir nach draußen hinausbringen. Und wenn er ein bedürftiger Mann ist, sollst nicht du dich mit seinem Pfand schlafen legen. Du sollst ihm das Pfand unbedingt beim Untergang der Sonne zurückgeben, damit er sich in seinem Mantel schlafen lege und dich segne; und es wird für dich als Gerechtigkeit gelten vor JHWH, deinem Gott.* (Dtn 24,10–13).

> *Wenn du den Mantel deines Nächsten zum Pfande nimmst, sollst du ihn wiedergeben, ehe die Sonne untergeht!* (Ex 22,25)

Zur Kategorie der gesamtgesellschaftlichen Elementarversorgung der Armen gehört das Verbot der Nachlese, d.h. das Verbot der Kompletternte. Ein Bauer durfte die Felder nicht vollständig ab-

19 Vgl. Hübner, Bemerkungen.

ernten, sondern musste die Ecken (Ränder) für die Armen stehen lassen; er durfte auch nicht Nachlese halten, um übersehene Früchte noch für sich zu sichern:

> *Und wenn ihr die Ernte eures Landes erntet, darfst du den Rand deines Feldes nicht vollständig abernten und darfst keine Nachlese deiner Ernte halten. Und in deinem Weinberg sollst du nicht nachlesen, und die abgefallenen Beeren deines Weinbergs sollst du nicht auflesen; für den Elenden und für den Fremden sollst du sie lassen. Ich bin JHWH, euer Gott.* (Lev 19,9).

Diese Vorschriften der Tora zur Sofortentlohnung, nächtlicher Rückerstattung des Mantel-Pfandes und zum Verzicht auf systematische Nachlese sind gemessen an heutigen Sozialhilfesystemen gewiss äußerst bescheiden, obgleich eine korrekte Zahlungsmoral und eine Rücksichtnahme auf die Armen durch Verzicht darauf, auch das letzte an Ertrag aus einem Unternehmen herauszupressen, keine geringe Bedeutung auch für die gegenwärtige Gesellschaft hätte. Aber man muss doch die Intention des Gesetzgebers erkennen und die ersten Ansätze kreativ weiterentwickeln.

1.1.7. Die Ansätze organisierter Diakonie

1.1.7.1 Der Sabbat

Schon im Alten Testament selbst finden sich bedeutende Ansätze zu einer organisierten Diakonie. Hier ist zunächst der Sabbat zu nennen. Er ist ein konkret praktikabler und in seinen Auswirkungen wahrlich kaum zu überschätzender Beitrag zur Verbesserung der Situation der Armen. In der Antike gab es für Sklaven und Arme in der Tat keine »Sonntage«, sondern nur Werktage. Welch eine enorme Heilsbedeutung hat da das Zugeständnis Gottes:

> *Beachte den Sabbattag, um ihn heilig zu halten, so wie JHWH, dein Gott, es dir geboten hat! Sechs Tage sollst du arbeiten und all deine Arbeit tun; aber der siebte Tag ist Sabbat für JHWH, deinen Gott. Du sollst an ihm keinerlei Arbeit tun, du und dein Sohn und deine Tochter und dein Sklave und deine Sklavin und dein Rind und dein Esel und all dein Vieh und der Fremde bei dir, der innerhalb deiner Tore wohnt, damit dein Sklave und deine Sklavin ruhen wie du.*

Und denke daran, dass du Sklave warst im Land Ägypten und dass JHWH, dein Gott, dich mit starker Hand und mit ausgestrecktem Arm von dort herausgeführt hat! Darum hat JHWH, dein Gott, dir geboten, den Sabbattag zu feiern. (Dtn 5,12–15)

1.1.7.2 Der Zehnte

Die Geschichte des Zehnten ist in Israel und seiner Umwelt komplex. Er kann Staatssteuer für den König sein, Tempelabgabe (Dtn 14,22 f.; 26,13 f.; Neh 10,38 f.; 12,44) oder Sozialhilfe (besonders für verarmte Land-Priester wie die Leviten, Num 18,21–24).[20] Immerhin führte das Deuteronomium einen Armenzehnten ein:

> *Wenn du im dritten Jahr, dem Zehntjahr, alle Zehntanteile von deiner Ernte vollständig ausgesondert und für die Leviten, Fremden, Waisen und Witwen abgeliefert hast und sie davon in deinen Stadtbereichen essen und satt werden, dann sollst du vor JHWH, deinem Gott, sagen: Ich habe alle heiligen Abgaben aus meinem Haus geschafft. Ich habe sie für die Leviten und die Fremden, für die Waisen und die Witwen gegeben, genau nach deinem Gebot, auf das du mich verpflichtet hast. Ich habe dein Gebot nicht übertreten und habe es nicht vergessen.* (Dtn 24,12 f.)

Aber in der Spätzeit wird ein Musterfrommer wie der junge Tobit einen dreifachen Zehnten aufwenden:

> *Den ersten Zehnten aller Feldfrüchte gab ich den Leviten, die in Jerusalem Dienst taten. Den zweiten Zehnten verkaufte ich und verwendete den Erlös alljährlich für meine Wallfahrt nach Jerusalem. Den dritten Zehnten gab ich denen, für die er bestimmt war, wie es Debora, die Mutter meines Vaters, geboten hatte; denn ich war nach dem Tod meines Vaters völlig verwaist.* (Tob 1,7 f.)

1.1.7.3 Der Schuldenerlass (šᵉmittah)[21]

Armut ist eine Falle, aus der Menschen, die überschuldet sind, nicht herauskommen können. Damit sie die Chance zu einem Neuanfang haben, gebietet die Tora einen regelmäßigen Schuldenerlass:

20 Vgl. Crüsemann, F., Der Zehnte

21 Vgl. Kessler, Schuldenwesen.

Am Ende von sieben Jahren sollst du einen Schulderlass halten. Das aber ist die Sache mit dem Schulderlass: Jeder Gläubiger soll das Darlehen seiner Hand, das er seinem Nächsten geliehen hat, erlassen. Er soll seinen Nächsten und seinen Bruder nicht drängen; denn man hat für JHWH einen Schulderlass ausgerufen. Den Ausländer magst du drängen. Was du aber bei deinem Bruder hast, soll deine Hand erlassen, damit nur ja kein Armer unter dir ist. (Dtn 15,1–4)

Die Beobachtung aus der Landwirtschaft, dass ein Acker ertragreicher ist, wenn man ihm regelmäßige Ruhepausen gönnt, wird kühn auf die Ökonomie übertragen: Eine Volkswirtschaft arbeitet insgesamt fruchtbarer, wenn man Abstürze von Menschen in völlige Verelendung verhindert. Das tragische Dilemma von Schuldenerlass und schmarotzendem Ausnutzen wurde nicht gelöst. So stehen harte Maßnahmen gegen säumige Kreditabzahler (bis hin zur Schuldsklaverei der Kinder) neben der Forderung nach siebenjährigem Erlass-Rhythmus ziemlich unausgeglichen nebeneinander. Vor allem wird nicht geregelt, wer den Schaden trägt, der dadurch entsteht, dass die Schulden nicht zurückgezahlt werden. Dadurch wirkt die Forderung künstlich. Jedoch auch Fiktionen lassen – vielleicht sogar besonders klar – die Richtung erkennen, in der eine Lösung des Schuldenproblems nach dem Willen des Gesetzgebers entwickelt werden sollte, hin zu einer Art von »Privatinsolvenz«.

1.1.7.4 Das Zinsverbot[22]

Die Erfindung des Geldes sowie die Einführung der Geldwirtschaft fällt in alttestamentliche Zeiten, ca. 600 v. Chr. Der angemessene Umgang damit ist heftig umstritten.[23] Das Zinsverbot nimmt in diesem Zusammenhang eine herausragende Rolle ein; es kommt dreimal im Alten Testament vor. Diese Texte sind umso erstaunlicher, als Israel in einer Welt von Hochkulturen lebt, in der ein Darlehenssystem fest etabliert ist. Sowohl in Ägypten und Mesopotamien als auch in Phönizien und Griechenland

22 Kessler, Zinsverbot; Seeligmann, Darlehen; Leutzsch, Zinsverbot; Kegler, Zinsverbot.

23 Welker/von Hagen, Money; Ebner, Geld.

gibt es das Institut des Zinses. So enthält beispielsweise der Codex Hammurabi ausführliche Bestimmungen über das Erheben von Zinsen.[24] Bisweilen bestimmten die altorientalischen Gesetze sogar einen festen Zinssatz. Dieser ist gewaltig: im Schnitt ca. 5 % pro Monat, d. h. ca. 60 % per anno, manchmal sogar 10 % pro Monat und 120 % im Jahr. Ein Verbot von Zinsen ist nirgendwo bezeugt. Allenfalls Strafbestimmungen gegen übermäßige Zinsforderungen, den Wucher. Aus dem klassischen Griechenland ist wohl die Missbilligung des Zinsnehmens bekannt, ein positiv rechtliches Verbot jedoch ist nur in Israel bezeugt. Eine Wirtschaft ohne Zinsen? Kann das überhaupt funktionieren? Ist das nicht unrealistisch? Völlig utopisch?

Wie kann man sich diese Sonderstellung erklären? Es empfiehlt sich, die drei Belege genauer anzuschauen. Was unmittelbar auffällt, ist der Umstand, dass die drei Formulierungen sprachlich und sachlich voneinander abweichen. Die drei verschiedenen Rechtsquellen entstammen nach allgemein anerkannter Einsicht der alttestamentlichen Wissenschaft aus unterschiedlichen Zeiten. Das »Bundesbuch«[25] selbst ist keine einheitliche Gesetzessammlung, sondern seinerseits eine Kompilation verschiedener Quellen, die zum Teil in die vorstaatliche Gerichtsbarkeit zurückragen dürften.

> *Wenn du Geld verleihst an einen aus meinem Volk, an einen Armen mit dir, so sollst du an ihm nicht wie ein Wucherer handeln; du sollst keinerlei Zinsen von ihm nehmen.* (Ex 22,24)

Das Bundesbuch scheint in eine bäuerliche Gesellschaft zu gehören[26] und in eine Zeit, da eine Teilung der Gesellschaft in verschiedene Klassen sowie die Existenz von Königen oder einer Priesterschaft oder auch städtisches Leben eine nur untergeordnete Rolle spielten. Der Kontrast zwischen dem Zinsverbot der Tora und dem entwickelten Zinswesen der anderen altorientalischen

24 Hammurabi begrenzte die Zinssätze, um Auswüchse zu verhindern. Auf Gerste durften bis zu 33,3 % Zinsen verlangt werden, für Silber bis zu 20 %. Wer höhere Zinsen verlangte, galt als Wucherer.

25 Das Bundesbuch gilt vielfach als älteste Rechtsammlung, die ca. 1000–800 v. Chr. datiert wird.

26 Lang, Social Organization.

Staaten wäre insofern verständlich, als man die sozioökonomische und religiöse Sonderstellung Israels unter den Völkern und die damit zusammenhängende Normierung dieses Verbotes hervorheben könnte. Die Differenz würde sich aus der politischen und wirtschaftlichen Situation des Volkes erklären, das eben weniger entwickelt war als das der großen Nachbarn in Babylonien und Ägypten und der unmittelbar angrenzenden Phönizier und Philister. Man konnte auf diesem vergleichsweise einfachen Niveau die gesamte Gesellschaft noch als eine »Makrofamilie« Gottes begreifen. Daher auch die Anrede des Kreditnehmers mit einer »aus meinem Volk«. Während das Zweistromland und Ägypten Massengesellschaften ausbildeten, die von einer starken Zentralgewalt regiert wurden, war Israel zur Zeit der Entstehung des Zinsverbots wohl noch (oder wieder?) ein Bund von kleinen, miteinander verwandten Stämmen ohne Klassenteilung und hierarchisch organisierter Staatsgewalt. Im Unterschied zu den Nachbarvölkern (den »Wucherern«), bei denen Handel und Kreditwesen in hoher Blüte standen, beschränkten sich die Israeliten auf Ackerbau und Viehzucht. Spätestens in der sog. Salomonischen Epoche gewann der Handel eine gewisse Bedeutung. So wäre es nicht erstaunlich, dass kommerzielle Darlehen in der vor- und frühstaatlichen (oder in der exilisch-frühnachexilischen?) Zeit Israels keine Rolle spielten. Aufgrund des fest verwurzelten Bewusstseins der gemeinsamen Volkszugehörigkeit (»mein Volk«), das seinen ethischen Ausdruck in verschiedenen moralischen und rechtlichen Vorstellungen über die Pflicht zur Hilfeleistung gegenüber in Not geratenen Stammesgenossen fand, war es nicht selbstverständlich, aber gut verständlich, dass man ursprünglich den Blutsverwandten desselben Stammes, nach dem Sinaibund darüber hinaus allen Israeliten, durch zinslose Darlehen zu helfen verpflichtet war. Aus dem »Familienmodell« wird nachvollziehbar, dass es als unsittlich galt, aus der Not des Bruders ein Geschäft zu machen und den Bedürftigen durch eine Zinsbelastung in noch größere Not zu stürzen. Ein weiterer Grund – wahrscheinlich der Hauptgrund – für die Sonderstellung Israels liegt in seiner Religion. Die Tora ist nicht das Gesetz eines Königs gleich den Rechtsordnungen der anderen orientalischen Völker. Israels Gott verlangt Gerechtigkeit und soziale Verantwortung der Israeliten untereinander. Nicht nur Witwen und Waisen, sondern auch die landlosen Armen genossen besonderen Schutz und wurden der Fürsorge ihrer Mitbürger anempfohlen. Ohne das ökonomische System, das den Unterschied von Arm und Reich mit sich bringt, umzustoßen, versucht die Tora, die sozialen und wirtschaftlichen Missstände zu mildern und den Hilfsbedürftigen vor der äußeren Not zu bewahren. Dementsprechend wird das Zinsverbot sowohl mit dem Gebot der Nächstenliebe wie auch mit der Gottesfurcht begründet. Ein psychologischer Grund für die Sozialpflicht gegenüber dem Armen ist schließlich möglicherweise in Israels Erfahrung der Knechtschaft in Ägypten zu suchen. Über das Darlehen an einen Reichen sagt Ex 22,24 überhaupt nichts aus. Die Bestimmungen Ex 22,20–26 enthalten Gebote der Nächstenliebe gegenüber Fremden, Witwen und Waisen sowie gegenüber Armen. Kommerzielle Zinsdarlehen sind einfach deshalb nicht erwähnt und nicht verboten, weil sie in diesem Zusammenhang überhaupt nicht in Betracht gezogen wurden. Bei der Normierung des Zinsverbotes hatte der Gesetzgeber ausschließlich das Notdarlehen im Auge. Die Tora macht hier über das kommerzielle Darlehen keine Aussagen, weder positive noch negative. Die Intention des »Bundesbuches« ist nicht die Errichtung eines detaillierten Zinsverbotes, sondern die Statuierung eines sittlichen Grundsatzes für Israel, dass der Gläubiger seinen Schuldner nicht so hart und rücksichtslos wie ein »*noscheh*« – üblicherweise mit »Wucherer« übersetzt – behandeln solle. Dieser »*noscheh*« war möglicherweise kein Israelit, sondern ein Ausländer. Mithin findet sich im Zinsverbot sehr wahrscheinlich auch eine bewusste Kritik an den Gewohnheiten der Nachbarvölker. Oder andersherum: Der Verzicht auf Zinsen ist Teil der Selbstdefinition des Gottesvolkes. Die nächste Entwicklungsstufe begegnet in der Formulierung:

> *Du sollst von deinem Bruder nicht Zinsen nehmen, weder für Geld noch für Speise noch für alles, wofür man Zinsen nehmen kann. Von dem Ausländer darfst du Zinsen nehmen, aber nicht von deinem Bruder, auf dass dich JHWH, dein Gott, segne in allem, was du anpackst in dem Lande, dahin du kommst, es einzunehmen.*[27] (Dtn 23,20 f.)

27 Das deuteronomische Gesetz wird zumeist als exilisch-nachexilisches Reformprogramm von ca. 550–450 gedeutet.

Hier findet sich das Zinsverbot in sprachlich erweiterter Gestalt. Dem Darlehensgeber ist nicht nur das Zinsnehmen für Gelddarlehen, sondern auch für das sogenannte Viktualiendarlehen sowie für alle Darlehen, mit denen man Zinsen erzielen kann, verboten. Einige Autoren meinen, in dieser Bestimmung eine juristische Erweiterung gegenüber Ex 22,24 feststellen zu können. Das Verhältnis beider Stellen zueinander ist jedoch das von allgemeinem Grundsatz und konkreter Norm. Auffällig ist zudem die Unterscheidung von »Verwandter« und »Fremder«. Das Dtn verbietet kategorisch jede Form des Zinses für alle Arten von Darlehen unter Israeliten. Fremden gegenüber sind Darlehenszinsen aber erlaubt.

Die Beschränkung des Zinsverbotes auf die Israeliten ist nicht erstaunlich. Im Gegenteil, es wäre geradezu überraschend, wenn das Zinsverbot auch Fremde begünstigen würde. Allerdings darf von einem Fremden nur deshalb Zins gefordert werden, weil das Zinsnehmen ethisch nicht mit Raub, Diebstahl und Betrug gleichgestellt ist, die auch gegenüber Nichtjuden streng verboten sind. Die Differenzierung entspricht vielmehr rechtshistorisch dem Personalitätsprinzip, von dem das israelitische Recht ebenso wie alle antiken und mittelalterlichen Rechtsordnungen beherrscht werden: »brotherhood versus otherhood« (in Max Webers bekanntem Dualismus von »Binnen- und Außenmoral«). So wie die alten Gesetze grundsätzlich nur für die Mitglieder desselben Stammes bzw. des Stämmebundes vom Sinai galten, so bestehen sittliche Hilfs- und Liebespflichten prinzipiell auch nur unter Familien-, Stammes- und Volkszugehörigen.[28] Die Israeliten waren nach dem Prinzip der Gegenseitigkeit zum internen Zinsverzicht verpflichtet. Nach außen aber galt dieser Grundsatz nicht. Fremden konnte der Gesetzgeber Israels nach Maßgabe des Personalitätsprinzips das Zinsnehmen nicht verbieten. Da diese aber entsprechend den Gepflogenheiten bei allen anderen orientalischen Völkern nicht geneigt waren, Israeliten zinslose Darlehen zu gewähren, wäre es zu einer einseitigen Begünstigung gekommen, wenn der fremde »*noscheh*« unter den Israeliten hätte Zinsen eintreiben dürfen, diese aber umgekehrt ihm gegenüber auf einen solchen Profit hät-

28 Vgl. Fabry, Deuteronomium 15.

ten verzichten müssen. Seine ausführlichste Ausgestaltung hat das Zinsverbot in Lev 25,35–38 erfahren.

> *Wenn dein Bruder neben dir verarmt und seine Hand mit dir sinkt, so sollst du ihn unterstützen, Fremdling oder Beisasse, so dass er mit dir leben kann; und du sollst nicht Zinsen von ihm nehmen noch Aufschlag, sondern sollst dich vor deinem Gott fürchten, dass dein Bruder mit dir leben kann. Denn du sollst ihm dein Geld nicht auf Zinsen leihen noch Speise geben gegen Aufschlag. Ich bin JHWH, euer Gott, der euch aus Ägyptenland geführt hat, um euch das Land Kanaan zu geben und für euch Gott zu sein.* (Lev 25,35–38)

Dieser Text gehört zum sog. »Heiligkeitsgesetz«[29], dessen hervorstechendes Merkmal die enge Analogisierung des Tuns Gottes mit dem Tun der Menschen ist. Ethik ist *imitatio dei*. Die Begründung für das Verhalten der Israeliten ist die Einsicht in die Grundprinzipien, die Gott selbst befolgt. Der Verweis auf die Herausführung aus Ägypten hat dabei den Charakter eines moralischen Prinzips: Der Exodus-Gott hat die Israeliten aus ihrem Elend herausgeführt. Er hat ihnen eigenes Land gegeben und damit die Grundlage für die Existenz als freie Menschen. Darin hat er seine Liebe gerade zu den Schwachen, seine Parteinahme für die Armen erkennen lassen. Sehr deutlich wird in der Formulierung wieder die Notsituation des Darlehennehmers hervorgehoben. Das Herz berührend wird geschildert, dass der verarmte Bruder in seiner nackten Existenz bedroht ist; dass er die Hand sinken lässt, ist Zeichen des beginnenden Todes. Das Heiligkeitsgesetz dehnt das Zinsverbot ausdrücklich aus auf die Gruppen des Fremdlings (*ger*) und des Beisassen (*toschab*); damit wird die glatte »Doppelmoral« des Dtn wieder zurückgenommen. Jeder Mensch, der in räumlicher Nähe und lebendiger Verbundenheit mit dem Kreditgeber steht, hat Anspruch auf dessen Zinsverzicht.

Als Resultat bleibt festzuhalten: Alle drei alttestamentlichen Belege verbieten das Nehmen von Zinsen unter Brüdern. Während Bundesbuch und Heiligkeitsgesetz die Notlage des Darlehennehmers als Bedingung für die Zinslosigkeit des Kredits stark hervorheben und das Zinsverbot nur für den Kreis der *personae*

29 Das Heiligkeitsgesetz Lev 17–26 gilt als jüngste Sammlung, ca. 500–400 v. Chr.

miserae aussprechen, ist das Deuteronomium weitaus radikaler. Es macht keinen Unterschied, wer einen Kredit benötigt. Die Tatbestandsvoraussetzung, dass der Darlehensempfänger ein in Not geratener armer Mann sein muss, wird hier nicht mehr explizit gemacht. Das Dtn differenziert auch nicht zwischen erlaubtem mäßigen Zins und einem verbotenen übermäßigen Wucher. Beide sind in gleicher Weise verboten. Man kann sagen, dass das Dtn gegenüber dem Bundesbuch eine Verschärfung nach innen darstellt, wobei gleichzeitig nach außen eine Erleichterung verfügt wird. Das Heiligkeitsgesetz zeigt aber, dass sich das Dtn mit seinen radikalen Forderungen nicht durchgesetzt hat. Im jüngsten Rechtstext wird die ursprüngliche Intention des Gesetzes als Norm für ein Notdarlehen wieder hervorgekehrt und auch dem Ausländer und Beisassen ausdrücklich zuerkannt. Im Heiligkeitsgesetz ist das Recht sehr weitgehend theologisiert. Das Zinsverbot im Blick auf Menschen in Not stellt nicht weniger dar als in die Form des Rechts gegossene Theologie.

Der Streit darum, ob das Zinsverbot der Tora eine Rechtsvorschrift oder ein sittlich-moralisches Gebot sei, ist m. E. überflüssig. Bei dieser Gegenüberstellung von Recht und Ethos darf freilich nicht übersehen werden, dass im Alten Testament Anweisungen zum alltäglichen Verhalten in der Ökonomie zu einem Corpus »gottgegebenen« Rechts verwoben sind. Es ist darum schwierig, überzeugende Kriterien für die Abgrenzung juristischer und moralischer Normen in der Tora zu finden. Das traditionelle Kriterium der Erzwingbarkeit rechtlicher Verpflichtungen im Gegensatz zu ethischen Geboten ist für die biblische Zeit wenig hilfreich. Wie später dem islamischen oder dem kanonischen Zinsverbot fehlt auch dem israelitischen Zinsverbot in biblischer Zeit praktisch jede Erzwingbarkeit. Die drei Rechtssätze enthalten keinerlei Strafandrohungen oder gar Strafmaße. Es findet sich auch nirgendwo eine Bestimmung, nach der ein Darlehensvertrag unter Israeliten, in dem Zinsen vereinbart sind, ungültig ist.

Wie weit aber wurde das Zinsverbot in biblischer Zeit tatsächlich befolgt? Die leidenschaftliche Verurteilung des Zinsnehmens bei Ezechiel (18,13.17; 22,12) und Habakuk (2,6 f.) deutet auf aktuelle Verstöße hin. 2 Kön 4,1–2 und Neh 5,1–7 sprechen zwar nicht direkt vom Zins, aber davon, dass der zahlungsunfähige Schuldner seine Kinder in die Leibeigenschaft des Gläubigers geben muss. Man kann also vermuten, dass das Zinseintreiben mit dem Institut der Schuldsklaverei verbunden war und auch tatsächlich ausgeübt wurde. Doch es verwundert, dass kein anderer Prophet ein Wort über Zinsdarlehen verloren hat. Mit der allmählichen Entwicklung der wirtschaftlichen Verhältnisse in Israel seit der Königszeit hatte das Darlehen natürlich an Bedeutung gewonnen und damit auch die Übertretung des Zinsverbotes. Das gilt aber vor allem für die Diaspora. Es ist auffällig und ein Stück weit auch deprimierend, dass wir nur urkundliche Beweise für die Missachtung des Zinsverbotes besitzen. Namentlich in Babylonien und Ägypten kamen die Israeliten mit Kreditgeschäften in Berührung. In der Zeit um 550 v. Chr. gibt es ein jüdisches Bankhaus in Babylon, Bankhaus Muraschu.[30] Zwei aramäische Darlehensurkunden von 456/455 v. Chr. bezeugen zudem Darlehen unter Juden der Militärkolonie von Elephantine zu einem Zinssatz von 60 % nebst Zinseszinsen für verspätete Zinsraten. Der Zinssatz ist hoch, aber für die damalige Zeit – angesichts weitgehend fehlender Sicherheiten – nicht außergewöhnlich. Fern der Zentren jüdischen Lebens nahm man es in der »Gola« (Zerstreuung/Diaspora) mit den Bestimmungen ohnehin manchmal nicht so genau. Die Rabbinen haben Jahrhunderte später einen Weg gefunden, um dieses mosaische Gebot zu halten und doch zu umgehen. Sie haben den Gläubiger und den Schuldner zu Geschäftspartnern erklärt. Die »Zinsen« waren somit keine Zinsen im üblichen Sinne, sondern nur ein Anteil am gemeinsam erwirtschafteten Gewinn. Diese Als-ob-Partnerschaft ist eine wirksame Fiktion, die die Vergabe von Darlehen nachhaltig gesichert hat.

1.1.7.6 Die Freilassung von Sklaven

Mit schmerzlicher Selbstverständlichkeit setzt das Alte Testament voraus, dass Menschen gekauft oder durch Kriegszüge zu Sklaven gemacht werden.[31] Allerdings gibt es in diesem dunklen Kontext einige Lichtpunkte. Texte wie Ex 21; Lev 25,39–46; Dtn 21,14 oder

30 Joannès, Babylon; Lohfink, Kohelet; Löhr, Theodotus.
31 Vgl. Cardellini, »Sklaven«.

Amos 2,6; 8,6 lassen ein Bemühen um die Lage der Ärmsten der Armen erkennen. Die Freiheit und Würde des Menschen waren für das mosaische Recht wichtiger als das Recht des Besitzers. Das Verbot der Auslieferung eines entflohenen Sklaven an seinen Besitzer etwa wendet sich gegen die Eigentumsrechte des Sklavenhalters (Dtn 23,16). Die mutwillige Neuversklavung freigelassener Hebräer ist nach Jer 34,8–20[32] ein Grund für den endlichen Untergang Jerusalems und des Tempels.

1.1.7.7 Die diakonische Funktion des Königs bzw. des Staates

Das Alte Testament betrachtet den Staat eher als ein Übel, freilich als ein notwendiges[33]. Wo die Familien und Sippen sich nicht mehr gegenseitig stützen können, ist der Staat gefordert. Ps 72 entwirft das Idealbild eines Königs:[34]

»Gott, gib dem König deine Rechtssprüche und deine Gerechtigkeit dem Königssohn, dass er dein Volk richte mit Gerechtigkeit und deine Elenden rette. … Er schaffe Recht den Elenden des Volkes; bringe Hilfe den Kindern des Armen, und den Unterdrücker zertrete er. … Denn retten wird er den Armen, der um Hilfe ruft, und den Elenden und den, der keinen Helfer hat.«

Die von Gott dem König zugewiesene Aufgabe (d. h. implizit: der Sinn aller Politik) besteht zu einem überragenden Anteil darin, dass er die Schwachen in Schutz nimmt (freilich auch durch militärische Abwehr der Feinde).

1.1.8 Fazit

Es wurde eingangs konstatiert, dass das Alte Testament eine theologische Pauperologie entwickelt, d. h. Armut und Arme intensiv *sub specie dei* bedenkt und ethisch und rechtlich damit um-

32 Schenker, Freilassung.

33 Vgl. die Auseinandersetzung um die Anfänge des Königtums in Ri 9,7–15 und 1 Sam 8–12.

34 Houston, Preferential Option.

geht. Eine reiche Terminologie zeugt ebenso von der Intensität der Phänomenologie der Armut wie ein weit gespanntes Spektrum von Aussagen über Ursachen und Formen der Armut. Unter 1.1.2 wurde analysiert, welche ethisch-diakonischen Strategien das Alte Testament entwickelt, um die Armut zu bekämpfen. Der »Exodus aus dem Leben in Armut« hat zahlreiche Teilschritte:

1. Die Landgabe durch Gott eröffnet Landbesitz für jedermann und sichert durch kontinuierliche Landreformen (Landreform/Erlassjahr/Jobeljahr) diese Grundlage.
2. Die elementare soziale Fürsorge leistet die Großfamilie (und Freunde): Krankenpflege, Altenpflege, Behindertenarbeit; die Leviratsehe, das Erbrecht der Frauen.
3. Es gehört zu den Pflichten des guten Königs, vor allem zur Bekämpfung der Armut Politik zu machen.
4. Es gibt Mindestanforderungen in der Armenfürsorge: korrekte Lohnzahlungsmoral; Pfandrecht; Verbot der Nachlese.
5. Es gibt Ansätze organisierter Diakonie: der Sabbat als Anspruch auf einen arbeitsfreien Tag pro Woche; der Zehnte, insbesondere der Armenzehnte; der Schuldenerlass, das Zinsverbot.

Trotz dieser großen und im Kontext der Umweltkulturen großartigen Ansätze einer theologisch-diakonischen Pauperologie darf man die Botschaft des Alten Testaments nicht allzu einseitig ins Soziale wenden. Die einzelnen Elemente sind weder zu einem politisch durchdachten noch zu einem leicht durchführbaren Reform-Programm zusammengefügt. Norbert Lohfink hat mahnende Einsichten formuliert: Die »Option für die Armen« ist kein durchgängiges biblisches Leitwort; die meisten biblischen Handlungs- und Sympathieträger sind vielmehr wohlhabend (Abraham, Mose, David), z. T. märchenhaft reich (Salomo, Hiob). Sozialhilfe in Form von Mildtätigkeit für die Unterschicht ist nichts Spezifisches für Israel, eher allgemein altorientalisch, besonders im Kontext der Königsideologie, ja allgemein menschlich.[35] Die diakonischen Ansätze sind in den gesellschaftlichen Verhältnissen nur bescheiden entwickelt. Israel war eine hierarchisch, auch ökonomisch elitär organisierte Agrargesellschaft, in der kaum

35 Brunner, Wertung.

demokratische Strukturen oder ein gesicherter Mittelstand vorhanden waren. Vieles, ja alles wird vom König oder von einem kommenden Messias erwartet, statt hier und jetzt klare Sozial-Programme zu entwickeln.

Trotz dieser berechtigten Einschränkungen muss man festhalten: Der im Alten Testament so intensiv gepflegte Blick auf den Armen hat eine durchaus aktuelle politische Botschaft! Es findet sich keine Vertröstung auf das Jenseits und keine quietistische Ergebenheit in die Verhältnisse, die so traurig sind, wie sie sind. Zumal wenn man die Königsvorstellungen etwa von Ps 72 demokratisiert, wie es in der Denkfigur der »Gottebenbildlichkeit« des Menschen vollzogen wurde, hat man den Ansatz eines diakonischen Programms: nicht die ganz große Revolution, auch nicht die radikale Reform der Gesellschaft, sondern sinnvolle Veränderungen im Rahmen der bestehenden Möglichkeiten dieser Welt in einen moderaten, aber doch entschiedenen Ton. Die Menschen guten Willens, die Gottes Wohlgefallen haben, sollen alles ihnen nur Mögliche tun, den Armen aus ihrer elenden Situation herauszuhelfen. Solche Hilfe bedeutet ganz Unterschiedliches. Im Rahmen von Weisheit und Erziehung etwa muss man die Faktoren angehen, die zum Teil die selbstverschuldete Armut bewirken, d.h. sich für Bildung und für volkserzieherische Förderung der Tugenden wie Fleiß, Höflichkeit, Tatkraft und vor allem Eigenverantwortung und Eigeninitiative einsetzen.[36] Vorbilder wie der ideale König (vgl. besonders Ps 72) und oder die umsichtige Hausfrau (Prov 31,10–31) müssen in die Herzen der Menschen kommen. Im Rahmen der Volkswirtschaft muss man mutige Schritte wagen. Mit manchen der skizzierten Maßnahmen gegen die Armut, besonders mit dem Zinsverbot, bringt Israel kreative Ansätze zeichenhafter Art zu einer Art »Gegengesellschaft« hervor. Das ganze Gottesvolk wurde als Volk von Brüdern und Schwestern begriffen. Das Bewusstsein verwandtschaftlicher Beziehungen produzierte ein solidarisches Ethos.

36 Vgl. Asensio, Poverty.

1.1.9 Ausblick

Es ist für die Theologie und speziell für die Diakoniewissenschaft eine große Herausforderung, unter den Bedingungen der modernen Industriegesellschaften neue Realisationen von Handlungsmaximen zu gewinnen, die in ihrer biblischen Gestalt noch weitestgehend die Züge einer Agrargesellschaft tragen.[37] Wenn wir im Zeitalter der Globalisierung lernen, dass die ganze Bevölkerung dieses Planeten letztlich eine Familie bildet, gewinnt z. B. das Institut des zinslosen Notkredits vielleicht doch mehr Bedeutung als die einer »Sozialromantik«. Die Besinnung auf das Land als Lebensgrundlage, die Stärkung der Familien, die Inanspruchnahme der Politik für die Bekämpfung der Armut, die Stärkung der persönlichen Eigenverantwortung, die korrekte Zahlungsmoral, die Begrenzung der Ausbeutung, die Sicherung des Sonntags, die organisierte Diakonie, Sonderkonditionen für Notfälle, Zinsverzicht und Schuldenerlass zur Befreiung aus unwürdiger Abhängigkeit (was der Möglichkeit des privaten Insolvenzverfahrens entspricht) waren moralische Pflichten der Gesellschaft des Alten Israel, die für die Gegenwart wichtige Impulse geben könnten.[38] Die »Hausordnung der Tora«[39] sollte im Sinne ihrer Grundintentionen zu einer biblisch fundierten Armendiakonie weitergedacht werden. Dazu ist eine evangelische Diakoniewissenschaft im Dialog mit der alttestamentlich-jüdischen Überlieferung herausgefordert.[40]

> *»Wascht euch, reinigt euch, tut eure bösen Taten aus meinen Augen, lasst ab vom Bösen! Lernt Gutes tun, trachtet nach Recht, helft den Unterdrückten, schafft den Waisen Recht, führt der Witwen Sache!«* (Jes 1,16)

Impulse:

- In einem bekannten Buch über die Geschichte der Diakonie von Gerhard Uhlhorn, Die christliche Liebesthätigkeit seit der Reformation (1882), kann man lesen: »Die Welt vor Christo ist eine Welt

37 Vgl. Eurich, Das Alte Testament.
38 Dillmann, Armut; Fischer, Old Testament.
39 Segbers, Hausordnung.
40 Vgl. dazu vorbildlich Müller, Dialog.

ohne Liebe.« Prüfen Sie diesen Satz auf seinen Wahrheitsgehalt a) im Blick auf den Alten Orient; b) im Blick auf das biblische Israel vor Christus.

- Die Propheten Israels sind der Motor der ethischen Entwicklung der Menschheit. Nehmen Sie Stellung.
- Diakonie ist alttestamentlich gesehen eine Form der Weisheit. Diskutieren Sie diesen Satz mit Hilfe der Belege aus dem Buch Hiob und dem Buch der Sprüche.

Literatur: Zum Weiterlesen

SEGBERS, FRANZ, Die Hausordnung der Tora. Biblische Impulse für eine theologische Wirtschaftsethik (Theologie in Geschichte und Gesellschaft 7), Luzern: Edition Exodus 2000.

CRÜSEMANN, FRANK, Das Alte Testament als Grundlage der Diakonie, in: G. Schäfer/Th. Strom (Hg.), Diakonie – biblische Grundlagen und Orientierungen. Ein Arbeitsbuch zur theologischen Verständigung über den diakonischen Auftrag (Veröffentlichungen des DWI 2), Heidelberg 1998, 67–93.

Renate Kirchhoff

1.2 Biblische Grundlegung diakonischen Handelns aus neutestamentlicher Perspektive

1.2.1 Einführung

Die Bezugnahme auf biblische Texte und Ergebnisse exegetischer Forschung ist ein Merkmal der Diakoniewissenschaft und der diakonischen Praxis. Für jede Darstellung biblischer Grundlagen gilt, dass sie auf einer kontextuell bedingten Sicht auf (wiederum ausgewählte und perspektivisch wahrgenommene) heutige Lebenslagen[1] basiert und insofern bereits ein Ausdruck eines Vorwissens und einer Vormeinung über Welt und Text ist. Sie ergibt sich mithin nicht einfach aus den Merkmalen des biblischen Befundes selbst, so plausibel sich die Bezüge im Einzelfall auch zu ergeben scheinen. Eine transparente Unterscheidung von Aussagen über die anfänglichen Kommunikationssituationen, in die hinein der Text gehörte und Aussagen über eine Analyse und Bewertung heutiger Lebenslagen, sind zum einen Voraussetzung für eine (wissenschaftliche) Annäherung an den Text (Textwelt)[2]; sie sind zum anderen eine Voraussetzung für die erfolgreiche Eröffnung eines Diskurses über Text und Lebenslage (Lesewelt). Die transparente Unterscheidung von Text- und Lesewelt ist in diakonischen Kontexten besonders wichtig; denn dort sind in der Regel Menschen an den Diskursen beteiligt, die sich nicht als Christen und Christinnen verstehen.[3]

1 In der Unterscheidung von Realität und Wirklichkeit sowie Lebenswelt und Lebenslage folge ich der Krausschen Definition, Kraus, Erkennen, 153: »Als Lebenslage gelten die sozialen, ökologischen und organismischen Lebensbedingungen eines Menschen. Als Lebenswelt gilt die subjektive Wirklichkeitskonstruktion eines Menschen (welches dieser unter den Bedingungen seiner Lebenslage bildet).«

2 Zur Text- und Lesewelt s. Kirchhoff, Theologie, 7–9.

3 S. dazu Kirchhoff, Text, 216 f.

Insbesondere für sie hat die Deutung einer Lebenslage unter Bezug auf einen biblischen Text nur dann den Charakter eines (attraktiven) Angebots, wenn das Missverständnis seiner direkten normativen Verwendung erfolgreich vermieden wurde. Es gilt also transparent zu machen, dass der Text selbst nicht normativ ist und nicht aus sich heraus Lebenslagen deutet, sondern die Relevanz der Texte ein Ergebnis der Zuschreibung von Autorität und der Herstellung von Bezügen zwischen Text und Lebenslage durch den Interpreten bzw. die Interpretin ist. Aus diesem Grund regen die Impulse dieses Beitrags dazu an, exegetische Ergebnisse zur Interpretation von Situationen zu nutzen, die die Lesenden selbst auswählen.

Unter diakonischem Handeln verstehe ich helfendes Handeln, dessen Subjekt Kirche ist. Der Hilfebegriff wurde und wird in sozial- und humanwissenschaftlichen sowie theologischen Diskursen kritisiert, um ihn den Anforderungen einer Professionalisierung sozialen Handelns auszusetzen und die lokal gesellschaftliche und globale Reichweite solchen Handelns zu gewährleisten.[4] Im Folgenden wird der Begriff des Helfens verwendet im Sinne eines konkreten Handelns, das auf einen von (mindestens Teilen) der Gemeinschaft diagnostizierten Bedarf von Einzelnen bzw. Gruppen reagiert, mit dem Ziel, Ressourcen einzusetzen, um ein bestimmten Mangel (anteilig) zu kompensieren.[5] Subjekte und Zielgruppen stehen in einer hierarchischen Beziehung zueinander, insofern die Helfenden über bestimmte Ressourcen verfügen, über die die Zielgruppen nicht verfügen.

In den biblischen Weisungen dominiert die Vorstellung, dass Menschen mit Ressourcen die Verpflichtung zur Hilfe und die Zielgruppen ein Anrecht auf die Hilfe haben. Hilfehandeln ist in diesem Sinne auch immer solidarisches Handeln. Die Reichweite ist in biblischen Zeiten an den direkten Kontaktmöglichkeiten orien-

4 Albert, A., Helfen, 45–60; zu boetheo als griechische Entsprechung zum deutschen Wort »helfen« s. a. a. O., 64–72.

5 Für professionelles Hilfehandeln fordert Kraus im Rahmen seiner Unterscheidung zwischen Hilfe und Kontrolle die Entscheidungshoheit über eine Leistung zu reflektieren, wenn es um die Definition von Hilfe geht, vgl. Kraus, Erkennen, 173–182. Eine solche Metaperspektive findet sich in den biblischen Texten nicht. Sie drücken, etwa in der Bezeichnung von Zielgruppen, einen weitgehenden Konsens hinsichtlich des Bedarfs eines Menschen aus.

tiert. Theologisch ist Hilfehandeln Teil der Treuepraxis gegenüber Gott. Wenn nun Gott als Adresse von Hilfeleistungen gegenüber Menschen genannt ist, dann qualifiziert der Text Hilfehandeln als Element der Frömmigkeitspraxis, um sie als notwendige Praxis einzuklagen. Damit ist die Vorstellung von Gott als Gegenüber sozialen Handelns auf der Ebene des Motivations- und Wertekontextes angesiedelt und gerade nicht auf der Ebene der Fachlichkeit der Hilfeleistung selbst.[6] Wer helfen will, wird sich auch aus theologischen Gründen an disziplinären Standards orientieren, damit das eigene Handeln auch in bestmöglicher Weise wirksam ist.

Eine Darstellung biblischer Grundlagen der Diakonie muss berücksichtigen, dass das heutige deutsche Wort Diakonie eine Bedeutung hat, die dem biblischen Bedeutungsspektrum von diakonia nicht entspricht. Also gibt die Verwendung von Wörtern des Stammes *diak-* keine Orientierung, wenn es um die Auswahl von Texten und Traditionen geht, die als Grundlage heutigen diakonischen Handelns gelten sollen. Eine solche Auswahl setzt deshalb Entscheidungen darüber voraus, welche Ziele im Kontext von Diakonie und Diakoniewissenschaft mit dem Bezug auf biblische Texte verwirklicht und für welche diakonischen und diakoniewissenschaftlichen Traditionen und Themen exegetische Ergebnisse präsentiert werden sollen. Den folgenden Ausführungen liegt das Ziel zugrunde, mit der Deutung von Lebenslagen mittels des Bezugs auf biblische Texte und Traditionen dazu beizutragen, dass Zielgruppen sozialen Handelns sich mehr Lebensqualität erschließen können.[7] Bei der Auswahl der Themen ist das Interesse leitend, eine heuristische Distanz zu den Texten zu befördern. Aus diesem Grund präsentiere ich im *ersten Kapitel* Etappen der Forschungsgeschichte von *diakoneo* etc. und skizziere ihre hermeneutische Relevanz.

6 Zur Verwechslung der Ebenen s. die erzählte Szene bei Benedict, Gott, 45. – Biblisch konkurriert Gott als Adresse des Handelns mit dem Interesse, sich Anerkennung von Menschen zu verschaffen (z. B. Mt 6,1), die aus der Sichtbarkeit guter Taten entstehen kann (z. B. Mt 5,13–16) und/oder mit dem Interesse, die Tora praktikabel zu machen und dadurch in der Perspektive radikaler Interpreten nicht dem Willen Gottes zu folgen (z. B. 5,17–20).

7 Zur Zielbestimmung s. Kirchhoff, Theologie, 7.

Das *zweite Kapitel* »Der Jesus der Diakonie« hat Texte und Traditionen zum Gegenstand, die für eine Grundlegung der Diakonie Unterschiedliches leisten: Der Bezug auf Jesu Vollzug des Reiches Gottes diente und dient der Reflexion eines politischen Mandats der Diakonie; das Gebot der Nächstenliebe ist eine auch über die Grenzen der religiösen Grundlegung helfenden und solidarischen Handelns hinaus rezipierbares Element der jüdisch-christlichen Tradition; die Ausführungen zu Heilungen und Exorzismen zielen auf diversity-sensible Rezeptionsmöglichkeiten der Texte.

Das *dritte Kapitel* präsentiert unterschiedliche Gestalten helfenden Handelns. Dazu rechne ich die Weisungen, die das Verhalten gegenüber verletzlichen Gruppen gestalten oder speziell wirtschaftliche Beziehungen regeln wollen sowie Formen der Organisation finanzieller Unterstützung.

1.2.2 Diakonia im Neuen Testament

Das deutsche Wort »Diakonie« geht auf das griechische Wort *diakonia* zurück, das in der Regel mit »Dienst« ins Deutsche übertragen wird. Die Geschichte der begriffsexegetischen Untersuchung der Wörter des Stammes *diak-* ist bis in die 1990er Jahre hinein geprägt von der Vorstellung, *diakonia* im Neuen Testament sei der Dienst am Nächsten, der die Niedrigkeit Jesu nachahmt. Geprägt war diese Perspektive durch die Wertschätzung des Einsatzes der Diakonissen in der Anstaltsdiakonie im 19.Jh.[8] Hermann Wolfgang Beyer hält in seinem Lexikonartikel im Theologischen Wörterbuch zum Neuen Testament (ThWNT) den Dienst an den Tischen für die Grundbedeutung des Wortes diakoneo. Dieser Dienst sei in profangriechischen Texten »etwas Minderwertiges«[9]. Demgegenüber zeigten die jüdischen Texte ein »tieferes

8 Zu den Beziehungen zwischen Beyers Lexikonartikel und der Untersuchung von Wilhelm Brandt, dem Biographen von Friedrich von Bodelschwingh, zum Thema »Dienst und Dienen im Neuen Testament« aus dem Jahr 1931 s. Benedict, Diakonie, 127 f.

9 Beyer, Diakoneo, 81.

Verständnis für den Sinn des Dienens«[10] insofern sie ihn nicht als etwas »an sich Unwürdiges«[11] bewerteten. Allerdings findet Beyer erst im Neuen Testament eine positive Bewertung des Dienstes, deren Grundbedeutung des Aufwartens bei Tisch beibehalten sei. Jesus habe nun diese Haltung des Dienens zur Grundhaltung des Jüngerseins gemacht, indem er »nicht nur einen grundstürzenden Wandel in der Wertung menschlichen Seins und Tuns gedanklich heraufführt, sondern eine neue Gestaltung aller Beziehungen zwischen den Menschen als Wirklichkeit hinstellt«.[12] Diese antijudaistische und vom Habitus der Überlegenheit auch gegenüber der nicht jüdisch-christlichen Gesellschaft getragene Interpretation ist einflussreich bis in die 1990er Jahre.[13]

John N. Collins' Monographie von 1990 arbeitet mit einer ge genüber Beyer deutlich erweiterten Quellenbasis. Mit ihr widerlegt er Beyers Grundthese: Die Wörter des Stammes seien weder im Sinne des Liebesdienstes verwendet, noch sei jeweils die Niedrigkeit des Dienstes für die Verwendung des Wortes relevant.[14] Der Tischdienst ist nach Collins nur einer der Kontexte, in dem die Wörter des Stammes verwendet werden, er repräsentiere jedoch nicht die Grundbedeutung. Gemeinsam sei den Wörtern, dass sie ein »Dazwischengehen«[15] des Dienenden bezeichnen, bei dem der Gesandte an der Autorität des Senders partizipiert. Insofern unterscheide der neutestamentliche Sprachgebrauch sich nicht grundsätzlich vom Gebrauch im nichtjüdisch-christlichen Bereich. Der Akzent liegt nach Collins auf der Mittlerfunktion des Dienenden, die er im Auftrag einer Autorität gegenüber Dritten ausführt. Spezifisch christlich sei allerdings die Bezeichnung diakonos für einen Gesandten in heiligen Angelegenheiten.[16]

Einen methodischen und hermeneutischen Neuansatz, der zu einer differenzierteren Erhebung und Interpretation des Befun-

10 A. a. O., 82.
11 Ebd.
12 A. a. O., 84.
13 Benedict, Diakonie, 127 f.
14 Collins, Diakonia, 258 f.
15 So übersetzt Benedict (Anspruch 354); Hinweis von Hentschel, Diakonia, 22 Anm. 63.
16 Zum »agent in sacred affairs«, s. Collins, Diakonia, 337.

des führt, präsentiert Anni Hentschel 2007.[17] Sie analysiert die Gebrauchsbedingungen der Wortfamilie in ihren jeweiligen literarischen und sozialgeschichtlichen Kontexten, um ein Bedeutungspotenzial zu ermitteln, das in jeweils spezifischer Weise realisiert ist.[18] Sie stimmt Collins darin zu, dass die Wörter des Stammes *diak-* sehr differenziert verwendet werden und anders als etwa bei *doulos* und *pais*, nicht speziell mit Niedrigkeit assoziiert sind, sondern eine Beauftragung bezeichnen. Diese Beauftragung ordne »den Beauftragten in ein Beziehungsverhältnis zwischen Auftraggeber und Adressaten ein (…), welches hierarchisch strukturiert ist und häufig eine Vermittlungsfunktion dahingehend nach sich zieht, dass der Beauftragte eine Sache oder Nachricht an die Adressaten überbringen muss.«[19] Die Beauftragung kann nach Hentschel auch über einen längeren Zeitraum ausgeübt werden, bezeichne aber keine Berufs- oder Statusgruppe. Die Verwendung im Kontext des Tischdienstes stehe deshalb auch nicht für eine Grundbedeutung des Stammes; wenn die Wörter des Stammes *diak-* in diesem Zusammenhang verwendet werden, betonten sie die feierliche Inszenierung des Mahls.[20] Gebraucht werden die Wörter für Männer und Frauen, ohne dass geschlechtsspezifische Unterschiede im Gebrauch sichtbar würden. Da es die männliche Form *diakonos* ist, die zur Bezeichnung von Frauen verwendet wird (Röm 16,1–2), kann von der maskulinen Form auch nicht direkt auf die Männlichkeit der Bezeichneten geschlossen werden.[21] Hentschel weist nach, dass der Gebrauch im Neuen Testament dem Gebrauch des Lexems im profangriechischen und jüdisch-hellenistischen Bereich entspricht und die jeweils realisierten Aspekte des Bedeutungsspektrums aus dem literarischen Kontext zu erschließen sind.

Bilanzierend lässt sich unter Anknüpfung an Hentschel festhalten: Der Tischdienst ist kein sozialer und/oder literarischer Kontext, der die Grundbedeutung bestimmt. Dadurch kann die

17 Hentschel, Diakonia.
18 A. a. O., 24–34.
19 A. a. O., 433.
20 Ebd.
21 A. a. O., 167.433 f.

Idee der Niedrigkeit des Dienstes (wie seine theologische Umdeutung) nicht mit dem Verweis auf den biblischen Befund begründet werden. Auch ist das Abendmahl nicht die Wurzel christlichen Hilfehandelns. Das bedeutet nun nicht, dass die Mahlpraxis und -theologie früher Gemeinden nicht geeignet wäre, Gemeinde heute als Subjekt diakonischen Handelns zu reflektieren, sondern nur, dass dies nicht unter Bezug auf die Wörter des Stammes *diak-* erfolgen kann.

Da mit dem Lexem eine Vermittlungsfunktion aufgrund eines autorisierenden Auftraggebers gegenüber einer Zielgruppe beschrieben wird, eignet es sich besonders gut dazu, in Konflikten Mandate und Lizenzen sowie programmatische Interessen zu thematisieren, die die inhaltliche Ausrichtung des Auftrags betreffen. Bei der Rezeption der Texte ist dann zu fragen, ob sie beschreibende oder vorschreibende Funktion haben. Das ermöglicht es, die Kommunikationssituation zu erfassen, in die der Text anfänglich hineingehörte (Textwelt) und führt zur Reflexion des Gestaltungsinteresses, das im Rezeptionsprozess leitend ist (Lesewelt).

Impulse:

- Welches sind Ihrer Ansicht nach die wichtigsten neueren exegetischen Einsichten?
- Welche Relevanz können diese Einsichten gewinnen, wenn es darum geht, in Gemeinden multiprofessionelle Teams zu installieren oder das Verhältnis von Kirche und Diakonie zu konzeptionieren?

1.2.3 Der Jesus der Diakonie

Der Bezug zur Jesusüberlieferung durchzieht die Geschichte von Diakonie und Diakoniewissenschaft. Die drei präsentierten Zugänge haben folgende Ziele: Die Beschreibung Jesu als Repräsentant des Reiches präsentiert exegetische Einsichten, die zur Begründung speziell eines politischen Mandats der Kirche dienen können; die Überlegungen zum Nächstenliebegebot arbeiten die Unterschiedlichkeit der jeweiligen Interpretationen heraus, um eine differenzierte Anwendung zu erleichtern. Die Ausführungen über Heilungen und Exorzismen zielen auf eine diversity-sensible Rezeption der Texte.[22]

1.2.3.1 Jesus als Repräsentant des Reiches Gottes

Jesu Wirken in Bezug auf das Reich Gottes wird auch in exegetischer Literatur oft mit »Verkündigen« zusammengefasst.[23] Dieses deutsche Wort stellt eine Nähe zur Predigt her, so als sei Jesus »eine Art Urpastor mit charismatischer Begabung«[24]. Das passt insofern nicht, als Jesus das Reich Gottes vollstreckt, so wie ein römischer Statthalter die Herrschaft des Augustus gegenüber den Menschen seines Herrschaftsgebietes vor Ort durchsetzt, wenn sich auch die Instrumente der Durchsetzung jeweils unterscheiden. Insofern ist er eher ein Repräsentant des Reiches, als sein Verkündiger. Allerdings spielen Worte beim Vollstrecken des Reiches Worte durchaus eine entscheidende Rolle. Denn da es auch im 1. Jh. n. Chr. keinen für alle Menschen gleichermaßen evidenten Zugang zur gegenwärtigen oder zukünftigen Realität gibt, deutet Jesus sie auch mit Mitteln sprachlicher Kommunikation. In diesem Sinne vollstreckt er das Reich durch Weisungen, die den Willen Gottes für die Bürgerschaft des Reiches enthalten (Mk 10,29–31.34); dafür reklamiert er eine vollmächtige Interpretation der Schrift für sich (Mk 1,21 f). Seine performativen Sätze wie »Deine Sünden sind dir vergeben.« (Mk 2,5) und »Sei gesund von der Plage!« (Mk 5,34b) realisieren die Gottesherrschaft direkt und – im Fall von Heilungen und Exorzismen – auch sichtbar; dass die sichtbaren Wirkungen der Worte auf Gott zurückgehen und also seine Herrschaft realisieren, bleibt freilich ebenfalls mehrdeutig. Ein Teil seiner Worte hat denn auch die Funktion, seine Handlungen zu kommentieren und zu interpretieren: »Wenn ich mit dem Finger Gottes Dämonen austreibe, dann ist das Reich Gottes zu euch gekommen.« (Lk 11,20) und »Geht und berichtet Johannes, was ihr gesehen und gehört habt: Lahme gehen, Aussätzige werden

22 Gegenstand der Ausführungen sind die Evangelien; ich verweise nur ausnahmsweise auf Ergebnisse der Jesusforschung.

23 So z. B. Theißen/Merz, Jesus, 226; Schröter, Jesus, 190 sowie zuletzt Strotmann, Jesus, 99.

24 Burchard, Jesus, 29.

rein, Taube hören, Tote stehen auf, Armen wird das Evangelium gepredigt« (Lk 7,22) oder »das Reich Gottes ist herbeigekommen« (Mk 1,15). Die Texte spiegeln mithin eine Mehrdeutigkeit des Geschehenen und des Erzählten; dadurch sind sie gut zu verwenden in heutigen Kontexten, in denen die Berücksichtigung der Perspektivität von Wahrnehmen und Verstehen bedeutsam ist.[25]

Jesu Verkündigung des Reiches Gottes steht bis heute für die soziale und politische Relevanz seiner Wirksamkeit, obwohl Jesu Handeln weder auf die Veränderung noch auf die Abschaffung der römischen Herrschaft zielte. Immerhin war auch in seinem Verständnis das Kommen des Reiches verbunden mit dem Ende Roms. Strukturell gedacht hat Jesus jedoch nicht. Deshalb zielte sein Handeln auch nicht darauf, Diskriminierung und Ausbeutung als solche abzuschaffen oder Teilhabechancen rechtlich zu verankern.

Allerdings gibt es klare Kriterien für eine Zugehörigkeit zum Reich Gottes: Reiche sollen ihren Besitz zugunsten der Armen einsetzen (Mk 10,21); Angesehene sollen sich mit Marginalisierten solidarisieren (Mk 10,15); Ressourcen sind so einzusetzen, dass Menschen ein Überleben gesichert wird (Mt 25,31–46); die Eignung für eine leitende Funktion in der Gemeinde entscheidet sich daran, ob die Gestaltungsmacht zum Wohlergehen der Anvertrauten eingesetzt wird (Mk 10,35–45); Nächstenliebe, die die Feindesliebe einschließt, bleibt Zusammenfassung und Kriterium der Auslegung der Tora (Mt 22,35–40).

Solche Reihungen des gewünschten Verhaltens können heute als überfordernd wahrgenommen werden und eine Ablehnung auslösen, die zur grundsätzlichen Relativierung von Verpflichtungen führt. Deshalb ist zu berücksichtigen, dass nach zeitgenössischer jüdischer Anthropologie Menschen sich erfolgreich an den Weisungen Gottes orientieren können; Fehler und Misserfolge widersprechen dem nicht. Zudem fordert der Jesus der Evangelien keine Spitzenleistungen, sondern eher das, was bei richtiger Orien-

25 Anschluss kann hergestellt werden zu den konstruktivistischen Diskursen in den Sozial- und Geisteswissenschaften, die seit den 1980er Jahren zunehmend relevant werden für die Gestaltung professionellen Handelns, s. Kraus, Erkennen, 11 f.

tierung des Handelns nahe liegt und machbar ist. Systematisch reflektiert hat Jesus diese Frage nicht, und so definiert er auch nicht, was mindestens getan werden muss, um Bürger und Bürgerin des Reiches zu sein. Dass keine Spitzenleistungen gefordert sind, schließt nicht aus, dass der Preis einer Orientierung an Jesu Weisungen hoch sein kann; für die Bereitschaft, den Preis zu zahlen, ist Jesus denn auch selbst Modell (Mk 10,45), was ausschließt, dass das Geforderte unerreichbar, also programmatisch zu relativieren wäre.

Impulse:

- Welche theologische und praktische Relevanz kann die biblische Vorstellung entwickeln, dass die Menschen den Willen Gottes tun können?
- Inwiefern kann sich gesellschaftlich wirksames kirchliches Handeln auf Jesus als Repräsentant des Reiches Gottes berufen?

1.2.3.2 Das Gebot der Nächstenliebe

Die Liebe und insbesondere die Nächstenliebe ist ein *Schlüsselbegriff der Selbstlegitimation* christlicher helfender und solidarischer Praxis. Das Nächstenliebegebot eignet sich dazu nicht nur, weil die Grundlegung diakonischen Handelns unter Bezug auf dieses Gebot die Geschichte der Kirche durchzieht, sondern weil es auch für Menschen nichtchristlichen Selbstverständnisses geeignet ist, ihre Motivation zu helfendem und solidarischem Handeln in einen überindividuellen Kontext zu stellen. Es wurde christlich jedoch auch rezipiert, um Überlegenheit von Christinnen und Christen gegenüber Juden und Jüdinnen sowie Menschen, die Wirklichkeit ohne Bezug zur christlich-jüdischen Tradition konstruieren, zu behaupten.[26] Dazu konnten und können biblische Texte genutzt werden, auch wenn die Quellenlage dazu keinen Anlass gibt.[27] Den Texten angemessen ist es, die Orientierung an der Nächstenliebe als ein inklusives Merkmal von Kirche

26 Exemplarisch sei Uhlhorns These genannt, nach der die »Welt vor Christus« eine »Welt ohne Liebe« gewesen sein; Uhlhorn, Liebesthätigkeit, 7.

27 Ebersohn, Nächstenliebegebot, 56–142.

und Diakonie zu verstehen: Sie ist ein notwendiges, aber kein exklusives Merkmal von Kirche und Diakonie.

Die folgenden Ausführungen konzentrieren sich auf eine Interpretation von Lev 19,18 und die unterschiedlich akzentuierten Rezeptionen dieses Textes in den Evangelien. Das Nächstenliebegebot begegnet in jüdisch-christlichen Traditionen in unterschiedlichen Formulierungen und ist je nach literarischem Kontext unterschiedlich konkretisiert. *Im Alten Testament* kommt es in der prägnanten Formulierung »… du sollst deinen Nächsten lieben wie dich selbst« nur in Lev 19,18b vor. Dort ist es Element einer Reihe von Bestimmungen, die allgemein den Alltag und speziell die Gemeinschaft betreffen.[28] Das hebräische Wort *'ahab*, das mit »lieben« übersetzt ist, umschreibt eine Grundhaltung, insofern diese sich in konkreten Handlungen realisiert. Im engen literarischen Kontext ist die Liebe bestimmt als Alternative zum Rächen und Nachtragen (19,18a), im weiteren Zusammenhang negativ durch den Verzicht auf Verleumdung und das Trachten nach dem Leben, positiv durch die Zurechtweisung des Mitmenschen (Lev 19,16–18). Im Kontext der Durchsetzung von Recht beim Gerichtsverfahren zielt sie darauf, Menschen das Recht zu verschaffen, das ihnen zusteht.[29]

In hierarchischen Beziehungen besteht die Liebe der untergeordneten Person in Loyalität, Treue und Gehorsam gegenüber der höhergestellten Größe, die höhergestellte liebt die untergeordnete mit Schutz und Fürsorge. Das gilt z. B. für das Gebot der Gottesliebe in Dtn 6,5 sowie für seine Kombination mit Lev 19,18 z. B. in Lk 10,27 und anderen jüdischen Schriften. Das Verb *'ahab*/lieben kann zwar auch emotionale Verbundenheit ausdrücken;[30] im Kontext von Weisungen bezeichnet es jedoch eine Handlung ungeachtet der Frage, welche Emotionen diese Handlungen begleiten.

Der Nächste (*rea'*) ist der Verwandte (Lev 19,17a), der Volksgenosse (Lev 19,17b) und der (Mit-) Israelit. Allerdings zielt diese Bezeichnung von Zugehörigkeit nicht auf eine Exklusion von

28 Zum Folgenden s. Guttenberger, Nächstenliebe, 18–24.
29 Moenikes, Bibel, 146 f.
30 Z. B. David und Jonathan in 1Sam 18,1–3.

nichtisraelitischen Männern und Frauen und impliziert diese auch nicht. So soll der Fremde (*ger*) genauso geliebt werden wie die Mitisraeliten (Lev 19,34; vgl. Dtn 10,18 f). In Lev 19 sind nun die Fremden allerdings nicht alle Menschen, die in sozialer oder kultureller Hinsicht fremd sind, sondern nur solche, zu denen aufgrund der räumlichen Nähe und der Dauer ihres Verbleibs ein Verhältnis entwickelt werden kann. Gemeint sind zunächst Proselyten, deren Rolle in der jüdischen Gesellschaft geregelt war; gemeint sind des Weiteren Menschen anderer Herkunftskultur, die sich nicht als Proselyten aktiv integrierten, aber dennoch auf Dauer mit den Juden und Jüdinnen leben. Dass es um Menschen im Nahbereich geht, intendiert keine Exklusion von fernen Menschen, sondern ist der relativ geringen Reichweite sozialer Beziehungen in der Antike geschuldet.[31]

Die nähere Bestimmung *kamoka*, die meistens mit »…wie dich selbst« übersetzt wird, ist in ihrer Interpretation umstritten:[32] Entweder sie bezieht sich auf das Verb und gibt die Qualität des Liebens an, oder sie beschreibt das Objekt, den Nächsten, näher als einen, der dem Subjekt gleicht (»wie du«). Relevant ist diese Unterscheidung aufgrund der Rezeptionsgeschichte des Verses. Denn ein Verständnis von »wie dich selbst« als Beschreibung des Liebens kann genutzt werden, um den Schutz vor Überforderung zu fundieren.[33] Die Interpretation des »wie dich selbst« im Sinne von »wie du« kann als Grundlegung einer Dialogizität menschlichen Lebens ausgedeutet werden.[34] Exegetisch lässt sich allerdings nur wahrscheinlich machen, dass die Bestimmung *kamoka* die Gleichheit derer betont, die durch Liebe verbunden sind.

In den synoptischen Evangelien erfolgt der Bezug auf das Nächstenliebegebot mit je spezifischen Akzenten:

31 Das bedeutet nun nicht, dass es keine Exklusion von Menschen im Nahbereich gegeben hätte, sondern nur, dass sie mit dem Begriff des Nächsten nicht automatisch impliziert war. Zur Exklusion von Fremden s. etwa Zehnder, Fremder.

32 Ebersohn, Das Nächstenliebegebot, 46 f.

33 Vgl. Theißen, Legitimitätskrise, 96–98.

34 Zur Kritik an Überfrachtungen der Bestimmung s. Guttenberger, Nächstenliebe, 20 f. – Ob Spr 19,8 ein Beleg für die Vorstellung von der Selbstliebe ist, ist umstritten und wäre zudem kein hinreichendes Indiz für ein Verständnis von kemoka in Lev 19,18.

Im *Markusevangelium* (Mk 12,28–34) rettet das Nächstenliebegebot das Gottesliebesgebot vor einer Fehlinterpretation: Der erzählerische Anlass des Zitats von Lev 19,18 ist der schriftgelehrte Diskurs über die Frage nach dem wichtigsten (*prōtē*) Gebot (12,28). Auf die Frage danach antwortet Jesus mit einer Zitatkombination: Er zitiert als erstes das Schema Jisrael (Dtn 6,4f) und ordnet ihm das Nächstenliebegebot an zweiter Stelle zu. Das Gottesliebegebot hat also den Rang des übergeordneten Gebots. Indem der Schriftgelehrte die Kombination der beiden Gebote als höherwertig »als alle Brandopfer und (andere) Opfer« bezeichnet, kritisiert er eine Praxis der Gottesliebe, die meint ohne Nächstenliebe auskommen zu können: Richtig praktizierte Gottesliebe schließt Nächstenliebe ein.

Matthäus hat in seiner Variante der Erzählung den Akzent verändert: Das Nächstenliebegebot ist in Mt 22,35–40 »hermeneutisches Prinzip und kritischer Kanon«[35]. Die Frage des Schriftgelehrten nach dem größten (*megalē*) Gebot ist zwar wie bei Mk eine Frage der Auslegung der Tora.[36] Bei Mt ist sie jedoch Ausdruck des zeitgenössischen Bemühens, Kernsätze zu benennen, die die Einzelbestimmungen zusammenfassen. Solche zentralen Sätze hat es gegeben, auch wenn sie dem rabbinischen Gesetzesverständnis insofern widersprechen, als jedes der einzelnen Ge- und Verbote zu erfüllen ist (vgl. Mt 5,17–20).[37] Mt bezeichnet das Gottesliebegebot als das größte und erste (*megalē kai prōtē*) Gebot (Mt 22,38); das ist ein Rang, den logisch nur ein einziges Gebot einnehmen kann. Wenn nun das Nächstenliebegebot den gleichen Rang erhält, kann dies so verstanden werden, dass das Nächstenliebegebot als Kriterium der Auslegung fungiert. Das passt gut in den Kontext des Matthäusevangeliums, dem es um die bessere Gerechtigkeit (5,17–20) geht. An den Auslegungen[38] der Tora in Mt 5,21–48 soll denn auch abgelesen werden, was die Gerechtig-

35 Burchard, Liebesgebot, 25.

36 Es handelt sich bei Mt um die Frage eines Gesetzeskundigen, er fragt nach dem größten Gebot im Gesetz, und seine Frage wird als eine versuchliche qualifiziert.

37 Burchard, Liebesgebot, 16–19.

38 Zur Kritik der Rede von den »Antithesen«, s. Wengst, Regierungsprogramm, 77–82.

keitspraxis auszeichnen soll: Es gilt, die Anforderungen der Tora nicht zu reduzieren, auch wenn sie dadurch alltagstauglicher würden (5,17–19), und es ist unbedingt eine Diskrepanz zwischen Lehren (23,13) und Wissen (23,3) einerseits und Tun andererseits (5,20; 23,14 f) zu vermeiden. Vorgestellt ist übrigens, dass Taten, die als Praxis der besseren Gerechtigkeit gelten, attraktiv sind für Außenstehende, und dass umgekehrt die schlechte Gerechtigkeitspraxis verhindert, dass Heiden die Gottheit Gottes anerkennen (5,16) und Proselyten der rechte Weg gewiesen wird (23,13 f).

Das Matthäusevangelium präsentiert das Nächstenliebegebot noch in zwei weiteren literarischen Zusammenhängen (5,43–48; 19,16–26), von denen der erste wegen seiner antijudaistischen Rezeptionsgeschichte erläutert wird: Die fünfte Antithese (5,43–48) formuliert als These »Ihr habt gehört, dass gesagt worden ist: Du sollst deinen Nächsten lieben und deinen Feind hassen« (V. 43). Der Beginn der These zitiert einen Teil von Lev 19,18a, der zweite Teil ist ein Zusatz, den es als Programm weder im Alten Testament noch in frühjüdischen Texten gibt.[39] Lev 19,17 verbietet sogar explizit, den Bruder zu hassen (s. o.). Zu verstehen ist dieser matthäische Zusatz zu Lev 19,18a als Mittel, um ein entsprechendes populärethisches Verhalten in seiner Bedeutung aufzuwerten: Im Urteil des Mt ist reziprokes Verhalten zu einem Programm geworden, das den Sinn von Lev 19,18a verzeichnet. Beim zweiten Teil der These handelt es sich mithin um eine hyperbolische Beschreibung des reziproken und auf die Binnengruppe beschränkten Liebens, mit dem Ziel, besonders nachdrücklich zu fordern, auch solchen Menschen Gutes zu tun, die die Adressaten schädigen (V.44). Ziel ist es übrigens nicht, eine Verhaltensänderung auf Seiten der Feinde anzustoßen, sondern sich der eigenen sozialen Identität zu vergewissern.

Im *Lukasevangelium* steht das Doppelgebot in der Erzählung vom barmherzigen Samariter (Lk 10,25–37); sie kritisiert das Interesse an der Reduktion der Zielgruppe helfenden Handelns. Dazu arbeitet die Erzählung mit der Spannung zwischen der Frage des Gesetzeskundigen »Wer ist mein Nächster?« (10,29) und der Frage Jesu, mit der er seine Erzählung beschließt: »Wer von die-

39 Wengst, Regierungsprogramm, 125–134.

sen dreien…ist der Nächste gewesen dem, der unter die Räuber gefallen ist?« (V.36). Der Gesetzeskundige fragt nach Merkmalen derjenigen Menschen, die als Nächste zu bezeichnen sind, um darüber die Zielgruppe zu konkretisieren. Das ist hermeneutisch naheliegend, insofern das Gebot so allgemein ist, dass es immer einer kontextuellen Konkretion bedarf. Dennoch disqualifiziert Jesus das Interesse. Jesu Frage lenkt die Aufmerksamkeit weg von dem Überfallenen hin zu den Menschen, die die Möglichkeit zu helfen haben. Die Frage des lukanischen Jesus »Wer …ist der Nächste gewesen« macht diejenigen, die Handlungsspielräume haben, verantwortlich dafür, ob sie selbst jemandem zum Nächsten werden. Vom Plot des Textes abstrahierend lässt sich bilanzieren: Definitionen von Eigenschaften derjenigen, die einen Anspruch auf Hilfe haben, sind erforderlich; sie müssen jedoch flankiert werden durch eine konsequente selbstkritische Reflexion der dem Handeln zugrunde liegenden Auswahlkriterien. Denn menschliches Handeln tendiert auch bei Engagierten – wie dem Schriftgelehrten – zur Reduktion von Anforderungen, die zu Lasten der Menschen mit Hilfebedarf gehen.

Lukas betont besonders, dass die Nächstenliebe die Grenzen der Gruppe transzendiert (Lk 6,17–49). Das hat in der Erzählung vom barmherzigen Samariter insofern Niederschlag gefunden, als unklar bleibt, ob es sich bei dem Überfallenen um einen Juden handelt. In der Feldrede (Lk 6,20–49) interpretiert der lukanische Jesus die Nächstenliebe als Feindesliebe: Für sie ist typisch, dass der Schaden, der den Angesprochenen durch Hass, Verfluchung, Entehrung, Diebstahl (Lk 6,28–30) entsteht, durch ein Verhalten beantwortet werden soll, das den Feinden sogar nutzt. Solches Verhalten fasst die Goldene Regel zusammen: »Und wie ihr wollt, dass euch die Menschen tun sollen, so tut ihnen auch!« (V. 31).[40]

40 Vgl. Justin, Erste Apologie 15,9. Dass ein Apologet betont, den Christinnen und Christen sei es geboten, ihre Feinde zu lieben, erklärt sich als Reaktion auf den Vorwurf, sie würden die Menschen hassen (Tac. Ann. XV 44,4). Dieses Urteil wurde dadurch genährt, dass die Lebensweise der Christen und Christinnen sich von derjenigen der Mehrheitsgesellschaft unterschied und sie an den gemeinschaftlichen Festen nicht teilnahmen. S. Wengst, Regierungsprogramm, 125 f. Zur Wirkungsgeschichte von Mt 5,43c s. Stegemann, Juden.

Das *Johannesevangelium* zitiert Lev 19,18 nicht. Anders als in den synoptischen Evangelien ist Liebe speziell Bruderliebe, ihre Reichweite ist auf die Mitglieder der Gruppe beschränkt. Denn die Aufforderung, einander zu lieben, reagiert darauf, dass eine Abfallbewegung die Gemeinde bedroht.[41] Diese Liebe zeigt sich an der Bereitschaft Preise zugunsten der anderen Brüder zu zahlen: Jesus praktiziert bei der Fußwaschung den Statusverzicht, den die Schüler sich zum Vorbild nehmen sollen (13,15) und entsprechend ist Jesu Bereitschaft zu sterben Erweis seiner Freundschaft (15,13 f). Diese Ethik ist soteriologisch relevant, da die Liebe untereinander die Gemeinschaft mit Jesus über dessen Tod hinaus fortsetzt (13,7.14 f),[42] und das Verbleiben in der Liebe Gottes bewirkt (14,15.21–24).

Die Wirkungsgeschichte der Interpretation des Nächstenliebegebots als Feindesliebegebot und insbesondere die Rezeption von Mt 5,43 hat die Vorstellung befördert, dass die Feindesliebe erstmalig in den Evangelien auftauche und also ein christliches Proprium sei. Das ist – wie bereits ausgeführt – ein Irrtum. Zudem ist die Diskrepanz zwischen der Auslegung der Gebote und der Praxis der Lebensführung ein Problem der frühen christlichen Gemeinden; der 2. Klemensbrief etwa beschreibt in prägnanter selbstkritischer Weise: »Worin wird er [Gott, R. K.] gelästert? Indem wir nicht tun, was wir sagen. […] Denn wenn sie von uns hören, dass Gott spricht: ›Ihr habt keinen Dank, wenn ihr die liebt, die euch lieben, aber ihr habt Dank, wenn ihr die Feinde liebt und die, die euch hassen‹: Wenn sie das hören, bewundern sie das Übermaß an Güte. Wenn sie aber sehen, dass wir nicht nur die, die (uns) hassen, nicht lieben, sondern auch die nicht, die (uns) lieben, lachen sie uns aus und der Name wird gelästert.«[43]

41 Wengst, Johannesevangelium, 121 f.

42 Guttenberger, Nächstenliebe, 96–108.

43 2Clem 13,2.4; zitiert nach der Übersetzung von Pratscher, Clemensbrief, 168 f.

Impulse:

- Diakonische Werke bestimmen es als Teil ihres spezifisch diakonischen Auftrags, sich solchen Menschen zuzuwenden, deren Bedarfe (noch) durch keine Leistungsbeschreibung erfasst werden. Entwerfen Sie zur Kick-off-Veranstaltung eines entsprechenden Projektes ein Grußwort, indem Sie sich auf den barmherzigen Samariter beziehen.
- Welches sind aktuelle Kontexte, in denen Sie ein reziprokes Verständnis und ein die Binnengruppe transzendierendes Verständnis von Nächstenliebe zur Interpretation bestehender Konflikte nutzen können?

1.2.3.3 Heilungen und Exorzismen[44]

Biblische Erzählungen von Heilungen sind eine Herausforderung für eine diversity-sensible Rezeption. Denn Kranke und Menschen mit Behinderung[45] werden geheilt und den dominierenden Standards der Normalität angepasst, so als ob das Reich Gottes eine Normalisierung und Anpassung von Kranken und Menschen mit Behinderung bewirke.[46] Die Bestimmung des Verhältnisses von Besessenheit und Krankheit dient dazu, Alternativen zu eröffnen zu einer methodisch umstrittenen und stigmatisierenden Identifikation heutiger Krankheitsbilder auf der Grundlage antiker Beschreibungen von Besessenheit. Aus entsprechenden Gründen bieten die Ausführungen eine Skizze des

44 In der historischen Forschung besteht ein weitgehender Konsens darüber, dass Jesus – wie wenige weitere Männer seiner Zeit auch – geheilt und exorziert hat, vgl. Strotmann, Jesus, 120–128; Theißen/Merz, Jesus, 272–275.

45 Unter Behinderung verstehe ich im Folgenden eine dauerhafte, angeborene oder erworbene funktionale Einschränkung des menschlichen Körpers oder der menschlichen Psyche. Biblisch gibt es keine spezifischen Wörter für Krankheit und Behinderung. Es gibt allerdings eine medizinische Terminologie, die sowohl verschiedene Krankheiten benennt als auch unterschiedliche Behinderungen voneinander unterscheidet (z. B. Lev 21,18–20; Dtn 28,28), so Frey-Anthes, Krankheit; Schorch, Behinderung; dazu s. Schiefer Ferrari, Lektüre.

46 Vgl. Wilhelm, Wer heilt, 11. – Eine Aufzählung der theologischen und ethischen Dilemmata, die mit der Rezeption von biblischen Erzählungen von Heilungen und Exorzismen verbunden sind, hat Jürgen Ebach zusammengestellt: Ebach, Erinnerungen.

Zusammenhangs zwischen Krankheit (und Behinderung) einerseits und Sünde andererseits.

Die Ausführungen gehen davon aus dass Krankheit, Gesundheit und Behinderung kontextuelle Konstrukte sind.[47] Eine (exegetische oder anwendungsorientierte) Thematisierung von Krankheit und Behinderung sollte zudem den Beitrag der jeweiligen Gesellschaft bei der Bewertung von Symptomen als Krankheit bzw. Behinderung sowie ihre damit verbundene Verantwortung für die Lebenslage der Betroffenen berücksichtigen.

Bei den Krankheiten bzw. Behinderungen, die neutestamentliche Heilungserzählungen thematisieren, handelt es sich vor allem um Blindheit (Mk 8,22–26), Lähmung (Mk 2,1–12parr), Stummheit (Lk 11,14par), Taubstummheit (Mk 7,31–37) und Aussatz (Mk 1,40–45parr.). Diese Reihe ähnelt der alttestamentlichen typisierenden Redeweise von Krankheit bzw. Behinderung (Jes 29,18 f; 35,5 f; 42,18).[48] Heutige Zuordnungen von Symptomen zu einer Krankheit und Behinderung dienen der fachlichen Bestimmung der Bedarfe der betroffenen Menschen sowie der sozialrechtlichen Organisation von Verpflichtungen der Gemeinschaft ihnen gegenüber. Um Verpflichtung des Solidarsystems geht es der typisierenden Redeweise der antiken jüdisch-christlichen Tradition ebenfalls. Denn sie bezeichnet die Menschen, die mit Krankheit bzw. Behinderung leben, nach ihrer jeweiligen Beeinträchtigung und reiht sie zusammen mit Menschen, die arm oder fremd sind: Sie haben aufgrund des Merkmals, das genannt wird, einen Anspruch auf Solidarität. So erwähnt etwa Lev 19,4 Menschen mit eingeschränktem Seh- und Hörvermögen zusammen mit den Tagelöhnern, mit den Armen und den Migranten im eigenen Land. Für das Neue Testament sei exemplarisch auf die Erzählung von der Scheidung im Endgericht Mt 25,31–46 verwiesen: Hier sind die Kranken zusammen mit Hungrigen, Fremden und Inhaftierten als Menschen mit Hilfebedarf genannt.

Besessenheit bezeichnet ein Phänomen, bei dem der bzw. die Betroffene von einem Dämon besetzt wird, so dass dieser weitgehend

47 Weissenrieder, Illness, 23–42; Schiefer Ferrari, Lektüre, 36–41.

48 Eine vollständige Aufzählung s. bei Kollmann, Krankheitsbilder. Vgl. die Zusammenstellung von Menschen mit Behinderung in Lk 14,12–14.

die Regie über den Menschen übernimmt. Zu exorzieren ist die Person, wenn die Wirkung eine schädigende ist, wenn also der Dämon den bzw. die Betroffene durch Krankheit[49], Selbstverletzung oder dem Zwang zu sozialfeindlichem Verhalten so schädigt, dass er bzw. sie vereinsamt und verarmt. Rationalistische Zugänge zu biblischen Erzählungen von Exorzismen nutzen die Beschreibungen von Besessenheit, um aus ihnen Symptome für die Diagnose einer heutigen Krankheit zu erschließen. Dieses Verfahren basiert jedoch vielfach auf der Annahme, dass heutige europäische Formen der Wirklichkeitskonstruktion richtig und also geeignet sind, antike Phänomene zu kategorisieren. Die Kritik an diesem Verfahren, das in Gefahr gerät wissenschaftlich-rational begründet dem Fremden keinen Raum zu lassen, führt in der Exegese zur Überprüfung psychologischer und soziologischer Erklärungen von Exorzismen.[50] Die Kategorie der Performance konzentriert sich im Unterschied dazu nicht auf die im Einzelnen beschrieben Phänomene, sondern versteht Besessenheit als Inszenierung einer Rolle. Dieses Verfahren ist deutlich zurückhaltender gegenüber der Tendenz zur Vereinnahmung, und sie hat den Vorteil, dass die Wirkung des Exorzismus auf das gesellschaftliche System konstitutiver Teil des Erklärungsmodells ist: Der Besessene hat eine Rolle, bei der die Grenzen zwischen »Ich« und »Nicht-Ich« durchlässig sind. Die Rolle(n) basieren dabei wesentlich auf der Praxis der sekundär Beteiligten, die diese den Betroffenen zuschreiben – unter Umständen auch ungeachtet des Eigensinns des Betroffenen. Jesus als Exorzist hat in diesem Setting die Rolle, punktuell und anfänglich eine neue soziale und auch kosmische Ordnung zu etablieren. Dabei ist Jesus Teil dieser Welt, in der gute und schlechte Geister wirken. Er tritt nicht etwa für Herrschaftsfreiheit ein, sondern vollstreckt die Herrschaft Gottes in allen Bereichen, in denen er mit

49 Krankheit galt als eine mögliche Folge von Besessenheit, so dass ein Krankheitssymptom – z. B. das Fieber in Mk 1,29–31– auf die Wirksamkeit von Dämonen zurückgeführt werden konnte. Dadurch, dass Jesus jedoch in diesem Fall heilt und nicht exorziert, liegt eine dämonische Krankheitsätiologie vor, aber kein Verständnis von Krankheit als Besessenheit; so unterscheidet der folgenden Basisbericht Mk 1,32–34 das Handeln Jesu an Besessenen und an Kranken; vgl. dazu Strecker, Jesus, 56.

50 Strecker, Jesus, 58 f.

Vollmacht wirkt. Diese antike Vorstellung bietet die Möglichkeit, eine individualisierende Rezeption der Texte zu vermeiden und die Macht gesellschaftlicher Zuschreibungen zu thematisieren.

Die *Relevanz von Sozialbeziehungen* für die Heilung der von Krankheit bzw. Behinderung oder Besessenheit Betroffenen ist in einigen den Erzählungen direkt abgebildet. So sind es vier Personen, die für die Möglichkeit der Heilung des Gelähmten sorgen (Mk 2,1–12), und der Kranke am See Betesda (Joh 5,2–9) hat vergeblich am See gewartet, weil er niemanden hatte, der ihn hinbringt. Zum Plot gehört gelegentlich, dass den Betroffenen oder ihren Stellvertreterinnen und Stellvertretern ein neuer gesellschaftlicher Status zugewiesen wird. Besonders eindrücklich ist dies in der Erzählung von der blutflüssigen Frau in Lk 8,43–48 gestaltet: Der Text greift neben der Verarmung den Verlust einer gesellschaftlichen Funktion auf (V. 43). Mit dem Satz »Meine Tochter, dein Glaube hat dir geholfen. Geh hin in Frieden.« (V. 48) stellt der lukanische Jesus einen gesellschaftlich relevanten Status her.[51] Die Relevanz des gesellschaftlichen Kontextes lässt sich auch durch die Anknüpfung an die pragmatische Ebene der Texte ansprechen. Denn die Texte setzen Jesu Fähigkeit zu heilen voraus und wollen sie nicht beweisen; sie haben vielmehr andere Ziele, die teilweise die Veränderung der Perspektive oder des Verhaltens der Trägerkreise fördern oder legitimieren wollen (z. B. Mk 8,22–26; 7,24–30).

Auch heute entsteht bei direkt und indirekt von Krankheit oder Behinderung Betroffenen die Frage nach einem Zusammenhang zwischen Sünde *bzw. Fehlverhalten* einerseits und Krankheit bzw. Behinderung andererseits. Eine Reihe von biblischen Texten greifen Diskussionen über diesen Zusammenhang auf (vgl. z. B. 2Kön 5,27; Joh 9,1–3; 1Kor 11,30).[52] Das Hiobbuch und Joh 9,1–3 lehnen einen solchen kausalen Zusammenhang ab. In der Erzählung von der Heilung des Gelähmten in Mk 2,1–12 scheint das anders zu sein. Denn Jesus heilt den Kranken nicht direkt, sondern vergibt ihm zunächst seine Sünden. Nun bestimmt V.10 die Funktion des Zusammenhangs zwischen Heilung und Sündenvergebung: »Damit ihr aber wisst, dass der Menschensohn Voll-

51 Weissenrieder, Plage, 84f.
52 Oeming, Behinderung, 81–100.

macht hat, Sünden zu vergeben auf Erden«. Krankheit ist hier nicht als Folge von Sünde gedacht, sondern die Erzählung von der (sichtbaren) Heilung dient der Plausibilisierung der (unsichtbaren) Wirkung der Vollmacht zur Sündenvergebung.[53] Damit hat die Heilung hier in Bezug auf Sündenvergebung eine Funktion, die sichtbare Vollmachtserweise in Bezug auf die noch verborgene Realität des Reiches Gottes haben: Sie veranschaulicht, was für menschliche Sinne nicht wahrnehmbar ist.

Für direkt Betroffene mag die Frage nach der Reichweite der eigenen Verantwortung im Einzelfall hilfreich sein, und entsprechende Texte können sprachliche Räume anbieten. Eine Bezugnahme von nicht selbst Betroffenen auf einzelne biblische Texte, die Krankheit, Behinderung oder Tod als direkte Folge eines Fehlverhaltens interpretieren, ist hingegen theologisch unangemessen.

Impulse:

- Stellen Sie sich die theologischen Herausforderungen zusammen, die mit der Rezeption der Erzählungen von charismatischen Machterweisen verbunden sind.
- In welchen konkreten diakonischen oder diakoniewissenschaftlichen Kontexten kann es ein Gewinn sein, sich auf Erzählungen von charismatischen Machterweisen zu beziehen?

1.2.4 Gestalten helfenden Handelns

Die folgende Thematisierung von helfendem Handeln im Kontext von biblischen Weisungen ermöglicht es, die Verpflichtung des sozialen Systems und den Anspruch der Zielgruppen in den Blick zunehmen. Schutzbestimmungen und Anforderungen an die Gestaltung von wirtschaftlichen Beziehungen sind unterschiedliche – normativ begründete – Instrumente zur Gestaltung der Verantwortung für Menschen mit Hilfebedarf, die anschlussfähig sind.

53 Die Rolle des Gelähmten kann heute irritieren insofern der Text die Erzählung von seiner Heilung funktionalisiert. Allerdings gilt dies von jeder Erzählung von einer Begegnung Jesu mit Menschen, die nach spezifischen Eigenschaften und Rollen benannt sind und stigmatisiert den Gelähmten insofern nicht.

Die Frage nach Organisation und Finanzierung von Hilfehandeln, für die einige biblische Texte transparent sind, bietet Perspektiven für biblisch-theologische Zugänge zu entsprechenden heutigen Herausforderungen.

1.2.4.1 Bestimmungen zum Schutz bestimmter Zielgruppen

Biblische Bestimmungen für den Schutz von Alten, Witwen und Waisen, Fremden und Sklaven werden oft auch als *Sozialgesetze* bezeichnet. Damit wird erfasst, dass vor allem in Ex 20,22–23,33; Lev 17–26; Dtn 12–26 in einer gewissen Systematik Einzelbestimmungen aneinander gereiht sind, die normative Funktion hatten bzw. entwickeln sollten.[54] Rechtscharakter im modernen Sinne hatten sie insofern nicht, als sie kein einklagbares Recht darstellten: Die Zielgruppen, die eines jeweils spezifischen Schutzes bedurften, waren abhängig davon, dass die Männer mit rechtlichen und finanziellen Gestaltungsmöglichkeiten sich an den Normen zugunsten der Unterprivilegierten orientierten. Ein Verstoß gegen diese Bestimmungen blieb deshalb ohne rechtliche Konsequenzen. Allerdings hatte solches Verhalten (oder Unterlassen) Konsequenzen, die Gott setzt und/oder das Sozialsystem generiert. Die sozialgesetzlichen Texte selbst nennen Konsequenzen einer fehlenden Orientierung an den Weisungen: Gott wird für Konsequenzen des Fehlverhaltens (auch generationenübergreifend) sorgen (Ex 20,5; Lev 18,25). Insbesondere aber werben diese Texte für eine Orientierung an den Weisungen, indem sie die Treue gegenüber Weisungen als »Lieben Gottes« bewerten und in Aussicht stellen, dass Gott diese Treue belohnen wird (Ex 20,6). Der Lohn ist etwa die Barmherzigkeit Gottes gegenüber den so Handelnden (Ex 20,6), das Geschenk lebensdienlicher Vitalität (Lev 18,5; Dtn 15,10.14), der Fruchtbarkeit des Landes, ausreichend Nahrung, sicheres Wohnen im Land und erfolgreiche Kriegsführung (Lev 26,3–8; Dtn 26,18 f). Wer den Weisungen folgt, bekennt mit diesem Handeln die Gottheit Gottes; wer ihnen nicht folgt, missachtet damit Gott (Lev 19; Dtn 26,16 f). Anweisungen zur Freilassung von Schuldsklaven und -sklavinnen wer-

54 Kessler, Sozialgeschichte, 37 f.

den motiviert mit der Erinnerung an die Befreiung Israels aus der Sklaverei in Ägypten (Dtn 10,19; 15,15). Grundlegend ist dabei die Vorstellung, dass die Praxis der sozialen Gerechtigkeit den Kreislauf des Segens unterhält; unterbleibt diese Praxis, wird der Kreislauf unterbrochen, und das wirkt sich nachteilig auf Verantwortliche aus und auf solche Menschen, die mit ihnen in Gemeinschaft leben.[55] Faktisch waren solche Bestimmungen gemeinorientalisch und insofern keine exklusiven Merkmale Israels; aber sie galten als notwendige Elemente des Selbstbewusstseins und der Identität Israels (Dtn 4,8).

Zielgruppen des Schutzes sind in der Antike grundsätzlich solche Menschen, mit denen ein direkter Kontakt bestand oder bestehen konnte, darin liegt ein zentraler Unterschied zu heutigen globalen Gesellschaften. So sind z. B. die *Fremden* die Migrantinnen und Migranten im eigenen Nahbereich.[56] Diejenigen, die auf Dauer im Land bleiben und sich assimilieren wollten, wurden mit Privilegien ausgestattet, die denen der Israeliten ähnlich waren. Die auf die Fremden bezogenen Schutzbestimmungen zielen dabei darauf, die aktive Ausnutzung ihrer Schwäche und mangelnden Integration in soziale Systeme zu verhindern (z. B. Lev 19,33 f; Ex 22,20; Ex 23,9).

Alte Menschen waren, sofern sie nicht reich waren, auf die Unterstützung durch die folgenden Generationen angewiesen, um zu überleben (Ex 20,12; Lev 19,3, 20,9; Dtn 27,16). Eine Versorgungspflicht bestand dabei nicht nur gegenüber den eigenen leiblichen Eltern, sondern auch gegenüber weiteren Angehörigen (Ex 19,3; Rut 4,15; Tob 14,13).

Witwen sind Frauen, die – aus welchen Gründen auch immer – ohne Ehemann leben. Sie sind so wenig rechtsfähig wie Waise und Fremde und können deshalb Situationen der Ausbeutung besonders ausgeliefert sein. Auch in ihrem Fall zielen die Bestimmungen darauf, aktive Ausnutzung einer Unterprivilegierung zu verhindern (Ex 20,12; Lev 19,3, 20,9; Dtn 27,16; Mk 12,38–40; Jak 1,27).

Sklaven und Sklavinnen sind in der Regel besser gestellt als Tagelöhner (Dtn 24,14 f), die kein Land besitzen und keinen Herrn

55 Kessler, Armer, 34 f.
56 S. o. Kap. 1.2.3.2.

haben, der ihr Auskommen gewährleistet. Als Rechtlose sind sie allerdings der potenziellen Willkür des Herrn ausgeliefert, so dass die Lebenslagen von Sklaven und Sklavinnen sehr unterschiedlich waren.[57] Die in Schuldknechtschaft Geratenen waren gefährdet, sich durch die eigene Arbeitskraft nicht aus der Versklavung befreien zu können. Die auf Sklavinnen und Sklaven bezogenen sozialen Bestimmungen beinhalten den Verweis darauf, dass sie wie die Mitglieder der Familie Anteil an der Heiligung des Sabbats haben (Ex 20,10; Dtn 5,14). Das Asylrecht für entlaufene Sklaven und Sklavinnen (Dtn 23,16 f) soll ihr Überleben ermöglichen. Die Regel der Entschuldung – in Schuldknechtschaft Geratene sollen nach sechs Jahren freigelassen werden – soll verhindern, dass in Schuldknechtschaft Geratene bis zum Lebensende Sklaven und Sklavinnen bleiben müssen (Ex 21,2–11; Dtn 15,12–17).

Die *Armen* sind Menschen, die zu allen bereits aufgezählten Gruppen gehören können. Im Hebräischen wie im Griechischen gibt es unterschiedliche Wörter für die *Armen*. Diese Wörter qualifizieren die wirtschaftliche Situation der Bezeichneten als (relativ) defizitär. Mit Armut geht vielfach rechtliche Schwäche einher sowie die Gefahr gesellschaftlicher Isolierung.[58] Bis ins 8.Jh. gilt Armut als individuelles, zum Teil selbst verantwortetes (Spr 6,11; 13,18) Geschick, das jedoch in jedem Fall die Solidarität der Gemeinschaft mit der bzw. dem Einzelnen provozieren sollte. Ein Beitrag zum Überleben ist die Bestimmung, das Feld nicht vollständig abzuernten (Lev 19,9; 23,22; Dtn 24,19–21), den Ertrag des Brachjahrs den Armen zu überlassen (Ex 23,11) und ihnen den Erlös des Zehnten in jedem dritten Jahr zukommen zu lassen (Dtn 14,28 f; 26,12–15).

Impulse:

- Welches sind heute besonders verletzliche Gruppen (national und international), wer hat Handlungsspielräume?
- Welches sind die Ursachen dieser Verletzlichkeit? Welche Handlungsspielräume haben Gemeinden, Diakonische Werke und Einrichtungen?

57 Martin, Blick, 251 f; Roose, Sklaverei.
58 Kessler, Armer, 20–22.

1.2.4.2 Bestimmungen zur Gestaltung von wirtschaftlichen Beziehungen

Zinsverbot und Schuldenerlass sind Versuche, die mit der ungleichen Verteilung von Land und finanziellen Ressourcen verbundene zunehmende Verelendung durch Solidarität einzudämmen. Zinsen zu nehmen bedeutet, mehr Saatgut oder Geld einzubehalten, als geliehen wurde (Lev 25,37; Dtn 23,20). Das war verboten, weil diese Praxis die Schwachen in die Verschuldung trieb. In der hebräischen Bibel steht denn auch der Begriff, der das Geschäft aus der Perspektive des Gläubigers bezeichnet (*lawah*) (Dtn 28,12; Jes 24,2), neben einem anderen (*nasa*) der es aus der Perspektive des Schuldners als Last qualifiziert. Von Verschuldung bedroht waren insbesondere solche Menschen, die nicht in ausreichendem Maße in Verwandtschaftsnetze eingebunden und rechtlich unselbständig waren. Es war zunächst Aufgabe der Könige, »Recht und Gerechtigkeit« zu verwirklichen (2Sam 8,15; 2Kön 23,25), dann aber auch Aufgabe aller rechtsfähigen Männer.[59]

Die Verbote des Zinsnehmens wie auch seine Kritik (z.B. Ez 18,8–17; Ps 15,5) zeigen jedoch, dass die Verzinsung dennoch eine verbreitete Praxis war. In vorstaatlicher Zeit kooperierten Sippen, um die Risiken auszugleichen. In der Königszeit verloren die einzelnen Siedlungen ihre Unabhängigkeit und die Fähigkeit Risiken abzumildern, weil die zentrale Organisation der politischen Führung den regional erwirtschafteten Mehrwert abschöpfte.[60] In der hellenistischen und römischen Zeit war es vor allem die Latifundienbildung, die die Überschuldung der Landbevölkerung vorantrieb. Eine Schuldenspirale führte zum Einsatz von Familienmitgliedern als Pfand; am Ende fiel das Land an den Gläubiger (Neh 5,1–13). Diese Form des Wirtschaftens der Großgrundbesitzer gilt als ein wesentlicher Grund für den Verlust von Eigentum und die damit verbundene ökonomische Anhängigkeit vieler Menschen im Vorfeld des jüdisch-römischen

59 Schäfer-Lichtenberger/Schottroff, Schulden, 510; Kessler, Sozialgeschichte 82f.

60 Schäfer-Lichtenberger/Schottroff, Schulden, 511.

Kriegs. Der Profit, den Mt 25,14–30 und Lk 19,11–27 ansprechen, bildet diese Form der systematischen Bereicherung ab. Die Eigendynamik, die mit der Verschuldung zugunsten der Gläubiger und zum Nachteil der Schuldner verbunden ist, ist Gegenstand vor allem der prophetischen Sozialkritik. So formuliert Jes 3,14 gegenüber Ältesten und Beamten: »Der Raub des Elenden ist in euren Häusern«.[61]

Politische Maßnahmen, die ein Zinsnehmen allgemein und wirksam begrenzten oder mittels rechtlicher Maßnahmen strukturell vor Verschuldung bewahrten, gab es nicht. Allerdings gibt es Anweisungen, die auf eine organisierte und öffentliche Weise ein Minimum des Armenrechts im Kontext des Zinsnehmens gewährleisten sollten. So etwa sollte der wärmende Mantel nur tagsüber als Pfand genommen werden (Ex 22,26 f; Lev 19,8 f; Dtn 24,12; Ruth 2; Mt 5,40par setzt dies voraus) und Geräte, die zur Bewältigung des Alltags notwendig sind, sollten nicht gepfändet werden (Dtn 24,6–11).

Wenn die Verschuldung bereits zum vollständigen Verlust der Lebensgrundlage geführt hatte, sollte der Schuldenerlass ein Instrument sein, den Schuldnern einen Neuanfang zu ermöglichen und auch den Gläubiger vor Verlust seines Kapitals zu bewahren (Dtn 15,1–11). Zinsverbot, Schuldenerlass und Freilassung von Schuldsklaven und -sklavinnen sind Reaktionen auf Dynamiken, die die Reichen reicher werden lassen und die Armen in die Verschuldung treiben. In welchem Umfang diese Maßnahmen zur Kompensation ergriffen wurden und wie wirksam sie letztlich waren, ist unsicher. Sie zielten jedoch nicht darauf, die Dynamik als solche zu unterbinden.

Impuls:

- In welchen heutigen Kommunikationssituationen kann eine Schelte wie Jes 3,14 eine das Unrecht reduzierende Wirkung entwickeln.

61 Zur prophetischen Sozialkritik s. z. B. Jes 5,8–10; 58; Jer 5,26–28; Hos 7 f; Am 2,6–8; 4,1; Mi 2,1–3.

1.2.4.3 Organisation von Hilfe und Solidarität

Hilfe und Solidarität sind Verhaltensweisen, die Ressourcen voraussetzen. Ressourcen zu haben ist wiederum zu biblischer Zeit wie heute verbunden mit der Möglichkeit und der Notwendigkeit, darüber zu entscheiden, ob und wenn ja zu wessen Gunsten diese eingesetzt werden sollen. Fragen der Umsetzung solcher Entscheidungen haben auch in biblischen Texten Niederschlag gefunden. Almosen gaben Einzelne und für diese Gabepraxis gab es Regeln und lokale Formen der Organisation des Sammelns und Verteilens. Die paulinische Kollekte ist eine solche Sammlung, und sie ist aufgrund ihrer uns vorliegenden theologischen Interpretation und ihrer strategischen Funktion besonders anschlussfähig an diakonische Kontexte. Da helfendes Handeln auch Aufgabe gemeindlicher Funktionsträger und Funktionsträgerinnen war, bietet dieses Kapitel in seinem letzten Abschnitt einen Einblick in die Diskussion um die so genannten Ämter in frühchristlichen Gemeinden.

1.2.4.3.1 Almosen

Der vornehmliche Ort der Unterstützung ist die Familie. Wenn familiäre Sicherungsmechanismen in die Krise geraten, steigt die Gefahr für den und die Einzelne, zu verarmen (Jes 58,7.10; Ez 18,7.16; Mt 25,35–38.42–44).[62] In der Zeit der zunehmenden Verelendung, in denen es vielen Menschen am Lebensnotwendigen fehlt und zugleich die familiäre Hilfe diesen Mangel nicht ausreichend kompensiert, entstehen Systeme der Versorgung von Hungernden mit Geld und Nahrung. Nun klingt das deutsche Wort »Almosen« nach herablassender Mildtätigkeit; allerdings leitet es sich vom griechischen Wort für Barmherzigkeit (*eleēmosynē*) ab, dessen hebräische Entsprechung neben *rachamim* (Barmherzigkeit) und *chäsäd* (Gnade) auch *ṣedaka* (Gerechtigkeit) ist:[63] Die Armen haben einen Anspruch auf Nahrung, Kleidung, Sicherheit und Sozialität (Mt 25,31–46). Diesem Anspruch nachzukommen,

62 Kessler, Armenfürsorge, 91 f.

63 Im Einzelnen s. Preuß, Barmherzigkeit, 217; Heiligenthal, Werke.

ist die Pflicht derjenigen, die etwas haben. Wer kann, soll geben, wer empfängt, hat ein Recht auf die Unterstützung. Die Gebenden sind deshalb vor allem die Reichen (Lk 16,19–31; Jak 2,1–13), weil sie geben können, ohne selbst zu verelenden (Lk 3,10 f; 21,1–4; Act 2,45; 9,36; 10,2). Gerade um nicht zu beschämen und um nicht Überlegenheit über die Armen zu realisieren, entsteht die Forderung, die Gabe nicht sichtbar vor aller Augen zu geben (Sheq 5,6; Mt 6,1–4). Bereits für das 2. Jh. v. Chr. sind Organisationsstrukturen belegt, mit denen das Almosen nicht mehr einzelnen Privatpersonen überlassen war, sondern es zur Aufgabe der Gemeinde machte. Der Tempel und die Synagoge boten Strukturen, die das Sammeln und Verteilen ermöglichten. 2Makk 3,10 nennt »Witwen und Waisen« als Repräsentantinnen bzw. Repräsentanten der Bedürftigen, für die die im Tempel gesammelten Almosen bestimmt sind.[64] In der Damaskusschrift (CD XIV 12–17) ist eine Praxis beschrieben, nach der die Mitglieder der Gemeinden zweimal monatlich in eine Kasse einzahlen, deren Inhalt für die Versorgung der Armen bestimmt ist. Etwa für das 3. nachchristliche Jahrhundert ist belegt, dass an Synagogen zwei »Einheber der Almosen« und »drei Verteiler der Almosen« wirkten (bShab 118b). Möglicherweise ist Mt 6,1–4 ein Hinweis darauf, dass die Armenkasse des Tempels im 1. Jh. auch Eingang in die Synagogen gefunden hat, wie es erst für die talmudische Zeit sicher bezeugt ist.[65] Unabhängig von dieser Frage nach dem Organisationsgrad der Almosen zeigt die Reihung mit Beten und Fasten (Mt 6,2.7.16), dass Almosen zu geben, als eine selbstverständliche Praxis der Treue gegenüber Gott galt (6,1).

1.2.4.3.2 Kollekte des Paulus für die Jerusalemer Urgemeinde

Wer Ressourcen hat, kann nicht nur entscheiden, wer etwas empfängt, sondern interpretiert auch den Vorgang von Geben und Empfangen. Auch in der Antike ist der Transfer von Gütern und Geld eine »Beziehungstat«[66]: Zuwenden und Empfangen sind Handlungen, die Beziehungen gestalten und die Identität der Be-

64 Kessler, Armenfürsorge, 94 f; Crüsemann, F., Diakonie, 82 f.
65 Kessler, Armenfürsorge, 97–99; Hauschild, W.-D., Armenfürsorge, 15–18.
66 Gerber, Geber, 113 f.

teiligten ausdrücken.[67] Die Empfangenden haben dabei durchaus die Möglichkeit, die Interpretation zurückzuweisen; das können sie auch demonstrativ tun, indem sie die Hilfeleistung ablehnen. Die Sammlung für die Armen in Jerusalem (Röm 15,26) ist ein prominentes Beispiel für eine solche Konstellation. Denn für Paulus ist nicht klar, ob die Jerusalemer seine Kollekte annehmen werden; von ihrer Annahme des Geldes aber hängt die Anerkennung seiner »beschneidungsfreien«[68] Heidenmission ab.

Nach Darstellung des Paulus gehört der Anfang der Sammlung in den Kontext des Apostelkonvents. Er hält in seiner Beschreibung des Treffens im Galaterbrief fest: »Mir haben die, die das Ansehen hatten, nichts weiter auferlegt… nur dass wir an die Armen dächten, was ich mich auch eifrig bemüht habe zu tun.« (Gal 2,6b.10). Sowohl die These, dass er von Jakobus, Kephas und Johannes keine Auflage erhalten habe als auch den Bezug zur Kollekte finden wir ausschließlich in den Selbstzeugnissen des Paulus.[69] Die Apostelgeschichte beschreibt das Treffen wie sein Ergebnis anders (Act 15,1–29). Historisch wahrscheinlich ist, dass ein Teil der Jerusalemer Gemeinde zur Zeit des Konvents (48/49 n.Chr.)[70] finanzielle Unterstützung nötig hatte. So berichtet Lukas in Act 11,27–30 von einer Hungersnot in der Zeit des Kaisers Claudius (41 n.Chr.–54 n.Chr.), die zwar nicht weltweit, aber für Judäa belegt ist.[71] Paulus empfiehlt nun, dass die Gemeindeglieder immer am ersten Tag der Woche, so viel ihnen jeweils möglich

67 Gerber, Geber, 113; Joubert, Paul, 69–72.

68 Die Bezeichnung der paulinischen Mission als »beschneidungsfrei« knüpft an die Darstellung des Konflikts um die Tischgemeinschaft in Jerusalem an, in der Paulus betont (Gal 2,3f), dass Titus nicht gezwungen wurde, sich beschneiden zu lassen. Die bleibende Gültigkeit einer aktuell interpretierten Tora ist jedoch unbestritten, so dass die »beschneidungsfreie« Mission den verkürzten Weg in die Gemeinschaft bezeichnet.

69 Die Apostelgeschichte beschreibt in Act 15,1–29 das Treffen wie sein Ergebnis anders.

70 Becker, Paulus, 17–33.

71 Vgl. JosAnt 20,51.101. S. Koch, Geschichte, 172, der auf die verschärfte Situation der Zugewanderten verweist. – Bei der in Act 11,27–30; 12,25 erwähnten antiochenischen Sammlung für die Geschwister in Judäa handelt es sich um ein anderes Projekt, vgl. z.B. Pesch, Apostelgeschichte 1, 356f.

ist, beiseitelegen (1Kor 16,1–4).[72] Dies gilt ihm als Erfolg versprechender als eine einmalige Sammlung anlässlich seines Eintreffens in Korinth.

Nur einmal bezeichnet Paulus die Kollekte als *(Geld-)Sammlung* (*logeia*) (1Kor 16,1 f). Sonst verwendet er andere Worte; diese sind Elemente seines Argumentationsverfahrens, mit dem er die Sammlung theologisch interpretiert und ihre Annahme als Zustimmung zu seiner Mission bewertet.

Das Ergebnis des regelmäßigen Abzweigens dessen, was übrig ist, nennt Paulus in 2Kor 9,5 *Gabe des Segens* (*eulogia*) im Gegenüber zu einer – geringer vorgestellten – Gabe der Habgier (*pleonexia*).[73] Wer weniger abgibt als ihm beziehungsweise ihr möglich ist, bereichert sich an den Armen und greift aktiv auf ihr Gut zu.[74] Habgier steht im 1. Korintherbrief in einer Reihe mit Unzucht und Götzendienst (1Kor 5,10–11; 6,10) und gehört mithin zu den Verhaltensweisen, die Grund genug sein sollen, die Teilnahme am gemeinsamen Mahl zu verweigern und aus der Gemeinschaft auszuschließen. Umgekehrt wird laut Paulus angemessenes, reichliches Geben von Gott honoriert werden: Denen, die ausreichend geben, wird Gott wiederum ein ausreichendes Maß an Gütern zukommen lassen. Die Unterscheidung zwischen »Gabe des Segens« und »Gabe der Habgier« bezieht sich nicht allein auf die Menge, die gegeben wird, sondern sie beschreibt zwei grundsätzlich verschiedene Wege: Wer regelmäßig das sammelt, was entbehrt werden kann, ist durchdrungen von der Wirkung des Geistes; wer dies nicht tut, lässt sich von der Habgier bestimmen, die den Armen wegnimmt, was ihnen gehört.

72 Ob sie je für sich beiseitelegen sollen (Lindemann, Korintherbrief, 376 f) oder Paulus daran denkt, dass das jeweils Mögliche wöchentlich in den Gemeindeversammlungen zu entrichten ist, ist nicht eindeutig, vgl. Schapdick, Collection.

73 Luther übersetzt *pleonexia* in 2Kor 9,5 (s. auch 1 Kor 5,10.11; 6,10) mit »Geiz«, was den Aspekt der unrechtmäßigen Bereicherung nicht ausdrückt. Das Einbehalten von Eigenem und das unrechtmäßige Anhäufen von Gütern sind bei Paulus verbunden in der Vorstellung, dass den Armen die Güter zustehen, die andere in der jeweiligen Woche nicht verbrauchen.

74 Vgl. die Belege bei Arzt-Grabner, Korinther, 432.

Die bedingte Mahnrede »Wer kärglich sät, wird auch kärglich ernten; und wer da sät in Segen (*eulogia*), der wird auch ernten in Segen« (2Kor 9,6) basiert auf einem Tun-Ergehen-Zusammenhang, den Gott garantiert (2Kor 9,8). Also sind die finanziellen Möglichkeiten letztlich Folge des Handelns Gottes, und nur wer angemessen mit den finanziellen Ressourcen umgeht, wird von Gott auch weiterhin die Chance zum Abgeben erhalten. Fröhlich Gebende sind deshalb Menschen, die angesichts des Zusammenhangs von Empfangen und Geben den Entschluss zur großzügigen Bemessung der eigenen Gabe gefasst haben (2Kor 9,7).

Die Kollekte nennt Paulus auch Gnade (*charis*). Dadurch dass er mit *charis* Unterschiedliches bezeichnet, gelingt es ihm, die Kollekte als Element innerhalb eines Kreislaufs der Zuwendung zu qualifizieren, den Gott garantiert.[75] Denn *charis* ist a) die Sammlung (1Kor 16,3; 2Kor 8,4–7.19; 9,8);[76] des Weiteren ist *charis* b) die heilsgeschichtlich wirksame freiwillige Armut Jesu, durch die die Korinther ihrerseits reich geworden sind (2Kor 8,9); *charis* ist c) die Wirkung Gottes auf die Gemeinden Mazedoniens, die (reichlich) gesammelt haben (8,1) sowie d) der Dank der Empfängerinnen und Empfänger an Gott für diese Sammlung (9,12–15). So schließt sich der Kreislauf der Zuwendung, in dem die Sammlung die Rolle eines konstitutiven Elements erhalten hat. Sie geht also letztlich auf Gott zurück.

Sein Ziel, die Anerkennung seiner Mission durch die Jerusalemer zu erlangen, verfolgt Paulus des Weiteren dadurch, dass er die Sammlung als *Ausgleich* (*isotēs*) für die Anteilgabe an den geistlichen Gütern durch die Jerusalemer interpretiert (2Kor 8,13f; Röm 15,27). Falls die Jerusalemer die (so gedeutete) Sammlung entgegennähmen, käme es nach Paulus zu einem Ausgleich zwischen der Kompensation des materiellen Mangels der Jerusalemer Gemeinden durch die Gemeinden Mazedoniens einerseits

75 Georgi, Arme, 132, verwendet die Metapher vom »Gnadenkreislauf«; zum Kreislauf s. Kleine, Furcht, 389.

76 Die übliche Übertragung von *charis* mit »Gnade« gibt zwar den Aspekt der Freiwilligkeit des Gebens wieder, unterschlägt allerdings die Gegenseitigkeit von Geben und Empfangen, die für die paulinische Argumentation in 2Kor 8f grundlegend ist. Vgl. dazu Ebach, Art. Chesed, 2339; Frettlöh, Charme, 141–159 sowie Crüsemann, M., Trost, 118–125.

und dem geistlichen Mangel der Gemeinden Mazedoniens durch die Jerusalemer Gemeinden andererseits.[77] Diese Kommensurabilität basiert auf der paulinischen Voraussetzung, dass finanzielle Ressourcen ebenso von Gott stammen wie der heilsgeschichtliche Status und dass Gott der Urheber dieses Ausgleichs ist.

Auch die Bezeichnung der Sammlung als *Auftrag* (*diakonia*) Gottes (2Kor 8,5)[78] beansprucht die Autorität Gottes für die Beziehung, die Paulus zur Jerusalemer Gemeinde herstellen will.[79] Eine Gemeinschaft herstellende Wirkung von Geld liegt auch der Tradition der »*Almosen* für Israel«[80] zugrunde, nach der Almosen – wie Gebet und Opfer – die Wirkung von Sünden kompensieren können.[81] Die aufgezählten theologischen Interpretationen der Sammlung dienen dazu, die Wahrscheinlichkeit der Annahme durch die Jerusalemer Gemeinde zu erhöhen, mit der sie Rolle der Sammelnden in dem Kreislauf des Zuwendens und Empfangens und damit die niedrigschwellige Mission des Paulus unter Gottesfürchtigen und Heiden anerkennen würde.

Der Bezug auf die paulinische Interpretation der Kollekte ermöglicht theologische Interpretationen von einer, auch unter nicht religiösen Menschen verbreiteten Spendenpraxis, auf die Kirche und Diakonie angewiesen sind. Dass Spenden eine religiöse Kommunikationsform ist, die den gleichen Rang hat wie Gebet oder Opfer, öffnet den Blick für die Frage nach der Wirksamkeit gelebter religiöser Praxis; zudem lässt sich unter Bezug auf die Spenden-Praxis die Bedeutung von solchen Handlungen aufwerten, denen

77 Es fehlt eine zeitliche Unterscheidung zwischen der Sammlung und ihrer Kompensation; zu den Interpretationsmodellen s. Wolff, Korinther, 173.

78 Hentschel, Diakonia, 146–156, hier 150.

79 Titus erscheint (8,6) als Repräsentant des Beauftragten Paulus, s. dazu Kleine, Furcht, 390 f. – »Die Heiligen« ist denn auch eine Bezeichnung, die Paulus sowohl für die Mitglieder der Jerusalemer Gemeinde als auch für die Mitglieder der von ihm gegründeten Gemeinden verwendet (z. B. Röm 15,25 f), vgl. Kuhn/Proksch, Art. Hagios, 108.

80 So der Titel des Aufsatzes von Klaus Berger der diese Tradition 1977 als Modell erstmals zur Erklärung der Funktion der Sammlung im Kontext des Streits um die niedrigschwellige Heidenmission heranzieht.

81 Zur Sühnefunktion von Almosen s. Berger, Almosen, 183–192. Vgl. etwa Act 10,2; Lk 19,1–10; zur Sünden tilgenden Wirkung von Gebeten und Almosen s. etwa 2Clem 16,4.

man – anders als bei Gebet und Opfer – ihre religiöse Qualität von außen nicht ansieht. Außerdem können mit Paulus' theologischen Ausführungen zur Kollekte die Beziehungen zwischen Helfenden und Hilfeempfangenden sowie die soziale Konstruktion dieses Beziehungshandelns umgestaltet werden.

1.2.4.3.3 Beauftragung zu helfendem Handeln in den Gemeinden

Neutestamentlich sind die Bezeichnungen von Personen nach ihren auf die Gemeinde bezogenen Funktionen ein Hinweis darauf, dass es regionale Organisationsstrukturen gab bzw. Versuche, diese einzuführen. Die Gemeinden konnten sich dabei an zeitgenössischen Strukturen z. B. von Vereinen, Synagogengemeinden oder dem antiken Haus orientieren. Um Ämter im Sinne eines durch eine Institution inhaltlich bestimmten und rechtlich geregelten Mandats, das überregional verbreitet und von relativer Dauer ist, handelt es sich jedoch auch bei Episkopen und Diakonen nicht.[82] Denn dieselben Funktionsbezeichnungen werden für unterschiedliche Mandate gebraucht. Funktionen bestehen nur kurz, und ihr Vorkommen in einer Gemeinde garantiert nicht, dass andere Gemeinden ähnliche Funktionen zuwiesen und/oder genauso bezeichneten.[83] Dazu verliefen die Entwicklungen in den Gemeinden zu unterschiedlich. Wirkungsgeschichtlich sind die Funktionsbezeichnungen bedeutsam, insofern das Nebeneinander von Bischöfen (*episkopoi*) und Diakonen (*diakonoi*) so interpretiert wurde, dass die Episkopen Gemeindeleitung mit Lehrverantwortung innehatten, die Diakone liturgisch-helfende Tätigkeiten wahrnahmen und die Episkopen den Diakonen gegenüber weisungsbefugt waren. Dass der Textbefund diese Interpretation nicht deckt, soll nun begründet werden.

In Phil 1,1 erwähnt Paulus *Episkopen und Diakone*. Nun ist *diakonos* bei Paulus nirgends für liturgisch-helfende Tätigkeiten gebraucht und bezeichnet auch keine Beauftragung durch die Gemeinde. Über die Episkopen, die in den Paulusbriefen nur an

82 Roloff, Art. Amt, 509 f. Zur Diskussion s. Hentschel, Gemeinde, 26–47.

83 Vgl. Hentschel, Gemeinde, 29–34. Dies gilt auch für die Rede von *diakonai* in den Ignatiusbriefen; zu dem Nebeneinander von der Bezeichnung von Funktionsträgern und Funktionsträgerinnen als *diakonai* und einer unspezifischen Verwendung s. Hentschel, Diakonia,

dieser Stelle erwähnt werden, erfahren wir inhaltlich nichts. Insofern gibt Phil 1,1 auch keinen Anlass für die These, Leitung und Lehrverantwortung sei Aufgabe der Episkopen und ihnen seien die Diakone mit liturgisch-helfender Tätigkeit untergeordnet.[84] Von Episkopen (Plural) und Diakonen ist sonst nur noch in Did 15,1–2 und 1Clem 42,1–5 die Rede: In beiden Kontexten sind die Episkopen und Diakone einander jedoch kollegial zugeordnet, und beide Gruppen verkündigen mit Worten.[85] Die Pastoralbriefe erwähnen in 1Tim 3,1–9 und Tit 1,5–9 einen Episkopen (Singular) und Diakone. Nun ist die Beauftragung (*diakonia*) des Paulus (1Tim 1,3–17) inhaltlich bestimmt als Verkündigung des Evangeliums (1Tim 1,12–15); Subjekt der Beauftragung ist allerdings Christus und nicht die Gemeinde (1Tim 1,12; vgl. 1Tim 4,6). Auch hier ähneln sich die Ansprüche an die Episkopen einerseits und an die Diakone und Diakoninnen andererseits.[86] Die Ansprüche an den Episkopen – seine Funktion als ein gutes Werk anzustreben, den Zusammenhalt zu fördern und für die Kirche zu sorgen – legen es nahe, den Episkopen der Pastoralbriefe nach dem Modell des Patrons eines antiken Vereins zu verstehen.[87] Dieser sollte gastfreundlich sein, finanziell unterstützen und auch dadurch für eine gute Reputation des Vereins sorgen; dazu brauchte er die entsprechenden finanziellen Möglichkeiten. In jedem Fall aber gehörte helfendes Handeln zu den Aufgaben der Episkopen. Die Diakone und Diakoninnen haben jedoch auch lehrende und repräsentative Funktion (1Tim 3,8–13). Von Diakonen ist außerdem im Schreiben des Polykarp von Smyrna an die Gemeinde in Philippi (2Phil 5,2; 2Phil 6,1) die Rede. Episkopen sind hier nicht erwähnt, stattdessen werden neben den Diakonen die Presbyter genannt. Diese haben helfende Aufgaben (2Phil 6,1) und sollen ebenfalls lehren (2Phil 11,1–2).

84 Die Zuordnung von Hilfsdiensten zu den diakonoi und Leitung zu den episkopoi zuletzt bei Eckstein, Amt. 30–38; Wagner, Anfänge, 104 f.

85 Zur Diskussion s. Hentschel, Gemeinde, 150–166; in der Argumentation folge ich ihr.

86 Hentschel, Diakonia, 398–400.402 f.

87 Zur Beauftragung des Episkopen mit Hilfehandeln s. Hentschel, Diakonia, 176 f.; zur Pflicht des Episkopen zur Fürsorge für Witwen s. den Brief des Ignatius an Polykarp von Smyrna 4,1.

Bilanzierend lässt sich festhalten, dass lehrendes und helfendes Handeln nicht alternativ auf Funktionsträger verteilt waren. Sowohl Episkopen und Diakone bzw. Diakoninnen als auch Presbyter und Diakone und Diakoninnen waren jeweils für Lehre und Hilfehandeln zuständig. Dabei ist der Zusammenhang zwischen Lehre und Handeln so vorgestellt, dass das Handeln die Lehre bewahrheitet (1Tim 4,6–12; 2Phil 11,1–2); dieser Zusammenhang könnte erklären, warum es keine alternative Aufteilung auf Funktionsträger und Funktionsträgerinnen gab.

Auch *Witwen* (*chērai*) sind in den Pastoralbriefen als Funktionsträgerinnen genannt (1Tim 5,9–15). Diese ehelos lebenden Frauen beherbergten Fremde, unterstützten Hilfsbedürftige und taten Gutes.[88] Dazu gingen sie auch in andere Häuser, um dort zu lehren (1Tim 5,13). Der Verfasser des 1Tim hat das Interesse, diese Funktion, die diese ehelosen Frauen gemeindebezogen ausübten, zu unterbinden. Dazu führt er die Unterscheidung zwischen richtigen und falschen Witwen ein, beschreibt die Tätigkeit der jungen Witwen abwertend und fasst die Kriterien für eine richtige Witwe so, dass kaum eine Frau gegeben haben dürfte, die sie erfüllt hat (5,3–6). Aber es ist fraglich, wie wirksam dieser vorschreibende Text war. Ein viel rezipierter Bezugstext zum Thema ist Act 6,1–7: Die Gruppe der Griechisch sprechenden Judenchristen beschwert sich, weil ihre Witwen gegenüber denen der Aramäisch Sprechenden bei der Auftragsausführung (*diakonia*) (6,1) vernachlässigt werden.[89] Diesen Konflikt um personelle Ressourcen verbindet der Text mit einem Konflikt zwischen dem »Dienen an den Tischen« (*diakonein trapezais*) und dem »Dienen am Wort« (*diakonia tou logou*) (6,2.4), der hierarchisch gelöst wird: Damit die Zwölf den Dienst am Wort nicht vernachlässigen müssen, werden *sieben Männer* eingesetzt *für den Dienst an den Tischen*. Dieser Text erzählt zwar, wie das Problem der Ressourcenknappheit gelöst worden ist. Sein Ziel ist es allerdings auch, die beiden bereits vorhandenen Gruppen, einander zugunsten der Apostel hierarchisch zuzuordnen. Die Betonung des Kriteriums der Männlichkeit

88 Standhartinger, Witwen, 150–153.

89 Hentschel, Diakonia, 325. – Freilich sind außerdem nicht alle Witwen als solche arm, s. Standhartinger, Witwen, 143 f.

der Hellenisten (6,3.5.6) könnte darüber hinaus dem lukanischen Ziel geschuldet sein, gemeindeöffentliches Wirken von Frauen abzubauen. Mit dem Dienst an den Tischen ist wohl die Organisation täglicher Mahlzeiten gemeint. Die Witwen sind als Zielgruppe genannt, weil sich besonders am Verhalten ihnen gegenüber die Übereinstimmung von Lehre und Handeln bemessen soll (Lk 20,45–47). An eine funktionale Differenzierung zwischen der Beauftragung zur Wortverkündigung einerseits und der organisierten Wohltätigkeit andererseits ist auch hier nicht gedacht. Denn die Zwölf sind nicht nur für die Wortverkündigung zuständig, sondern haben nach Act 4,35–37; 5,2 die Aufgabe, für das finanzielle Auskommen der Gemeinde zu sorgen. Entsprechend sind die Sieben nicht nur mit der Organisation betraut, sondern als autorisierte und effektive Verkündiger des Wortes gezeichnet (Act 7,51–53; 8,5–40).[90]

Zentral ist für die Frage nach Organisationsstrukturen in frühen christlichen Gemeinden, dass auch bei Lukas gemeindeleitende Funktionen Aspekte der Versorgung einschließen. Eine funktionale Trennung von Wortverkündigung und helfendem Handeln sowie die Unterordnung des Letzteren unter Ersteres sind auch bei der Rezeption dieses Textes eher heutigen Leseperspektiven als der Funktion der Texte in anfänglichen Kommunikationssituationen geschuldet. Nutzbar ist der Befund, wenn es um die theologische Begründung von Zuordnungen kirchlicher Berufe geht, um die Relevanz gemeindediakonischen Handelns oder um eine die Realität deutende Wirkung diakonischen Handelns.

Impulse:

- Stimmen Sie der Interpretation des Befundes zu, die zu dem Ergebnis kommt, dass Wortverkündigung und helfendes Handeln funktional nicht getrennt waren? Warum (nicht)? Wenn ja (nein): Welche Relevanz für heutige gemeindliche und diakonische Realität kann Ihre exegetische Position gewinnen?
- Sie kündigen die Kollekte für ein landeskirchliches Projekt an. Nutzen Sie die biblische Vorstellung von der Kommensurabilität von geistlichen und finanziellen Gütern, um die Spendenpraxis der Gottesdienstgemeinde aufzuwerten und zu befördern.

90 Hentschel, Diakonia, 337–341.

Literatur: Zum Weiterlesen

a) Exegetische Vertiefung

Ebach, Jürgen u. a. (Hg.), Leget Anmut in das Geben. Zum Verhältnis von Ökonomie und Theologie (Jabboq 1), Gütersloh 2001.

Guttenberger, Gudrun, Nächstenliebe, Freiburg 2007.

Hentschel, Anni, Gemeinde, Ämter, Dienste. Perspektiven zur neutestamentlichen Ekklesiologie (BThSt 139), Neukirchen-Vluyn 2013.

Schäfer, Gerhard K./Strohm, Theodor (Hg.), Diakonie – biblische Grundlagen und Orientierung. Ein Arbeitsbuch (VDWI 2), Heidelberg [3]1998.

Kessler, Rainer/Loos, Eva, Eigentum: Freiheit und Fluch. Ökonomische und biblische Entwürfe (KT 175), Gütersloh 2000.

Eurich, Johannes, u. a. (Hg.), Kirchen aktiv gegen Armut und Ausgrenzung. Theologische Grundlagen und praktische Ansätze für Diakonie und Gemeinde, Stuttgart 2011.

Wibilexartikel: Arm (AT), Armut/Arme (AT), Behinderung (AT), Krankheit und Heilung (AT)Sklaverei (NT), Verschuldung, Witwe und Waise, Wucher, Zehnter, Zins und Zinsverbot.

b) Hermeneutische Reflexion

Grünstäudl, Wolfgang/Schiefer Ferrari, Markus (Hg.), Gestörte Lektüre. Disability als hermeneutische Leitkategorie biblischer Exegese (Behinderung – Theologie – Kirche 4), Stuttgart 2012.

Röser, Kerstin, Lesen als ethischer Akt. Die Verantwortung der Lesenden in der Interpretation biblischer Texte, in: Marianne Heimbach-Steins/Georg Steins (Hg.), Bibelhermeneutik und christliche Sozialethik, Stuttgart 2012, 63–89.

Thomas Hörnig

2. Geschichte der Diakonie – ein kritischer Zugang aus der Armutsperspektive

Der nun folgende Gang durch die Diakoniegeschichte, durch christlich motivierte Prosozialität als Handlungsform und Tugend, ist thematisch orientiert und übernimmt die Periodisierungen kirchengeschichtlicher Darstellungen. Der Text reflektiert besonders in sozial-politischer Perspektive die Auswirkungen: Armut bzw. »kirchliche Armenpflege« stehen im Fokus.

»Armut« ist ein vielschichtiger Begriff. Damit wird zunächst äußere, absolute, relative oder transistorische Armut bezeichnet: Kampf um das Leben am äußersten Rand von Existenz oder Gesellschaft, prekäre Verhältnisse, Ausbeutung, Marginalisierung, Exklusion, Entbehrung, Gewalt, Not oder andere menschenunwürdige Verhältnisse können gemeint sein. Kirchliche Armenpflege stand exemplarisch für umfassende Caritas und Barmherzigkeit, gewürzt mit einer Prise (Sozial-)Disziplinierung und – insbesondere in Pietismus und Innerer Mission im 19. Jahrhundert – Hamartiologie: »Rettung« antwortete auf innere »Verwahrlosung«, auf Schuld, Ungehorsam und Sünde. Es wird also nach individuellem, kollektivem wie gesellschaftspolitischem Umgang mit Armut gefragt, wobei das Handeln von Institutionen im Vordergrund steht. Dabei mag es vereinzelt zu Dissonanzen zwischen diakonischem Handeln mit explizit religiösem Selbstverständnis bzw. Motiven und obrigkeitlichem Ordnungsdenken kommen.

Für die Kategorien einer mit emanzipatorischen Leitvorstellungen verbundenen Institutionenanalyse und Sozialforschung stehen Erving Goffman (1922–1982), Michel Foucault (1926–1984), Florian Tennstedt (geb. 1943) und Christoph Sachße (geb. 1944).

2.1 Entwicklungen in Alter Kirche und Mittelalter

2.1.1 Christlicher Glaube und die Seligkeit der Armen, »denn das Reich Gottes ist ihrer« (Lk 6, 20b)

Jesu Verkündigung von der nahen Gottesherrschaft galt dem »Ensemble der Opfer« (Lange). Viele der Therapiewunder oder Exorzismen fanden in diesem Milieu statt. Zumindest als »Wanderradikale« (Theissen) gehörten Jesus und seine Jüngerinnen und Jünger zu den Armen. Die Urgemeinde war eher von absoluter (vgl. Gal 2, 10; dagegen Apg 4, 34), paulinische Gemeinden waren von relativer Armut geprägt. Christlicher Glaube bildete seine Identität nie ohne Armenfürsorge aus (Mt 25, 31–46; Jak 2, 14–17).

Armut bedeutete Abhängigkeit, Not, Gewalterfahrung bis hin zur Wohnungslosigkeit. Armut gehörte zu den sprichwörtlichen »Rechtsschwachen«: den Fremden, Witwen und Waisen. Armut machte hilfe- oder gerechtigkeitsbedürftig. Die Reaktionen auf Armut waren im christlichen Kontext vielfältig, dabei bis in neueste Zeit biblisch[1] inspiriert. Meist waren sie mehr von Mitleid und Erbarmen denn vom Streben nach Gerechtigkeit motiviert. Die guten, weil »unverschuldeten«, [Bettel-] Armen waren die »Krüppel«, die Blinden und Lahmen. Dazu kamen die, die besonderen Schutz brauchten: die Witwen und Waisen. Lazarus (Lk 16, 20) war Inbegriff eines Armen im NT. Reaktionen auf Armut bewegten sich zwischen christologisch-soteriologischer *Verheißung:* »Was ihr getan habt einem von diesen meinen geringsten Brüdern, das habt ihr mir getan.« (Mt 25,40) und *Bestandsgarantie:* »Denn Arme habt ihr allezeit bei euch« (Mt 26, 11a; dagegen Dtn 15, 4). Armut war faktische Gegebenheit und soziale Realität (Spr 22, 2.7). Sie galt zunächst als selbstverschuldet (Spr 10,4; 20,13; 24, 30–34). Die Propheten fragten zwar nach Ursachen wie Ausbeutung (Am 2, 6–8; Jes 5, 8–10), aber zu ihrem Geschick gehörte, wenig Gehör zu finden. Die Sicht auf Armut, zumal wenn letztere überhandnahm, war schnell mit einer kleinen aber giftigen Prise *Misstrauen* gewürzt: »Nur *wirklich Arme* sol-

1 Alle irgend diakonisch anschlussfähigen Stellen aus dem Neuen Testament listete Krimm, Quellen Bd.1, 19–39 auf; vgl. auch: Schäfer, G./Strohm, Diakonie.

len die Früchte christlicher Wohlthätigkeit genießen; sie sollen nicht elend ihre Gabe empfangen, sondern als der Opferaltar der Gemeinde in Gottvertrauen warten auf die Lob- und Dankopfer der Gemeinde.«[2] Erbarmen und Mitleid wanderten neutestamentlich zudem auf dem Grat zwischen *Spiritualisierung* (»Selig sind, die da geistlich arm sind«; Mt 5, 3) und Überhöhung (»Selig seid ihr Armen, denn das Reich Gottes ist euer«; Lk 6, 20). Letzteres knüpfte an exilisches (ganz Israel ist arm, vgl. Ps 9/10; 25; 34; 27; 140) bzw. nachexilisches Verständnis von Armut an, wonach Arme als Idealbild frommer Menschen »aus der Tiefe« (Ps 130, 1) rufen, zutiefst Bedürftige und Wartende sind, die nichts von sich aus sind, nichts haben und daher alles vom helfenden wie rettenden Eingreifen ihres Gottes erhoffen.

Hilfe, Beherbergung, Krankheit und Sterben fanden mit Lk 10, 34 bald im Schatten der Bischofskirchen und Klöster statt: im »hospicium« oder im »hospitale pauperum«. Maßnahmen gegen Not und Armut folgten biblischen Vorbildern bzw. präsentierten bleibend konkurrierende Überlegenheit: Kinderrettung im 19. Jahrhundert suchte den Kindern mehr zu bieten als einen schäbigen Futtertrog (»Krippen«, Kleinkinderschulen), bedürftige, wandernde Handwerksgesellen galt es vor schlechter Unterkunft (»Stall von Bethlehem«), »Schnappspennen« und Sozialdemokratie zu bewahren, daher angemessen zu beherbergen und in regelnde Obhut zu nehmen (»Herbergen zur Heimat«).

Die Typologie der diakonischen Handlungsformen deckte und deckt ein breites Spektrum ab: als Nächste lieben; dienen, behandeln, betreuen, pflegen, therapieren; unterbringen, versorgen; beraten, erziehen, bessern; kontrollieren, bespitzeln (»schwarze Polizei«), zur Meldung bringen; zeitlich wie ewig retten, beeinflussen, zur Umkehr bringen; Dienstleistung bereitstellen; neuerdings auch: anwaltlich Eintreten für, Gemeinwesenarbeit durchführen. Von Energieberatung bis zum Tafelladen, von Schuldnerberatung bis zur Inobhutnahme von Jugendlichen: es gibt viele, teils refinanzierte Produkte in der Angebotspalette der Anbieter auf dem Sozialmarkt.

2 Schütze, Innere Mission, 189. Hervorhebung vom Verf.

2.1.2 Alte Kirche: Die eigenen Bedürftigen und erste Institutionen[3]

Prosozialität gehörte zur »existenzbegründende[n] Signatur«[4] der Urgemeinde und des frühen Christentums; allerdings gilt auch: »Genaues wissen wir nicht.«[5] Aus den Zeugnissen von Justin, dem Märtyrer, Aristides von Athen oder später von Kaiser Julian ist zu entnehmen, dass innerkirchliche Fürsorge zu den bewunderten Merkmalen der christlichen Gemeinden gehörte. Da war Sympathie, war »Liebe«, hörte man sagen[6], für die Gefangenen, Fremden, Verbannten, Sklaven und selbst für die Verstorbenen. Bei Epidemien wurden in dieses Netz der Unterstützung auch Nichtchristen und -innen einbezogen.

Geklärt werden musste, wer für diesen Liebesdienst zuständig war und welche Rollen Frauen zugedacht waren. Frauen verloren im zweiten Jahrhundert ihre Rolle als Prophetinnen – einziges Gemeindeamt blieb das im ersten Jahrhundert entstandene Amt der »Witwe«. Dieses wurde dann im vierten Jahrhundert mit dem Titel »Diakonisse« versehen, gehörte aber nicht zum Klerus. Weibliche Gemeindeglieder wurden betreut, u. a. im Taufbad oder bei Krankheiten. Durch asketische Bewegungen im 4. Jahrhundert entstanden als besondere Stände die »Jungfrauen Christi« bzw. die »Eunuchen für das Reich Christi« (Mt 19, 12). Weiblicherseits war die Askese weniger rigoristisch als sozial ausgeprägt.

Äußeres Zeichen einer vom Amt her beeinflussten und definierten Institutionalisierung der Kirche war im 3. Jahrhundert die Übernahme des heidnischen Priesterbegriffs. Dieser bezeichnete zunächst Ortsbischöfe, dann auch Presbyter. Bischöfliche Macht (»Monepiskopat«, »monarchischer Episkopat«) zeigte sich in der Zentralisierung von Aufgaben sowie dem Ausbau kirchlicher Verwaltung.

Der Klerus spezialisierte sich, ausgehend von den Funktionen im Gottesdienst, in Abhängigkeit vom jeweiligen Bischof, in Presbyter

3 Vgl. Theißen, Jesusbewegung; Hauschild, W.-D., Lehrbuch Bd. 1.
4 Haslinger, Diakonie, 43.
5 Theißen, Jesusbewegung, 82.
6 Belege bei Haslinger, Diakonie, 44–47.

und Diakone, Lektoren und Subdiakone. Nach der gottesdienstlichen Entlassformel wurde für die Gemeindearmen gespendet: liturgischer Vollzug und karitative Praxis waren verbunden und dienten der Solidarität. Gaben wurden im Speicher des neben der Kirche gelegenen Bischofshauses gelagert. Diakone gewannen Bedeutung für das Gemeindeleben, weil ihr Amt für Finanzverwaltung, Armenfürsorge, Betreuung Kranker und Alter sowie für Mitwirkung im Gottesdienst stand.

Nachkonstantinisch begann die Kooperation von Staat und Kirche, die reichskirchliche Etablierung der Armenfürsorge (nach 380 n. Chr.). Ihre wohltätige Sozialstruktur hatte die Kirche dazu prädestiniert, Opfer staatlicher oder wirtschaftlicher Verhältnisse unhinterfragt zu versorgen. Es entwickelte sich eine funktionale Synthese. Kirchen wurden begünstigt, finanziell bei den Gehältern; Kirchbauten wurden unterstützt und die Armenfürsorge besonders gefördert. Der soziokulturelle Referenzrahmen veränderte sich: aus einer gesellschaftlichen Minderheit, die sich in grundlegender Verbundenheit um Bedürftige kümmerte, wurde eine gesellschaftliche, staatstragende Institution. Verweltlichung und Funktionalisierung für Herrschaftsinteressen konnten nicht ausbleiben. *Diakonie* wurde gefördert, gefordert – wohl auch überfordert: Sklaverei blieb unhinterfragt, kirchliches Asylrecht bestand weiter. Im Osten kamen Hospitäler auf.

2.1.3 Mittelalter: Fromme, verdienstliche Werke für das Seelenheil

2.1.3.1 Kirche, Klöster, Obrigkeit

Die Trägerschaft der allgemeinen Armenpflege blieb in kirchlicher Hand. Wohltätigkeit und freigiebige Barmherzigkeit waren verstärkt an kirchliche Riten, Gelübde, Stiftungen, Vermächtnisse und Ablässe gebunden: Brot, Kleider und Schuhe wurden verteilt; freie Bäder (»Seelbäder«) und freier Aderlass geboten, freie Wohnungen (»Seelhäuser«), freies Holz für den Winter bereit gestellt. Spenden und Almosen waren an kirchliche Feste, Gottesdienste oder Begräbnismessen, insbesondere »Seelenmessen«, gebunden. Die Kirche empfing, leitete, verwaltete. Rechtsverpflichtende »Gegenleistungen« für empfangene Almosen seitens der Empfänger und -innen waren insbesondere Fürbitten. Denn auch Almosen, so die herrschende Theologie, würden aktuelle oder zukünftige Strafen im Fegfeuer reduzieren (»pro remedio animae«).

Nach dem Ende des Römischen Reiches (476) wurde Armut infolge von allgemeinem Bevölkerungswachstum, Hungersnöten und Kriegen ein Massenphänomen. Städte erlebten einen Zerfallsprozess; das gesellschaftliche und kirchliche Leben verlagerte sich auf das Land. Arm (»pauper«) war ein Gegensatz zu mächtig (»potens«), nicht zu reich (»dives«). Die einsetzende Dezentralisierung des Kirchenlebens führte allerdings nicht zu einer Dezentralisierung der bischöflich verankerten Diakonie; das Land blieb unterversorgt. In diese Lücke stieß nun das sich entwickelnde Mönchtum, vor allem der Benediktinerorden (gegr. 529). Ein Zehntel des Klosterbesitzes war für die Unterstützung Fremder bzw. für Krankenpflege vorgesehen. In den Armen Christi (»pauperes Christi«), angeleitet vom Siechenmeister, begegneten die Mönche Christus. Liturgie und Diakonie waren verknüpft, vom frommen Aufnahmeritual zur regelmäßigen Fußwaschung. Andere Klöster, beeinflusst von Basilius von Cäsarea (330–379), verbanden Armenpflege mit einer Betreuung von Reisenden (Hospital, Hospiz, Speiseanstalt) oder mit Bildung (Schulen für Elementarunterricht). Das Mönchtum in den Großstädten wurde stilbildend für die medizinische Versorgung in den Hospizen. Kinder und Jugendliche wurden im Allgemeinen in der Solidargemeinschaft der Großfamilie (Sippe) aufgefangen. Ansonsten wurden sie in den von Klöstern betriebenen karitativen Einrichtungen, wenn in Not geraten, gleich mitversorgt. Hilfe und Versorgung gingen nicht über die Befriedigung physischer Minimalbedürfnisse hinaus. Seit Karl dem Großen (747–814) entstanden behutsam Ansätze zu Ordnungen. Die Fürsorgepflicht, bisher in der Sippe verankert, sollte auf die Grundherren ausgedehnt werden. Es entwickelte sich in bescheidenen Ansätzen eine Art »Obrigkeitsdiakonat«.

2.1.3.2 Hochmittelalter: Orden und Institutionen.

Das Hochmittelalter brachte weitere Veränderungen. Es waren nicht mehr nur die Benediktinermönche, die fast schon ein

Monopol an Armenpflege gehabt hatten. Die Enturbanisierung kam zum Ende – Geldwirtschaft, Stadtkultur und neues soziales Denken führten zu einer Art individueller Sensibilisierung für Not. Auf dem Hintergrund einer aktualisierten Armutstheologie und -bewegung kam es zu einer Idealisierung von Armut (ob unfreiwillig als »pauperes cum Lazaro« oder freiwillig als »pauperes cum Petro«). Armut wurde so zwar verharmlost, gleichzeitig förderte die Idealisierung aber auch zu einer Annahme der Herausforderung »Armut« durch neue diakonische Gemeinschaften.

Einspruch? Quergedachtes; oder: es ging auch anders!
Moses Maimonides ([Moshe ben Maimon] 1138–1204) setzte die Ethik des Talmuds in acht Stufen der Gerechtigkeit um. Bleibend bedeutsam ist dabei, dass soziale Dienstleistung als Verpflichtung gegenüber dem Mitmenschen galt. Es ging explizit nicht um Barmherzigkeit, Mildtätigkeit, Erbarmen – der Bedürftige hatte einen Rechtsanspruch auf Hilfe. Sozialität ist konkret. Ausgehend vom Ideal (a) werden zunehmend »Abstriche« (b–h) vorgenommen:

a. Die höchste Stufe aktiver Gerechtigkeit ist demnach Hilfe zur Selbsthilfe und zur Unabhängigkeit. Bedürftige sollen in die Lage versetzt werden, sich dauerhaft selbständig zu ernähren. Dafür wird Arbeit beschafft, Geschäftspartnerschaft angeboten, zinsloses Darlehen gewährt. [Dies wird im 20. Jahrhundert »Subsidiarität« genannt werden!]
b. Die zweite Stufe übt Wohltätigkeit in einer Weise aus, dass Spender, -innen und Bedürftige nichts voneinander wissen. Damit wird Beschämung auf Seite der Empfangenden vermieden.
c. Stufe drei setzt voraus, dass Wohltäter und -innen wissen, wem sie geben, aber die Armen erfahren nichts von der Identität der Spendenden.
d. Stufe vier: Die Gebenden kennen die Identität der Bedürftigen nicht, aber diese kennen die Spender und -innen.
e. Stufe fünf: Es wird gegeben, bevor darum gebeten wurde.
f. Stufe sechs: Es wird gegeben, nachdem darum gebeten worden ist.

g. Auf Stufe sieben ist die Gabe zwar nicht ausreichend, aber sie wurde mit Freundlichkeit geben.
h. Die achte Stufe, die die Verpflichtung zur Gerechtigkeit gerade noch erfüllt, bedeutet: mit Unfreundlichkeit geben.[7]

Kreuzzüge waren vielschichtige Dialog- und Austauschprozesse für Handel, Kultur, Architektur, Medizin. Aus Cluny waren in den Anfängen auch Laienbruderschaften gerufen worden, die nun Armen- und Krankenpflege nach muslimischen Vorbildern in großen Anstalten in Jerusalem ausübten (Johanniterhospital). Die Idee wurde anschließend nach Europa verpflanzt (Deutschherrenorden). Dazu kamen Orden, die sich darüber hinaus dem Loskauf von Gefangenen widmeten (Nolasker, Trinitarier). Ende des 12. Jahrhunderts kann konstatiert werden: Klöster kümmern sich weiterhin um »Arme«, neu gegründete Laienorden und -bruderschaften (Antoniter, Heiliggeistbrüder) spezialisierten sich auf die Betreuung von Kranken, »Krüppeln«, Siechen und Leprösen. Es entstanden jeweils auch weibliche »Zweige« für Krankenpflege.

Franz von Assisi (1181/82–1226) und Elisabeth von Thüringen (1207–1231) erneuerten karitative Impulse, verkörperten konsequente Nachfolge und persönliche Zuwendung zu Bedürftigen. Bettelorden sowie bürgerliche Laien betrieben Stiftungen, die von Bürgern oder Stadtobrigkeit finanziert und meist dem Heiligen Geist als Tröster der Armen gewidmet waren: Spitäler, Armen- oder Aussätzigenhäuser. Franziskaner und -innen erwarben sich große Verdienste in der Pflege Pestkranker. Der Predigerorden der Dominikaner verband im 13. Jahrhundert vor allem in Deutschland theologische Arbeit mit Seelsorge und Armenpflege. Aber auch Wohltätigkeit und Wirtschaftlichkeit näherten sich an: Beginen[8] etwa kümmerten sich seit 1200 in Brabant, Flandern oder dem Rheinland um Mädchen, Frauen und Witwen in sozialen

7 Vgl. Maimonides, Mischne Tora, 10:1,7–14.; diese Prinzipien sind für die ZWST (Zentralwohlfahrtsstelle der Juden in Deutschland) bis heute maßgeblich.

8 Das männliche Pendant, die Begarden, blieben vergleichsweise unbedeutend. Sie hatten einen vagantischen Flügel. Dieser entzog sich kirchlicher Aufsicht und wurde mit Häresieverdacht überzogen. 1311 wurden Beginen und Begarden verboten; die »regulierten« Konvente blieben davon unbehelligt.

Schwierigkeiten und beschäftigten sie erwerbsmäßig in Krankenpflege und Armenfürsorge. Gilden entwickelten sich zu Bruderschaften, Zünfte und Hansen standen für Gewerbeinteressen, Geselligkeit, ordentliche Begräbnisse, Absicherung gegen Unfall, Krankheit und Alter. Der kirchliche Bezug konnte sich lockern.

Doch blieb theologisch die Überzeugung erhalten: Bettler und Bettlerinnen waren Teil der göttlichen Ordnung und boten die Möglichkeit, Almosen zu geben und christliche Tugenden zu pflegen. Nach Thomas von Aquin (1225–1274) war Privateigentum eine Folge von Sünde. Denn »Im Anfang« war alles gemeinsam (»omnia communia«). So dass Armut (»non proprium habere«) ein sittlich höherer Zustand war als Besitz. Geiz war eine schwerere Sünde als Verschwendung.

2.1.3.3 Spätmittelalter und Renaissance: Sozialdisziplinierung, Arme werden lästig

Das Spätmittelalter erlebte einen Umbruch der herrschenden Paradigmen. Immer mehr schwoll das Heer der Bettler und Bettlerinnen an. Die Pest hatte soziale Probleme verschärft. Polizeiverordnungen versuchten zunächst »fremde« Arme mit aller Härte von der eigenen Stadt fernzuhalten. Bettelzeichen wurden vergeben: hier die anständigen *eigenen*, dort die verwerflichen *fremden* Bettler. Auch Jugendliche konnten unter Maßnahmen der Armenpolizei fallen. Armenpflege war weiterhin Einzelhilfe, keine organisierte, sozialpolitische Tat. Unter dem Einfluss des Humanismus wurde aus dem Ideal der Armut ein generelles Übel: Typus wurde der hässliche Arme. In den wachsenden Städten drängte ein selbstbewusster werdendes Bürgertum zur Organisation städtischer Hilfeleistung. Hilfe war nicht mehr »frei«: Gegenleistung wie Arbeitsverpflichtung wurde gefordert. Fixiert auf den Arbeitsgedanken und auf Kontrolle kam es zur Arbeitserziehung und zur Pädagogisierung der Armenfürsorge mit dem Ziel: Sozialdisziplinierung.[9] Die »wilden« Bettelmarken (Pilgermuschel, im Hut getragener Löffel) werden ersetzt durch »richtige«, meist (reichs)städtische. Armut wurde zum sozialen Problem und Fürsorge zur politischen Gestaltungsaufgabe.

9 Vgl. Sachße/Tennstedt, Armenfürsorge Bd. 1, 34 f.; Mollat, Mittelalter, 229.

2.2 Reformation und Neuzeit

2.2.1 Nach dem Ende der Würde von Armut: Disziplinierung

2.2.1.1 Die Reformation und die Obrigkeit

Die Reformation setzte die Linie der »Kommunalisierung«, »Pädagogisierung« (Maßnahmen zur Abhilfe wurden angedacht), »Bürokratisierung« (der Grad der Bedürftigkeit wurde festgelegt) und »Rationalisierung«, also: Verobrigkeitlichung der Armenhilfe[10], fort. »Liebestätigkeit«, Diakonie sah sich ihrer traditionelle Motivation beraubt: nichts war mehr verdienstlich, nichts gutes Werk. Es wäre allerdings verkürzt zu sagen, dass die Kirche nur von Glauben und Nächstenliebe predigten und der Obrigkeit das »Helfen« überließ. Individuelle Fürsorge für die Nächsten aus christlicher Motivation ergänzte durchaus pflichtgemäßes obrigkeitliches Handeln. Neben den guten, weil »schuldlos« verarmten Hausarmen, deren Lebenswandel auf bürgerliche Tugenden (Anständigkeit, Fleiß, Mäßigung) überprüft wurde, wurden die Fremden, die bösen, weil fremden Bettler geradezu als »Spukgestalten« konstruiert: vagierende Armut, »unehrliche Berufe« oder Abweichungen vom Leben der Mehrheitsgesellschaft wurden diskriminiert und stigmatisiert. In Nürnberg (1522) und Straßburg (1523) wurde erstmals Bettel verboten; dafür hatten die Kommunen Unterstützungspflicht. Im lutherischen Flügel der Reformation wurde »dämonisiert«: aufrührerische Bauern, katholische Kirche, »Hexen«, Juden und Türken waren »des Teufels« bzw. vom Teufel – aber auch sog. Behinderte (»Wechselbälge«, »Mondkinder«), Roma (»Zigeuner«) wurden zu Abgewerteten, Anderen, Fremden – theologisch-dämonologisch »begründet«.

Luther sah zwar im »allgemeine[n] Almosen«, das zu geben und verteilen war, ein Kennzeichen derer, die mit Ernst Christen sein wollten und ein Vorbild für die »weltliche Ordnung«, aber dieser Gedanke aus der »Vorrede zur Deutschen Messe« (1526) wurde wenig umgesetzt. Die sozialpolitischen Linien des 15. Jahrhunderts setzten sich im Prinzip fort: es entstanden »Kastenordnungen«. Kommunale Wohlfahrt wurde aus eingezogenem Kirchen-

10 Vgl. Martin Luthers Schrift: »An den christlichen Adel« (1520).

gut organisiert. Die »Kastenherren« oder »Kastenmeister« waren beamtete Armenpfleger. Hervorzuheben sind die von Luther beeinflussten »Wittenberger Beutelordnung« (1520/21) oder »Leisnitzer Kastenordnung« (1523). Die württembergische Kastenordnung (1536), entstanden im Kontext der Einführung der Reformation (1534) und wurde ein europäischer »Exportschlager«. Vorbildlich schienen Armenfonds bisherige kirchliche Einkünfte, Erträge von Sammlungen, Gebühren und Strafen zu verwalten. Aber auch die besten Ordnungen konnten nicht garantieren, dass sie umgesetzt wurden.

Huldrych Zwinglis (1484–1531) Theologie[11] war deutlich sozialethischer akzentuiert als die Luthers; »Volksküche, »Mushafen« und Hospital wurden in Zürich geschaffen. Mit kommunalem »Obmann« und vier »Pflegern« wurde eine erste Professionalisierung vollzogen. Die Kirchenordnung von 1525 übergab der Stadt Zürich die Armenpflege. Der Straßburger Reformator Martin Bucer (1491–1551; mit Apg 6, 1–6) und Johannes Calvin (1509–1564; mit Röm 12, 8) in Genf vertraten eine viergliedrige Ämterstruktur in der Kirche mit Lehrern, Pastoren, Ältesten und Diakonen. In Genf kam es zur Unterscheidung von Krankenpflegern (»hospitaliers«) und Armenpflegern (»procureurs«). Johann Laski (1499–1560) inspirierte durch seine (»apostolische«) Kirchenordnung holländisch-reformierte Gemeinden in London. Dadurch kam es auch in Ostfriesland und am Niederrhein (Kirche »unter dem Kreuz«) zu einer rein kirchlichen Armenpflege durch Diakone.

Die »Katholische Reform« hielt in Trient (1545–1563) an der grundsätzlichen Verdienstlichkeit guter Werke (Almosen) fest. Es kam im 16./17. Jahrhundert zu einer kurzen Renaissance kirchlicher Hospitäler und zur Entstehung von Pflegegemeinschaften wie dem Hospitalorden des Heiligen Johannes von Gott (1539), den Elisabethinnen (1622) und den von Diakonissenhäusern später ob ihres Erfolges beneideten »Barmherzigen Schwestern« (»Vinzentinerinnen«, 1633).

Trotz alledem; die Paradigmen Pädagogisierung und Sozialdisziplinierung wurden evangelisch wie katholisch »durchgän-

11 Vgl. für Literatur: Rüegger/Sigrist, Diakonie, 97 ff.

gige […] Signatur der sozialen Arbeit.«[12] Die sich anschließende Entwicklung der Armen- und Kinderfürsorge führte aufgrund der sich verschärfenden Arbeitslogik und -pflicht zu Armen- oder Zuchthäusern. Diese 1596 in Amsterdam als »tuchthuis« (Zuchthaus) entstanden, u. a. zur Umerziehung von Dissidenten gedachten Einrichtungen, regierten mit Zwang und Härte und waren darin Alternativen zu Haft oder Galgen. Diese Form der »Fürsorge« gewann schnell in Deutschland an Bedeutung: Bremen (1609), Lübeck (1613), Hamburg (1622) oder Danzig (1629) ahmten das holländische Beispiel nach. Selbst Waisen- und Findelhäuser schlossen sich der Idee »Besserung durch Arbeit« an. Die Lebensbedingungen waren ruinös. Bildung war von Religionsunterweisung dominiert. Insbesondere der Merkantilismus fand Gefallen an der Idee »Zuchthäuser« und beutete die Insassen entsprechend aus. Es entstanden »totale Institutionen« (Goffman).

Einzelinitiativen führten zu bemerkenswerten regionalen diakonischen Impulsen durch Johann Arndt (1555–1621) in Quedlinburg und Eisleben, durch Johann Valentin Andreä (1586–1654) in Calw im Schwarzwald.

2.2.1.2 Pietismus: frommes Leben, Einzelinitiativen gegen Armut

Die Städtepolitik des späten Mittelalters und der Reformationszeit setzte sich fort: Armenpolitik, soziale Fürsorge blieb der »guten« Obrigkeit übertragen. Nach sozialer Zurückhaltung (und »reiner Lehre«) bildeten sich vereinzelt Gesellschaften freiwilliger Armenpfleger (»frommes Leben«), gemeinnützige Anstalten und Sparkassen. Armenordnungen wurden zu Polizeiordnungen. Armenfürsorge wurde verweltlicht, Notlagen standardisiert, ständig neue, weiter diskriminierende Armenordnungen erlassen. Lähmend und verkrampfend auf die Armenfürsorge wirkte sich der »Arbeitsgedanke« aus. »Unwürdige« Arme wurden stigmatisiert.

Die Lage nach dem 30-jährigen Krieg war von Massenarmut gekennzeichnet; obrigkeitliche Armenfürsorge kam fast zum Erliegen. Nur der Adel erholte sich einigermaßen schnell. Absolutismus entwickelte sich in der Form der Kleinstaaterei; Bürokratisierung

12 Haslinger, Diakonie, 63.

und Ver*höf*lichung waren angesagt. Manufakturen wurden Quellen von Reichtum – aber auch von Armut und Elend.[13] Die Armenpolizei griff hart durch. Selbst an Kindern und Jugendlichen wurden Hinrichtungen vollzogen. Findelstiftungen öffneten sich für größere Kinder, denn es gab einen Mangel an Pflegefamilien. Die Not war groß. Es fehlte nicht an Privatinitiativen von evangelischen Predigern zur Gründung von Armen- und Waisenhäusern. Glaubenseifer traf Philanthropie: Aus der originellen Synthese von tätigem Glauben Erweckter bzw. Wiedergeborener und vernunftbestimmter Humanität erwuchsen Gesellschaftsreform, kirchliche Erneuerung und sozialpolitische Veränderung; also: Arbeitsplätze statt Almosen. Philipp Jakob Spener (1635–1705) geißelte in seiner Schrift »Pia Desideria« (1675) das »Unterdrücken und Aussaugen« der Armen, befürwortete Institutionen wie »Armenordnungen« oder »Hauptarmenkassen«. Der strenge Geist in den Armeneinrichtungen, die er in Frankfurt mit gegründete, war der Zeit geschuldet. Angeregt wurden Armen-, Waisen- und Arbeitshäuser in Kassel (1690), Darmstadt (1698), Stuttgart (1719). Lieblingskinder der Aufklärung wurden Industrieschulen.

August Hermann Francke (1663–1727) schuf mit seiner *Anstalt* in Halle ein erstes viel beachtetes Exempel[14] für selbständige kirchliche Sozialarbeit und für »Verwandlung der Welt durch Verwandlung von Menschen«. Francke arbeitete werteorientiert, sein Konzept enthielt Frömmigkeitsbildung; die Pädagogik war nicht ohne Züge »schwarzer Pädagogik« (Katharina Rutschky). Vielzitierter und umstrittener Begriffist das institutionalisierte »Brechen des [bösen, sündigen] Eigenwillens«, denn nur ihm disziplinierten Kind könne der göttliche Geist wirken. Francke gliederte Betriebe an seine Anstalt an (Verlag, Apotheke, Landwirtschaft, Steinbruch) und versuchte so sein Sozialunternehmen auch wirt-

13 Ca. 4 % der Bevölkerung galten als »nichtsesshafte Arme«: Gebrechliche aller Art, Witwen und Waisen, um der Religion willen Verjagte, Studenten, Schüler, Singmädchen, »Zigeuner«, entlassene Lehrer, selbst verarmter Adel. Dazu kamen »Vagantenbanden« und »Bauernbanditen«, z. T. Widerständige gegen lokale Obrigkeit.

14 Ein durchgängiges Problem der ideengeschichtlichen Geschichtsschreibung (hier: der Diakonie) liegt darin, dass die Wirkungsgeschichte von Ordnungen, Institutionen oder Persönlichkeiten schwer zu erheben ist.

schaftlich abzusichern. Erstmals wurde in seinem Krankenhaus Innere Medizin und Chirurgie gelehrt. Waisen-*Pflege* kam auf: das Kind wurde zum Fokus von Pädagogik und Armenpflege. Neben der einfacher Bevölkerung, z. B. aus Glaucha, wurden auch die Eliten des preußischen Staates im »Seminarium Universale« ausgebildet. Den Abstieg der evangelischen Kirche zur Predigt- und Unterrichtsanstalt konnte auch dieses Beispiel nicht aufhalten.

Diakonie als *gemeindlicher* Kontrast zur spätbarocken Gesellschaft fand sich bei Nikolaus Ludwig Graf von Zinzendort (1700–1760) mit seiner Herrnhuter Brüdergemeinde (seit 1727). In Orientierung an einer idealisierten Urgemeinde entstand ein emotionsgetränktes, beeindruckendes, viel beachtetes, gleichwohl sich selbst genügendes christliches Gemeinwesen mit Wirtschaftsbetrieben, Armen- und Krankenpflege, Weltmission, der Beherbergung Fremder (mährischer Flüchtlinge) und der Erziehung des eigenen Nachwuchses.

2.2.1.3 Aufklärung: Niedergang und hoffnungsvolle Ansätze

Der klassische Ort für soziales Handeln war in der frühen Neuzeit zunächst das Armenhaus. Aus dem mittelalterlichen Hospiz bzw. Spital erwachsen, war es ein Ort zur Bewahrung vor dem Ärgsten, etwa dem Hungertod. Es war Ort zur Aufbewahrung, Maßregelung und intensiven Bevormundung von Menschen. Die Unterbringung war eine *unfreiwillige, armenfürsorgliche staatliche Zwangsmaßnahme*. Je nachdem, was damit verbunden war, ob Gefängnis oder Krankenhaus, Waisenhaus, Arbeitshaus oder Zuchthaus, waren der Charakter und die Ordnung derselben entsprechend repressiv ausgeprägt. Oft lebten dort auch ältere Menschen, die nicht mehr für ihren Lebensunterhalt sorgen konnten. Wohnplatz und tägliche Versorgung wurden geboten. Es bestand Arbeitspflicht. Armenhäuser gehörten zum normalen Stadtbild und dienten der Versorgung der *eigenen* Armen. Auch Waisenhäuser waren Teil der Armenpflege und beschränkten sich zunächst auf Obdach und Ernährung.

Zwei Autoren[15] prangerten die Missstände in Armenanstalten an: Johann Peter Süssmilch (1707–1767), der Mitte des 18. Jahr-

15 Vgl. Süssmilch, Ordnungen; Salzmann, Carl von Carlsberg.

hunderts die hygienischen und gesundheitlichen Zustände, sowie Christian Gotthilf Salzmann (1744–1811), der 1784 die pädagogischen Verhältnisse kritisierte. Der anschließende *»Waisenhausstreit«* führte zur Schließung vieler Häuser, was die Notstände nicht beseitigte. In dieser Zeit rechnete man in einzelnen Territorien mit mehr als 25 % »vagabundierenden« Armen, wozu noch die »sesshaften« kamen. In Berlin galten 1775 8 % der Bevölkerung als arm.

Pionier und Vorbild für Kinderrettungsanstalten wurde Johann Heinrich Pestalozzi (1746–1827). Pestalozzi wirkte nach seinen wenig erfolgreichen Gründungen in Neuhof (1774–77) und Stanz (1795) durch seine Schriften. Diese Gründungen im Geiste der Aufklärung, ergänzt durch die Ideen Philipp Emanuel Fellenbergs (1771–1844; Hofwyl), wurden mit der an der Konzeption einer als Haushalt organisierten kleineren ländlichen Anstalt ohne »fabrikmäßigen Betrieb« stilbildend für den südwestdeutschen Pietismus und die Erweckungsbewegung. Alles hatte etwas Kleinbürgerliches: die Familienstruktur und die feste Führung mit individuellem Umgang sollten Halt geben. Versorgung wurde geboten, Besserung erwartet. Es waren »Missionsanstalten«: Das Böse wie die Sünde wurden bekämpft, das Klientel gerettet, nein, die Seele derselben und die verlorene Gottesebenbildlichkeit wiederhergestellt. Es war soziale Einzelhilfe, die klein und still auch am Gemeinwesen Rettungsarbeit betrieb, wo sie Verwahrlosung wahrnahm. Solch »christliche Haushaltung« mit all ihren moralischen, ökonomischen und pädagogischen Seiten fand sich auch bei Inspektor Christian Zeller (1779–1860) in Beuggen (ab 1820). Er gründete eine Armenlehrerausbildungsstätte und Erziehungsanstalt, die als »Pflanzschulen des Christentums« gedacht waren. Beuggen hatte große Ausstrahlung und Vorbildcharakter für Süddeutschland, für Siedlungen in Bessarabien und Südrussland.

1793 gilt als Jahr eines großen Paradigmenwechsels: der französische Arzt und Philanthrop Philippe Pinel (1745–1826) löst in der Anstalt Bicêtre die Ketten der »geisteskranken« Frauen; aus »Irrsinnigen« werden Kranke, aus »Monstern« (Foucault) Gestaltungs- und Erziehungsaufgaben, aus roher Gewalt wird Härte (Hungerkuren, Drehstuhlbehandlung, Zwangsjacken), aus äußerlichem (Ketten) verinnerlichter Zwang und moralischer Druck.

Noch mehr Menschen, die bisher geduldet an den Rändern der vormodernen Gesellschaft lebten, also die mit den körperlichen oder geistigen (»seelischen«) Beeinträchtigungen, die »Siechen«, »Krüppel«, von »Imbezillität Betroffenen«, »Idioten«, »Blödsinnigen«, »Irren«, »Epileptischen«, sie alle wurden, nachdem die Ökonomie des »Ganzen Hauses« in Frühkapitalismus und Industrialisierung zerbrochen war, zum Problem oder Kostenfaktor. Sie gerieten unter die neuen Perspektiven Heilung bzw. Nutzen: Pädagogen entwickelten Unterrichts- und Erziehungskonzepte, Mediziner partizipierten am Fortschrittsoptimismus und Machbarkeitsphantasien: »Krüppel zu Steuerzahlern« wird es bald bei den Orthopäden heißen. Die Innere Mission entzog sich den Herausforderungen nicht und reagierte auch in Deutschland mit Gründungen für »Idioten«, »Schwachsinnige« »Epileptische«[16].

2.3 Diakonie der Erweckungsbewegung und Innere Mission: Rettungsarbeit. Innerer und äußerer Pauperismus[17]

Inspiration für die Diakonie der Erweckungsbewegung war die aufgrund liberalen Vereinsrechtes in Basel durch Johann August Urlsperger (1728–1806) gegründete »Deutsche Gesellschaft zur thätigen Beförderung reiner Lehre und wahrer Gottseligkeit« (kurz:

16 Aus dem Interesse einiger Ärzte für den Kretinismus und dessen Ursachen (Geologie, Klima, Zusammen-setzung des Trinkwasser, Alkoholismus, Ernährung, Vererbung, Armut oder Vernachlässigung) gehen die ersten Gründungen von Anstalten für »blödsinnige« Kinder hervor. Ein frühes Beispiel ist die 1841 gegründete »Heilanstalt für Kretinen und blödsinnige Kinder« des Schweizer Arztes Johann Jakob Guggenbühl bei Interlaken. Weitere Anstaltsgründungen im alpinen und süddeutschen Raum, vor allem in Württemberg, waren: Wildberg (Württemberg; 1838); Schreiberhau (Schlesien; 1845); Mariaberg (Württemberg; 1847); Stetten (Württemberg; 1849); Rommelshausen (Württemberg; 1849); Göttelfingen und Schernbach (Württemberg; 1856 und 58); Mönchengladbach (Rheinprovinz; 1859); Kraschnitz (Schlesien; 1860); Dettingen (Württemberg; 1860); Neinstedt am Harz und Wernigerode (Provinz Sachsen; 1861). (Vgl. Schmuhl/Winkler, Wittekindshof, 36–39).

17 Zum Folgenden vgl. Hörnig, Umbrüche; Ders., Rettungsanstalten.

»Christentumsgesellschaft«[18]) von 1780. Sie hatte Partikulargesellschaften in Württemberg, Bayern und Ostfriesland, pflegte einen innerevangelischen Austausch mit Freunden und Liebhabern der Wahrheit in England, Holland, Frankreich, Schweden durch Vernetzung (Briefe, Besuche).[19]

Inspiriert durch erweckliche Impulse und Modelle, herausgefordert durch Kriege (»Befreiungskriege«), Hunger und Pauperismus, erschüttert durch Revolutionen (1789 und 1848) entwickelte sich im Vormärz an Hilfreichem, was wir unter den Begriff Innere Mission fassen. Die Innere Mission war wesentlich antimodern und antiurban. Sie positionierte sich gegen die »Prinzipien von 1789«, gegen Freiheit, die über den Rhein gekommen war, Liberalismus, Industrialisierung, Säkularisierung und später gegen die Sozialdemokratie. Aber in der Inneren Mission lebte auch der romantische Wunsch nach Erneuerung des Sozialen und Nationalen im überschaubaren Raum. Sie liebte Beispiele von »Kinderrettung« wie durch Johann Friedrich Oberlin (1740–1826) und Louise Scheppler (1763–1837) im Steintal, Johannes Falk in Weimar (1768–1826), Christian Heinrich Zeller in Beuggen (1779–1860) oder Andreas Bräm mit seinem Netz von Erziehungsvereinen in Norddeutschland (1797–1882).

»Rettung« galt als Gegenteil von Verwahrlosung und darum ging es den Privatinitiativen aus der strukturkonservativen, bürgerlich-frommen Gesellschaft. Not kam besonders bei der Verelendung von Kindern oder den menschenverachtenden Zuständen in den Gefängnissen in den Blick. Sozialdisziplinierung lief unter dem Schlagwort »Erziehung zur Arbeit durch Arbeit«. Das

18 Im Raum Basel wurden vor allem auf Initiativen des rührigen Sekretärs Christan Friedrich Spittler (1782–1876) fleißig gegründet: die Basler Mission (1915), Kinderrettungs-, Lehrer- (1820) und Taubstummenanstalt (1820) in Beuggen, Diakonissenhaus Riehen (1820) und Pilgermission St. Chrischona (1840).

19 Innerhalb von Pietismus und internationaler Erweckungsbewegung nutzte man Ausstellungen, Handels-beziehungen, also: Geschäftsreisen, zu Austausch und Beziehungspflege. Man besuchte einander auch privatim. Kirchen schickten Vikare mit Stipendien auf eine religiöse »Grand Tour« zu innovativen Institutionen (Halle, Hamburg, Herrnhut). Briefe wurde geschrieben, Publikationen und Zeitschriften erschienen. Große Verbreitung und Wirkung hatten später die vielgelesenen »Blätter aus dem Rauhen Haus«.

Elend des Pauperismus (»Industrieproletariat«) wurde selten beschworen. Die entstehenden Anstalten lebten von Disziplin und Kontrolle, von ländlich-kleinbürgerlicher Gegenwelt gegen den »Moloch« Stadt; es entstanden durchaus, wenn auch wider Willen, »totale Institutionen« (Goffmann).

Vereine entstanden seit 1799, ausgehend von Elberfeld und Basel, von der Bibel motiviert als Missionsvereine für Juden- und Heidenmission (»Bibel konkret«), als Traktatvereine[20] und -gesellschaften (»Bibel light«), als Bibelgesellschaften (»Bibel classic«) und als 495 Bibelverbreitungsvereinen.[21]

Vereine sorgten vieltausendfach[22] für »rettende« Institutionen: Bis 1899 entstanden in Deutschland 102 Kinderkrippen, 2.700 Kleinkinderschulen und 332 Kinderhorte als Arbeitsfelder für Kleinkinderlehrerinnen und Diakonissen. Patriotische Frauenvereine, aus dem höfischen aufgeklärten Absolutismus 1812 erwachsen, philanthropisch motiviert, sollten zunächst im Zusammenhang der sog. Befreiungskriege die Einflüsse der französischen Revolution eindämmen. Daraus entwickelten sich dann aber 2.595 allgemeine Gemeinde-, Kranken- und Armenpflegen, die Besuche bei Kranken und Wöchnerinnen organisierten, Suppen reichten und sich um Brennholz wie Beschäftigung kümmerten. 320 Rettungsanstalten für arme und »verwahrloste« Kinder sowie 140 Erziehungsvereine entstanden; die ersten im Vormärz in Weimar (1806; 1813), Overdyk/Düsseltal (1819) und vor allem in Württemberg (22 Rettungshäuser zwischen 1823 und 1843). Gefängnisvereine (seit Fliedner; 1826), 465 Herbergen zur Heimat (seit 1854), Stadtmissionen, 4.261 Sonntagsschulen bzw. Kindergottesdienste wurden gegründet.

20 Zunächst wurden englische oder französische Traktate übersetzt, was sich nicht unbedingt bewährt. So konnte Material von Lausanne nach Esslingen, dann nach Stuttgart wandern: zur späteren Evangelischen Gesellschaft.

21 Vgl. Central-Ausschuß für die Innere Mission der dt. ev. Kirche, Statistik.

22 Für 1899 (ebd.) wurden in Deutschland 33.568 rettende Vereine bzw. Institutionen aufgelistet. (Arbeiter-kolonien, Arbeitervereine, EC, Familienabende, Gustav-Adolf-Vereine, Jungfrauenvereine, Kindergottesdienste, Kleinkinderschulen, Seemannsmissionen, Stadtmissionen, Vereinshäuser u. s. w.) angegeben. Als Berufsar-beitende (Diakonissen, Kleinkinderlehrerinnen, Diakone) wurden 11.886 angeführt.

Das Rettende konnte Dach für Komplexeinrichtungen sein: Rauhes Haus in Hamburg (1833), Diakonissenanstalt Kaiserswerth (1836), »Erziehungs- und Rettungsanstalt« in Reutlingen (Gustav Werner, 1840). Diakonen- und Diakonissenanstalten standen für durchschlagenden Erfolg, für Professionalisierung der Arbeit und für ein unglaubliches Arbeitspensum. Rettende Aktivitäten[23] zielten letztlich auf himmlische Seligkeit mit gesellschaftlichem Wohl als »Vorstufe«: auf vor »Verwahrlosung« geschützte Untertanen.

Bei Wichern las sich das Historische dramatischer und diskontinuierlicher. Sein Geschichtsbild war geprägt von Vorbildern (Liebe der ersten Kirche, Reformation, Spener und Francke) und Verfall (Konstantinische Staatskirche, Mittelalter, Aufklärung). Die aktuelle Bedrohung durch »Sozialisten«, »Kommunisten« wurde als die von heidnischen Mächten, vergleichbar denen, die das Imperium Romanum zerstört hatten, wahrgenommen. So drohe ein dramatischer Abfall vom Christentum. Aufgabe der Inneren Mission war der Kampf gegen das Chaos. Not wurde verstanden als Konsequenz von Sünde *und* politische Folge der Revolutionen. Kontinuität war weniger Wicherns Thema als Aufbruch, Erweckung, Rettung, Aufwachen aus dem Schlaf und Aufbruch in einen neuen Morgen durch Vereine, das allgemeine Priestertum der Gläubigen und die Innere Mission. Motto: zurück zu einer wahren Volkskirche. Seine Epoche verstand Wichern heilsgeschichtlich als Entscheidungs- und Rettungszeit (»Kairos«). Theodor Fliedner (1800–1864) und Wilhelm Löhe (1808–1872) knüpften, insbesondere was das Amt der Diakonissen betraf, stärker an altkirchliche Vorbilder an und hatten ein kontinuierlicheres Geschichtsverständnis. Zwei Versuche, ein Diakonenamt neben dem Pfarramt verpflichtend einzurichten, scheiterten 1856.[24]

Die bleibende Bedeutung Wicherns lag in seinem publizistischen wie organisatorischen Geschick. Wichern war, durchaus personalisiert, Herold und Organisator der Inneren Mission. Große Bedeutung erlangten als interessantes Publikationsorgan

23 Vgl. insbesondere Hörnig, Rettungsanstalten.

24 Fliedner hatte ein Gutachten für den erneuerten Diakonat verfasst, Wichern gelang es auf der Monbijou-Konferenz nicht, ein festes Diakonenamt verbindlich in jeder Kirchengemeinde zu verankern.

und spannende historische Quelle die »Fliegenden Blätter aus dem Rauhen Haus« (1844 ff). Erschüttert von der erneuten Revolution (nach 1789) kam es 1848 zum Wittenberger Kirchentag. Ein protestantischer Kirchenbund wurde nicht begründet; stattdessen kam es zu einer bahnbrechende Gründung als Folge der legendären und Publicity trächtigen Wichernschen Stegreifrede: der »Centralausschuss für Innere Mission der deutschen evangelischen Kirche« wurde Anfang 1849 gegründet. Das Wichernsche Programm sah

a. eine Erhaltung bzw. Erneuerung der Gesellschaft als eines christlichen Staates gegen die Gefahren Kommunismus, Sozialdemokratie und Antichristentum vor.

b. die Kirche zu erneuern durch Aufbruch, Rückbesinnung und Evangelisation. Die Innere Mission war eigentlich nur eine Art Vorfeldorganisation für Aufgaben, die eine erneuerte Deutsche Kirche hätte übernehmen sollen. Besonders erfolgreich gelang dies bei Aufbrüchen und exemplarischen Initiativen wie bei der Verbreitung von Sonntagsschulen[25] (Kindergottesdienste), Bibelstunden oder dem Bau von Vereinsheimen (»Gemeindehäusern«), die *vorbildlich* und *zeitnah* verkirchlicht wurden. Werke und Einrichtungen der Inneren Mission galt es in Stadt-, Kreis, Provinzial- und Landesvereinigungen zusammenzufassen.

Wichern unterschied freie, kirchliche und bürgerliche Diakonie. Letztlich blieben die protestantische – wie katholische[26] – Antworten auf »Soziale Frage« und Pauperismus restaurativ und damit unbefriedigend.

Die Geschichtsschreibung der Inneren Mission ist bleibend zu charakterisieren und zu problematisieren durch die Stichworte *Jubiläumsgeschichtsschreibung, Personengeschichtsschreibung, Anstalts-* und *Vereinsgeschichtsschreibung.* Monographien entstanden,

25 Die Sonntagsschule, gemäß angelsächsischem Vorbild, gut verankert in der internationalen Erweckungsbewegung, im Pietismus und in Freikirchen, in Diakonissen-, Kleinkinderschulanstalten (Großheppach, Kaiserswerth, Nonnenweier und Frankenstein/Schlesien) und Stadtmissionen, veränderte sich auf der Ebene der landeskirchlichen Gemeinden von dem radikalen Mittel der Mission und Sozialdiakonie zu einem, und endete darin, kein Thema der Inneren Mission mehr zu sein. Auch ein Ergebnis.

26 Als herausragender Vertreter sei Adolph Kolping (1813–1865) genannt.

die zu Jubiläen Tradition präsentierten und außerdem Spenden sammeln und Identität stiften sollten. Aus der »inneren« (räumlich im Gegensatz zur »äußeren«) Mission wurde die Marke »Innere Mission« mit volksmissionarischen Zügen und klarer Tendenz zu Anstalten und Klientelisierung (Bethel).[27] Aus den Gründungen ragt Bethel heraus, von Friedrich von Bodelschwingh (1831–1910) nach 1872 aus bescheidenen Anfängen der »Rheinisch-westfälischen Anstalt für Epileptische« glanzvoll zu *der* diakonischen Vorzeigeanstalt bzw. der »Stadt auf dem Berg« entwickelt;[28] Bethel in seiner charakteristischen »Thanato-Topographie« richtet sich unterhalb der Berghöhe auf die Zionskirche aus, »on top« dann der Friedhof: seliges Sterben und ewiges Leben als Ziele diakonischen Handelns symbolisierend.[29]

In Berlin stand Adolf Stoecker (1835–1909) seit 1878 für erfolgreiche Stadtmissionsarbeit. Diese Arbeit war auch noch später häufig deutschnational geprägt und volksmissionarisch ausgerichtet. Bei Stöcker hatte sie zudem antisemitische Züge.[30]

Geschichtsdarstellungen dienten den Zielen Fundraising und Prestige der Einrichtung. Geschichtsschreibung (vor allem die Anfänge) war religiös konnotiert und folgte biblischen Narrativen. Angesichts von »Reich-Gottes-Arbeit« und knappen Ressourcen gab es kein Bewusstsein für Archivpflege. *Mono*graphien kontextualisierten zu wenig. Das Verhältnis zum Proletariat blieb zu klären. Die Fixierung auf Gründerfiguren, die Ideen »hervorbrachten« und bleibend »Geschichte machten«, überdeckten Kon-

27 Nicht unerwähnt bleiben sollen aber vorhandene Bezüge zur äußeren Mission: das Diakonissenhaus »Bethlehem« schickte mit der Norddeutschen Mission Frauen nach Afrika, Johann Ludwig Schneller eröffnete über St. Chrischona das »Syrische Waisenhaus« in Jerusalem. Bodelschwingh gründete 1886 die »Evangelische Missionsgesellschaft für Deutsch-Ostafrika«. Theodor Zöckler (1867–1949) begann als Judenmissionar in Galizien, Ernst Jakob Christoffel (1876–1955) begann die Christoffel-Blindenmission.

28 Heute ist Bethel Europas größtes diakonisches Unternehmen.

29 Vgl. www.bethel-historisch.de.; Benad, Sterbelust.

30 Dieser lutherische, staatsnahe und volksmissionarische Zug der Inneren Mission hatte durch deren frühere Berufsstationen alle Bischöfe der sog. »intakten« Kirchen im Kirchenkampf, August Mahrahrens (1875–1950) in Hannover, Hans Meiser (1991–1956) in Bayern und Theophil Wurm (1868–1953) in Württemberg, geprägt.

flikte, Brüche und verschleierten Machtausübung. Geld war selten Thema. Frommer Vorsehungsglaube huschte darüber hinweg: »Deus providebit.« (Gen 22, 8) Geschlechtsstereotype wurden befestigt: Mütterlichkeit als Beruf, Verweiblichung der Pflege. Die Wege der Inneren Mission in Vereinen und Institutionen, in je eigenem Verhältnis zu 39 pluralisierten Provinzial- und Landeskirchen, blieben rechtunbestimmt.

Heute müssen sich diakonische Einrichtungen auf dem Sozialmarkt behaupten. Sie versuchen Glanz aus der Geschichte zu ziehen. Es hat sich ein 25-Jahres-Rhythmus für wissenschaftliche Publikationen ergeben. Selbst die alte Gattung »Lebensbild« wird noch gepflegt. Wichern-Jubiläen etwa atmen so viel Zeitkolorit und bedienen aktualisierten Thematiken wie Reformationsjubiläen: Wichern wird präsentiert als »Herold der Inneren Mission«[31], Erzieher[32], »Menschenfischer aus Passion«[33], »Anwalt der Armen – Missionar der Kirche«[34].

Zur Schar der beeindruckende Persönlichkeiten mit häufig erwecklichlichem Hintergrund, mit Ecken und Kanten, die charismatische Herrschaft im Sinne Max Webers ausübten, sollten ein paar »Reformerinnen« ergänzt werden: Gräfin Wally Poninska (1833–1912) in Breslau, Gräfin Hedwig von Stosch (1834–1920) in Frankenstein/Schlesien, Regine Jolberg (1800–1870), Wilhelmine Canz (1815–1901) im schwäbischen Großheppach. Das Gedenken an den ungeheuren Einsatz und die Verdienste der Diakonissen und Kleinkinderlehrerinnen vergeht mit ihrem »Aussterben«.[35]

Zu oft werden die großen, zu Verbänden gewordenen heterogenen Vereine in Blick genommen, die mehrheitlich nach 1848 ent-

31 Vgl. Dehn, Wichern.

32 Vgl. Birnstein, Erzieher.

33 Vgl. Steinacker/Schnetter, Wichern.

34 Vgl. Sattler, Anwalt.

35 Ein schöner Ansatz: von Hauff, Frauen, Bd. 1. In seiner Habilitationsschrift (Hörnig, Datenatlas) hat sich der Verf. bemüht gerade den Diakonissenhäusern und Kleinkinderlehrerinnenseminaren von Schlesien über das Rheinland bis Baden ein »Denkmal« zu setzen. Die Arbeitspensen waren gewaltig, die Radien beachtlich, wenn badische Bauerntöchter via Nonnenweiher im Baltikum, in Texas oder Sierra Leone eingesetzt wurden. Schwestern aus Kaiserswerth trugen seit 1850 die Sonntagsschule um die Welt, indem sie Dienst in Alexandria, Beirut, Jerusalem oder Budapest taten.

standen waren: Gustav-Adolf-Verein (1832), Evangelischer Bund (1886), berufsständische Organisationen wie Evangelische Arbeiter- und Arbeiterinnenvereine, Frauen-, Männer- und Jugendbünde; insbesondere der Centralausschuß für Innere Mission (1848/49). Diese Tätigkeiten sind durch Archive gut dokumentiert.

Der erwünschte Zugriff der Inneren Mission kann durch einen Text aus den lutherischen Sächsischen Herzogtümern (heute: Thüringen) verdeutlicht werden. Dort herrschten noch Ende des 19. Jahrhunderts Notstände; alles wartete auf Aktivitäten der Obrigkeiten. Generalsuperintendent Dr. Karl Braune aus Altenburg, ein Freund Wicherns, entwarf nun auf der Hauptversammlung in Weimar im Jahr 1875 ein Programm radikaler Rundumbetreuung im *Vereinsprotestantismus.* Er buchstabierte als klassische ABC der Inneren Mission aus, was deren »Liebesketten« (Zinzendorf) bewirken könnten: radikale »Versäulung der Gesellschaft« (Lijphart)[36]; eine protestantische Parallelgesellschaft. Braune ging es um Betreuung, um protestantische Moral, um Erziehung zur Erhaltung staatlicher Ordnung. Das Programm umfasste Aktivitäten und Initiativen von der Wiege (Krippe) bis zur Bahre; getreu dem Vorbild der Inneren Mission in anderen deutschen Provinzen oder Staaten:

»Wir haben da das Leben anzuschauen, das die Aufgaben stellt. – Zuerst treten wir in eine Wohnung: Stube, Küche, Schlafstätte in Einem; Groß und Klein, Eltern und Kinder, vielleicht noch um der Miete willen ein Schlafbursche, sind da eng beisammen, die Wände feucht, die Luft dumpf und ungesund; das Heim recht unbehaglich, so dass der Mann gern das Wirtshaus aufsucht. Da fordert die *Wohnungsnot* den Menschenfreund zur Abhilfe auf. – Die Eltern gehen dem Verdienst nach, die Kleinen werden eingeschlossen, oder treiben sich auf der Straße umher. Da ist Veranlassung, *Krippen, Kleinkinderbewahranstalten, Kleinkinderschulen* zu gründen. – Was wird aber sonntags mit den schulpflichtigen Kindern? Die Predigten gehen ihnen über die

36 Der Begriff der »Versäulung«, ein holländischer Exportschlager wie die Tulpen, stammt von Arend Lijphart, der ihn 1968 als »consociationalism« oder »verzuiling« in seinem zunächst in Englisch erschienen Buch einführte. Damit beschrieb er den spezifisch niederländischen, religiös geprägten Pluralismus und dessen Folgen für die Gesellschaft durch die Beförderung konfessioneller Parallelwelten.

Köpfe weg. Da müssen *Sonntagsschulen, Kindergottesdienste* helfen. – Manches Kind verwildert, auch aus besser situierten Familien. Nun wird ein *Erziehungsverein* und, da es an christlichen Familien fehlt oder sie nicht genügen, ein *Rettungshaus* nötig. – Nach der Konfirmation stehen Jünglinge, Lehrlinge, Gesellen heutzutage fast ganz außer der Familienverbindung. Da müssen *Jünglingsvereine* Ersatz bieten. – Es kommt die Zeit der Wanderung. Wie nötig sind *Herbergen zur Heimat*! – Auch an die Töchter ist zu denken. Diese soll in Dienst treten; vorübergehend sind sie außer Diensten; da nahen schwere Versuchungen. *Mägdeschulen, Mägdeherbergen* können Hilfe schaffen. – Was sie für ihren Beruf als Frauen, als Mutter brauchen, lernen sie zu Hause nicht. *Näh-* und insbesondere die so warm von Amalie Sieveking empfohlenen *Flickschulen* müssen aushelfen. – Wo sie aber der Sünde verfallen sind, die die dunkelsten Schatten wirft, ein Krebsschaden, an dem Staaten zu Grunde gehen, da müssen *Magdalenenstifte* zu helfen versuchen. – viele verfallen dem Zuchthaus; der erklärtesten Sünden muss man sich in *Gefängnisvereinen* und besonders *Vereinen für Entlassene* annehmen. – Schon die Armut kann einen Druck üben, dass es an *Armenvereinen* nicht fehlen darf. – Schon bei der Geburt des ersten Kindes, nun erst, wenn die Familie größer wird, müssen *Vereine für arme Wöchnerinnen* eintreten. – Krankheit eines Familiengliedes, vollends des Versorgers, oder der Mütter steigert die Armut zur größten Not. Daher *Krankenvereine*. An manchen Stellen sind *Kinderhospitale* einzurichten. – Gemeinden von bedeutender Größe mit zahlreichen Anstalten bedürfen *Diakonissen, Krankenpflegerinnen*. – Anstalten, die die Aufgaben haben, solche zu bilden, *Diakonissenanstalten* dürfen nicht fehlen, so wenig als *Brüderanstalten*, welche Hausväter für Herbergen, Rettungshäuser heranbilden. – Für Blödsinnige oder Epileptische kann in *Irrenanstalten* und *Taubstummenanstalten* nicht genug gesorgt werden, das muss weise Liebe in besonderer Weise besorgen. – Gegen Verkümmerung des geistigen Lebens helfen *Vereine für gute Volksbibliotheken, für Verbreitung christlicher Schriften*. Zur Hebung sittlichen Volkslebens tut *Sonntagsheiligung* not.«[37]

37 Gräbenteich, Geschichte, 82 f. Es fehlte fast keine Aktivität: Die Bedeutung des wiedergewonnen Pfarramtes bzw. der Kirchengemeinden wurde zurückhaltend akzentuiert; Brautpaare bekamen noch keine Bibel geschenkt (späterer Inbegriff der Bibelverbreitung). Es fehlten Bibelstunden, evangelische Vereins- bzw. Gemeindehäuser, die gerade in Thüringen so überaus erfolgreichen »Familienabende« mit und ohne Lichtbildvortrag (»Geselligkeit«!). Keine Arbeiterkolonien sind vermerkt; ansonsten wurde der radikale Zugriff der Inneren Mission auf das ganze Leben illustriert!

Im Kaiserreich wurden Arbeitsfelder professionalisiert, Politikberatung erfolgreich praktiziert: Theodor Lohmann (1831–1905)[38] arbeitete Otto von Bismarck (1815–1898) bei der Kranken-, Unfall-, Invaliditäts- und Altersversicherung als »Daseinsvorsorge« zu, Friedrich Naumann (1860–1919) war Vordenker für eine »Zukunft der Inneren Mission«. In den Jahren bis 1914 machten die Anstalten der Inneren Mission aus dieser den größten konfessionellen Wohlfahrtsverband. Gerade die offenen oder geschlossenen Anstalten der Fürsorge waren unverzichtbarer Bestandteil des sich später entwickelnden staatlichen sozialen Sicherungssystems.

Die sog. Stadtmissionen u. a. in den industriellen Ballungszentren signalisierten deutlich, dass über Fürsorge (Gefängniswesen, Armen-, Kranken- und Altenpflege) hinaus Volksmission ein deutlicher Schwerpunkt war (»Re-Christianisierung«). Die entkirchlichten Schichten sollten für die verfassten Kirchen wiedergewonnen werden. Stadtmissionen hatten einen reduzierten sozialen Auftrag im »heimatfremden«, ungeliebten Moloch Stadt. Ungeklärt blieben das Verhältnis von Diakonissen und Diakonen zum »geistlichen Amt« sowie deren kirchenrechtliche Verankerung (CA V und XIV).

Die 1861 von Theodor Fliedner (1800–1864)[39] gegründete Kaiserswerther Generalkonferenz vernetzte weltweit Diakonissenhäuser; insbesondere nach Skandinavien wurden Diakonissen als Oberinnen vermittelt. Der Beitrag der Diakonissen zur Professionalisierung der Krankenpflege kann nicht hoch genug eingeschätzt werden. 1897 entstand der Caritas-Verband für das katholische Deutschland (Lorenz Werthmann, 1858–1921), 1918 die Zentralwohlfahrtsstelle der Juden in Deutschland, 1919 die Arbeiterwohlfahrt, das Deutsche Rote Kreuz (1921) und der Deutsche Paritätische Wohlfahrtsverband (1924). 1909 richtete der Central-Ausschuß in Berlin eine Frauenschule der Inneren Mission ein.

38 Vgl. Zitt, Sozialpolitik.

39 Fliedners Werk ist nicht zu Denken ohne die Beiträge seine Frauen Friederike (1800–1842) und Caroline (1811–1892). Kaiserswerth steht für Professionalität von Pflege, Berufsarbeit, Existenzabsicherung von Frauen.

2.4 Diakonie im I. Weltkrieg und der Zwischenkriegszeit: »Sattelzeit«

Im »Großen Krieg« fokussierte der Centralausschuss seine Arbeit auf Volksmission, Religionspädagogik und Seelsorge: auf Lesestoff und Sittlichkeit. Kriegsnot wurde kaum gelindert. Lazarette wurden betrieben; Ernährungsnot war kein Thema. Es kamen namhafte neue »Player« auf: staatliche Wohlfahrtspflege (Militärverwaltung) und Rotes Kreuz.

Aus der Zeit des ersten Weltkriegs (dirigistische »Kriegswohlfahrtspflege«) kamen wesentliche sozialpolitische Impulse für den Weimarer Wohlfahrtsstaat. Es war eine Art »Sattelzeit«. Das Verhältnis Staat – Kirche wurde 1919 in der bis heute geltenden Form der »hinkenden Trennung« (Stutz)[40] nach Artikel 136–139. 141 der Weimarer Reichsverfassung geregelt. In der bedrückenden Versorgungslage fand ein sozialdarwinistischer Zeitgeist auch in den Einrichtungen der Inneren Mission Eingang, der nach lebenswertem oder lebensunwertem Leben zu fragen wagte.[41] Schon im ersten Weltkrieg war es üblich, die in den Heil- und Pflegeanstalten untergebrachten, größtenteils liegend behandelten und lebenslang hospitalisierten Patienten und -innen durch drastischen Entzug von Nahrung (vor allem Fett) und Heizung zu schwächen und zu Tode zu bringen. Nach diesem Muster kam es auch zu »Kindereuthanasie«; nicht nur in der Bergischen Diakonie Aprath starben Pflegebefohlene an Unterernährung.[42]

> Was die medizinisch-ethischen und politischen Diskurse seit dem I. Weltkrieg betraf, ist m. E. für Deutschland zu fragen, welche Faktoren dazu führten, Humanität so zu verraten. Gab es eine »schiefe Bahn«, die bei Begriffen wie »minderwertigem« Leben, »Ballastexistenz« und Maßnahmen wie »Sonderkost« bzw. »Hungerkost« im I. Weltkrieg oder der späteren Zu-

40 Ulrich Stutz (1868–1938) war zu seiner Zeit der bedeutende Professor für Rechtsgeschichte und Kirchenrecht. Er prägte diese Formel 1924. (Vgl. Stutz, Studium, 2)

41 Vgl. die Umfrage von Ewald Meltzer, Katharinenhof, Großhennersdorf (1920); vgl. Hammer, Geschichte, 222 ff; Klee, NS-Staat; Ders., »Die SA Jesu Christi«.

42 Vgl. Wittmütz, Bergische Diakonie, 44.

stimmung zu (Zwangs-) Sterilisationen begann, sich in Folge szientistischer Ethik zu Gedanken von Eugenik und »Rassehygiene« entwickelten, schlussendlich Widerstand gegen Krankenmorde untergrub? Welche Rolle spielte die Staatsnähe, die »Rücksicht« auf fatale Wirtschafts- bzw. Ernährungslage und die Zugeständnisse an den Zeitgeist (Eugenik, Zwangssterilisationen)? Inwieweit wirkte Verantwortungsethik (Umschichtung des knappen Geldes zugunsten der Behandlung »weniger« Schwacher) »relativierend« auf das Lebensrecht der Schwächsten? Die Klientel änderte sich. Gab es bisher einen gewissen »Unterschichtsgeruch« und Trend zur sozialen Problemklientel bei der IM – arm, verwahrlost, sündig, proletarisch, Krüppel und Bettler – so kamen zu den bisherigen Klienten jetzt Kriegsgeschädigte. Es konnte der adlige Offizier wie die bürgerliche Kriegerwitwe bedürftig sein, der Soldat im Rollstuhl neben dem »Behinderten« (eine Wortschöpfung der Weimarer Zeit) in der Sonne sitzen. Fürsorge wurde nationale Aufgabe: der Weimarer Sozialstaat entstand und stützte sich auf die sich etablierenden Wohlfahrtsverbände. Mal wurde kooperiert; mal grenzte man sich gegeneinander ab. Statt des Gegensatzes bürgerlicher zu kirchlicher Armenpflege wurde nun zwischen öffentlicher und privater Wohlfahrtspflege unterschieden. Das Wort »Armenpflege« erschien zu negativ konnotiert; »Fürsorge« oder »Wohlfahrtspflege« sollten für Kriegsversehrte und durch Wirtschaftskrise und Inflation Betroffene Beschämung und Erniedrigung vermeiden.

Zur Förderung durch den Staat und den rasanten Ausbau von Einrichtungen kam verstärkte finanzielle Abhängigkeit; in Krisenzeiten (1929) gingen vorhandene kirchliche Stiftungen bankrott; die Kostenersatzleistungen statteten nicht mit den notwendigen Mitteln aus. Die Kirchen hielten sich zurück, wenn Kleinkinderschulen oder Gemeindestationen kommunalisiert wurden. Die volksmissionarische Zielsetzung blieb erhalten. 1921–1937 wirkte die »Apologetische Centrale« unter Gunther Schweitzer (1889–1965) und Walter Künneth (1901–1997) von Berlin aus als Vorläuferin der EZW (Evangelische Zentralstelle für Weltanschauungsfragen) auch gegen »antireligiöse« Kräfte. Aufgaben wurden vom

Strafvollzug bis zur Wohnungsnot wahrgenommen. Skandale blieben nicht aus (Heimskandale, die Pleite der Bausparkasse »Devaheim«), die die Autorität des Central-Ausschusses schwächten.

2.5 Katastrophe und Neubeginn

2.5.1 Das Dritte Reich; oder: Diakonie vor Grafeneck

In der Inneren Mission gab es nicht wenig Begeisterung für das »Dritte Reich« als Zeit des Aufbruchs. Kaiserswerth verlegte sein hundertjähriges Jubiläum um drei Jahre vor, damit es in das »Schicksalsjahr« 1933 fiel. Das Rauhe Haus feierte im selben Jahr dasselbe Jubiläum bereits als »Braunes Haus« (Klee). In den Diakonissen- und Diakonenanstalten wuchsen große Hoffnungen auf sicher gestellte finanzielle Ausstattung und auf die Möglichkeiten ungehinderter Volksmission. Mit der Gründung der NS-Volkswohlfahrt (1933) und Angriffen insbesondere auf den Central-Ausschuss wurde die beabsichtigte Gleichschaltung von anderen als Gefahr wahrgenommen. Auch in der IM standen sich Bruderräte und Deutsche Christen gegenüber. Anstalten der Inneren Mission führten (Zwangs-) Sterilisationen durch, betrieben sogar ein KZ in Kuhlen (Ricklinger Anstalten in Schleswig-Holstein). Diakone des Stephanstiftes aus Hannover taten in sieben Konzentrationslagern Dienst (»Emslandlager«).

Der NS-Staat übernahm Einrichtungen des freiwilligen Arbeitsdienstes von der Inneren Mission, Streit gab es um Krankenpflegeeinrichtungen, Krankenhäuser, Kindergarten- und Kinderhortarbeit (1934), evangelische Schulen (seit 1937). 1940 rettete ein Erlass der von Friedrich Werner geleiteten Kirchenkanzlei der Deutschen Evangelischen Kirche vor den Versuchen, die Innere Mission komplett (»Wesens- und Lebensäußerung der Kirche«) gleichzuschalten und der NS-Volkswohlfahrt zu unterstellen. Die Selbstauflösung seitens der Inneren Mission wurden vermieden; es hemmte wohl die Wertschätzung der Bevölkerung sowie die Größe und Bedeutung der Einrichtungen das Vorgehen des Staates gegen die Innere Mission.[43]

43 Vgl. Hammer, Geschichte, 272–276.

Die NS-Krankenmorde (»Aktion T4«) bleiben ein verstörender Kulturbruch. Natürlich lagen sie auf der Linie der Bio-Diktatur des NS-Regimes, die dadurch vermutlich die »Soziale Frage« radikal »lösen« wollte (Aly & Susanne Heim). Eugenische Gedanken verschärften sich, volkswirtschaftliche Entlastung verband sich tödlich mit rassehygienischen Reinheitsvorstellungen (14. Juli 1933, »Gesetz zur Verhütung erbkranken Nachwuchses«). Ohne die T4-Aktionen von sonstigen Aktionen wie Zwangssterilisationen, der Vernichtung »Asozialer« ab 1937, den Tötungen in Kinderfachabteilungen, Pflegeheimen, der »Sonderbehandlung 14f13« sowie »wilder« bzw. »regionalisierter Euthanasie« abzuheben, hatte diese Aktion, was Planung, Erbprobung und Durchführung fabrikmäßigen Mordens betraf, Eigenarten. Täter wurden von Grafeneck nach Hadamar, Belzec, Auschwitz geschickt. Nur in der »intakten« Kirche Württembergs[44] wurde ein Heim der Inneren Mission (Samariterstiftung, »Krüppelheim« Grafeneck) für die staatlich organisierten Morde im Jahr 1940 ausgewählt.[45] In Bernburg taten auf dem gleichen Gelände im von der »Euthanasie«-Einrichtung abgetrennten Teil der Landesheil- und Pflegeanstalt Diakonissen aus Dessau Dienst.

Die Arbeit der Inneren Mission wurde zunehmend eingeschränkt. Die Verteilung von Schriften an Soldaten wurde ver-

44 Fand hier ein »Testlauf« auf mögliche gesellschaftliche oder kirchliche Reaktionen bzw. Proteste statt? Gerade im pietistischen geprägten Württemberg begann das Töten, da die »Idioten-Lehre« Paul Solliers (1861–1933) von der schöpfungs- und metaphysikbegründeten Bildungsunfähigkeit sog. Behinderter reichlich Anhänger und -innen hatte. Wurde hier eine möglicherweise perfide Anknüpfungslogik vermutet?

45 Vgl. Klee, »Euthanasie«, 92 ff.

Kirchlicher Widerstand wird unterschiedlich bewertet. Pastor Paul Gerhard Braune (1887–1954) dokumentierte mutig das Morden. Es fällt schwer, die internen Eingaben der Bischöfe August Marahrens oder Theophil Wurms, in denen sich Loyalitätsbekundungen zum Staat mit verhaltenem Protest mischten und die dann doch in die Öffentlichkeit drangen, angemessen auf dem Hintergrund des III. Reiches zu beurteilen. Mehr Mut zeigten wohl Hermann Diem (1900–1975), Ernst Wilm (1901–1989) oder die katholischen Bischöfe von Clemens August Graf von Galen (1878–1946; Münster), Joseph Godehard Machens (1986–56; Hildesheim) oder Franz Rudolf Bornewasser (1966–1951; Trier).

boten, das Pressewesen kam zum Erliegen. Gebäude wurden beschlagnahmt, andere durch den Krieg zerstört.

2.5.2 Diakonie nach Grafeneck

Zur Behebung der Not nach dem II. Weltkrieg wurde wieder auf Diakonie, Caritas und die anderen freien Wohlfahrtsverbände zurückgegriffen. Innere Mission und Caritas galten als wenig desavouiert. Ökumenische Kontakte in das Ausland waren vielversprechend. Das Gesamtklima war restaurativ. An die Verhältnisse von Weimar wurde – wieder nach Diskussionen mit SPD und KPD – zügig angeknüpft.

Auf der Kirchenkonferenz in Treysa 1945 wurde neben der »Inneren Mission« das kirchlichere und weniger missionarische »Hilfswerk der Evangelischen Kirche in Deutschland« unter Eugen Gerstenmaier (1906–1986) gegründet. 1948 wurde von der EKD unter Aufnahme einer Formel von 1940 bekannt, dass »die diakonisch-missionarischen Werke Wesens- und Lebensäußerungen der Kirche« (Art. 15 GO EKD; 13.07.1948) seien. Zumindest formal schien das Verhältnis von Diakonie und Kirche in Deutschland geklärt. Das Prinzip »Selbsthilfe« stand beim Hilfswerk im Vordergrund. Es knüpfte Kontakte zu ausländischen Hilfsorganisationen und ökumenischen Partnern, bekämpfte beeindruckend Hunger und Not in Deutschland (durch Sammlungen, Spenden, Verteilung von CARE-Paketen), sorgte insbesondere für Vertriebene und Flüchtlinge, für Siedlungs- und Kirchenbau, Pressewesen und unterstützte Angeklagte in Spruchkammerverfahren z. B. mit »Persilscheinen«.

Neue Einrichtungen, z. B. in Züssow, Bremen, Göttingen, entstanden, ebenso das »Christliche Jugenddorfwerk« (1947). Seit den 1950er-Jahren wurden Hilfen für Kirche und Diakonie in der DDR organisiert. Gerstenmaiers sozialpolitische Zielsetzung (»Wichern zwei«)[46] wurden zunehmend von Kirchenleitungen mit Reser-

46 Hier können Weiterentwicklungen nur angedeutet werden. Gerstenmaier verstand unter »Wichern zwei« ein sozialpolitisches Programm »gestaltender Liebe« für die Diakonie. Wichern selbst und dessen Konzept der »rettenden Liebe« wurden dann als »Wichern eins« gezählt. Theodor Strohm (geb. 1933) entwickelte später mit »Wichern drei« ein sozialräumlich und

viertheit gesehen; 1953 ging Gerstenmaier in die Politik. 1957 kam es unter dem Namen »Innere Mission und Hilfswerk der EKD« zu einem Zusammenschluss von Centralausschuss und Hilfswerk; 1975 erfolgte die formale Auflösung des Hilfswerkes im »Diakonischen Werk der EKD e. V.«.[47] 1991 wurden ost- und westdeutsche Diakonie organisatorisch zusammengeführt. Seit 2012 heißt es »Diakonie Deutschland« (»Evangelisches Werk für Diakonie und Entwicklung«); der Sitz wurde von Stuttgart nach Berlin verlegt.

1959 wurde als Reaktion auf die Gründung von Misereor mit der Aktion »Brot für die Welt« durch Christian Berg (1908–1990) begonnen. In diesem Jahr entstand auch die Kindernothilfe. Die Jahre 1961 bis 1974/75 werden als »dagobertinische Phase« (Hauschild) in Kirche und Diakonie bezeichnet. Geld war kein Problem. Bestehende Einrichtungen wurden erweitert und neue Hilfefelder erschlossen[48]. Es entstanden Komplexeinrichtungen.

Seit 1954 gibt es ein »Diakonisches Jahr«, später wurden Zivildienstleistende (bis 2011), heute »BUFDIs« wichtige Mitarbeitende. »Taschengeld-Diakonissen« gibt es kaum noch; angemessene Bezahlung machten Berufe attraktiver – kirchliche Bindung oder christliche Motivation bzw. Normativität verlor bleibend an Bedeutung. Auf dem Gebiet der neuen Bundesländer wurden nach 1989 Einrichtungen »diakonisch«, die es zuvor nicht waren. Es kam zu Problemen mit der fehlenden Kirchenmitgliedschaft. Einzelne diakonische Werke folgen nicht der ACK-Empfehlung hinsichtlich der »Konfessionsklausel«.[49]

lebensweltlich orientiertes Verständnis von Diakonie; Wolfgang Huber (geb. 1942) dachte ebenfalls über ein modifiziertes Programm für Diakonie (»Wichern III«) nach.

47 Kaiser, Art. Innerer Mission, 152: »Vermutlich hielten die Zeitgenossen in der Mitte des 20. Jh. den Begriff [Innere Mission] für zu altmodisch und zu ›fromm‹ und ersetzten ihn deshalb durch ›Diakonie‹.«.

48 Ein Schwerpunkt wurden Trägerschaften von Beratungsstellen: Schwangerschaftskonflikt-, Ehe-, Erziehungs- oder Schuldnerberatung.

49 Die ökumenische »Arbeitsgemeinschaft Christlicher Kirchen« empfiehlt ihren Mitgliedskirchen, in ihren kirchlichen bzw. diakonischen Einrichtungen die Anstellung Angehöriger anderer ACK-Mitgliedskirchen zu ermöglichen. Zur ACK gehören z. B. die Altkatholiken, Altreformierten, Baptisten, Heilsarmee, Methodisten, Mennoniten, die römisch katholische Kirche, viele orthodoxe Kirchen, der Mülheimer Verband.

Gedenkkultur für die Krankenmorde entstand in den 1990er-Jahren. Ohne die Forschungen Kurt Nowaks (1942–2001), Ernst Klees (1942–2013), Götz Alys (geb. 1947) oder Hans-Walter Schmuhls (geb. 1957) wäre dieses dunkle Kapitel mit Verstrickungen von Innerer Mission und Kirche, Eliten als Täter und -innen nicht aufgedeckt worden.

Schweigen, verweigerte Entschädigungen und Fortbestehen behindertenfeindlicher Ideologie verändern sich zunehmend. Nicht unerwähnt bleiben können die Heimskandale, die vor allem Caritas- und Diakonie begleiteten. Die Gründe liegen bei machtlosen Aufsichtsbehörden, die den Trägern gegenüber zu positiv und vertrauensvoll eingestellt waren, schlecht ausgebildeten Arbeitskräften (womöglich im 3. Reich) mit überfordernden Arbeitsbedingungen (»Retten als Beruf?«) und hoher Machtausstattung, gesellschaftlicher Stigmatisierung der Klientel, »kognitiver Dissonanz« (Festinger) zwischen hehren Idealen und Wünschen und unzureichenden Möglichkeiten bzw. Fähigkeiten. Die Tagesabläufe waren häufig religiös strukturiert, auf striktes Arbeitsethos ausgerichtet, disziplinierend und überwachend[50].

»Disability Studies« widmen sich heute den Bedingungen individueller, sozialer und kultureller Konstruktion von »Behinderung« und den Verhältnissen in einschlägigen Einrichtungen.[51]

Impulse:

- In der Alten Kirche gehörten liturgischer Vollzug und karitative Praxis zueinander, »brauchten« und ergänzten einander. Erscheint dies in einer säkularen Gesellschaft anachronistisch – oder läge hier auch eine Chance für die »Seele des Sozialen« in diakonischen Kontexten?
- »Armenfürsorge« war die sich durch die Geschichte ziehende Signatur diakonisch-kirchlichen Handelns. Welchen Stellenwert haben »Arme« heute in einer durch das Milieu der bürgerlichen Mittel- bzw. Oberschicht geprägten Kirche?

50 1927 Ricklingen und Scheuern, 1969 »Heimkampagne« oder 2006 »Schläge im Namen des Herrn« und »Runder Tisch Heimerziehung« .vgl. Wensierski, Schläge; Benad/Schmuhl/Stockhecke, Endsation; Schmuhl/Winkler, Gewalt; Dies., Wittekindshof; Zimmer u. a., Kindesmissbrauch.

51 Vgl. z. B. Bösl/Klein/Waldschmidt, Konstruktionen.

– »Und vor dem Haus das Kronenkreuz«. Welche bleibende Bedeutung hat dieses 1925 von Richard Boeland aus I (wie »Innere«) und M (wie »Mission«) gestaltete Symbol in Zeiten von Sozialmarkt und Wettbewerb?

Literatur: Zum Weiterlesen

Bösl, Elsbeth, Klein, Anne, Waldschmidt, Anne (Hg.): Disability History. Konstruktionen von Behinderung in der Geschichte. Eine Einführung. Bielefeld 2010.

Hammer, Georg-Hinrich: Geschichte der Diakonie in Deutschland. Stuttgart 2013.

Herrmann, Volker, Horstmann, Martin (Hg.): Studienbuch Diakonik. Zweite Auflage. Bd. 1 f, Neukirchen 2008.

3. Konzeptionelle Entwicklungen

Ralf Hoburg

3.1 Theologische Begründungen der Diakonie

In die theologische Begründung diakonischen Handelns ist wieder Bewegung gekommen.[1] Zu einseitig erscheint im interdisziplinären Diskurs der aus der Theologie selbst heraus erfolgte Anspruch, diakonisches Handeln sei als Barmherzigkeit und Nächstenliebe eine eigene ethische Kategorie, stehe gewissermaßen unter »Urheberschutz«[2] und sei gegenüber humanen Motivationen des Handelns abzugrenzen. Diese – in der Literatur zur Diakonie oft vertretene These – wird zu Recht gegenwärtig u. a. von Christoph Sigrist und Heinz Rüegger bestritten und sie werfen die Frage auf: »Worin aber soll denn das Besondere, das sog. Proprium christlich-diakonischen Helfens bestehen? Wie wäre es theologisch zu begründen?«[3] Letztlich muss sich die Identitätsbildung der Diakonie heute an ihrer Diskursfähigkeit mit der Sozialwissenschaft messen lassen. So führen nach Sigrist/Rüegger alle Ansätze in eine Sackgasse, die den Standpunkt vertreten, »diakonisches Handeln in theologischer Überhöhung anderen Formen sozialen Helfens überlegen zu beschreiben und Letztere damit implizit oder explizit abzuwerten.«[4]

Der Diskurs über die theologische Begründung der Diakonie hat eine lange Tradition. Die hier vorgelegte Darstellung knüpft

1 Zuletzt Sigrist/Rüegger, Handeln; Albert A., Helfen; Hoburg, Theologie.

2 So Herbert Krimm, Diakonie unter Urheberschutz, zitiert nach Herrmann, 263.

3 Sigrist/Rüegger, Handeln, 7.

4 Ebd.

einerseits an Bemühungen einer Systematisierung diakonischer Entwürfe wie z. B. von Gerhard K. Schäfer an[5] und führt diese fort, indem die neuere Diskussion über diakonische Modelle und bislang weniger beachtete Ansätze in den Versuch systematischer Einordnung mit einbezogen werden. Andererseits nimmt der Beitrag Bezug auf die von Christoph Sigrist und Heinz Rüegger eingangs eingeforderten und für die diakonische Begründung notwendigen Anknüpfungspunkte in der Sozialwissenschaft. Dabei wird von dem Konsens ausgegangen, dass es heute Aufgabe jeder theologischen Begründungsarbeit ist, die biblischen Begriffe von Nächstenliebe bzw. Barmherzigkeit mit dem anthropologischen Begriff des Helfens in Relation zu setzen, weil dieser eine handlungstheoretische bzw. ethische Brücke zwischen dem Humanum und dem Christianum darstellt.[6] Bereits Theißen hatte dies in seinem Grundsatzbeitrag zur Neuinterpretation der Erzählung des barmherzigen Samariters angedeutet und ihm sind dann Wolfgang Huber und Michael Schibilsky gefolgt, indem sie die Forderung aufstellten, es müsse eine »Theologie des Helfens« entwickelt werden.[7] Auch Ulrich Körtner schloss sich dieser Grunderkenntnis an, dass das Phänomen des Helfens keine christliche Sonderperspektive darstellt, sondern eine »allgemeinmenschliche Tugend« bildet.[8] So gesehen meint Diakonie »helfendes, solidarisches Handeln in christlicher Perspektive«[9], womit die Einkehr in einen pluralen Deutungshorizont gesetzt ist.

Es darf heute als breiter Konsens in der gegenwärtigen Diakoniewissenschaft gelten, dass nur eine Pluralität theologischer Begründungsansätze der biblisch-exegetischen Vielfalt und der historischen Komplexität diakonisch-caritativer Praxis gerecht werden kann. Stellte die Theologie der Diakonie seit je her ein sperriges Gebilde zwischen Praktischer Theologie und Dogmatik dar und wurde ihre Verwendung von Beate Hofmann einmal zu

5 Schäfer, G., Konzeptionen.

6 Programmatisch greift dies aus katholischer Sicht bereits Hermann Steinkamp 1994 auf. Vgl. Steinkamp, Handeln.

7 Theißen, Legitimitätskrise.

8 Körtner, Ethik, 306.

9 Sigrist/Rüegger, Handeln, 7.

Recht ironisierend als »Zierrat«[10] bezeichnet, so zeigt sich gegenwärtig, dass über die theologische Begründung hinaus sich auch die exegetische Basis geweitet hat und die Diakonie nur noch gesamtbiblisch zu begründen ist und sogar im interreligiösen Diskurs mit Judentum und Islam betrachtet werden muss.[11] Letztlich müssen alle theologischen Begründungen der Diakonie deutlicher exegetische Beobachtungen mit dogmatischen Grundsatzüberlegungen verzahnen. Damit ist in gewisser Weise auch ein Paradigmenwechsel eingeleitet, der sich bereits in den 90er Jahren andeutete und etwa auch von Anette Noller aufgegriffen wurde, indem Diakonie nicht primär vom Begriff, sondern von der Sache her zu bestimmt ist.[12]

Aus den verschiedenen wissenschaftlichen Zugängen und der Komplexität des diakonischen Themas fällt es nicht leicht, einen gemeinsamen Nenner zu finden, um das genuin Diakonische in seiner Multiperspektivität zu bestimmen. Dabei gilt es, die verschiedenen theologischen Argumentationsmuster nach ihren dogmatischen Prämissen zu untersuchen und eine Systematisierung der unterschiedlichen Begründungsfiguren vorzunehmen, die der pluralen Grundstruktur einer Theologie der Diakonie zu Grunde liegen. Dies merkte bereits Paul Philippi an, indem er einer theologischen Begründung das Diktum mit auf den Weg gab: »Der systematische Ort der Diakonie in der Theologie ist, nach unserer Meinung, nicht einfach durch ein ›siehe hier‹, ›siehe-da‹-Verfahren zu ermitteln« und sprach dann davon, dass es dogmatische, »bestimmte loci für die Behausung der Diakonie im sanierten Altbau der Theologie geben muss und gibt.«[13] Philippis Hinweise auf eine dogmatische Platzanweisung der Diakonie wurde vor allem von Horst Seibert und Reinhard Turre weiter verfolgt und der Versuch einer theologischen Systematisierung unternommen, wobei gerade Horst Seibert auch auf die »›Vorliebhaftigkeit‹ diakonischer Argumentation« aufmerksam macht und vor additiven Verfahren warnt.[14] Dagegen stellt Reinhard Turre

10 Hofmann, Fundament.
11 Vgl. Müller, Dialog; Eurich, Begegnung.
12 Rüegger/Sigrist, Diakonie, 30.
13 Philippi, Diakonie, 42.
14 Seibert, Gedanken, 239.

einen umfangreicheren Ansatz vor, der sich an theologischen Themenclustern orientiert.[15]

Einen Hinweis auf eine alternative Form der Systematisierung von Theologie-Modellen zur Begründung der Diakonie gab dann knapp 40 Jahre nach Philippis Hinweis Gerhard K. Schäfer, als er das Postulat aufstellte, dass die »Diakonie trinitarisch zu begründen« sei[16]. Er verband diesen Gedanken mit der Möglichkeit größerer theologischer Differenzierung. Damit bezog er sich einerseits auf Paul Philippi und ging aber gleichfalls über Philippi dogmatisch hinaus, indem er den Paradigmenwechsel von einem einlinigen zu einem pluralen Ansatz einer dogmatischen Begründung von Diakonie einforderte und damit die Spur von Reinhard Turre weiter verfolgte. Und auch Theodor Strohm hatte schon darauf hingewiesen: »Die Verknüpfung mit den dogmatischen, exegetischen und historischen Fragestellungen der Theologie zu leisten ist heute eine der vornehmsten Aufgaben der Diakoniewissenschaft.«[17] Diakonisches Denken auf diese Weise, d.h. trinitarisch zu systematisieren eröffnet sowohl die Möglichkeit, den pluralen Argumentationen nachzugehen als auch den integrativen Charakter aller Diakonie-Modelle herauszuarbeiten. Damit ist eine dogmatische Klammer benannt, die dem Phänomen einer Ortlosigkeit der Diakonie im Gesamtgefüge der Theologie entgegen treten soll.[18]

3.1.1 Die theozentrische Begründungsfigur diakonischen Denkens

Wenn man der trinitarischen Struktur in der pluralen Begründung der Theologien der Diakonie, wie sie Gerhard K. Schäfer vorschlägt, treu bleiben und dezidiert theologische Argumentationsmuster in der Literatur finden will, haben zunächst Ansätze Vorrang, die vom ersten Artikel des Glaubensbekenntnisses aus-

15 Turre, Diakonik, 302.
16 Schäfer, G., Konzeptionen, 116.
17 Strohm, Herausforderung, 247.
18 Weth, Gott, 49.

gehen. Bei Gerhard K. Schäfer findet sich die Bemerkung: »Insofern Diakonie ihren ursprünglichen Ort im Gottesverständnis hat, gewinnt sie letzte Tiefe.«[19]

Dieser Hinweis erscheint auf den ersten Blick ungewohnt. Zum einen, weil dies der oft gewählten theologiegeschichtlichen Darstellungsform wiederspricht, die eine Theologie der Diakonie genealogisch von ihren historischen Vorbildern seit der Reformation und ihrer Ausprägung bei Johann Hinrich Wichern zu entfalten versucht. Zum anderen steht bei dieser Betrachtungsweise auch nicht die neutestamentliche Begriffs- und Erzählungsfixierung des gesamten diakonischen Komplexes im Vordergrund. Genau diese Verengung des exegetischen Blickwinkels hat aber – so betonen Sigrist/Rüegger – lange Zeit in die »christologische Falle« diakonischer Selbstbeschreibung geführt.[20] Und drittens umgeht dieser Versuch einer neuen Verankerung des diakonischen Sachthemas in der Gotteslehre zunächst die Darstellung des paulinischen Diakonieverständnisses, der sich sprachlich eng am Begriff διακονια orientiert und der automatisch in die daraus abgeleitete theologische Gleichsetzung von Diakonie und Dienst mündet. Dem inneren Pluralismus der theologischen Begründungsmuster diakonischen Handelns entspricht vielmehr ein Verständnis von Diakonie, das Barmherzigkeit und Nächstenliebe aus der Grundbewegung aller Theologie entwickelt. Dazu passt die Option Ulrich Bachs: »Unbestritten sollte es wenigstens so sein, dass Diakonie als Dimension aller Theologie anerkannt wird.«[21]

Lässt sich die Darstellung diakonischen Denkens vom ersten Glaubensartikel aus leiten und somit von der Gotteslehre her, so finden sich in der neueren Literatur vier verschiedene Varianten, deren Argumentationen ähnlich sind. Allen Versuchen, das diakonische Sachthema vom Gottesbegriff aus zu verstehen ist es gemeinsam, jeweils statt einer neutestamentlichen Grundorientierung am Begriff der Diakonie zunächst den biblischen Umweg über die Wiederentdeckung der jüdischen Wurzeln im Sozialverständnis zu gehen. Damit ist die Dominanz des neutestament-

19 Schäfer, G., Konzeptionen, 116.
20 Sigrist/Rüegger, Handeln, 70.
21 Bach, Sektor, 181.

lichen Liebesbegriffes als exklusiver Herleitung der Diakonie, die dann unweigerlich in die Argumentationsfigur von »Indikativ« und »Imperativ« und so in die Ethik als einer »Theologie der Praxis«[22] übergeht, in Frage gestellt.[23] Demgegenüber führt eine vom Gottesbegriff ausgehende Argumentation in größerer sachlicher Weite zu einer theologisch reflektierten Begründung sozialen Handelns als Teil der Anthropologie und somit zur Beschreibung der Sozialität als Grunddimension aller Diakonie.

3.1.1.1 Diakonie als Sozialität vom Sein Gottes aus gedacht

Anregungen von Horst Seibert und Rudolf Weth aufgreifend ging Frank Crüsemann der gesamtbiblischen Spur nach und entfaltete die verschiedenen Elemente eines Sozialverständnisses im Alten Testament. Rudolf Weth hatte darauf hingewiesen, dass im Hintergrund einer Fixierung auf die neutestamentlichen Aussagen zur Diakonie die dem Luthertum entstammende Dialektik von Gesetz und Evangelium zur Abwertung des Alten Testamentes geführt hat. Diese hermeneutische Prämisse sei Grund dafür, »dass nur noch neutestamentliche Aussagen als Paradigma der Diakonie« herangezogen wurden.[24]

Sowohl Rudolph Weth als auch Frank Crüsemann stoßen in der gesamtbiblischen Betrachtung auf den Gottesbegriff und entfalten ihn in Bezug auf den Aspekt der Sozialität. Damit ist ein erstes theologisches Grundmodell für diakonisches Denken in gesamtbiblischer Perspektive beschrieben, in dessen Mitte die soziale Beziehung steht, deren Basis sich jedoch aus dem Wesen Gottes – und damit im dogmatischen Sinne streng theozentrisch – ableitet. Das in der protestantischen Dogmatik entfaltete Lehrstück vom Wesen Gottes bzw. seinem Dasein wird im jüdischen Denken mit dem Begriff der Sozialität in Beziehung gebracht.[25] Während Weth mit reformiertem Blick die Offenbarungsgeschichte heranzieht und dabei auf Wichern verweist, analysiert Crüsemann streng

22 So Strohm, Herausforderung, 239.
23 Vgl. die Beobachtung bei Crüsemann, F., Diakonie, 62.
24 Vgl. Weth, Gott, 45.
25 Die Sozialität im Gottesbegriff als Verbindung von Barmherzigkeit und Liebe beleuchtet Pannenberg, Theologie, 456–477, besonders 469–470.

exegetisch die Aussagen der jüdischen Sozialgesetze und entfaltet den inneren Zusammenhang von Gottesverständnis und Gerechtigkeit. Das Alte Testament – so argumentiert Frank Crüsemann – entfaltet seine soziale Dimension zunächst von der Not des Menschen her. Die Basis vieler biblischer Texte bildet das Humanum von Klage und Not, deren Ort das Klageritual darstellt.[26] Dabei zeigt sich ein sehr differenziertes Bild von sozialer Not und Isolierung. Aber erst in Bezug auf den Schutz der Armen wird die innere theologische Verbindung zum Gottesbegriff erkennbar. Das Alte Testament leitet die Herkunft des sozialen Gedankens aus der Dialogizität der Beziehung zwischen Jahwe und dem Menschen ab.

Dem anthropologischen Faktum sozialer, materieller und seelischer Not steht in den Texten des Alten Testamentes ein in seinem Wesen und seinem Sein als sozial gedachter Gott gegenüber. Gottes Sein definiert sich an seiner Barmherzigkeit und Gerechtigkeit. Mit dieser Wende, d. h. der Verankerung des lange Zeit moralisch bzw. ethisch verstandenen Wertes von Barmherzigkeit im Gottesbegriff wird – letztendlich im Rückgriff auf eine alte dogmatische Tradition, die die Gerechtigkeit als Eigenschaft im Wesen Gottes versteht – der Weg zu einem anderen Begriff von Barmherzigkeit frei und die Ethisierung bzw. Moralisierung der Barmherzigkeit als Tugend entmythologisiert und retheologisiert. Das Alte Testament beschreibt nach Crüsemann in sozialer Hinsicht ein existenzielles Grundgeschehen: »So wie in der Klage die Gottverlassenheit als ein grundlegender Aspekt des Leides begriffen […] wird, so wird die Wende als von der erneuten Zuwendung Gottes getragen gesehen.«[27] Einen entscheidenden Aspekt gewinnt hierbei die jüdische Rechtsvorstellung. An verschiedenen exegetischen Belegstellen zeigt Crüsemann auf, dass die Durchsetzung des Rechtes der Armen und Elenden mit der Gerechtigkeit Gottes verbunden wird. Am Ende seines Beitrages kommt Frank Crüsemann zu dem Schluss: »Die Durchsetzung solchen Rechts wird damit zum Kriterium für das Gottsein Gottes selbst. Im Ringen der Armen und Elenden um ihr Leben und ihr Recht, geht es um nichts Ge-

26 Crüsemann, F., Diakonie, 67.
27 A. a. O., 68.

ringeres als um das Gottsein Gottes.«[28] Mit der Fixierung auf den Gottesbegriff und der Beschreibung seines Wesens als gerecht im Sinne von »gerechter Fürsorge« ist eine Begründung der Sozialität als einem in sich theologischen Geschehen vollzogen, das sich vom biblischen Denken her dogmatisch und bundestheologisch fassen lässt. Es impliziert indes ein weites und offenes Diakonieverständnis, das die Verengung der Diakonie auf ihren Begriff und damit über einen ethischen bzw. handlungsorientierten Rahmen des Neuen Testamentes (Imperativ) hinaus geht und das »Erbarmensrecht« (Benedict) als die entscheidende Grunddimension des diakonischen Sachthemas herausstellt. Hierbei steht nicht der Begriff der Diakonie oder seiner handlungsleitenden ethischen Ableitungen (= Nächstenliebe) im Vordergrund, sondern es wird die Nächstenliebe aus der Gottesliebe als das Gott entsprechende Handeln des Menschen verstanden. Es geht in der Diakonie eben um die kategoriale Dimension der »Fürsorge« und deren theologischer Herleitung als einem Aspekt der Fürsorge Gottes gegenüber dem Menschen, womit der Paradigmenwechsel von einer exegetischen Begriffsorientierung der Diakonie zur Beschreibung eines diakonischen Sachthemas markiert ist.

3.1.1.2 Diakonie als Entäußerung der Sozialität Gottes in Barmherzigkeit

Die exegetische Linie Frank Crüsemanns ist in Bezug auf die Gotteslehre und in Hinsicht auf den inneren Zusammenhang von Gerechtigkeit und Barmherzigkeit vor allem von Hans-Jürgen Benedict weiter durchdacht worden. Gottes Sein wird hierbei von der Barmherzigkeit aus gedacht, die ein Extrakt der Gerechtigkeit darstellt, womit eine zweite Variante in der Argumentation über den Ersten Artikel im Glaubensbekenntnis gefunden wurde.[29] Deutlicher als Andere verbindet Benedict die zwei Wesensmerkmale Gottes, der Barmherzigkeit und Gerechtigkeit miteinander. Mit einer Umformulierung der alten Formel Eberhard Jüngels (»Gottes Sein ist im Werden«) in »Gottes Sein ist im Wer-

28 A. a. O., 86.
29 Benedict, Barmherzigkeit, 9–28.

den der Gerechtigkeit« verbindet Benedict Gotteslehre und Sozialität. Während Crüsemann die Sozialität Gottes in der Rechtsvorstellung Israels begründet sieht, weitet Benedict den Blick auf das theozentrische Verständnis von Barmherzigkeit und lässt die Gerechtigkeit Gottes in seiner Barmherzigkeit gegründet sein. Barmherzigkeit versteht Benedict als Akt der Zuwendung, wobei die Fürsorge primär von Gott selbst ausgeht, weil sie seinem Wesen inhärent ist. Benedict greift ein Zitat von Hans Iwand auf: »›Ist vielleicht die Frage nach dem Sein Gottes und die Frage nach der Gerechtigkeit ein und dieselbe Frage? Am Ende der ganzen religionsphilosophischen Bemühungen um Gottes Wirklichkeit […] steht der Schrei nach Gerechtigkeit.‹«[30]

Im Wesen Gottes sind daher zwei Dimensionen beherbergt: Einerseits ruht in Gott die Gerechtigkeit. In dieser Weise setzt er in seiner Heiligkeit das Recht gegenüber den Armen und Bedrängten durch (hier stimmen Crüsemann und Benedict überein). Andererseits zählt die Zuwendung, d.h. die Fürsorge zur Grundstruktur im Wesen Gottes. Die »pro-soziale« Struktur des menschlichen Verhaltens wird also nicht aus dem Humanum und also dem Wesen des Menschen abgeleitet, sondern findet nach Benedict im Sein Gottes ihren Ursprung. Damit lässt er die Sozialität als Kategorie wie Crüsemann in der Gotteslehre verwurzelt sein und geht aber im Rückgriff auf die lutherische Dogmatik mit der Verbindung von Gerechtigkeit und Barmherzigkeit über Crüsemann hinaus, der die exegetischen Linien auszieht und weniger an der dogmatischen Seite interessiert ist. Letztendlich greifen die Argumentationen von Crüsemann und Benedict tief in der Dogmatik verwurzelte theologische Zusammenhänge auf. Hier liegt die Anschlussfähigkeit ihrer Argumentationen zur Figur der Sozialität zwischen gesamtbiblischer Exegese und Dogmatik. Es ist interessant zu konzedieren, dass bereits Karl Barth in der Kirchlichen Dogmatik auf ähnliche Argumentationen zurückgegriffen hat, weil er bei der Begründung der Diakonie nach der Herkunft des »sozialen Gedankens« suchte und diesen im Offenbarungsgeschehen verankerte.

30 Hans-Joachim Iwand, zitiert bei Benedict, Barmherzigkeit, 14.

3.1.1.3 Diakonie als Fähigkeit des Menschen zu solidarischem Handeln

Zum ersten Mal schlägt Gerd Theißen, dessen Aufsatz in zeitlicher Parallele zu Frank Crüsemanns Beitrag entstand, explizit in Bezug auf die theologische Begründung der Diakonie die hermeneutische Brücke zwischen Humanwissenschaften und Theologie und verankert so seine exegetischen Überlegungen zur Modellerzählung des barmherzigen Samariters im dogmatischen Topus der Anthropologie, d.h. er weitet dogmatisch den Blick im weiteren Sinn von der Christologie auf die Schöpfungslehre. Gerade die Verbindung von Theologie und Humanwissenschaften bzw. die Verknüpfung in der Durchführung seiner Exegese mit humanwissenschaftlichen Argumentationen hat den Aufsatz von Theißen zu einem Grundlagenbeitrag jeder modernen Begründung von Diakonie gemacht, weil er darin von einem Verständnis des Helfens als »sozialer Beziehung« ausgeht und dies als Gegenseitigkeit interpretiert.[31] Die Aufdeckung kaschierter Motivationen zur Hilfe führt ihn zu einem Perspektivwechsel im Verständnis des Nächsten und er begründet die »Symmetrie« des Helfens als gegenseitiges sich »nähern«.[32] Obwohl Theißen eher einen exegetischen Einzelbeitrag im Auge hatte, kann darin aber dennoch ein programmatisches Konzept zum Verständnis der Diakonie gesehen werden, weil er den Begriff des Helfens systematisch für die diakonische Begründung heranzieht. Letztlich bewegt sich Gerd Theißen in ähnlichen theologischen Fahrwassern wie Frank Crüsemann, denn soziales Handeln entsteht aus der Grundbewegung von Not und Hilfe und bildet ein existenzielles Grundgeschehen. Die Konstituierung des Sozialen bzw. die Begründung des diakonischen Spezifikums aus der Grundunterscheidung von Gott und Mensch führt bei Theißen zu einer Aufwertung der Anthropologie und in dessen Folge dann zu einer Integration humanwissenschaftlicher Erkenntnisse in exegetische Überlegungen.

31 Theißen, Legitimationskrise, 90.

32 A.a.O., 104.

3.1.1.4 Diakonie als Aspekt der Schöpfungswirklichkeit

In jüngster Zeit haben Christoph Sigrist und Heinz Rüegger den Versuch unternommen, diakonisches Denken noch spezifischer im ersten Glaubensartikel aus der Schöpfungstheologie heraus – und damit aus einem dogmatischen Blickwinkel – zu begründen und knüpfen damit dezidiert an reformiertes theologisches Erbe an, führen aber auch eine Erwägung von Gerd Theißen weiter aus, der davon sprach, dass in Bezug auf den Begriff der Hilfe über die Schöpfung nachgedacht werden muss.[33] In ihrer Theologie der Diakonie werden bei Christoph Sigrist und Heinz Rüegger die Linien von Crüsemann, Benedict und Theissen verarbeitet und dezidiert mit psychologischen und neurowissenschaftlichen Konzepten zu prosozialem Verhalten zusammengeführt. Damit ist eine vierte Variante zur Begründung sozialen Handelns aus der Gotteslehre benannt, die kurz aufgeführt werden soll.

Christoph Sigrist und Heinz Rüegger geht es indes weniger um das Gott-Sein Gottes, sondern vielmehr um die theologische Begründung der anthropologischen Fähigkeit des Menschen zu Sozialität und Solidarität. War die Begründung der Sozialität bei Benedict noch ganz als ein Teil des göttlichen Seins beschrieben (Gerechtigkeit äußert sich als Barmherzigkeit), drehen Sigrist und Rüegger diese Argumentation förmlich um und verstehen Sozialität ganz als einen Ausdruck des Humanums bzw. der natürlichen Fähigkeit des Menschen und verankern die Fähigkeit der Sozialität in der Schöpfungswirklichkeit. Sie kommen letztlich theologisch von dem Dialog mit den Humanwissenschaften her und suchen dezidiert die Anknüpfungspunkte zwischen dem Phänomen des Helfens und dem diakonischem Handeln mit dem Ziel, auf diese Weise die »christologische Falle« in der Begründung von Diakonie zu vermeiden. Die Sache der Diakonie wird in exegetischer und dogmatischer Reflexion zu einem theologischen Interpretamentum humanwissenschaftlicher Erkenntnisse.[34]

33 Vgl. a. a. O., 107 f.

34 Rüegger/Sigrist, Diakonie, 119–120.

Mit diesem Ansatz sind sie zwar in der Nähe von Hans-Joachim Benedict und nehmen auf ihn auch explizit Bezug[35], verändern aber theologisch die Voraussetzungen im Verständnis des sozialen Handelns. Deutlicher als bei Anderen setzt ihre Argumentation in der Gleichstellung eines human verstandenen und eines christlich gedeuteten Helfens ein. Dabei verbinden sie bewusst theologische und humanwissenschaftliche Argumentationen. Sigrist und Rüegger gehen davon aus, dass die Fähigkeit des Helfens eine »Grundfähigkeit [ist], die Gott von der Schöpfung her allen Menschen als seinen Geschöpfen mitgegeben hat.«[36] Dabei beziehen sie sich auf die innertrinitarische Beziehungsvielfalt. Diese Grundfähigkeit zur Empathie wird als anthropologisches Kernelement aus der Schöpfungslehre abgeleitet. Als Schöpfer hat er »die Fähigkeit zu liebendem, prosozialem Verhalten allen Menschen als natürliche Gabe mitgegeben.«[37] Barmherzigkeit und Empathie können in diesem Sinne als anthropologische Grunddimensionen gesehen werden, die als zum Wesen des Menschen gehörig Produkte der Schöpfung bilden. Die Basis dieser schöpfungstheologischen Argumentation, deren Ziel die Verwurzelung der Solidarität und Hilfsbereitschaft in der Schöpfung ist und implizit Christianum und Humanum des Helfens damit in Eins setzt, bildet dogmatisch die Denkfigur der Analogie: »Aus dieser – indikativischen – Zusage, dass Gott wesenhaft Liebe ist, ergibt sich der – imperativische Appell an uns Menschen, in unserem Leben und Handeln in irdisch-sozialen Verhältnissen dieser Liebe zu entsprechen.«[38] Während Crüsemann und Benedict die Herleitung des Sozialen aus dem Gottesbegriff vollziehen, begründen Sigrist/Rüegger die Sozialität bzw. das Humanum des Helfens als anthropologische Grundfähigkeit und leiten diese aus der Schöpfungswirklichkeit ab. Dennoch bleibt bei diesem Ansatz unerklärt, dass die Veranlagung des Menschen zur Hilfsbereitschaft im Raum der »gefallenen Schöpfung« durch Sünde korrumpiert bleibt und auch das »gute« Helfen erlösungsbedürftig

35 A.a.O., 126.
36 A.a.O., 67.
37 A.a.O., 127.
38 A.a.O., 123.

ist.[39] Gemeinsam ist allen benannten Versuchen, einerseits durch den Begriff des Helfens die Diakonie der Sache nach als eine spezifische Form der Sozialität zu verstehen, die theologisch begründbar ist und andererseits, dass sie an einer Erweiterung des klassischen Diakonieverständnisses interessiert sind und sich drittens um den Aspekt einer Anschlussfähigkeit zwischen Theologie und Sozialwissenschaften bemühen.

Zu wenig wird bisher in den theologischen Begründungen zur Diakonie heute der durchaus profilierte Ansatz von Ulrich Bach gewürdigt, der bewusst aus der Perspektive von körperlicher Einschränkung und Behinderung mit Spitzen gegen die etablierte Theologie formuliert ist, aber gerade wegen seiner profilierten Position auch theologische Grundfragen einer Begründung von Diakonie aufgreift. Obwohl sehr facettenreich und eher an der Grenze zwischen einer Theologie des Kreuzes und der Gotteslehre angesiedelt, soll der Ansatz von Ulrich Bach an dieser Stelle platziert sein, weil er die anthropologischen Fragen, die auch Theißen reflektiert, in seine Argumentation mit integriert. Im Rahmen einer inklusiven Theologie wird die Theologie Ulrich Bachs in neuester Zeit wieder reflektiert.[40] Ulrich Bach geht in ähnlicher Weise wie Hans-Jürgen Benedict von der Seite des Erbarmens im Wesen Gottes aus, verbindet dies dann aber – noch auf den Spuren einer Theologie seiner Zeit – mit der Offenbarung Gottes in Jesus Christus. Die Basis seines Diakoniebegriffes bewegt sich zwischen Christologie und Gotteslehre hin und her und hierbei rebelliert Bach im Dialog mit Paul Philippi gegen die Einseitigkeit neutestamentlicher Begriffsverengung.[41] Bachs Anliegen bestand darin, die Diakonie als integratives Thema aller Theologie zu beschreiben. So formuliert er: Die »Theologie der Diakonie [darf, der Vf.] sich kein für Menschen in Not möglichst passendes Reden von Gott zurechtbasteln, sondern muss vom Gott der Bibel her denken und reden.«[42]Aus der Perspektive kör-

39 Diesen wichtigen Hinweis verdanke ich Johannes Eurich, vgl. Eurich, Begegnung, 205 ff.

40 Dezidiert geht Volker Herrmann auf Bach ein. Vgl. Herrmann, Theologie; auch Krauß, Barrierefrei.

41 Bach, Traum, 64–73.

42 A.a.O., 97.

perlicher Einschränkung wird der Mensch in seiner Fragmentarizität zum Thema der Schöpfungswirklichkeit und gleichzeitig Gott zum solidarisch Leidenden. Dabei entsteht für ihn ebenfalls die »Symmetrie«, die Theißen exegetisch beschrieben hatte.

Fasst man die facettenreichen Modellvarianten einer theologischen Begründung diakonischen Handelns aus der Gotteslehre zusammen, liegt der grundlegende Ertrag neben der Einbeziehung der gesamtbiblischen Perspektive in der Betonung einer Korrelation von Gerechtigkeit und Barmherzigkeit im Wesen Gottes als theologischem Axiom menschlicher Sozialität. Die christliche Anthropologie als ein dogmatischer Brückenkopf zwischen Gotteslehre und Schöpfungstheologie einerseits und als ein Verbindungsglied zur Humanwissenschaft andererseits bildet vermutlich den von Paul Philippi gesuchten theologischen Ort der »Behausung der Diakonie im sanierten Altbau«.[43] Die Anthropologie als theologischer Schnittpunkt eines Verstehens der Sozialität des Menschen zwischen Helfen und Barmherzigkeit erlaubt eine Vielfalt dogmatischer Argumentationsfiguren und verfügt darüber hinaus über einen hohen integrativen Faktor. Reinhard Turre formulierte in dieser Hinsicht in seinem Buch Diakonik aus dem Jahr 1991: »Die Theologie ist herausgefordert, von einer theologischen Anthropologie her Helfendes mit ins Gespräch einzubringen.«[44] Allerdings weist das Modell einer Bestimmung der diakonischen Sache als soziales Handeln auch deutliche Grenzen auf. So wird der Begriff der Diakonie zu unspezifisch und es gelingt kaum der Brückenschlag vom sozialen Sein Gottes zum sozialen Handeln des Menschen in theologischer Perspektive. Es bleibt die Frage, wie sich das schöpfungstheologische und das christologischen Denken miteinander verbinden lassen. Die theologische Denkfigur der »Analogie« müsste wohl hierzu noch präzisier auf den Begriff der Diakonie angewandt werden, um den Begriff der Diakonie und die Sache des sozialen Handelns besser zu verbinden. So gesehen geht der ethische Handlungskontext der Diakonie verloren.

43 Vgl. Philippi, Diakonie, 42.
44 Turre, Diakonik, 299.

3.1.2 Der Programmbegriff »Diakonie« und seine dogmatische Verankerung

Im Gegenüber zu den theologischen Ansätzen, die sich in der Gotteslehre verankern und diakonisches Handeln aus dem Phänomen der Sozialität bzw. dem Menschsein ableiten, stehen andere Modelle, die sich von christologischen Aspekten und deren exegetischen Prämissen leiten lassen.[45] Die Begründung der Diakonie folgte im Zusammenhang der Inneren Mission lange dieser dogmatischen Spur, die bereits in der Reformationszeit gelegt wurde. In den Invokavit-Predigten interpretiert Luther Diakonie dem Sinn nach ganz als Dienst, der von der Gemeinde und den Christen in der Welt zu leisten ist. Diese innere Zuordnung von Dienst und Amt liegt im Verständnis christlichen Handelns und wurde dann durch Johann Hinrich Wichern zum Programm sowohl des christlichen Lebens wie auch der Inneren Mission.

Erst nach 1945 ändert sich dieser, an der Nachfolgeethik orientierte Ansatz zugunsten einer erneuten theologischen Durchdringung von Diakonie, wobei der ethische Impetus des Dienstes erhalten bleibt und sogar teilweise noch verstärkt wird. Der Kontext der theologischen Fixierung der Diakonie in der Christologie, wie er dann dezidiert vor allem durch Paul Philippi und im Übergang der Christologie zur Pneumatologie bei Hans-Dietrich Wendland vollzogen wurde, lag weitestgehend – so die weit verbreitete Meinung – in der notwendigen Neuausrichtung der Inneren Mission als Diakonie und ihrer Verflechtung in den Sozialstaat. Diese brachte eine systematisch-theologische Durchdringung des diakonischen Grundgedankens mit sich. Durch die institutionelle Neuausrichtung konzentrierte sich auch die Darstellung diakonischer Konzepte auf das Verhältnis von Diakonie und Amt. Hier liegt das Verdienst von Herbert Krimm, der als Herausgeber mit dem Buch »Das diakonische Amt der Kirche« von 1953 durchaus eine Schneise in die theologische Begründung geschlagen hat. Auffällig und programmatisch ist dort eine theologische Wende hin zum Neuen Testament erkennbar.

45 Siehe hierzu grundsätzlich Schäfer, G., Konzeptionen, 106–112.

Bislang wurde in der Forschung zu wenig darauf hingewiesen, dass die innere Neuausrichtung der Diakonie nach 1945 nicht ausschließlich institutionelle Gründe der Hinwendung zum Sozialstaat und der Begründung des diakonischen Amtes hatte, sondern auch – und zwar nicht unwesentlich – durchaus auch einen Reflex eines tieferen Paradigmenwechsels der Theologie insgesamt darstellt, der im Kern auf drei wesentlichen Ursachen basiert:

- Vertiefung neutestamtlicher Exegese im Gefolge Rudolf Bultmanns
- Karl Barths dogmatische Konzentration auf die Christologie
- Theologische Reaktion auf den Aspekt der Säkularisierung

Es ist die Weiterentwicklung der Exegese als einer entscheidenden theologischen Grundsäule, die für die Begründung der Diakonie nach 1945 wesentliche Impulse gibt. So zitiert Wilhelm Brandt in seinem programmatischen Aufsatz zur »Diakonie Jesu« an erster Stelle die 1948 erschienene Ausgabe der »Theologie des Neuen Testamentes« von Rudolf Bultmann und ergänzt so sein bereits 1931 erschienenes gleichnamiges Buch mit aktueller exegetischer Literatur.[46] Die vertiefte Paulusexegese, die sich im Gefolge Bultmanns verstärkt um den Begriff der »δικαιοσυνη θεου« und damit dezidiert um das neutestamentliche Verständnis der Gerechtigkeit dreht, führt zu einem geschärften Blick für biblische Begriffsverständnisse und verdichtet die Schnittstelle von Gotteslehre und Christologie. In der kerygmatischen Theologie Rudolf Bultmanns wird das christliche Leben ganz aus der Dialektik von Gesetz und Gnade aus der Mitte der Gerechtigkeit Gottes verstanden und als Leben in Freiheit apostrophiert. Bereits in seiner »Theologie des Neuen Testamentes« findet sich bei Bultmann der Gedanke, dass die Freiheit, zu der Jesus Christus befreit, keine Loslösung aus den bindenden Normen bedeutet, sondern ein »neues δουλεύειν (Röm 7,6).«[47] Gottes Forderung – so Bultmann – »ist die Liebe«; sie wird wirklich als die Lebensäußerung des Glaubens, und eben darin verwirklicht sich die eschatologische Existenz.«[48]

46 Brandt, Dienst.
47 Bultmann, Theologie, 333.
48 A. a. O., 345.

Hier kehrt die von der Reformation bei Martin Luther begegnende diakonische Denkbewegung des aus Glauben erfolgenden liebenden (=diakonischen resp. »dienenden«) Tuns wieder und diese Argumentationsfigur wird in der diakonischen Literatur der Zeit weitgehend rezipiert. Vermutlich hat über die pragmatische Ebene einer Neubeschäftigung mit der Diakonie hinaus, wie sie bei Eugen Gerstenmeier und auch Herbert Krimm erfolgte, in einer Tiefendimension die neutestamentliche Exegese Bultmanns den entscheidenden Impuls dafür gegeben, sich auf den Begriff des διακονειν zu konzentrieren.

Andererseits vollzieht auch die Nachkriegsdogmatik vor allem Karl Barths eine radikale christologische Konzentration, in dem er den Schwerpunkt seiner Offenbarungstheologie nunmehr in der Christologie legt. Dieser Wechsel der Dogmatik hin zur Christologie strahlt dann auch auf die Bemühungen zur Begründung der Diakonie aus und Paul Philippi nimmt dann später erstmals explizit auf Karl Barths Dogmatik Bezug.[49] Auch Theodor Strohm merkt an, dass insbesondere die Versöhnungslehre Barths Implikationen für die Diakonie aufweist.[50] Drittens prägt die Säkularisierung als Thema die theologische Landschaft der Nachkriegszeit. So präzisierte vor allem die Ökumenische Bewegung mit dem Schlagwort der »missio dei« ganz neu das Verhältnis der Kirche zur Welt.

3.1.2.1 »Diakonie als Dienst im Namen Jesu«[51]

Vor allem die neutestamentliche Exegese richtete sich im Gefolge Bultmanns auf die Wortbedeutung von Begriffen. Im Zuge der exegetischen Literar-Forschung gewinnt nun auch der Gedanke der »Diakonie Jesu« an Bedeutung, der mit dem Begriff Dienst exegetisch gekennzeichnet und zum Programmbegriff der Diakonie wird. Die dogmatische Folie dafür bildet dann die Dialektik von Leben und Werk Jesu Christi. Wilhelm Brandt formuliert: »Der Kern des Lebens ist Lebenshingabe. Das Sterben, das sonst

49 Theodor Strohm bezieht sich dezidiert auf den Diakonie-Begriff von Karl Barth. Vgl. Strohm, Herausforderung, 242–245.

50 A. a. O., 243.

51 Turre, Diakonik, 302.

über einen Menschen kommt als Erleiden, wird bei ihm Tat und Dienst. Dieser Dienst wirkt Befreiung.«[52] Mit der christologischen Zuspitzung wird der Begriff der Diakonie, verstanden als Dienst, zu einem dogmatischen Begriff und nur so – in der Verbindung von Person und Amt Jesu Christi – lässt sich die Sache Diakonie begründen. Deutlich verankert Brandt den Dienst Jesu in seinem Kreuzestod bzw. in der Lehre vom dreifachen Amt Christi: »Auch im Heilen und Helfen Jesu liegt das Moment der Stellvertretung.«[53] Die kreuzestheologische Fixierung der Diakonie verstanden als Dienst Jesu, wie sie dann explizit bei Paul Philippi entfaltet wird, ist hier bereits gedanklich vorhanden.

Methodologisch wird demnach in Texten zur Diakonie seit etwa 1945 eine Anleihe in der traditionellen dogmatischen Lehrbildung der Christologie gemacht, die zur Erklärung der diakonischen Sache als Interpretationsfolie benutzt wird. Es ist dann nur konsequent, dass aus der Exegese heraus der imperativische Charakter betont wird. Auf diese Weise wird also der exegetisch isolierte Begriff der »Diakonie« als Amt und Dienst in systematisch theologische Kontexte protestantischer Dogmatik eingeordnet und mit christologischen Inhalten gefüllt. Mit der Kapitelüberschrift »Jesu Diakonie als Aufruf zum Dienen«[54] wird dann die Verbindung zwischen dem Tun Jesu und dem Dienst der Jünger praxeologisch hergestellt. Es kommt zu einer Übertragung des Dienens vom Amt Jesu auf die existenzielle Lebensform der Jünger. »Das Dienen der Jünger soll eben diese Züge des Dienstes Jesu zeigen.«[55] Hier liegt Wilhelm Brandt ganz auf der Linie Johann Hinrich Wicherns. Ausdruck dieses Denkens ist der Spitzensatz bei Wilhelm Brandt: »Diakonie gibt es nur im Namen Christi.«[56]

Die jesulogische Argumentation von Wilhelm Brandt, d. h. die Ableitung von Diakonie aus dem Dienst Jesu wird von Horst Seibert in dem 1983 veröffentlichten Buch über die Diakonie in ihrem theologischen Anspruch aufgenommen.[57] In einem ein Jahr zu-

52 Brandt, Jesu, 22.
53 A. a. O., 31.
54 A. a. O., 33.
55 Ebd.
56 Zitiert bei Herrmann, Theologie, 265.
57 Seibert, Hilfehandeln.

vor veröffentlichten Aufsatz reflektiert Seibert im Vollzug exegetischer Überlegungen den Gedanken der »Jesus-Diakonie«. Die diakonische Legitimität wird ganz von Jesu Vollmacht abgeleitet: »Der diakonische Mensch darf sich in der Vollmacht Jesu sein Recht zu helfen nehmen.«[58] Diese Begründung der Diakonie aus dem Dienst Jesu wird dann ebenfalls in dem 1991 erschienenen Buch von Reinhard Turre »Diakonik« vertreten. Diakonie wird hier als angewandte Ethik beschrieben. Die theologische Basis hierzu stammt aus dem Begriff des »Dienstes«. Dezidiert greift Turre gleich am Anfang auf die Studie von Wilhelm Brandt zurück und setzt ebenso die Linie zu Wichern fort, wenn er kategorisch schreibt; »Für den Dienst der Jünger ist der Zusammenhang von Glaube und Liebe, aber auch die rechte Unterscheidung beider zu bedenken.«[59] Das diakonische Paradigma kann also wie folgt dogmatisch eingeordnet werden: Vom Neuen Testament aus betrachtet begründet sich die Diakonie als »Dienst«, dessen Ursprung im Amt Jesu als Dienst der Stellvertretung liegt. Der Ruf in die Nachfolge des Glaubens begründet den Dienst der Jünger, in den die diakonischen Mitarbeiter/innen heute mit hineingenommen sind. In diesem Modell der Diakonie als angewandter Ethik liegt die Last der Legitimation weniger auf der theologischen Begründungsarbeit als auf der Lebensform der Mitarbeitenden. Bei Turre heißt es: »Zur Vergewisserung für den Dienst ist eine wichtige Voraussetzung, dass der diakonische Mitarbeiter um den Auftrag Jesu Christi auch für sich weiß.«[60] Vielleicht lässt sich dieses, auf die Lebensnachfolge einer diakonischen Existenz zielende Modell als im Kern neupietistisches Modell von Diakonie bezeichnen.

3.1.2.2 Die christozentrische Diakonie[61]

In zwei theologischen Modellen, die aber dann zwei verschiedene Wege in Richtung Welt einerseits (Wendland) und Gemeinde andererseits (Philippi) gehen und damit beide die Christologie zur

58 Seibert, Gedanken, 242.
59 Turre, Diakonik, 6.
60 A. a. O., 57.
61 Zur Sache vgl. auch Lienhard/Bölle, Sprache.

Ekklesiologie weiten, wird die christozentrische Fixierung des Diakonie-Begriffes erkennbar. Beide Modelle wurden bereits von Gerhard K. Schäfer und auch bei Volker Herrmann intensiver beschrieben, so dass an dieser Stelle vor allem der dogmatische Duktus der Argumentation vorgestellt werden soll. Vor allem bei Paul Philippi wird Diakonie konsequent aus der Christologie heraus begründet, weil »die Christologie selbst das genus diaconicum in sich trägt« und führt aus, dass die Christologie »diakonozentrisch genannt werden könnte«[62]. Damit löst Philippi das Postulat einer klaren »Verortung« der Diakonie im »Gebäude der christlichen Lehre und Ordnung«[63] selber ein, wobei seine Argumentation streng exegetisch und eher implizit dogmatisch verläuft. Dennoch verweist er auf Karl Barth und merkt an, dass er dort »der Diakonie im Rahmen eines dogmatischen Systems ihr Ort angewiesen und eingeräumt wird«.[64] Die Begründung diakonischen Handels hat bei Philippi über Johann Hinrich Wichern hinaus endlich eine theologische Tiefendimension erhalten und mit seinem Ansatz ist er wegweisend in der Begründung diakonischer Theologie geworden.

Sehr eng bleibt er bei einer exegetischen Sprach- und Sachanalyse und bietet vielfältige exegetische Detailanalysen, die die Mitte der jesuanischen Botschaft in der Verkündigung des Reiches Gottes sieht. Philippi konzentriert sich der Sache nach auf die Komplexe von Nachfolge und Jüngerdienst. Dabei bleibt er eng an dem Begriff διακονος orientiert, ordnet dann aber die exegetischen Befunde einem theologisch-dogmatischen Modell unter. Aus der Messianität Christi erwächst für ihn die Lebensgemeinschaft der Jünger, die der Qualität nach eine »Lebensart« der Christusgemäßheit aufweist.[65] In dieser Argumentation bleibt Philippi noch ganz der diakonischen Tradition eines Liebespragmatismus verhaftet.

Über die bisherige Tradition hinaus geht dann allerdings die Einbindung der diakonischen Dimension in den kreuzestheologischen Zusammenhang und die Ausweitung auf die Leidens-

62 Philippi, Christozentrisch, 4.
63 A. a. O., 16.
64 A. a. O., 28.
65 A. a. O., 105.

teilhabe der Jünger. Die Diakonie kehrt hier in der Argumentation Philippis in den heilsgeschichtlichen Duktus der Theologie ein und die Christologie wird zugleich heilsgeschichtlich und im Wesen diakonisch interpretiert. Für Philippi bedeutet die »Hinkehr zum Nächsten« die »Realisierung der eschatologischen Existenz heute«.[66] Um die innere theologische Logik in Philippis Argumentation nachzuvollziehen, die mit dem Begriff der christozentrischen Diakonie gemeint ist, sei exemplarisch auf seine Exegese der Erzählung vom barmherzigen Samariter zurückgegriffen. Philippi wendet sich gegen die »ethisierende« Deutung der Beispielerzählung.[67] Für ihn geht es in dieser Erzählung zentral um den Christus präsens und er schreibt: »Christozentrisch verstanden aber handelt es sich um eine heilsgeschichtlich bestimmte Bildrede«,[68] deren christliche Pointe darin besteht, dass Christus selbst unter die Räuber gefallen ist. Der unter die Räuber Gefallene zeigt »die Tatsache des Dienens, des Leidens und Sterbens Jesu Christi«.[69] Diakonisch wird die Erzählung im Sinne des Christuszentrismus in dem Moment, wo es zu einer Korrespondenz von heilsgeschichtlicher und ethischer Perspektive kommt und somit zu einer kategorischen Forderung des Handelns. Die Nächstenliebe wird zu einer heilsgeschichtlichen Forderung. So schreibt Philippi: »Der Dienstgehorsam des Menschensohnes ist mit dem ›gleichwie‹ des Rufs in die sogenannte Nachfolge eins.«[70] Die Jünger treten in der Leidensnachfolge in den diakonischen Dienst ein. »Und darin ist die Diakonie, wie das Sakrament, als ein Stück christologischer Realpräsenz gegenüber aller anderen theologischen Aussagen, ›in der Tat‹ der Beginn einer Metabasis eis allo genos.«[71] Aus der Christuspräsenz entwickelt sich die diakonische Existenz der Jüngerschaft bzw. der Gemeinde, deren Kern in der Abendmahlsgemeinschaft besteht. Das Modell der christozentrischen Diakonie mündet somit in die Gestaltwerdung der Gemeinde.

66 A.a.O., 104.
67 A.a.O., 180–183.
68 Ebd.
69 A.a.O., 187.
70 Ebd.
71 A.a.O., 188.

3.1.2.3 *Diakonie und Rechtfertigung*

Seit den wegweisenden Arbeiten von Paul Philippi und Hans-Dietrich Wendland zur theologischen Begründung der Diakonie bleibt die Christologie als dogmatischer Orientierungspunkt im Focus des diakonischen Denkens. In jüngerer Zeit knüpft Anika Albert an die christologische Zentrierung des Diakoniebegriffes wieder an und legt ein rechtfertigungstheologisches Modell diakonischen Denkens vor, das über die Konzeptionen von Philippi und Wendland hinausreicht. Eine rein christologische Begründung der Diakonie scheidet nach Anika Albert heute schon allein wegen ihrer Vernachlässigung jüdischer Aspekte diakonischen Denkens aus. Die Christologie wird von ihrer Verengung auf den kreuzestheologischen Aspekt wie bei Philippi damit geweitet und anknüpfend an Barths Ansatz als dogmatisches Zentrum von einer versöhnungstheologischen Seite aus beleuchtet.[72] Eine Kreuzestheologie als einzigem Interpretationsrahmen reicht zur exklusiven Begründung von Diakonie im modernen Kontext eben nicht aus. Dies gilt umso mehr, als der Anknüpfungspunkt für diakonisches Denken bei Anika Albert heute in jedem Fall in den Konstitutionsbedingungen der Moderne gesehen werden muss, d.h. dem Begriff des Sozialen oder des Helfens wird intensiv aus dem sozialwissenschaftlichen Diskurs heraus nachgegangen und dabei der Versuch unternommen, beide Denkwelten mit einem dogmatischen Programmbegriff zu verbinden. Bei Anika Albert begegnet zum ersten Mal im wissenschaftlichen Kontext ein breit angelegter Diskurs zur Sozialwissenschaft und ihre Arbeit kann wohl als ausführlichste Darstellung der Diakonie unter dem Begriffsverständnis des Helfens gewertet werden.

Theologisch wird konzediert, dass die Rechtfertigung als dogmatisches Lehrstück in ihrem Inhalt über die bisherige christologische Begründung von Diakonie hinausgeht. Diakonie als die entscheidende christliche Handlungskategorie und ihre theologische Begründung müsste sich demnach an der protestantischen

72 Albert, A., Helfen.

Zentrallehre der Rechtfertigung messen lassen und vor allem eignet sich die Rechtfertigungslehre als dogmatisches Lehrstück für eine theologische Begründung von Diakonie dann, wenn sie »in ihrem anthropologischen Grundaussagen ernstgenommen wird.«[73] Nicht zuletzt auf der Basis der Verknüpfung von Anthropologie und Christologie steht im Zentrum der Argumentation über das helfende Handeln aus der Perspektive der Rechtfertigung die theologische Durchdringung von Hilfe als Gabe und Gegenseitigkeit. Die Aspekte der Symmetrie im Hilfeverständnis, wie sie bei Gerd Theißen exegetisch reflektiert wurden, sind hier dogmatisch begründet. In solcher Perspektive ordnet sich die Diakonie ein in den heilsgeschichtlichen Bogen zwischen Schöpfung und Erlösung. Im Hintergrund dieses theologischen Denkansatzes steht ein trinitarisches Verständnis von Rechtfertigung. In der Perspektive der Versöhnung erscheint helfendes Handeln als eine Gabe, die von Gott ausgeht. Die Grundlage dieser Gabe-Theologie bildet die Reziprozitätsstruktur von Gott und Mensch.

Interessant ist neben der theologischen Argumentation bei Anika Albert vor allem die Verknüpfung der Ebenen in diesem rechtfertigungstheologischen Verständnis. Im Rückgriff auf das Diakonieverständnis von John Collins wird Diakonie im eigentlichen Sinne als Vermittlungsleistung verstanden. Diakonisches Handeln – auch im Sinne des Apostel Paulus – ist dann die Vermittlung oder »Kommunikation der Versöhnung«. Mit dem in der Theologie oft verwendeten Begriff der Kommunikation, der durchaus anschlussfähig an Habermas und Luhmann ist, weitet sich das Diakonieverständnis eines perspektivischen Weltverstehens im Sinne religiös-christlicher Deutungsleistung bzw. ist damit ein Interpretationsrahmen für eigenes helfendes Handeln gefunden. Aus dieser Argumentation ergibt sich dann fast natürlich die Offenheit, »Hilfehandeln einerseits als allgemein menschliches und andererseits als spezifisch christliches Phänomen« anzusehen.[74] Die Leistung der Rechtfertigungslehre als Begründung für diakonisches Handeln besteht darin, einen Interpretationsrahmen des eigenen helfenden Handelns zur Verfügung

73 Albert, A., Begründung, 56.
74 A. a. O., 61.

zu stellen, das gleichzeitig pluralismusfähig zu anderen Deutungen sozialen Handelns bleibt und den Wahrheitsanspruch lediglich aus der Konzentration auf die Perspektivik erhält. Diakonie wird dann konsequent aus der Sicht des handelnden Subjektes verstanden, das aber christologisch verursacht bzw. begründet ist, und ist dann der Sache nach eine Perspektive sozialen Handelns, bei der die Deutung eine entscheidende Rolle spielt. Letztlich ist das Modell theologischer Begründung der Diakonie bei Anika Albert christologisch, zieht aber die Linien deutlich zur Anthropologie aus, wobei die Versöhnung die hermeneutische Brücke zum helfenden Handeln des Menschen darstellt. Mit dieser Selbstbegrenzung öffnet sich die Theologie einerseits dem human- und sozialwissenschaftlichen Diskurs und wird auf der Grundlage eines christlichen Verstehens von »Helfen« anschlussfähig an anthropologische bzw. sozialpsychologische Argumentationen. Die offene Frage dieses Modells und gleichzeitig die Grenze des rechtfertigungstheologischen Modells kann einerseits binnentheologisch in der mangelnden Trennschärfe zwischen Kreuzestheologie und Versöhnungslehre gesehen werden. Was bewirkt die Gnade als heilsökonomische Wirkung für diakonisch soziales Handeln? Die Grenze des Modells liegt daher andererseits in der Verknüpfung zwischen Rechtfertigung und Sozialethik, die zu wenig zum Thema wird.

3.1.3 Diakonie als Lebensform im Horizont der Versöhnung

Das Modell der rechtfertigungstheologischen Begründung von Diakonie bei Anika Albert basiert auf der Betonung des Versöhnungsgedankens als einer Gestalt der Christologie, der es um die Ermöglichung von Leben in der Freiheit des Glaubens geht. Christologie und Anthropologie gehen hier eine Verbindung ein, durch die eine christliche Perspektive des Helfens als individuell-subjektive Deutung im Diskurs mit der Sozialwissenschaft erklärbar wird. Damit ist auf der Basis des Begriffes des »Helfens« für Anika Albert eine Schnittfläche zur Sozialwissenschaft gefunden, die theologische Denkmodelle integrieren kann.

Der Ansatz, die theologische Frage nach der Identität der Diakonie bzw. ihrem Wesen dogmatisch zu beantworten, wird im Gefolge der Reflexionen von Paul Philippi und Hans-Dietrich Wendland noch auf andere Weisen weiterentwickelt. Auch hier macht die trinitarische Einordnung der theologischen Entwürfe zur Diakonie, wie sie hier in Anlehnung an den Vorschlag von Gerhard K. Schäfer erfolgt, eine von der zeitgeschichtlichen Entstehung der Diakoniemodelle her abweichende Darstellung notwendig, weil sie sich primär an der Sachlogik der dogmatischen Loci orientiert. Zog Anika Albert die christologische Linie in Richtung Anthropologie aus, so reflektierten vor allem Theodor Strohm und Heinz Schmidt zeitgeschichtlich davor die Versöhnungslehre als Mitte theologischen Denkens in der Diakonie in Richtung einer ökumenisch und missionarisch verstandenen Weltverantwortung. Wenn diakonisches Handeln mehr ist als ein Ethos des Dienens in der Nachfolge Jesu Christi und sich aus der Mitte der Theologie auch dogmatisch begründen lässt, so ist es notwendig, der Spur von Versöhnung, Gerechtigkeit und Liebe, d. h. der dogmatischen Verankerung von Indikativ und Imperativ als einer soteriologischen Wirkung christologischer Zusage, weiter nachzugehen. Die Versöhnung wird als dogmatischer Kernbegriff zum Schlüssel für den Auftrag und die Gestalt des diakonischen Zeugnisses in der Welt. Für Heinz Schmidt wird heilsgeschichtlich das gesamte »Versöhnungshandeln Gottes« in der Diakonie in den Blick genommen und in dieser Hinsicht bezieht er dann auch den jüdischen Kontext mit ein.[75] Hierin stimmt er mit Theodor Strohm überein, der ebenfalls Heilsgeschehen und Weltgeschichte aufeinander bezieht.[76] Mit der heilsgeschichtlichen Verankerung der Diakonie knüpft das Modell der »Diakonie der Versöhnung«, wie von Strohm und Schmidt erarbeitet, wieder an einen Aspekt bei Wichern an, nämlich der Verknüpfung von Reich Gottes und Weltverantwortung.

Der Begriff der Versöhnung stellt hierbei bei Schmidt und Strohm weniger einen dogmatischen Theorieansatz dar, sondern bietet vielmehr als Folge eines christologischen Denkens die Hand-

75 Schmidt, H., Gerechtigkeit, 27.

76 Strohm, Herausforderung, 238. Vgl. Strohm/Bierlein, Versöhnung.

lungsperspektive, die sich als ethische Dimension aus der christologischen Mitte diakonischer Begründung heraus ergibt. Versöhnung als diakonischer Leitbegriff stellt dann eher einen Aspekt der »Verkörperung« bzw. Gestaltwerdung der Diakonie dar und ist das theologische Zentrum einer protestantischen Sozialethik, wie sie zeitgeschichtlich davor von Hans-Dietrich Wendland entwickelt wurde.[77] Charakteristisch hierfür ist folgende Formulierung von Theodor Strohm: »In dieser Tradition ist Diakonie ihrem Wesen nach immer auch gesellschaftskritisch und gesellschaftspolitisch tätig und unterstreicht so ihren Charakter als prophetisches Handeln.«[78] D. h. diakonisch konkret, dass der »Nächste« als Empfänger des versöhnenden Handelns Gottes mir zugleich von der in Jesus Christus vollzogenen Versöhnung her Gabe und Aufgabe in der Gesellschaft wird. Diese diakonische Dialektik ist in ihrem Kern christologisch vermittelt, wobei die Versöhnung als Handeln Gottes aus seiner Gerechtigkeit entspringt.

Die Betonung von Gerechtigkeit als einem Teil des Seins Gottes wird nun im Konzept der Diakonie der Versöhnung von Heinz Schmidt dezidiert um den Begriff der Liebe erweitert, der allerdings nicht als moralischer Imperativ verstanden wird, sondern als Ermöglichungsgrund für menschliche Solidarität und Empathie und damit als dogmatischer Begriff.[79] Für Schmidt ist der biblische Liebesbegriff und das daraus folgende Liebesgebot »supra-ethisch, weil es eine ethische Annäherung an die Ökonomie der Gabe vorschlägt, die einer Logik der Überfülle folgt und deshalb der Verteilungs- und Entsprechungslogik der Alltagsethik entgegengesetzt ist.«[80] Das Konzept einer Diakonie der Versöhnung wurde vor allem in Richtung ökumenischer und partizipatorischer Überlegungen ausgebaut und wirkt auch in protestantischen Positionen zum Armutsdiskurs nach.

77 Götzelmann/Herrmann/Stein, Versöhnung, 24.
78 Strohm, Herausforderung, 245.
79 Schmidt, H., Gerechtigkeit, 32–33.
80 A. a. O., 33.

3.1.4 Diakonie an der Grenze zwischen Welt und Reich Gottes

3.1.4.1 Diakonie – Kirche – Gesellschaft

Die Ekklesiologie und damit die Verhältnisbestimmung der Diakonie zur Kirche spielt in den theologischen Begründungsansätzen von Diakonie seit jeher eine entscheidende Rolle. Beinahe jeder Entwurf diakonischer Grundsatzfragen seit Johann Hinrich Wichern bezieht sich auf diesen Aspekt, inwieweit Diakonie zu den Wesensmerkmalen der Kirche zählt. Beate Hofmann hat jüngst dieses Thema grundsätzlich erörtert,[81] so dass an dieser Stelle einer Systematisierung und Ordnung diakonischer Grundmodelle lediglich auf den zentralen Ansatz von Hans-Dietrich Wendland eingegangen werden muss, der in der Nachbarschaft zu Paul Philippis Überlegungen zur Diakonie steht, sich aber durch einen konsequenten Gesellschaftsbezug wieder davon abgrenzt und daher dogmatisch eher der Ekklesiologie als der Christologie zuzuordnen ist. Gerhard K. Schäfer hält fest, dass für Wendland die Diakonie als eine Leitkategorie in einer Theorie kirchlichen Handels gesehen wird, sofern sie sich zur Gesellschaft hin bewegt. Diakonie als gesellschaftliche Diakonie wird bei Wendland zur inneren Triebfeder einer protestantischen Sozialethik. In der Mitte steht bei Wendland der Weltbezug der Diakonie, der sich indes aus einem christozentrischen Kern heraus entwickelt und dann vor allem heilsgeschichtlich entwickelt wird. Damit wird über die Christologie ein theologischer Bogen zur Eschatologie gezogen. Diese innere Achse im Diakonieverständnis bei Wendland hat Volker Herrmann in seinem Beitrag ausführlicher beschrieben.[82] Im Horizont der Versöhnung erhält das diakonische Handeln einen »Zeugnis- und Zeichencharakter.«[83] Die Diakonie begründet eine dem christlichen Glauben entsprechende soziale Ordnung, wenn sie der Gesellschaft das Gegenüber der Liebe und damit der Erfüllung von Gerechtigkeit ins Spiel bringt. Gerhard Schäfer verweist darauf, dass diese im

81 Hofmann, Begründungsansätze.
82 Herrmann, Theologie, 260–265
83 Wendland, Kirche, 111.

»Kyrios Christus« Wirklichkeit gewordene alternative Ordnung für Wendland Kirche und Diakonie zum »Vortrupp des Reiches Gottes« machen.[84] Anders als bei Philippi wird dabei weniger die Gemeindediakonie zum Thema, sondern die institutionelle Diakonie, die auf der Grenze zwischen Kirche und Welt als gesellschaftliche Diakonie ihren Beitrag zur Humanisierung und Veränderung der Gesellschaft leistet. Wendlands Interesse besteht darin, die Weltlichkeit der Diakonie und damit ihre institutionelle Realität theologisch zu begründen, indem das diakonische Handeln nicht pragmatisch aus der Zuordnung zum Sozialstaat, sondern aus Gottes Verheißung heraus begründet wird. Mit seinem Ansatz ist Wendland maßgebend geworden für alle Reflexionen, die die Funktion der Diakonie in ihrer gesellschaftsgestaltenden Rolle sehen. In Weiterführung der Überlegungen von Wendland kommt Hans-Georg Schütz zu der Formulierung, dass die Diakonie einen »mobilen Standort« im gesellschaftlichen Kräfteverhältnis einnimmt, weil sie zwischen Kirche und Welt steht.[85]

3.1.4.2 Diakonie im Horizont des Reiches Gottes

Wenn denn die Reflexion von Welt und die Bedeutung des Reiches Gottes als dogmatische Lehrstücke und Themen traditionell Bestandteil des dritten Glaubensartikels darstellen, bilden in der hier vorliegenden Systematik der theologischen Entwürfe zur Diakonie die Modelle von Jürgen Moltmann, der eine Theologie der »Diakonie im Horizont des Reiches Gottes« entfaltet und von Heinrich Bedford-Strohm, der im Feld der Menschwürde das theologische Zentrum diakonischen Denkens und den Beitrag der Diakonie im Rahmen einer »öffentlichen Theologie« hervorhebt, den Abschluss innerhalb der Darstellung. Ebenfalls verankert Michael Schibilsky den Identitätskern der Diakonie im Feld der Menschenwürde und beschreibt ein Modell »dialogischer Diakonie«. Gemeinsam ist diesen Modellen diakonischer Begründung, einen Weg solidarischen Handelns aus der Mitte

84 Schäfer, G., Konzeptionen, 108.
85 Schütz, Standort-Bestimmung, 127.

der Theologie zu entwickeln, der sowohl den Ansprüchen einer Christusgemäßheit und einer Weltgemäßheit entspricht. Gerhard K. Schäfer fasst den Ansatz Jürgen Moltmanns wie folgt zusammen: »In Jürgen Moltmanns christologisch-eschatologischer Diakonietheorie beinhaltet der von der messianischen Sendung Jesu Christi verstandene Begriff des Reiches Gottes eine umfassende gesellschaftsverändernde Dynamik.«[86] Christologie, Soteriologie und Sozialethik bilden die heilsgeschichtlichen Verankerungen der Diakonie. So erinnert Jürgen Moltmann an das diakonische Denken von Johann Hinrich Wichern. In ihrer Verknüpfung mit dem Reich Gottes wird die Diakonie zu einem Hoffnungszeichen in der Welt und entfaltet eine freimachende Kraft.

Bereits 1977 bot sich Jürgen Moltmann in Form eines Vortrages aus Anlass der Diakonischen Woche in Bethel die Gelegenheit, seine theologische Position zur Begründung von Diakonie darzustellen. Wenige Jahre später veröffentlichte er dann 1984 den Beitrag zusammen mit einem anderen Text in einem kleinen Büchlein mit dem Titel: »Diakonie im Horizont des Reiches Gottes«.[87] Bedenkt man die Parallelität der Werke Moltmanns »Kirche und Reich Gottes« und »Trinität und Reich Gottes«, die 1980 und 1982 erschienen sind, zu diesem Band, so ist erkennbar, dass Moltmann die Diakonie als Thema der Theologie in sein trinitarisches Denken einordnet. Die messianische Dimension der Diakonie entfaltet Moltmann als Folge der in Christus angebrochenen Heilszeit. Ganz in der Christologie fußend formuliert Moltmann: »Der Heiland bringt das Heil nicht anders als durch sein heilendes Handeln. […] Es beginnt das neue Leben in der Nähe Gottes.«[88] Aus der präsentischen Heilsdimension leitet er vor allem ein Doppeltes ab: Diakonie ist »ganzheitliche Diakonie« und »Diakonie im Horizont des Reiches Gottes ist realistischer Dienst der Versöhnung.«[89]

Die zentrale Bedeutung, die sein Text für die dogmatische Begründung diakonischen Denkens erhält, liegt darin, dass er den

86 Schäfer, Aspekte, 254f.
87 Moltmann, Horizont.
88 A.a.O., 27.
89 A.a.O., 28.

Weg zu einer anderen Interpretation des »Nächsten« liefert, die von der Seite des Objekts von Hilfe auf die Seite des Subjekts wechselt und somit das Menschenbild zum wichtigen Aspekt des diakonischen Denkens macht. Für Moltmann sind notleidende Menschen nicht »Objekte christlicher Wohltätigkeit, Mildtätigkeit und Liebe. Sie sind dann zuerst ›Reichsgenossen‹ (Mt 5,3) und ›Brüder‹ des Menschensohnes […] Sie müssen zuerst in dieser ihrer Würde respektiert werden. Sie sind Subjekte im Reich Gottes, nicht Objekte unseres Mitleids.«[90]

Der Paradigmenwechsel von der im Liebespragmatismus etwa bei Johann Hinrich Wichern inhärenten Haltung eines paternalistischen Barmherzigkeitsbegriffes, der die Nächstenliebe als Akt des Glaubens sieht und nicht nach dem Nächsten als Subjekt fragt, zur Wahrnehmung des Anderen als Subjekt ermöglicht bei Jürgen Moltmann die Offenlegung der Asymmetrie im Hilfeverständnis. Von der Versöhnung aus gesehen kann Diakonie dann nur einerseits ein Mitleiden sein, andererseits nur aus der Haltung von Annahme und Anerkennung heraus erfolgen. Moltmanns Aufsatz bereitet gleichsam die Wende zur modernen theologischen Begründung der Diakonie vor. Einerseits fußt er in der Aufnahme von Paul Philippi in der christologischen Begründung von Diakonie. »Diakonie im Horizont des Reiches Gottes ist Diakonie in der Nachfolge des Gekreuzigten«.[91] Andererseits zieht er die Linie der Christologie weiter in Richtung des versöhnenden Handelns (»Diakonie ist realistischer Dienst der Versöhnung«) aus und weitet die Perspektive auf den Respekt der Menschenwürde. Kreuzestheologie und Reich Gottes werden bei ihm miteinander verbunden. Die Fragilität der Welt erscheint im Horizont des Reiches Gottes. Andererseits bildet Jürgen Moltmann die dogmatische Basis für die bei Gerd Theißen dann wenig später in exegetischer Perspektive erfolgende veränderte Blickrichtung auf den Nächsten. Drittens greift er mit der Ortsanweisung der Diakonie in der Gemeinde wiederum auf Paul Philippi zurück und favorisiert im Gegenüber der Anstaltsdiakonie die Gemeindedia-

90 A. a. O., 26 f.
91 A. a. O., 23.

konie und ebnet damit nochmals Wege zur neueren Diskussion über die Gemeinwesendiakonie.

3.1.4.3 Diakonie als Anwalt für Menschenwürde

Die Verbindung von Christologie und Versöhnung in einer heilsgeschichtlichen Perspektive auf das Reich Gottes lässt die Diakonie zu einem »Anders-Ort« werden, an dem profanes Handeln des Helfens mit einem Mehrwert aufgeladen wird. In dieser Hinsicht gewinnt der Aspekt der Menschenwürde als diakonisches Profilkennzeichen an Bedeutung. Er wird dann spezifisch von Michael Schibilsky und Heinrich Bedford-Strohm mit sozialethischer Prägnanz beschrieben, wobei beide von unterschiedlichen Polen ausgehen. Michael Schibilsky reflektiert Menschenwürde als eine zentrale diakonische Kategorie aus der Perspektive der Anthropologie und Ethik. Er ist dabei auch von Ulrich Bachs Schriften zur Diakonie inspiriert.[92] Der Begriff der Menschenwürde in seinen ethischen Implikationen fordert den Blick der Betroffenheit. Es geht ihm um eine neue Denkrichtung der Theologie, in der Mitgeschöpflichkeit als äußeres Zeichen der Menschenfreundlichkeit Gottes in der Diakonie – ihren Mitarbeitenden und Institutionen – gelebt und umgesetzt wird. Die diakonische Kirche ist immer auch solidarische Kirche. Die Menschenwürde wird dabei zu einem ethischen Kriterium diakonischen Handelns, das sich einer doppelten Begründung bewusst wird, denn: »Jeder ist hilfsbedürftig und gleichzeitig fähig zu helfen.«[93]

Heinrich Bedford-Strohm geht in seinem Konzept der Menschenwürde als »Leitbegriff« für die Diakonie über die Ethik hinaus, verbindet unterschiedliche theologische Modelle, bleibt aber letztlich dogmatisch dem Konzept der »Diakonie der Versöhnung« von Theodor Strohm verbunden.[94] Die theologische Relevanz der Menschenwürde leitet er aus dem Versöhnungshandeln Gottes in der Person Jesu Christi ab. Rechtfertigungs-

92 Schibilsky, Ethik.

93 A. a. O., 227.

94 Bedford-Strohm, Menschenwürde.

theologisch heisst das, dass jedem Menschen die Menschenwürde von Gott zugesprochen ist. Als eine von Gott ausgehende, jedem Menschen teilhaftig werdende »Gabe« wird die Menschenwürde dann aber auch eine »Aufgabe« im Rahmen einer Option für die Armen. Diakonie übernimmt dann im Namen Gottes die Anwaltschaft und – so beruft sich Bedford-Strohm mit einem Zitat auf Rudolf Weth – wird sie Diakonie im Namen Jesu durch ihre Option für die Armen.[95] Die Menschenwürde als Leitbegriff der Diakonie bzw. als diakonisches Konzept leistet somit zweierlei: Als in der Versöhnung gegründetes Geschehen garantiert die Diakonie einerseits Hilfe auf »Augenhöhe« und vermeidet, dass Menschen zu »Hilfsobjekten« werden.[96] Dies hat Gerd Theißen bereits herausgearbeitet. Andererseits steht die Diakonie als Teil der Kirche in Solidarität mit der Welt und macht den Horizont diakonischer Arbeit deutlich. Mit dem Begriff der Menschenwürde zeigt die Diakonie ihre Parteilichkeit, wird aber gleichzeitig anschlussfähig sowohl an Professionsbeschreibungen der Sozialwissenschaft (z. B. dem Begriff »Menschenrechtsprofession« von Sylvia Staub-Bernasconi) als auch an moderne Gesellschaftsverständnisse. In jüngsten Überlegungen – wie hier vorgelegt in diesem Band – erweitert Heinrich Bedford-Strohm seine Überlegungen zur Diakonie auf der Grundlage des Begriffes der Zivilgesellschaft im Rahmen einer öffentlichen Theologie und spricht vom Konzept einer »öffentlichen Diakonie«. Damit führt er die gedanklichen Linien einer Gesellschaftsdiakonie, wie sie von Hans-Joachim Wendland, dann auch von Theodor Strohm und Heinz Schmidt entwickelt wurden, weiter und verbindet sie mit dem gegenwärtigen Diskurs über die Zivilgesellschaft. Dieses Modell einer »öffentlichen Diakonie« nimmt die Pluralität der Gesellschaft – d. h. auch die Multiperspektivität in den Motiven des helfenden Handels – ernst und richtet ihren Dienst perspektivisch aus, gerade weil Kirche und Diakonie nur ein Teilaspekt einer zivilen Gesellschaft abbilden. Heinrich Bedford-Strohm schreibt: »Aus dem Modell einer ›öffentlichen Diakonie‹ ergibt sich die Vision von einer Diakonie, die auf der Basis eines klaren

95 A. a. O., 61.
96 Ebd.

kirchlichen Profils und einer beherzten Vernetzung mit der Zivilgesellschaft ›der Stadt Bestes sucht‹.«[97]

Im Durchgang der unterschiedlichen theologischen Modelle zur Diakonie ist deutlich geworden, was sowohl Ulrich Bach als auch Paul Philippi von einer Theologie der Diakonie gefordert haben: Sie ist einerseits dogmatisch aus der Sachmitte der Theologie heraus begründbar, benötigt aber andererseits immer auch einen konkreten dogmatischen Ort und ist gleichzeitig drittens ein Integral christlicher Theologie. Dabei führt an der Christologie zur Begründung der Diakonie kein Weg vorbei, wobei der Paradigmenwechsel von der Kreuzes- zu einer Versöhnungstheologie die Schnittstelle einer Hinwendung zum christlichen Menschenbild verdeutlicht. Die Vielfalt diakonischer Modelle zeigt aber, dass die Frage nach der Kernidentität der Diakonie heute nur noch plural zu beschreiben ist.

Impulse:

- Lässt sich der Begriff der Diakonie (die Ableitung von »diakonein«) ohne weiteres theologisch durch die Begriffe »soziales Handeln« bzw. Helfen in der dogmatischen Begründungsarbeit ersetzen, ohne dabei einen theologischen Substanzverlust zu erleiden?
- Was trägt der Paradigmenwechsel bzw. die Erweiterung in der theologischen Begründung von Begriff der Diakonie und Sache der Diakonie für eine moderne und zukunftsbezogene Antwort nach der diakonischen Identität im säkularen Kontext aus?
- Lässt sich der Anspruch von Ulrich Bach, wonach die Diakonie ein Integral aller Theologie sei, dogmatisch, exegetisch und theologisch begründen?
- Wo existieren zwischen Theologie und Sozialwissenschaft hermeneutische und wissenschaftliche Bezüge, die es erlauben, einen fruchtbaren interdisziplinären Diskurs zu führen?

97 Hier in diesem Band, 107

Literatur: Zum Weiterlesen

EURICH, JOHANNES/MAASER, WOLFGANG, Diakonie in der Sozialökonomie. Studien zur neuen Wohlfahrtspolitik, Leipzig 2013 (VDWI 47), 163–178.

HOBURG, RALF, Soziales Handeln zwischen Diakonie- und Sozialwissenschaften, in: Christoph Sigrist/Heinz Rüegger (Hg.), Helfendes Handeln im Spannungsfeld theologischer Begründungsansätze, Zürich 2014, 251–268.

KRECH, VOLKHARD, Religiöse Programmatik und diakonisches Handeln., in: Karl Gabriel (Hg.), Herausforderungen kirchlicher Wohlfahrtsverbände. Perspektiven im Spannungsfeld von Wertbindung, Ökonomie und Politik, Berlin 2001, 91–105.

STÄDTLER-MACH, BARBARA, Zukunft des Helfens und der Dienstleistung, in: Heinz Schmidt/Klaus D. Hildemann (Hg.), Nächstenliebe und Organisation. Zur Zukunft einer polyhybriden in zivilgesellschaftlicher Perspektive (VWGTh 37), Leipzig 2012, 349–365.

Heinrich Bedford-Strohm

3.2 Diakonie in der Perspektive »öffentlicher Theologie« Gegenwärtige Entwürfe

3.2.1 Zur Situation

Die Diakonie befindet sich im Umbruch. Die Erkenntnis, dass eine sich verändernde Gesellschaft auch neuer Ideen und Strukturen in der Kirche bedarf, beschäftigt die Diakonie nun schon seit einigen Jahren, das Nachdenken darüber hat in der Diakonie begonnen, lange bevor der EKD-Reformprozess auf den Weg gebracht wurde. Die Notwendigkeit, sich im wirtschaftlichen Wettbewerb am Markt zu behaupten, führt zu Dilemmasituationen, die zuweilen bis an die Schmerzgrenze gehen. Umso dringlicher stellt sich die Frage. Welchen Weg soll die Diakonie gehen – und auf welcher Grundlage?

In dem EKD-Impulspapier »Kirche der Freiheit« wird der Diakonie – und man muss sagen »natürlich«! – ein eigener Abschnitt gewidmet. In der Beschreibung des 8. von 12 Leuchtfeuern, die die Evangelische Kirche im 21. Jahrhundert prägen sollen, heißt es: »Im Jahre 2030 ist die Diakonie ein zentrales Handlungsfeld der sich auf ihre Stärken konzentrierenden evangelischen Kirche. Jede diakonische Aktivität hat ein deutlich wahrnehmbares evangelisches Profil und steht in einer guten Relation zu einem Handlungsfeld der evangelischen Kirche. Die Verbindung zwischen verfasster Kirche und Diakonie ist besser verwirklicht …«[1]

Hier steht nicht »ist verwirklicht«, sondern: »ist *besser* verwirklicht«. Offensichtlich war den Autoren des Papiers sehr bewusst, wie schwierig die Umsetzung einer Einsicht ist, an der niemand vorbeikommt, der sich ernsthaft mit den biblischen und theologischen Quellen der Diakonie auseinandersetzt. Kirche und

1 Evangelische Kirche in Deutschland, Freiheit, 81.

Diakonie gehören zusammen, weil sie sich der gleichen Quelle verdanken. »… ein Herr, ein Glaube, eine Taufe« (Eph 4,4.5) – dieses Wort aus dem Epheserbrief wird in der Regel als Ruf zur ökumenischen Einheit der Kirche interpretiert. Um wie viel mehr gilt es für diejenigen, die durch keine Bekenntnisaussagen voneinander getrennt sind, sondern nur durch den Ort, an dem sie ihren Glauben zu leben versuchen!

Wenn über die Zukunft der Diakonie nachgedacht und nach Wegen gesucht wird, wie sie gestärkt werden kann, dann muss zunächst einmal geklärt werden, an welchen Zielen sie sich orientieren soll. Das ist auch dann keineswegs klar, wenn Einigkeit darüber besteht, dass eine kraftvolle Diakonie zu den wesentlichen Dimensionen christlicher Existenz in der Gegenwart gehört. Um Orientierung für die Frage zu gewinnen, wohin der Weg der Diakonie eigentlich gehen soll, will ich zunächst drei mögliche Modelle beschreiben und erläutern, warum ich das dritte, das Modell der »öffentlichen Diakonie«, für das angemessenste halte. Dann möchte ich dieses dritte Modell genauer im Hinblick auf seine Konsequenzen für das Verhältnis von Diakonie und Kirche, für das Verhältnis der Diakonie zu Staat und Zivilgesellschaft sowie für die Rolle der Diakonie an den Sozialmärkten untersuchen.

3.2.2 Drei theologische Grundansätze

3.2.2.1. Diakonie als »Kontrastgesellschaft«

Dieses Modell sieht das helfende Handeln der Diakonie eingezeichnet in eine Ekklesiologie, die ganz an der Sichtbarkeit der wahren Kirche orientiert ist. Kirche wird in dieser Sicht als Kontrastgesellschaft verstanden, die durch ihre eigene exemplarische Existenz »Salz der Erde« und »Licht der Welt« ist und so die Welt verändert. Die Diakonie ist also Ausdrucksform eines entschiedenen und eindeutigen Christentums. Die diakonischen Großinstitutionen geraten von einem solchen Modell her tendenziell unter Verdacht, diese Entschiedenheit des Christentums zu verwischen und sich durch alle möglichen politischen und institutionellen Zwänge in nicht hinnehmbarem Maß an die Gesellschaft anzupassen. Dieses Modell wird aus ganz unterschiedlichen Richtungen vertreten. Es steht sowohl hinter den gegenüber der Amtskirche kritischen Impulsen evangelikaler Frömmigkeit als auch hinter den Stimmen, die die Bindung der Kirche an den Staat in Deutschland kritisieren und von der Kirche gegenüber dem kapitalistischen System und seiner Logik eine klare Abgrenzung verlangen.

Die Stärke dieses Modells ist auch tatsächlich, dass es die Radikalität eines aus biblischen Impulsen sich speisenden christlichen Zeugnisses wirklich ernst nimmt und sich vor einfacher Anpassung hütet. Darin steckt aber auch seine Schwäche. Wo die Angst vor der Anpassung zum leitenden Prinzip wird, entsteht zumindest die Gefahr, dass nicht mehr die Menschen im Zentrum stehen, denen geholfen werden soll, sondern eine zur Selbstzentriertheit neigende Orientierung an der eigenen Glaubensentschiedenheit. Das genau will das zweite Modell vermeiden.

3.2.2.2 Diakonie als Gesellschaftsdienst

Das Modell der »Diakonie als Gesellschaftsdienst« gibt dem helfenden Handeln der Kirche den radikalen Vorrang gegenüber den eigenen kirchlichen Interessen und der sichtbaren Kirchlichkeit der Diakonie. Christlicher Glaube heißt hier vor allem Dienst der Nächstenliebe an der Gesellschaft als ganzer. Dass sie religiös motiviert ist, mag für ihre Stärke und Beharrlichkeit eine Rolle spielen. Sichtbar werden muss, ja *soll* das aber nicht. In einer säkularen Gesellschaft, die christlich-religiöse Sprache immer weniger versteht, kann sich nach diesem Modell Kirche angemessen vor allem als »praktisches Christentum«, also als gelebter Dienst am Nächsten präsentieren.

Die theologische Grundlage für dieses Modell kann von ganz unterschiedlichen Seiten kommen. Die liberale Theologie des 19. Jahrhunderts, die – besonders radikal bei Richard Rothe – das Christentum in einer zunehmend säkularisierten Kultur aufgehen sah, kann genauso dafür in Anspruch genommen werden wie etwa ein ganz bestimmtes Verständnis des berühmten Bonhoefferschen Wortes von der »Kirche für andere« und seiner Vision des »religionslosen Christentums«. Unabhängig davon, ob diese Inanspruchnahme zu Recht geschieht, ist es unbestreitbar, dass das Modell der Diakonie als Dienst der Nächstenliebe in der säkularen Gesellschaft einen wesentlichen Impuls des christlichen Glaubens aufnimmt, der in dem Gleichnis vom barmherzigen Samariter, fast so etwas wie dem »Hausgleichnis der Diakonie«, seinen Ausdruck findet: in dem Geschehen zwischen Helfer und Hilfsempfänger steht gerade nicht die Religion oder Konfession im Zentrum, sondern allein die Beseitigung der Not.

Dennoch ist das Modell nicht überzeugend. Zum einen deuten neuere Gesellschaftsdiagnosen darauf hin, dass die Annahme, Menschen ließen sich immer weniger auf die religiöse Dimension des Menschseins ansprechen, falsch ist. Vor allem aber lässt die einseitige Orientierung am Samaritergleichnis wesentliche Traditionen der Bibel unbeachtet, in denen die »Öffentlichkeit« des Evangeliums, das Zeugnis von der rettenden Botschaft von Gottes Gnade, im Zentrum steht. Dass *Jesus* der Erzähler des Samariter-Gleichnisses ist, ist von daher gerade keine Nebensache, sondern zum Verständnis unabdingbar. Deswegen plädiere ich für ein drittes Modell, das die Stärken der beiden anderen Modelle aufzunehmen versucht, ohne ihre Schwächen zu übernehmen. Ich nenne es »öffentliche Diakonie«.

3.2.2.3 »Öffentliche Diakonie« in der pluralistischen Gesellschaft

Öffentliche Diakonie« nimmt ernst, dass die Gesellschaft pluralistisch geworden ist. Weder sind religiöse Orientierungen selbstverständlich, noch basieren sie, wo sie da sind, notwendigerweise auf der christlichen Tradition. In der Perspektive öffentlicher Diakonie ist daraus aber nicht die Konsequenz zu ziehen, dass das christliche Zeugnis zugunsten praktischer Nächstenliebe verschwiegen werden darf. Im Gegenteil: Diakonie entfaltet ihre öffentliche Kraft gerade in der Einheit von religiöser Authentizität und praktischer Nächstenliebe. In einer Gesellschaft, in der Christlichkeit nicht mehr als fragloser Autoritätsausweis gelten kann, wird die Ganzheitlichkeit eines in Frömmigkeit oder – moderner gesprochen – »Spiritualität« gegründeten Dienstes am Nächsten ein umso zentralerer Faktor für die Ausstrahlungskraft von Kirche und Diakonie. Dass dies auch gut für die Behauptung am Markt ist, kommt noch dazu, ist aber nicht primär.

Deswegen braucht Diakonie in ihrer öffentlichen Darstellung eine *Zweisprachigkeit.* Sie muss zum einen auf der Basis biblischer und theologischer Traditionen zeigen, woher sie kommt und zum anderen deutlich machen, warum die daraus sich ergebenden Orientierungen für alle Menschen guten Willens so plausibel sind, dass es sich lohnt, sich in ihren Dienst zu stellen. Das bedeutet, dass öffentliche Diakonie keine Angst vor der Zusammenarbeit mit staatlichen Institutionen, aber auch nicht mit zivilgesellschaftlichen Kräften anderer weltanschaulicher Hintergründe haben muss. Menschenwürde z. B. kann als Leitbegriff der Diakonie verstanden werden, der seine inhaltliche Füllung aus biblischen Traditionen gewinnt, aber auch für Menschen mit anderen weltanschaulichen Hintergründen plausibel ist.[2] Von einem so sichtbar werden übergreifenden Konsens aus kann eine Vernetzung mit der Zivilgesellschaft entwickelt werden, die das ureigene diakonische Anliegen stärkt.

Das Modell der »öffentlichen Diakonie« verbindet also das klare Zeugnis auf der Basis der eigenen Tradition mit der Ausrichtung auf die pluralistische Gesellschaft als ganze und nimmt damit eine Diakonie in den Blick, die gerade darin zum Salz der Erde werden kann, dass sie die primäre Ausrichtung an der eigenen Identitätssuche hinter sich lässt.[3]

3.2.3 Perspektiven »öffentlicher Diakonie«

3.2.3.1 Theologische Perspektiven

Zur Diakonie in der Perspektive öffentlicher Theologie gehört ein klares Profil. Nur so kann die Kirche der Welt wirklich etwas Neues sagen. Die Antwort auf die Frage, woher dieses Profil eigentlich kommen soll, liegt nahe und das in ganz direktem Sinne. Der

2 Vgl. dazu ausführlicher Bedford-Strohm, Menschenwürde.

3 Zum Begriff der »öffentlichen Diakonie« vgl. auch Kehlbreier, Wandlungen. Zum breiteren Begriff der »öffentlichen Theologie« vgl. Bedford-Strohm, Sozialethik.

sichtbare Ausdruck der Identität als Kirche und Diakonie ist das Kreuz. Kirche und Diakonie verlieren ihre Basis, mehr noch, würden sich selbst aufgeben, wenn sie sich nicht immer wieder gemeinsam neu unter das Kreuz stellen würden. Das Kreuz begegnet uns ja genau deswegen überall in den Kirchen, in den Heimen der Diakonie, an den Wänden zu Hause oder an den Halsketten am Körper, weil es uns von etwas erzählt, das den Kern unserer Identität als Christinnen und Christen ausmacht: Ihr alle, die ihr auf Christus getauft seid – sagt Paulus – habt Christus angezogen (Gal 3,27). Die revolutionäre Bedeutung der Taufe und des Kreuzes, das durch sie in unsere Biographie eingezeichnet wird, beschreibt Paulus im Römerbrief: Wir sind »mit Christus begraben durch die Taufe in den Tod, damit, wie Christus auferweckt ist von den Toten durch die Herrlichkeit des Vaters, auch wir in einem neuen Leben wandeln« (Röm 6,4).

Dieser Satz des Paulus macht in aller Klarheit deutlich, dass es sich beim Kreuz nicht, wie manche von wenig theologischen Kenntnissen belastete Christentumskritiker immer wieder behaupten, um ein nekrophiles, ein todesverliebtes Symbol handelt. Ganz im Gegenteil: es geht, wie Paulus sagt, um »ein neues Leben«. Das Kreuz hat genau deswegen eine solche Kraft, weil die daraus erwachsende Perspektive die Augen vor dem Leiden nicht verschließt, sondern das Leiden wahrnimmt, d. h. denen, die leiden, mit Empathie begegnet sowie gegen die Zustände, die unnötiges Leiden verursachen, protestiert und sie zu überwinden versucht. Es hat deswegen eine solche Kraft, weil es all dies als zentrale Dimension eines gelingenden Lebens und als Dimension eines Glücks versteht, das diesen Namen wirklich verdient. »Selig sind, die da hungert und dürstet nach der Gerechtigkeit, denn sie sollen satt werden. Selig sind die Barmherzigen, denn sie werden Barmherzigkeit erlangen« (Mt 5,6 f)!

Weil der Blick auf das Kreuz in die Vision gelingenden Lebens eingezeichnet ist, welche die Diakonie verkörpert, gehört zum Profil der Diakonie eine klare Orientierung an der biblischen Option für die Armen. Die Anstößigkeit und Widerständigkeit dieser Orientierung kann niemand weginterpretieren. Diakonische Einrichtungen haben natürlich eine unternehmerische Dimension, die sie auch ernst nehmen müssen. Die Diakonie kann sich aber niemals einfach als Unternehmen definieren, als ob das ihr Hauptidentitätsmerkmal wäre. Würde sie das tun, mag sie sich am Markt erfolgreich aufstellen und beeindruckende Bilanzen vorlegen. Aber sie wäre nicht mehr Ausdrucksform der Kirche Jesu Christi. Management-Akademien sind notwendig, Corporate Design auf den Briefköpfen vermutlich auch. Und auch professionelle Werbung, wenn sie sich nicht an diakoniefremden Jargon anbiedert, kann gute Dienste tun. Aber es sind eben *Dienste*, die nicht zum Selbstzweck werden dürfen. Wenn Leitende in der Diakonie sich zunehmend in unternehmerischen Kontexten bewegen, wo alles vom Feinsten ist, wo die Hotelpreise in den höheren Sphären liegen, wo bestimmte Ausstattungen zum Standard gehören, und wenn dann vielleicht mancher von ihnen sich irgendwann erschrocken fragt: Wo bin ich eigentlich?, dann ist das ein heiliger Schrecken! Egal in welchen Kontexten Leitende in der Diakonie sich bewegen, sie tun gut daran, sich zu erinnern, dass sie in dem, was sie da tun, im Dienst der Kirche Jesu Christi stehen, also ihre Kraft für die tägliche Arbeit von einem Gott bekommen, der in seiner menschlichen Inkarnation am Kreuz gestorben ist, der ganz unten war.

Wenn Kirche und Diakonie sich an diesen Gott erinnern, dann verweigern sie sich dem Kult der Starken und Erfolgreichen, sie machen die Perspektive der Schwachen und Ausgegrenzten zu ihrer eigenen Perspektive. Sie verfallen in dem festen Vertrauen auf die Auferstehung des Gekreuzigten aber nicht in Schwarzmalerei oder gar Depression, sondern bringen sich mit Zuversicht und Gestaltungswillen mit Wort und Tat in die Gesellschaft ein. Von der klaren Leitperspektive der Option für die Armen her wissen sie sich dann auch durchaus in der Welt der Starken und Reichen zu bewegen. *Das* ist die Identität der Diakonie!

Was bedeutet diese theologische Standortbestimmung nun für das Verhältnis der Diakonie zur Kirche?

3.2.3.2. Diakonie und Kirche

Johann Hinrich Wichern hat schon Mitte des 19. Jahrhunderts programmatisch – und deswegen oft zitiert – auf den untrennbaren Zusammenhang zwischen beiden hingewiesen: »Die innere Mission ist nicht eine Lebensäußerung außer und neben der Kirche, will auch weder jetzt noch einst die Kirche selbst sein, wie man von ihr gefürchtet hat, sondern sie will eine Seite des Lebens der Kirche selbst offenbaren, und zwar das Leben des Geistes der gläubigen Liebe…«.

Wicherns Ortsbestimmung diakonischer Arbeit hat nichts von ihrer Aktualität verloren. Die Kirche *hat* nicht eine Diakonie, die Kirche *ist* Diakonie! Und die Diakonie *hat* nicht eine Kirche, mit der sie sich vielleicht auch allzu oft herumplagen muss, sondern sie *ist* Kirche!

Der orthodoxe Theologe und Sozialethiker Alexandros Papaderos hat deswegen jüngst auf die pneumatologische Dimension der Diakonie hingewiesen: Der pneumatische Charakter der Diakonie darf »keiner Rationalität, Struktur oder Zweckmäßigkeitserwägung zum Opfer fallen. Wenn eine bestens organisierte und wohlhabende diakonisch-kirchliche Institution nicht mit diesem geistlichen Grunde verwurzelt bleibt, ist höchste Gefahr im Verzug. Denn nur aus der Kraft des Heiligen Geistes wird diakonisches Tun und soziales Handeln im Rahmen der Kirche bestehen können«[4]

Ein solcher Hinweis auf den Geist, der eben dann auch tatsächlich weht, wo er will, wäre aber missverstanden, wenn er zur Rechtfertigung von ineffektiven, Inkompetenz hinnehmenden oder lieblosen Strukturen benutzt würde. Das gilt für die Diakonie genauso wie für die Kirche. In Abwandlung einer gelungenen Formulierung über die Kirche aus dem Impulspapier »Kirche der Freiheit« kann man deswegen sagen: »Die Gegenwart des Evangeliums ist nicht gebunden an ausstrahlungsstarke und effektive Diakonie-Institutionen oder diakonisch engagierte Christinnen und Christen.«[5] Dies aber ist ein Satz über die Freiheit Gottes, nicht über die Entlastung von der Aufgabe, Diakonie nach bestem Wissen und Gewissen einladend zu gestalten.

Die These, dass die Diakonie Teil der Kirche ist, darf nicht eine wohlfeile und in fast jedem Grundsatzreferat wiederholte Behauptung sein. Sie hat Relevanz für viele Dinge, die den Alltag der Einrichtungen bestimmen. »Qualität« in der Diakonie bemisst sich

4 Papaderos, Sozialethik, 69.
5 Evangelische Kirche in Deutschland, Freiheit, 34.

auch daran, ob die Ganzheitlichkeit in der Begegnung mit den Menschen, die sich aus dem christlichen Glauben ergibt, wirklich sichtbar wird.

Ich nenne nur einige wenige Beispiele: Diakonische Einrichtungen müssen sich dadurch auszeichnen, dass sie jedenfalls die *Möglichkeit* seelsorgerlicher Begleitung mit einschließen, unabhängig davon, ob diese Möglichkeit wahrgenommen wird. Eng damit verbunden ist die Wahrnehmung des Potenzials der Vernetzung zwischen den lokalen diakonischen Einrichtungen und den Gemeinden. Gemeindepfarrerinnen und Gemeindepfarrer müssen sich – etwa in der terminlichen Planung und Prioritätensetzung bei Geburtstagsbesuchen – im Klaren sein, dass sie nicht nur ein Angebot für die Diakonie machen, sondern dass sie selbst Teil der Diakonie sind und etwa auch für deren Standing auf dem Sozialmarkt mit verantwortlich sind. Die institutionelle Diakonie bedarf der bewussten Begleitung durch die Gemeindeglieder, durch ihr Gebet ebenso wie durch ihr ehrenamtliches Engagement. Gemeindepfarrerinnen und Gemeindepfarrer bzw. gemeindliche Besuchsdienste können dazu helfen, dass noch besser als bisher die bei Hausbesuchen sichtbar werdenden Notlagen erkannt werden und durch Herstellung der Kontakte die professionelle Kompetenz der diakonischen Einrichtungen zur Hilfe genutzt wird. Kirchengemeinden dürfen aber diakonische Arbeit nicht einfach an die Institutionen der Diakonie delegieren. Die Wahrnehmung diakonischer Aufgaben gehört zu den Kerndimensionen einer christlichen Existenz in den Gemeinden. Im September 2007 fand in Wittenberg auf Initiative der EKD als Konsequenz der Armutsdenkschrift eine Tagung statt, in der Kirchengemeinden gelingende Projekte in der Arbeit mit von Armut betroffenen Menschen vorstellten. Die Auswertung dieser Arbeit hat ein interessantes Ergebnis im Hinblick auf das Verhältnis von Kirche und Diakonie erbracht. In diesen Projekten kommt nämlich etwas zum Ausdruck, was Heinrich Grosse in seiner Studie über diese Gemeinden so bilanziert hat: »Alle untersuchten Kirchengemeinden legen Wert auf die Zusammenarbeit mit Einrichtungen der institutionalisierten Diakonie, des Diakonischen Werkes. In diesen Gemeinden ist die verbreitete Konkurrenz und Abgrenzung zwischen verfasster Kirche und institutionalisierter Diakonie zugunsten gemeinsamer

Anstrengungen gegen die Armut überwunden.«[6] Diese wenigen Beispiele zeigen: Es gibt viele Möglichkeiten, die enge Verzahnung von Kirche und Diakonie im Alltag der Einrichtungen zu *leben*, anstatt sie nur zu beschwören. Sowohl in den Kirchengemeinden als auch in den diakonischen Einrichtungen muss das noch deutlicher werden.

Wenn nun klar ist, dass die Basis für eine »öffentliche Diakonie« in einer engen Zusammenarbeit zwischen Diakonie und Kirche liegt, was bedeutet ein Modell der Diakonie in der Perspektive öffentlicher Theologie für das Verhältnis zu Staat und Gesellschaft?

3.2.3.3 Diakonie, Staat und Zivilgesellschaft

Das Modell der *Diakonie als Kontrastgesellschaft* hält bewusste Distanz sowohl zum Staat als auch zur Zivilgesellschaft, um sein eigenes kirchliches Profil so klar wie möglich zu halten. Das Modell der *Diakonie als Gesellschaftsdienst* ist demgegenüber mit dem Staat so eng verknüpft, dass Diakonie vor allem als Dienstleister für den Staat erscheint. Das Modell der *»öffentlichen Diakonie«* arbeitet zwar partnerschaftlich mit dem Staat zusammen, wahrt aber gleichzeitig kritische Distanz. Anwaltschaft, die sich der biblischen Option für die Armen verdankt, bedarf des öffentlichen kritischen Einspruchs, wo der Staat seinen Aufgaben nicht nachkommt.

Die Diakonie hat einen klaren Ort in dem Spannungsfeld zwischen Staat und Zivilgesellschaft. Das wird schon deutlich, wenn wir näher bestimmen, was Zivilgesellschaft überhaupt bedeutet. Was mit diesem im Deutschen auch als »Bürgergesellschaft« übersetzten Begriff genau bezeichnet wird, ist nämlich alles andere als eindeutig.[7]

Insbesondere als Folge seiner Funktion als Programmbegriff der osteuropäischen Freiheitsbewegung, die gegen den »Sozialismus« eines autoritären Staates aufbegehrte, wurde er in den westlichen Gesellschaften von manchen als willkommene Formel für die Kritik am Sozialstaat aufgegriffen. Sozialstaatliche Rahmen-

6 Grosse, Kirchengemeinden, 19.

7 Zum Folgenden: Bedford-Strohm, Gemeinschaft, 421–434.

setzung – so die damit verbundene These – behindert die Kräfte des freien Marktes und hemmt die Initiative des Einzelnen. Diese Lesart, die ich die *wirtschaftsliberale* Lesart nenne, besetzt den visionären Reformbegriff der Zivilgesellschaft, um den aus liberaler Sicht notwendigen Sozialabbau programmatisch zu untermauern. Richtig erfasst ist auch in dieser Interpretation, dass Zivilgesellschaft wesentlich aus dem Engagement der Bürger lebt. Falsch wird sie, wenn solches Engagement vor allem dazu dienen soll, den Geldbeutel wohlhabender Steuerzahler zu entlasten und damit die Sozialverpflichtung des Eigentums zu reduzieren.

Deswegen ist eine *andere* Interpretation von Zivilgesellschaft angemessener, die ich die *kommunitär-liberale* Interpretation nenne.

Diese kommunitär-liberale Variante der Interpretation von Zivilgesellschaft lebt in ihrem Kern von einem Freiheitsverständnis, das Individuum und Gemeinschaft nicht gegeneinander ausspielt, sondern als wechselseitig aufeinander angewiesene unverzichtbare Dimensionen eines gelingenden Lebens sieht. Zivilgesellschaft ist von daher nach zwei Seiten hin abzugrenzen: auf der einen Seite gegen eine einseitige Ausrichtung auf die Gemeinschaft, insbesondere in ihrer institutionellen Form als Staat, dem sich das Individuum unterzuordnen hat und der es offen oder versteckt entmündigt. Auf der anderen Seite richtet sie sich aber auch gegen eine einseitige Ausrichtung auf das Individuum, nach der soziale Solidaritätspflichten nicht als natürlicher Ausdruck, sondern als unzumutbare Beschränkung persönlicher Freiheit zu sehen sind. In der kommunitär-liberalen Variante der Zivilgesellschaft ist das freiwillige Engagement der Bürger nicht Lückenbüßer für die Haushaltsprobleme des Staates, sondern kritische Kraft und Nährboden für eine politische und soziale Infrastruktur, die als notwendige Voraussetzung für staatliches Handeln gelten kann. Fehlentwicklungen im staatlichen Handeln, sei es in ökologischer, friedenspolitischer oder sozialer Hinsicht, werden aufgedeckt und Prozesse des Umdenkens jedenfalls ansatzweise eingeleitet.

Als Kompensationsgröße für Sozialabbau, wie die wirtschaftsliberale Lesart der Zivilgesellschaft das nahe legen würde, kann die Diakonie sich jedenfalls nicht verstehen! Nur das kommunitär-liberale Verständnis von Zivilgesellschaft weist der Diakonie einen angemessenen Ort zu. Aufgrund ihres Öffentlichkeitsauftrages kann sich die Diakonie selbst als markanten Akteur der Zivilgesellschaft verstehen, der genau an der Aufgabe mitwirkt, den Staat immer wieder von neuem an seine Verantwortung für soziale Gerechtigkeit zu erinnern und dabei Anwältin für die zu sein, die keine Stimme haben.

Die Armutsdenkschrift der EKD »Gerechte Teilhabe« von 2006[8] ist genauso zu verstehen. Die enge Verzahnung von Kirche und Diakonie zeigt sich darin, dass bei ihrer Erarbeitung – entgegen manchen Meinungen – der Sachverstand der Diakonie eine zentrale Rolle gespielt hat und dass ihre grundlegende Stoßrichtung mit dem auch inhaltlich übereinstimmt, was die öffentlichen Äußerungen der Diakonie kennzeichnet.

Es gibt wenige gesellschaftliche Großorganisationen, die gesellschaftlichen Einfluss haben und gleichzeitig so nah am Menschen sind wie die Kirchen mit ihren diakonischen Einrichtungen. Wenn die Kirchen auf fragwürdige Konsequenzen von Bestimmungen im Sozialbereich hinweisen, dann hat das Gewicht. Denn in den Beratungsstellen und sonstigen Hilfseinrichtungen der Diakonie werden die Mitarbeiter/innen mit den ganz konkreten Einzelfällen konfrontiert, die bei der Erarbeitung der Gesetze so leicht aus dem Blick geraten. Ob Pflegeversicherung, Arbeitslosigkeit oder Hartz-IV-Gesetze – es gehört zu den wesentlichen Aufgaben der Diakonie, in all diesen Fragen ihre Menschennähe, ihre Kompetenz und ihr moralisches Gewicht in die zivilgesellschaftliche Debatte einzubringen und für die Korrektur von sozialen Ungerechtigkeiten oder kontraproduktiven Gesetzesbestimmungen einzutreten. Die politische Ebene tut gut daran, in Zukunft noch deutlicher auf die Stimme der Kirchen und ihrer diakonischen Institutionen zu hören.

Ganz offensichtlich gilt für die Vernetzung der Diakonie mit der Zivilgesellschaft das Gleiche, was sich schon beim Verhältnis zwischen Diakonie und Kirche beobachten ließ: Da, wo wirklich engagierte Arbeit für die von Not Betroffenen gemacht wird, da entsteht die Vernetzung mit all den anderen zivilgesellschaftlichen Gruppen, die am gleichen Strang ziehen, von ganz allein,

8 Kirchenamt der EKD, Teilhabe.

jedenfalls wenn keine theologischen oder milieubedingten Berührungsängste bestehen. Die schon erwähnte Grosse-Studie zu den in der Armutsarbeit aktiven Kirchengemeinden hat gezeigt, dass gerade bei der Arbeit mit Armen die Vernetzung mit der Zivilgesellschaft eine zentrale Rolle spielt: »Die untersuchten Kirchengemeinden haben deutlich mehr Beziehungen zu (kirchlichen oder nicht-kirchlichen) Kooperationspartnern als eine ›typische‹ Kirchengemeinde in Deutschland. Das dürfte mit ihrer starken Gemeinwesenorientierung zusammenhängen, die eine Beschränkung und Fixierung auf binnenkirchliche Belange ausschließt.«[9]

Aus dem Modell einer »öffentlichen Diakonie« ergibt sich die Vision von einer Diakonie, die auf der Basis eines klaren kirchlichen Profils und einer beherzten Vernetzung mit der Zivilgesellschaft »der Stadt Bestes sucht«. Das 2007 veröffentlichte Papier »Handlungsoption Gemeinwesendiakonie« ist eine hervorragende Basis, um dieser Vision eine erkennbare Gestalt zu geben. Es trifft genau die Intentionen der EKD-Armutsdenkschrift, indem es einen Prozess in den Blick nimmt, der von der »Kirche *für* andere« zu der »Kirche *mit* anderen« führt[10] und indem es ein ganzheitliches diakonisches Profil entwickelt, das Modernität und christliche Identität verbindet, Kirchengemeinde und Sozialraum vernetzt und die Kooperationen mit nicht-kirchlichen Institutionen bzw. Gruppen ausbaut. Es realisiert damit ein Konzept, das Theodor Strohm einmal »Wichern III« genannt hat, nämlich die Modernisierung des von Wichern entwickelten Gedankens, christliche Assoziationen der Hilfsbedürftigen selbst zu veranlassen und ihnen damit Hilfe zur Selbsthilfe zu leisten.[11]

Es gibt gute Gründe für die Vermutung, dass bei einer solchen bewussten und theologisch gewollten Öffnung der Diakonie in Richtung Zivilgesellschaft nicht – wie von den Vertretern des Modells der Kontrastgesellschaft befürchtet – das christliche Profil verschwimmt, sondern im Gegenteil gerade in seiner Authentizität erkennbar wird. Bei der Wittenberger Armutstagung gehörte der Wunsch nach seelsorgerlicher Begleitung zu den Punkten, die

9 Grosse, Kirchengemeinden, 19.

10 Diakonisches Werk der EKD, Handlungsoption, 26.

11 Strohm, Kultur.

in den Berichten über die Bedürfnisse der von Armut Betroffenen am häufigsten genannt wurden. Auch in unserer säkularer gewordenen Gesellschaft wissen die Menschen, woher die Kirche kommt. Wo Kirche und Diakonie als glaubwürdige Akteure in der Zivilgesellschaft sichtbar werden, beginnen sie auch wieder, sich für die Kirche zu interessieren.

3.2.3.4 Diakonie am Sozialmarkt

Wenn klar ist, dass nur die kommunitär-liberale Variante der Zivilgesellschaft theologisch tragfähig ist, dann schält sich eine klare Zielperspektive für die Rolle der Diakonie am Sozialmarkt heraus. Profitabilität – und darin unterscheidet sich die Diakonie von einem Wirtschaftsunternehmen – kann dann kein Selbstzweck sein. Profitabilität kann in ihrer Sinnhaftigkeit immer nur daran gemessen werden, ob sie denen, die besonders auf Hilfe angewiesen sind, nützt. Das bedeutet aber auch: Wenn Profitabilität auf Dumpinglöhnen für Mitarbeiter beruht, die dadurch nun selbst auf Hilfe angewiesen sind, kann sie theologisch nicht verantwortet werden.

Diakonische Aktivität am Sozialmarkt ist daher gekennzeichnet durch ein *Paradoxon*: *Profitabilität wird zur Untugend, wenn sie auf Kosten der Schwachen erreicht wird. Unprofitabilität wird zur Tugend, wenn nur so Hilfe geleistet werden kann, die von denen, die sie brauchen, auch bezahlt werden kann.* Dieses Paradoxon macht deutlich, wie unsachgemäß die Bezeichnung der Kirche oder der Diakonie als ein »Wirtschaftsunternehmen« ist, jedenfalls dann, wenn diese Bezeichnung als zentrales Charakteristikum dient. Kirche und Diakonie verhalten sich nur insofern analog zu Wirtschaftsunternehmen als damit Zielen, die strikt jenseits betriebswirtschaftlicher Logiken entwickelt werden, gedient wird.

Es wäre ein Missverständnis, aus diesen Überlegungen abzuleiten, dass es den Zielen der Diakonie widerspreche, durch ihre Arbeit Geld zu verdienen. Die Erwirtschaftung von Gewinnen zur Vermehrung von persönlichem Besitz, aber auch zur Vergrößerung von Sozialwirtschaftsimperien würde den Zielen der Diakonie tatsächlich entgegenlaufen. Wenn aber durch Gewinne in profitablen diakonischen Einrichtungen die diakonische Arbeit in anderen dringlichen Feldern finanziert werden kann, dann liegt das ganz in der Ziellinie einer theologisch verantworteten diakonischen Existenz der Kirche.

In der Ziellinie der kommunitär-liberalen Variante der Zivilgesellschaft streitet die Diakonie dafür, dass der Konflikt zwischen betriebswirtschaftlicher Logik und der theologisch begründeten inneren Logik der Diakonie so weit wie möglich verringert wird. Es liegt auf der Hand, dass die Arbeit der Diakonie in dem Maße geschwächt wird, in dem die politischen Rahmenbedingungen den Konflikt zwischen beiden Logiken verschärfen. Verschlechterte Refinanzierungsbedingungen, wie sie auf zahlreichen Feldern diakonischer Arbeit in den letzten Jahren eingetreten sind, machen auch bei verstärkter betriebswirtschaftlicher Effizienz eine diakonische Arbeit, die auch nicht profitable Arbeitsfelder mit zu tragen vermag, auf die Dauer unmöglich. Eine Glorifizierung betriebswirtschaftlicher Logik vernebelt den Blick für die Kosten, die mit einer solchen Entwicklung dann verbunden sind, wenn betriebswirtschaftliche Rationalität nicht mehr vorrangig an Zielen orientiert ist, die unabhängig davon festgelegt werden.

Wenn also klar ist, dass die institutionalisierte – und das heißt in vielen Fällen eben faktisch auch: auf Refinanzierung angewiesene – diakonische Tätigkeit der Kirche in hohem Maße abhängig ist von staatlichen Rahmenbedingungen, dann wird die zentrale Bedeutung zivilgesellschaftlichen Engagements deutlich, die ich bereits unterstrichen habe. Die Kirchen müssen Allianzen mit anderen an der Verbesserung der Situation der Schwächeren orientierten und am Sozialmarkt unter Druck geratenen Organisationen schließen, die diesem Anliegen förderliche Rahmenbedingungen noch nachdrücklicher einzufordern vermögen.

Die Reflexion des Sinns diakonischer Aktivität am Sozialmarkt und der Bedingungen, unter denen sie geschieht, kann geradezu paradigmatisch für die Gesellschaft als Ganze die Notwendigkeit deutlich machen, die Wirtschaft am Menschen zu orientieren anstatt den Menschen zum Knecht der Wirtschaft zu machen. Ein Staat ist in seinem sozialen Handeln darauf angewiesen, dass betriebswirtschaftlich effiziente Unternehmen Wohlstand erwirtschaften. Damit dieser Wohlstand allen zugute kommt, muss das damit verbundene wirtschaftliche Handeln in einen Rahmen eingebunden werden, der sich in seiner Rationalität an der Verbesserung der Situation der Schwächsten orientiert. Diese Einsicht gewinnt an Nachdruck, wenn das diakonische Handeln in einen eschatologischen Horizont gestellt wird.

3.2.4 »Was ihr getan habt diesem geringsten meiner Brüder….« Diakonie und Eschatologie

Wie gut oder schlecht auch immer die Bilanzen sein mögen, die in den diakonischen Einrichtungen erwirtschaftet werden, am Ende zählt nur eine Bilanz. Wenn der große »Ökonom«, wie Douglas Meeks in seinem Buch »God the Economist« Gott bezeichnet hat, unsere Aktiva und Passiva am Ende unseres Lebens zusammenrechnet, dann mag das Ergebnis nicht besonders gut aussehen. Alle Bilanzmanipulationen, zu denen wir in unserem irdischen Leben doch immer wieder mit erstaunlichen Energien fähig sind – die Alten haben das einmal »Sünde« genannt – all diese Manipulationen werden an ihr Ende kommen und die Wahrheit wird offenbar werden. Und gerade wer die Not jeden Tag sieht, wird sich fragen, ob er wirklich alles für die »geringsten seiner Brüder« getan hat. Für jeden, der sein Leben so nüchtern ansieht, muss es immer wieder von neuem als ein Wunder erscheinen, wenn er darauf vertrauen darf, dass am Ende trotzdem nicht der Bankrott steht, weil Gott der Ökonom so ganz anders rechnet als wir menschlichen Ökonomen. Dieser Ökonom übernimmt einfach selbst unsere Passiva und gibt sie uns als Aktiva zurück. Das, was Luther als den »fröhlichen Wechsel« bezeichnet hat, ist letztlich die Grundlage für alles, was die Diakonie tut. Ihre Schuldnerberatungsstellen, alle Hilfen für Menschen in Not, sind eben nicht nur ein strategisches Handlungsfeld als Konsequenz diakonischer Bedarfsanalysen, sondern sie sind authentischer Ausdruck der dankbaren Gewissheit, dass uns selbst die Schulden erlassen sind und wir frei werden.

Solchermaßen freie Christenmenschen, die sich aus der Dankbarkeit für das erfahrene Gute zusammentun, die aus dieser

Dankbarkeit heraus dem Nächsten dienen wollen, die Einrichtungen ins Leben rufen, um das möglichst *wirksam* zu tun und die durch öffentliche Anwaltschaft und durch unternehmerisches Geschick die Situation der Schwachen verbessern helfen, die Gemeinschaft all dieser Christenmenschen, *das ist die Diakonie.*

Impulse:

- Welche Aspekte müssen diakonische Träger beachten, um in Konkurrenzsituation mit anderen vor Ort zusammenarbeiten zu können?
- »Zweisprachigkeit« ist ein anspruchsvolles Konzept zur Kommunikation christlicher Überzeugungen in einer pluralistischen Gesellschaft. Identifizieren Sie Kernelemente des diakonischen Profils und suchen Sie möglichst äquivalente Termini in säkularer Sprache.
- Wie kann das Konzept einer öffentlichen Diakonie in einer zunehmend interkulturellen und interreligiösen Situation umgesetzt werden? Welche Voraussetzungen müssen seitens der Diakonie dabei beachtet werden?

Literatur: Zum Weiterlesen

Kehlbreier, Dietmar, Öffentliche Diakonie. Wandlungen im kirchlich-diakonischen Selbstverständnis in der Bundesrepublik der 1960er- und 1970er-Jahre (ÖfTh 23), Leipzig 2009.

Bedford-Strohm, Heinrich, Sozialethik als öffentliche Theologie. Wie wirksam redet die Evangelische Kirche über wirtschaftliche Gerechtigkeit?, in: Ders. u.a. (Hg.), Kontinuität und Umbruch im deutschen Wirtschafts- und Sozialmodell, Gütersloh 2007, 329–347.

4. Diakonie in gesellschaftlichen Prozessen

Wolfgang Maaser

4.1 Diakonie im Spagat

Gemeinnützige Wohlfahrtsverbände zwischen Solidarität und marktförmigen Modernisierungsstrategien[1]

Die folgende Analyse skizziert in einem ersten Schritt die spezifische Entwicklung der Wohlfahrtsverbände in Deutschland, vor deren Hintergrund die derzeitigen substantiellen Veränderungen herausgehoben werden. In weiteren Schritten (Abschnitte 2 und 3) werden die Deutungsmuster und Diskurse der aktuellen sozialpolitischen Modernisierungsstrategien aufgezeigt und es wird die Kritik am traditionellen Korporatismus rekonstruiert. In welcher Weise die Wohlfahrtsverbände bis heute einen unverzichtbaren Beitrag zur sozialen Gerechtigkeit in einer modernen, sich moralisch verstehenden, differenzierten Gesellschaft leisten, umreißt der dann folgende Abschnitt. Abschließend Abschitt 5) werden sowohl die organisatorischen, steuerungsorientierten wie auch semantischen, insbesondere das Selbstverständnis konfessioneller Träger betreffenden Herausforderungen in ihrem Spannungsgefüge dargestellt.

1 Der vorliegende Beitrag ist die überarbeitete Fassung eines Aufsatzes, in: Eurich/Maaser, Sozialökonomie, 19–39. Der dortige Titel lautet: Gemeinnützige Wohlfahrtsverbände zwischen normativem Selbstverständnis und operativen Zwängen.

4.1.1 Geschichte der Wohlfahrtsverbände

Die spezifische, heute in Deutschland implementierte Rolle von Wohlfahrtsverbänden verdankt ihre weit reichende Bedeutung für das deutsche Sozialsystem politischen Weichenstellungen im 20. Jahrhundert. Nur vor dem Hintergrund dieser spezifischen Entwicklung wird deutlich, wie durchgreifend die gegenwärtigen Herausforderungen sind. Während die christlichen Kirchen bereits im 19. Jahrhundert ihre religiösen Barmherzigkeitsinitiativen durch übergemeindliche Organisationsformen vernetzten, sind die übrigen Wohlfahrtsverbände (Arbeiterwohlfahrt, Paritätischer Wohlfahrtsverband, Zentralwohlfahrtsstelle der Juden, Deutsches Rotes Kreuz) zumeist kurz vor oder in der frühen Weimarer Republik entstanden.[2] Die dem politischen Katholizismus eigentümliche Idee der Subsidiarität entfaltete damals ihre sozialpolitische Steuerungsrelevanz über die Zentrumspartei. In geradezu rasantem Tempo wurden die neu gegründeten Organisationen als Spitzenverbände anerkannt; 1924 entstand die »Deutsche Liga der freien Wohlfahrtspflege« als Dachverband der Spitzenverbände. Eine entsprechende Anerkennung fanden diese bereits zwei Jahre später durch Aufnahme in die Reichsfürsorgegesetzgebung, die ihnen gewisse Rechte verlieh. Damit war das grundsätzliche Kooperationssystem zwischen öffentlichen und freien Trägern, die »duale« Struktur bzw. der Korporatismus, geschaffen, der eine gesetzliche Eigenständigkeitsgarantie bei gleichzeitiger Förderungsverpflichtung und Gesamtverantwortung der öffentlichen Träger vorsah.

Dieses Modell bestimmte auch die Zeit nach dem Zweiten Weltkrieg. Während die Verbände im Nationalsozialismus zerschlagen, gleichgeschaltet oder geduldet wurden, konnten sie nach dem Krieg an ihre Vorrangsstellung der Weimarer Zeit anknüpfen und sie weiter ausbauen. Es entstand ein Sektor unserer Gesellschaft, dessen beschäftigungs- und sozialpolitische Bedeutung zunehmende Aufmerksamkeit auf sich zog und der seit den 1920er Jahren ein substantieller Bestandteil des kontinental-europäischen Sozialstaatsmodells wurde.[3] Indirekt führte dieser gesellschaftliche Bereich

2 Sachße/Tennstedt, Armenfürsorge Bd. 2.

3 Vgl. Esping-Andersen, Tree Worlds.

auch deshalb ein gewisses Schattendasein, da er aus einem kaum zu überschauenden Netz von ineinander verschachtelten Vereinsstrukturen und -mitgliedschaften besteht. Bei den konfessionellen Verbänden sind vor allem ihre unterschiedlichen Steuerungsprozesse durch die Anbindung an die katholische Kirche bzw. die unterschiedlichen evangelischen Landeskirchen zu beachten. Hinzu kommen neben den klassischen Wohlfahrtsverbänden mittlerweile zunehmend weitere, eher kleinere Organisationen wie Selbsthilfegruppen u. ä., die ebenfalls zu diesem Bereich zählen.

Die John-Hopkins-Studie, eine vergleichende Länderstudie, zählt zum Dritten Sektor Organisationen, die unabhängig vom Staat und nicht gewinnorientiert arbeiten, sich eigenständig verwalten und keine Zwangsverbände darstellen. Die Untersuchung weist die enormen Beschäftigungspotenziale und Steigerungsraten ab 1960 nach. 1995 gab es in Deutschland ca. 1,4 Millionen Vollzeitäquivalente, fast 5 Prozent der Gesamtbeschäftigung[4] im Nonprofit-Sektor, eine im 22-Länder-Vergleich durchschnittliche Größe.[5] Ziehen wir neuere Angaben in Betracht, so arbeiteten im Jahr 2011 in Deutschland ca. 2,6 Millionen Menschen in diesem Segment.[6]

Die Expansion des Dritten Sektors lässt unterschiedliche Deutungen zu. Einerseits wird er als wegweisende Wachstumsbranche gesehen, andererseits als veraltetes, viel zu teures System der korporatistischen Refinanzierung. Die enorme Breite sozialer Dienstleistungen weist darauf hin, in welch vielfältiger Weise unsere komplexe Gesellschaft durch ihre individualisierungsgetönten Differenzierungsprozesse und ihre demografische Entwicklung auf solche Dienstleistungen angewiesen ist. Sie lässt sich jedoch ebenso als Zeichen für ein ausuferndes, von der Eigendynamik der Bedürfnisspiralen fundamental bedrohtes System der sozialen Sicherung betrachten. Dass die Debatten um den Dritten Sektor, und hier in

4 Zu den Angaben vgl. Priller/Zimmer/Anheier, Der Dritte Sektor.

5 Anders als die von Anheier/Salomon, Systematik eingeführte Definition von Nonprofit-Organisationen verfolgen Evers/Ewert, Organisationsformen ein Konzept von hybriden Organisationen, die den Übergängen und Mischformen von Nonprofit und Profit analytisch stärker gerecht wird. Infolgedessen werden dem Dritten Sektor deutlich mehr Organisationen und Angestellte subsumiert.

6 Belege bei Fritsch u. a., Zivilgesellschaft.

herausgehobener Weise um die Wohlfahrtsverbände, eine Debatte über die Transformation des Sozialstaats ist, liegt auf der Hand: Wohlfahrtsverbände produzieren keinen Luxus, sondern sozialpolitisch gewollte Wohlfahrt in ihren spezifischen, gemeinnützigen Rollen. Veränderungen im Verständnis und in der Steuerung des Sozialstaates mussten sich deshalb folgerichtig auch hier auswirken.

Eine gewisse Tiefenschärfe ergibt sich, wenn zunächst steuerungstheoretisch die Neuordnung des Verhältnisses von Sozialstaat und Verbänden in den Blick genommen wird. Wichtige sozialpolitische Entscheidungen haben in den 1990er Jahren einen Prozess eingeleitet, der die Vorrangstellung der Wohlfahrtsverbände – wie sie noch im § 10 BSHG vorgesehen ist – nach und nach aufweicht.[7] So wurden in einem ersten Schritt gewerbliche Leistungsanbieter mit freigemeinnützigen Trägern gleichgestellt, um mehr Trägerkonkurrenz herzustellen. Der Einbeziehung gewerblicher Anbieter im Pflegeversicherungsgesetz 1995 kam hier paradigmatische Bedeutung zu. Vor allem die Neufassung des § 93 BSHG und § 78a–g KJHG ging noch darüber hinaus: Nun wurden die das Verhältnis von öffentlichem Kostenträger und Leistungserbringern steuernden Instrumente der sogenannten Leistungsvereinbarungen bzw. Vereinbarungen über Leistungsangebote, Entgelte und Qualitätsentwicklung eingeführt. Hierdurch entstand ein neuer Typus von Finanzierung, die sogenannten leistungsbezogenen Entgelte, die auf Dauer das Selbstkostenerstattungsprinzip zurückdrängen und langfristig ablösen werden.

Galt die Bundesarbeitsgemeinschaft der Spitzenverbände der freien Wohlfahrtspflege längere Zeit als gewollte, sozialpolitische Interessen bündelnde Einflussgröße, erschien sie nun unter den veränderten Vorzeichen als »Wohlfahrtskartell«[8], das durch tiefgreifende Umstellungen aufgebrochen werden soll. Der Preiswettbewerb wurde in einem weiteren Schritt zum Qualitätswettbewerb erweitert. Hierdurch sollte vor allem die strukturell schwache Position des Leistungsempfängers gegenüber dem Leistungsanbieter gestärkt werden. Der Nutzer wurde nun als Kunde bzw. Konsument gesehen.

7 Hierzu Dahme/Wohlfahrt, Ordnungsstruktur.

8 Monopolkommission 1998, Marktöffnung, 450.

Der Kundenbegriff führt im Regelfall zu analytischen Irritationen. Denn an der dreiseitigen, üblichen Unterscheidung von Leistungserbringer, öffentlichem Kostenträger und Nutzer wird deutlich, dass eine zweiseitige, wie im strikten Kundenbegriff vorausgesetzte Beziehung von leistungserbringendem Anbieter und konsumierendem Nachfrager nur in den seltensten Fällen existiert. Fast immer spielt der öffentliche Kostenträger eine weitreichende Rolle – und zwar unabhängig davon, ob die Leistung von einem öffentlichen, freien oder privaten Leistungserbringer angeboten wird. Im Jahr 1996 waren 63 Prozent aller Gesamteinnahmen der freien Wohlfahrtspflege Leistungsentgelte, die zu über 90 Prozent aus beitragsfinanzierten Solidarkassen (Kranken- und Pflegeversicherungen) sowie steuerfinanzierter Sozialhilfe stammen.[9] Die dreipolige Struktur ist demnach für die Mehrheit der sozialen Dienstleistungen kennzeichnend. So mag ein auf Pflege angewiesener Nutzer (»Kunde«) durchaus rational zwischen einzelnen Leistungsanbietern (Leistungserbringern) auf dem Pflegemarkt entscheiden, allein die Kriterien des Kostenträgers zur Feststellung eines vorliegenden Bedarfs und damit der Zugang zu solidarisch finanzierten Mitteln konstituieren erst seine Nachfragefähigkeit. Hier berührt sich das Problem der Neuordnung des Verhältnisses von öffentlichen Kostenträgern und (privaten oder freien) Leistungserbringern mit fundamentalen Dimensionen des aktuellen Sozialstaatsdiskurses: Denn für den Nutzer in diesem Dreiecksverhältnis bleibt am Ende entscheidend, wie groß bzw. wie umfangreich der Leistungskern definiert wird, den er durch den öffentlichen Kostenträger als »Kunde« nachfragen kann.

Im Ergebnis stehen die Wohlfahrtsverbände heute in einer zunehmend wettbewerblichen Rahmenordnung. Wenn sie weiter existieren wollen, müssen sie sich auf die neuen Steuerungsinstrumente und ihre neue, ihnen zugewiesene Rolle einstellen, die tief in ihre gesamte Organisationsstruktur eingreifen und ihre traditionellen Selbstverständnisse im Kern berühren. Die Umstellung vom »Status« zum Kontrakt löst den klassischen Wohlfahrtsverband und sein Dienstverhältnis aus »seiner normativen Verankerung«[10].

9 Hierzu Ottnad/Wahl/Miegel, Markt, 33.
10 Heinze/Schmid/Strünck, Ökonomie, 260.

Die Doppelrolle als Betrieb (sozialer Dienstleister, Arbeitgeber) und politische Organisation (Lobbyist der Schwachen, Interessenvertreter, Kooperationspartner staatlicher Programme) tritt infolge der zunehmenden Ökonomisierung sozialer Arbeit spannungsreicher als zuvor zutage. Allerdings muss die heuristische Vorstellung eines neoliberalen Nachtwächterstaates um eines differenzierteren Bildes der Ökonomisierung sozialer Arbeit willen eher ferngehalten werden. Denn nur selten kann und wird bestritten, dass die Wohlfahrtsproduktion weiterhin in einer politisch regulierten, sie steuernden Rahmenordnung stattfindet, ein Sachverhalt, dem mit unterschiedlichen Akzentuierungen in fast allen Sozialwirtschaftstheorien[11] Rechnung getragen wird. Der Begriff der Ökonomisierung hebt vielmehr auf die Monetarisierung der Prozesse, die Festlegung von Output-Zielen, das Controlling, die Vergleichbarkeit von Produkten sowie die Vermarktlichung sozialer Dienste durch Gleichstellung privat-gewerblicher Anbieter ab. Als veränderte Rahmenbedingungen[12] sind zu nennen: fiskalische Engpässe, öffentliche Kritik an mangelnder Transparenz der Wohlfahrtsverbände, Einführung von Leistungsentgelten und Budgetierung, Gleichstellung der privat-gewerblichen Anbieter, EU-induzierter Verlust steuerlicher Privilegien und verschärfte Konkurrenz, Milieuerosion der Wohlfahrtstraditionen.

4.1.2 Die Semantik der Modernisierungsstrategien

Der steuerungsbezogenen Neuordnung des Sozialstaats korreliert gleichzeitig ein Neuverständnis des Sozialen, eine Neuinterpretation des sozialen Arrangements der Nachkriegszeit. Seit Anfang der 1990er Jahre gewann in diesem Zusammenhang der Kommunitarismus weitreichende Bedeutung. Er stand direkt oder indirekt bei der Idee der Entstaatlichung der Wohlfahrtsproduktion Pate. Hinter dieser neueren Richtung amerikanischen

11 Vgl. Zimmer/Paulsen/Hallmann, Sozialwirtschaft. Ebenso Grunwald, Art. Sozialwirtschaft.

12 Vgl. hierzu Heinze/Schmid/Strünck, Ökonomie, 255–257.

Denkens verbarg sich eine nur lockere Verbindung ganz unterschiedlicher amerikanischer Sozialphilosophien.[13] Kleinster gemeinsamer Nenner war zumeist eine moderate, demokratiemotivierte Staatskritik sowie die Kritik an der Idee eines atomistischen, quasi vorgesellschaftlich existierenden Individuums, wie es ultraliberale Wirtschaftskonzepte zur Norm erhoben. Beide Aspekte konvergierten aus unterschiedlichen Gründen in der Aufwertung der Gesellschaft. Wie in einem Vexierbild erschien sie einmal als brach liegendes Potenzial der Bürgerbeteiligung, ein andermal als Netz unterschiedlicher, das Individuum tragender sozialer Gemeinschaften und als Mittel gegen die egoistischen Auswüchse der Individualisierung. Demokratische Motive sowie die gemeinschaftsgetönten Sichtweisen koexistieren seit der frühen deutschen Rezeption bis heute. Die politischen Reformprozesse in Osteuropa füllten die Idee einer politisch steuernden Beteiligungskultur mit Leben und trugen gleichfalls zur Entstehung des zivilgesellschaftlichen Diskurses bei.[14] Nicht zuletzt ließen sich staatskritische Motive mit kommunitaristischen Motiven verbinden. Ebenso konnte man konservativistische Elemente stärker ausarbeiten und auf die Verpflichtung des Individuums gegenüber der Gesellschaft/Gemeinschaft abheben.

Die enorme Bandbreite und Elastizität des Kommunitarismus ließ zu Beginn vieles offen, zumal sich die steuerungsrelevanten Dimensionen in einem mehrdeutigen Minimalprogramm der Wohlfahrtsgesellschaft bündelten. Das sozialphilosophisch-normative Konzept der Wohlfahrtsgesellschaft konnte steuerungsorientiert als Programm des Wohlfahrtspluralismus[15] ausgearbeitet werden. Dabei ergaben sich scheinbar mühelos demokratieakzentuierte Anknüpfungspunkte an überkommene Subsidiaritätsvorstellungen. Dem Dritten Sektor, und hierin vor allem dem sogenannten informellen Sektor (Nachbarschaftshilfe, Familie usw.), wird darin neben Staat und Markt deutlicher als zuvor wohlfahrtsproduzierende Relevanz zugesprochen. In dieser Gemengelage von

13 Vgl. Reese-Schäfer, Grenzgötter.
14 Hierzu Kessl, Teilnahme, 130 f.
15 Vgl. Olk/Evers, Wohlfahrtspluralismus.

empirischem und normativ-programmatischem Formwandel der Solidarität zog auch das bürgerschaftliche Engagement in sozialpolitischer Hinsicht stärkere Aufmerksamkeit auf sich.[16]

Parallel hierzu erfuhr die Idee des *Homo oeconomicus* eine trivialisierend-pragmatisierende Aufwertung. Historisch in der Frühen Neuzeit entstanden, war sie zu Beginn gegen den Staat gerichtet und machte normativ und kontrafaktisch einen gesellschaftlichen, eben auch wirtschaftlichen Spielraum des Individuums geltend. Bis heute lebt der Legitimationshorizont dieser Vorstellungswelt wesentlich davon, dass die Verfolgung der jeweiligen Eigeninteressen nicht ins gesellschaftliche Chaos und in einen Krieg der Interessen führt, sondern dass die Partikularinteressen auf geradezu geheimnisvolle Weise durch den Markt wie von einer unsichtbaren Hand[17] koordiniert werden und sich in wirtschaftlicher Hinsicht zu einem die Allgemeinheit bereichernden Gemeinwohl zusammenfügen.

Betrachtet man die potenziellen Akteure des Marktes, so werden diese als rational handelnde Subjekte beschrieben, deren Absicht *allein* darauf ausgerichtet sei, durch ökonomisch bedingte Anreize ihre Eigeninteressen zu verfolgen. Der Mensch erscheint als ein rationaler Egoist, der seine partikularen Zielsetzungen managt. Genau diese Leitvorstellung erfährt derzeit eine geradezu ubiquitäre, von einer vielfältigen Souveränitätsmetaphorik begleitete Ausweitung. Sie zehrt kulturell davon, dass sie die Moralisierungen gesellschaftlicher Diskurse und die Atmosphären gewissensgepeinigter Milieus aufsprengt und das individualisierungsgeplagte Subjekt ermutigt, seine Eigeninteressen zu thematisieren.

Im Ergebnis ist die Vorstellung vom *Homo oeconomicus* eine enggeführte und unzureichende anthropologische Konzeption, die jedoch als Legitimationsvorstellung für die Sozialpolitik eine immer ausgreifendere Relevanz gewinnt.[18] Kritische Bedenken und Einwände liegen auf der Hand: Die Konzeption wird den Verwicklungen des Menschen in unterschiedlichste Präferenzen

16 Vgl. Heinze/Olk, Bürgerengagement.
17 Vgl. hierzu Smith, Wohlstand.
18 Zum Überblick vgl. Manzeschke, Eigeninteresse.

nicht gerecht. Menschen sind häufig zwischen Eigeninteressen und Verpflichtungen gegenüber anderen hin- und hergerissen; sie sind zumeist keine reinen Egoisten oder reine Altruisten. Deshalb ist keineswegs ausgemacht, in welche Richtung sie sich entscheiden. Wenn sie sich entscheiden, so folgen sie nicht einfach einem subjektiven Bedürfnis. Entscheidungen erfolgen vielmehr unter Rückgriff auf eine ihnen im Rücken liegende Präferenzordnung, mit deren Hilfe sie unterschiedliche Wertigkeiten beurteilen und ggf. Konflikte zwischen diesen austragen. Die Präferenzordnung fügt einzelne Entscheidungen in bestimmte Richtungsvorgaben und Schwerpunktbildungen ein und ermöglicht diese allererst: Welches sind meine langfristigen Ziele und Wünsche, was meine kurzfristigen? Wie gehe ich damit um, wenn beides miteinander in Konflikt gerät? Das jedem Suchtberater vor Augen stehende Hin- und Hergerissensein von Drogensüchtigen (unmittelbares Suchtbedürfnis nach Heroin im Konflikt mit dem Bedürfnis, ein normales Leben zu führen) ist mehrfach in philosophischer Hinsicht analysiert worden, um den Zusammenhang von subjektivem Bedürfnis und dessen Bewertung durch dasselbe Subjekt im Hinblick auf eine längerfristige Vorstellung von Präferenzordnung herauszuarbeiten.[19] Im Ergebnis stellt der unterstellte Präferenzmonismus der *Homo oeconomicus*-Konzeption deshalb eine stark verkürzte Vorstellung menschlicher Handlungsmotivationen dar. Weitere Zweifel ergeben sich aus der Frage, wie überhaupt für das einzelne Individuum sein Eigeninteresse identifizierbar sein soll, wo es doch bestimmte Bedürfnisse gerade aktuell und »authentisch« empfindet. Zumeist kombiniert die *Homo oeconomicus*-Konzeption eine ökonomische Nutzentheorie mit einer spezifischen Konzeption rationalen Verhaltens. Letztere wird zumeist als »Rational-Choice-Theorie« ausgearbeitet. Auch hier ist die Einsicht ernüchternd, dass die spiel- und entscheidungstheoretischen Gedankenexperimente, die auf der Basis des reinen Eigeninteresses durchgeführt werden, bereits im Rahmen ihrer immanenten Entscheidungslogik kein egoistisches, sondern ein kooperatives Verhalten nahelegen.[20]

19 Hierzu Frankfurt, Freedom; ebenso Taylor, Freiheit, 9–51.
20 Vgl. Hengsbach, Blick, 45–62.

Die Idee des *Homo oeconomicus* lässt sich m. E. nicht ernsthaft zu einer ausgereiften Konzeption im engeren Sinne ausweiten. Sie hat allenfalls den Status eines ersten methodischen Gedankenexperiments zur Annäherung an die Komplexität menschlicher Handlungsmotivationen. Verhielten sich Menschen wirklich entsprechend diesem Modell, so wären sie sogar in der Logik eines wohlverstandenen Eigeninteresses »rationale Trottel«[21], da sie sich selbst mittel- bis langfristig schaden: »Der rein ökonomische Mensch wäre tatsächlich so etwas wie ein sozialer Idiot.«[22]. Diese Einsichten ändern allerdings nichts daran, dass der *Homo oeconomicus* zu einem wegweisenden Kürzel für eine mit Souveränitätsmetaphern angereicherte Verheißung geworden ist, dem Versprechen nämlich, dass die Globalisierungs- und Modernisierungsprozesse ein Mehr an Autonomie erbringen werden.

In den diskursiven Gemengelagen kommunitaristischer Vieldeutigkeit und vulgärliberaler Simplifizierungen lassen sich häufiger auch ideologie- und staatskritische Motive der 1970er Jahre unter liberal-kritischer Perspektive unter verändertem Vorzeichen fortsetzen. Die alten, eher marxistisch motivierten, staatskritischen Einwände schmelzen auf eine steuerungstheoretische Kritik an der Leistungsfähigkeit des Sozialstaates, seiner Institutionen, respektive der Wohlfahrtsverbände zusammen. Die mehrfach in liberale Argumentationsmuster umformatierte Ideologiekritik kann so die traditionelle Kritik am eher konservativ-sozial interpretierten Subsidiaritätsprinzip aufnehmen, mit teilweise antiklerikalem Unterton fortsetzen und in der Vorstellung des emanzipierten Nutzers ihren neuen normativen Bezugspunkt finden. Der Einzelne und seine Potenziale der Selbststeuerung, seine Entscheidungsfreiheit in der Nachfrage wurden idealiter aufgewertet. Ein auf reines Eigeninteresse zusammengeschrumpftes Demokratie- und Beteiligungsmotiv lässt sich so perpetuieren. Die Frage, ob die sogenannte Emanzipation des Nutzers als qualitätsinformierter »Kunde« auf Kosten des traditionellen Korporatismus am Ende nicht einem Pyrrhussieg gleicht, wenn

21 Sen, Trottel, 93.
22 Ebd.

der Leistungskern auf das Niveau eines residualen Sozialstaates zusammenschmilzt, wird dabei meist ausgeklammert.

4.1.3 Die Kritik an den Wohlfahrtsverbänden

Aus der diskursiven Neukonfiguration folgen auch die normativen wie steuerungsrelevanten Einwände gegen den Korporatismus. Sie ergeben sich eher aus der Eigendynamik der semantischen Arrangements und ihrer Kontraste, seltener aus konkreten Nachweisen von definitiven Funktionsstörungen von Wohlfahrtsverbänden.

1. Dass die traditionellen Verbände mit dem Staat eine Art bilaterales Wohlfahrtskartell bilden, gehört zu den Standardeinwänden. Die monopolartige Dominanz und die rechtliche Privilegierung erschwerten neuen Anbietern das Auftreten auf den »Sozialmarkt«. Deshalb komme keine Konkurrenzdynamik zustande; letztlich legten die Anbieter die Preise selbst fest. Dies wiederum schade den Sozialkassen, führe zu Verschwendung usw. Demgegenüber sei die Liberalisierung im Sinne eines Quasi-Marktes notwendig, entsprechend müssten freie Zugangschancen für privatgewerbliche Anbieter geschaffen und damit ein Trägerpluralismus – wie bereits im Bereich der Pflege – gefördert werden.

   Dieser zentrale Einwand zehrt davon, dass er die Gemeinnützigkeit und die damit verbundene Privilegierung letztlich für einen Vorwand privater, partikularer Bereicherung und, bezogen auf die konfessionellen Wohlfahrtsverbände, untergründig für ein Ausbreitungsinstrument klerikalen Einflusses hält. Dass wohlfahrtsverbandlich organisierte Einrichtungen über spitzenverbandliche Organisationen andere Interessen als die eigenen sozialpolitisch vertreten bzw. vertreten können, scheint prinzipiell ausgeschlossen. Hingegen kann selbst bei gründlicher Entmythologisierung der Entstehungsgeschichten in der Weimarer Zeit[23] und ihrer Idealisierungen schwerlich ernsthaft in Abrede gestellt werden, dass die Verbände eine sozialpolitisch gewollte Interessenvertretung von Marginalisierten geleistet ha-

23 Hierzu Sachße/Tennstedt, Armenfürsorge Bd.2.

ben und leisten. Kritisch anzumerken wäre demnach weniger die Abschaffung von Strukturen wirksamer Interessenvertretung, sondern eher das Zurücktreten von Partizipationsstrukturen für den Nutzer innerhalb der Verbände; hier ließen sich sicherlich Potenziale weiterentwickeln. Wer ernsthaft für die Interessenvertretung gesellschaftlich Marginalisierter eintritt, kann diese Konzeption m. E. nicht idealistisch in die Idee eines qualitätsinformierten und ggf. sozialpolitisch durch Solidarkassen ermächtigten Kunden umformatieren. Das Demokratie- und Beteiligungsmotiv würde so auf ein reines Eigeninteresse eingeschrumpft. Im Reformprozess müssen daher sorgfältige, auf den potenziellen Nutzer und seine Interessen bezogene Abwägungsprozesse erfolgen.

2. Im traditionellen Wohlfahrtsverbandsmodell wurden unterschiedliche Logiken (betrieblich-ökonomische, sozialanwaltschaftliche, sozialpolitische, mitglieder- und einflussorientierte Logik)[24] in ein locker ausbalanciertes Verhältnis gebracht. Dies führte zur Intransparenz und zu unterschiedlichen Mutmaßungen über verdeckte steuerungsrelevante Dominanzen. In einem Quasi-Markt hingegen treten die Logiken durch die Neue Steuerung scharf gegeneinander: »Die Einträglichkeit mancher ›Sozialmärkte‹ desavouiert außerdem die Vorstellung, die Anbieter von sozialen Diensten könnten stets gleichzeitig die Anwälte ihrer potenziellen Nachfrager sein«[25], so als würde die zuvor verdeckte Dominanzvermutung (ökonomisches und ideologisches Eigeninteresse) nun realiter heraustreten und der geltend gemachte gemeinnützige Wohlfahrtsidealismus vollends entlarvt – und nicht erst durch die Ökonomisierung vollständig ausgetrieben.

In der Konsequenz sei die Anwaltsfunktion mit der Anbieterstellung letztlich unverträglich. Die Wohlfahrtsverbände sollten sich daher fragen, ob sie sich auf die marktfähigen sozialen Dienstleistungen (sogenannte Wettbewerbsstrategie) begrenzen, die nicht-marktfähigen mit einbeziehen (sogenannte Sozialwohlstrategie) oder sich ausschließlich auf letztere konzen-

24 Vgl. Merchel, Trägerstrukturen, 80 f.

25 Heinze/Schmid/Strünck, Ökonomie, 265.

trieren wollen.[26] Sogenannte marktfähige Dienstleistungen sind solche, die einen selbständigen und wohlinformierten Nachfrager und einen privaten oder andersartigen Anbieter voraussetzen können. Dies schließt keineswegs eine durch Sozialkassen konstituierte Nachfragefähigkeit des Einzelnen prinzipiell aus. Als nicht-marktfähige Dienstleistungen gelten Leistungen mit hohem Vorhalteaufwand und mit zur selbständigen Entscheidung zeitweise unfähigen Nachfragern (Drogensüchtige u. ä.)[27]. Hier ist auf jeden Fall an einen öffentlichen Kostenträger als Finanzierer zu denken.

Sieht man von der dreistelligen Relation Kostenträger–Leistungserbringer–Nutzer im Begriff der Marktfähigkeit ab, sind relativ viele soziale Dienstleistungen in diesem engen Sinne marktfähig. Wird der Kostenträger (Solidarkasse oder private Einkommen) miteinbezogen, entsteht ein deutlich tiefenschärferes Problemprofil: Es entstehen je nachdem nachfragefähige Teilkunden und Kunden sowie nachfrageunfähige Bedürftige. Darin zeigt sich, wie tiefgreifend diese Unterscheidung in das sozialanwaltschaftliche Selbstverständnis eines Wohlfahrtsverbandes hineinreicht.

3. Zielte der letzte Einwand darauf ab, die für die Steuerung bedeutsame kriteriologische Gemengelage als einen Scheinidealismus zu entlarven, so verspricht komplementär hierzu die scharfe Trennung der Steuerungslogiken eine Aufwertung des »wirklichen« Idealismus, der sich organisatorisch in der extensiven Rekrutierung von Ehrenamt (»Zeitspenden«) und Spenden zeigen kann und soll. Ehrenamtlichkeit macht traditionell einen gewichtigen Teil der legitimatorischen Basis der Verbände aus. Die Eintragung der zivilgesellschaftlichen Perspektive hat die Aufmerksamkeit für die veränderten Formen des bürgerschaftlichen Engagements (»Strukturwandel« des Ehrenamtes) verstärkt. Gleichzeitig gibt es die begründete Vermutung, dass vor allem durch die Entkonfessionalisierung und die veränderte Rolle der Frau das Reservoir ehrenamtlicher Arbeit abschmilzt. Zudem sind die empirischen Angaben der

26 Vgl. Ottnad/Wahl/Miegel, Markt, 181 ff.
27 Vgl. a. a. O., 23–29.

Verbände zum Ehrenamt eher schwankend, unsicher und wenig transparent.[28]

In seiner Zuspitzung verbindet sich letzterer Einwand mit den o. g. Aspekten: Die Monopolstellung habe zur Bürokratisierung und Professionalisierung geführt und damit das Ehrenamt vernachlässigt. Die Modernisierung der Wohlfahrtsverbände, ihre in der Rekrutierung von Ehrenamtlichkeit hervortretende Zuwendung zur Zivilgesellschaft und Abwendung von sozialstaatlich motivierter Erwartungshaltung kann nun als ihre Chance begriffen werden, zu den ureigenen altruistischen Ressourcen des Engagements zurückzufinden. Gelegentlich gipfelt die konstruierte Dichotomie von Staats- versus Gesellschaftsidealismus in dem Vorwurf, dass der tertiäre Sektor geradezu die gesellschaftliche Solidarität verhindere, damit den Teufelkreis in Gang halte, »durch Staatsfixierung gelebte gesellschaftliche Solidarität zu unterminieren«[29] und »in korporatistischer Partnerschaft mit einem reformresistenten autoritären Wohlfahrtsstaat assistenzbedürftige Menschen zu entmündigen«[30]. Im Gegensatz zu derartig grellen Kontrasten empfiehlt es sich, auf die differenzierende Typologie gesellschaftlicher Gruppen als Brücken bildendes und/oder bindendes Sozialkapital zurückzugreifen.[31]

Erweitert werden solche semantischen Muster um den Gegensatz zwischen wohlmeinendem »Sozialpatriarchalismus versus mündigem, selbstbestimmten Kunden bzw. Bürger« – eine Dichotomie, die in der professionellen Sozialen Arbeit allenfalls problemheuristische Bedeutung hat. Denn in den Übergangs- und Gemengelagen professionellen Helfens steht vor allem die Gestaltung von eher repressionsarmen Interaktionen im Mittelpunkt. Die hierfür geschulte kommunikative und reflexiv-normative Kompetenz besteht zum nicht geringen Teil darin, sich die gelegentlich *kontrafaktische* Annahme prinzipieller Subjekthaftigkeit gegenwärtig zu halten. In Kontexten

28 Hierzu Merchel, Trägerstrukturen, 137–139.
29 Graf, Ökonomie, 77.
30 A. a. O., 79.
31 Putnam/Goss, Einleitung, 25–43.

sozialer Arbeit ist eine nachhaltige Selbständigkeit häufiger aller erst zu entwickeln. Professionell Handelnde müssen in diesen Prozessen einen realitätsblinden Idealismus vermeiden lernen; denn realiter sind die Nutzer weder vulgärdeterministisch gedachte Opfer der Gesellschaft noch souveräne rational abwägende Kunden. Gleichzeitig sollte sich der professionell Helfende nicht über vorhandene, strukturelle, informationsvalente und gruppendynamische Asymmetrien in unverantwortlicher Weise selber täuschen und psychozentrischen Eroberungen des Subjekts Vorschub leistet.

4.1.4 Der Beitrag der Wohlfahrtsverbände zur sozialen Gerechtigkeit

Wohlfahrtsverbände leisten einen erheblichen Beitrag zur sozialen Gerechtigkeit der Gesellschaft. Ihre Leistung besteht in einem umfänglichen Ausmaß praktischer sozialer Arbeit wie auch in spezifischen Beiträgen zum gesellschaftlichen Verständnis von Gerechtigkeit. Nach eigenem Selbstverständnis tragen sie zur Integration, zum sozialen Frieden der Gesellschaft und zur Interessensvertretung Benachteiligter bei. Sie verstehen sich »als Gemeinwohl-Agenturen, die ihre der Gemeinschaft dienenden Überzeugungen und Werthaltungen gestaltend einbringen und in diesem Zusammenhang sowohl vorbeugend tätig sind und/oder auch die jeweils größte Not zum Ausgangspunkt ihrer Aktivitäten machen«[32].

Ihre Aktivitäten sind Teil eines makropolitischen, sozialstaatlichen Steuerungszusammenhangs und insofern nur bedingt selbständig. Die Rolle der Verbände im Sozialstaat ist immer auch ein »Unterthema zu dem größeren Thema: Vielfalt und Erscheinungsformen sozialer Sicherheit und Komplexität des jeweiligen nationalen Systems«[33]. Als wichtige Implementationsakteure von Sozialpolitik haben sie bis dato einen Einfluss als »Akteure im Ge-

32 Bundesarbeitsgemeinsschaft der freien Wohlfahrtspflege, Selbstverständnis, 237.

33 Zacher/Kessler, Verwaltung, 121.

setzgebungsverfahren und als Akteure bei der Konkretisierung und Durchführung gesetzlicher Maßnahmen«[34].

Die konkrete Gestalt sozialer Gerechtigkeit und ihr gesellschaftliches Verständnis sind aufs Ganze gesehen ein Ergebnis gesellschaftlicher Aushandlungsprozesse, auf die sich gleichzeitig kulturelle und institutionelle Hilfeerwartungen beziehen.[35] Auf diese Weise kondensiert sich das, was eine Gesellschaft gemeinsam in sozialer Hinsicht verantwortet und im Ergebnis als soziale Leistungen und die selbständige Lebensführung unterstützende Befähigungsprozesse zur Verfügung stellt. Dabei deckt sich die kulturelle Verständnisdimension wahrscheinlich nie vollständig mit der vorhandenen Organisationsgestalt und ihren Leistungen. Habitualisiertes Gerechtigkeitsempfinden, philosophische oder theologische Begründungen und Begriffe sowie Organisationsmodalitäten stehen zwar in Verbindung, sind in ihrem Verhältnis vermutlich aber nie spannungsfrei. Relativ hohe Konsistenz lässt sich allenfalls auf der Ebene semantisch orientierter Begründungstheorien und Begriffsentwicklungen herstellen. Auch hier gibt es teilweise ganz unterschiedliche Schlussfolgerungen aus relativ ähnlichen Begründungskernen.

Im gegenwärtigen Diskurs empfiehlt es sich, von einer normativen Kriterienfrage der Gerechtigkeit auszugehen: Wie viel an Verteilung und welcher Befähigungsprozesse bedarf es, damit ein Mensch in unserer konkreten Gesellschaft ein nachhaltig selbständiges Leben führen kann? Ein solches doppeltes Kriterium – es hält die enge Verbindung von John Rawls Gerechtigkeitstheorie und dem Fähigkeiten-Ansatzes von Amartya Sen[36] fest – lenkt die Aufmerksamkeit auf zwei maßgebliche Dimensionen der Gerechtigkeit: Ein Mensch bedarf einerseits einer gewissen Grundausstattung an Grundgütern und Grundfreiheiten, um sein Leben selbständig führen zu können; hierin kommen auch – aber nicht nur – die ökonomischen Aspekte zum Zuge. Andererseits müssen gleichzeitig auch Befähigungen entwickelt werden, um ein selbständiges, relativ autonomes Leben zu führen, Fähigkeiten, die im

34 Windhoff-Heritier, Interessenvermittlung, 158.

35 Vgl. hierzu Eurich/Maaser, Sozialökonomie, 100–121.

36 Vgl. Sen, Ökonomie.

weiteren und engeren Sinne Bildungs- sowie soziale Kompetenzen betreffen. Die Berücksichtigung der *Befähigung* ist deshalb *als Teil der Verteilungsdebatte* zu behandeln, da öffentlich geförderte Befähigungsprozesse wesentlichen Einfluss auf das Inklusionspotenzial und damit auf die Verteilung der Lebenslagen der Menschen haben; auf bloße formale Zugangschancen lässt sich dieser Entwicklungsaspekt nicht reduzieren.

Das Ausmaß von verteilten Gütern und bereit gestellten Befähigungsprozessen stellt ein anständiges Mindestmaß (decent minimum) dar, wenn sich auf dieser Basis im Zusammenspiel mit weiteren gesellschaftlich ermöglichten und gesteuerten Befähigungsprozessen realistischerweise Selbständigkeitskompetenzen entwickeln und Spielräume gestalten lassen.[37] Der angemessene Umfang lässt sich nicht aus einer auf Begründung und Begriffsklärung ausgerichteten Theorie deduzieren, sondern kann nur kontextuell in Bezug auf eine bestimmte Gesellschaft erhoben werden. Wir benötigen hierzu konkretere Informationen über die in unserer Gesellschaft vorhandenen Gefährdungen selbständigen Lebens.

Eine Gesellschaft, die von ihrem moralischen Selbstverständnis her sich den Schutz der menschlichen Würde zur Aufgabe setzt, muss etwas über die Gefährdungen bzw. den Verlust der Erfahrbarkeitsbedingungen der Würde ihrer Mitglieder erfahren wollen. Verbände erfüllen hier eine wichtige Funktion im gesellschaftlichen Definitionsprozess der Konkretisierung von Gerechtigkeit. Sie implementieren nicht nur, sondern bringen ihre Sachkompetenz ein – d. h. ihre professionellen und wissenschaftlich gestützten Einsichten über die Verteilungs- und Befähigungsbedingungen eines nachhaltig selbständigen Lebens in unserer Gesellschaft. Hier ist der gesamte Bereich der Sozialberichtserstattung zu berücksichtigen; weitreichende Informationen bieten auch die von der EU initiierten, nationalen Aktionspläne (NAPincl). Sie geben Auskunft über inklusionsorientierte Politikstrategien sowie empirische Daten zu den einschlägigen Exklusionsproblemen und versuchen mit einer entsprechenden Indikatorenbildung

37 Zum Konzept der Befähigungsgerechtigkeit vgl. Dabrock, Befähigungsgerechtigkeit.

die Beantwortung der Frage nach dem anständigen Mindestmaß (decent mimimum) zu operationalisieren.

Da in komplexen Gesellschaften soziales Elend und Benachteiligung nicht einfach wie nackte Fakten auf der Hand liegen, darf die Mitidentifikation und Mitkonfiguration sozialen Handlungs- und Hilfebedarfs in ihrer Bedeutung nicht unterschätzt werden. Denn Elendssituationen neuzeitlicher Gesellschaften können durch bürokratische Verwaltung, kulturelle Stigmatisierungs- und Verdrängungsprozesse unsichtbar bleiben und verschwinden. Individuell anschaulich gemachtes Elend und Skandalisierungsdiskurse können nur punktuell eine scheinbar unmittelbare Betroffenheit hervorrufen. Prinzipiell hingegen bleiben auch solche Prozesse den komplizierten Verwicklungen von politischer Öffentlichkeit und Mediengesellschaft unterworfen; das, was gesellschaftlich nicht kommuniziert wird, gibt es in gewisser Weise auch nicht.

Vor diesem Hintergrund wird die normative Relevanz und funktionale Notwendigkeit einer demokratiegrundierten Einbeziehung von – wie auch immer gearteten – identifizierenden und kommunizierenden Beteiligungsebenen in den sozialpolitischen Prozess besonders deutlich. Klassische Wohlfahrtsverbände leisten aufgrund ihrer unterschiedlichen Werte- und Hilfetraditionen sowie Milieuaffinitäten als dezentrale Identifikationssubjekte gerade hierbei einen wichtigen Beitrag. In zivilgesellschaftlicher Perspektive könnten sich die Verbände stärker als sogenannte Bewegungsorganisationen[38] verstehen, in denen demokratische Funktionen mit sozialanwaltlichen verbunden werden. Von ihren unterschiedlichen Entstehungszusammenhängen her waren ihre Hilfe- und Identifikationsprozesse teils von religiösen Barmherzigkeitstraditionen, teils politisch-humanistisch motiviert. Das jeweilige Selbst- und Identitätsverständnis einer Hilfekultur und -organisation kommt dabei keineswegs einer reinen moralischen, gewissermaßen frei schwebenden Absichtserklärung gleich. Zwar erscheint es aus der Beobachterperspektive als Element einer partikular motivierten Hilfemoral, aus der Teilnehmerperspektive hingegen weist es über die partikularen Tradition hinaus und gilt deshalb als verknüpfungsfähig mit allgemeinen, gesellschaftlich

38 Vgl. Gabriel, Herausforderung, 68–70.

konsensuellen Normen.[39] Anders formuliert: In der gelungenen Verknüpfung von partikularen Hilfetraditionen und Hilfepraktiken mit konsensuellen, universalen Normen erweisen sich die Wohlfahrtsverbände als Brücken bildendes Sozialkapital einer Gesellschaft. Durch ihre Hilfe- und Deutungskulturen interpretieren und konkretisieren sie den moralischen Selbstanspruch der Gesellschaft und konstruieren ihn mit. Dadurch definieren sie die gesellschaftlich konstruierte und konkretisierte Grenze zwischen Gerechtigkeit und Liebe mit, zwischen dem, was sich Menschen in einer konkreten Gesellschaft schulden und dem, was als Gabe wahrgenommen wird. Nur in semantischer Hinsicht lassen sich beide Dimensionen relativ trennscharf auseinanderhalten. Im Zusammenhang der konkreten Vermittlungen hingegen bestehen deutliche Wechselbeziehungen: »Die Gerechtigkeit von heute ist die Liebe von gestern, die Liebe von heute ist die Gerechtigkeit von morgen.«[40] Dabei ziehen vor allem diejenigen Menschen die Aufmerksamkeit und Wahrnehmung auf sich, deren empirische Bedingungen der Würdeerfahrung durch ihre benachteiligte gesellschaftliche Position prekär oder gefährdet sind. Daraus ergeben sich dann auch die *parteilichkeitsvalenten,* die universale Dimension jedoch nicht ausschließenden *Adressierungen* der Wohlfahrtsverbände und ihre soziale Arbeit als Beitrag zur sozialen Gerechtigkeit.

4.1.5 Herausforderungen

Es kann kein Zweifel daran bestehen, dass die Wohlfahrtsverbände heute substantiellen Herausforderungen ausgesetzt sind. In deren Vielzahl lassen sich zwei zentrale systematische Aspekte ausmachen: die Dimension der Organisationsentwicklung und des Selbstverständnisses. Beide sollen sowohl in ihrer relativen Eigenbedeutung wie auch in ihrem Aufeinanderbezogensein skizziert werden, da sich hier Steuerungsfragen mit eher hermeneutisch-semantischen Fragen überkreuzen. Im Folgenden kommen

39 Ausführlich siehe Maaser, Wohlfahrtsverbände.
40 Im Anschluss an P. Gillet vgl. Wolf, Dialektik, 136.

vor allem die konfessionellen Wohlfahrtsverbände (Diakonische Werk, Caritasverband) in den Blick, obwohl ein Teil der Überlegungen auf die nichtkonfessionellen übertragbar ist. Damit ist allerdings ein wesentlicher Teil mit etwa eine Million Arbeitsplätzen im Blick. Die konkreteren Analysen orientieren sich an den gegenwärtigen realen Transformationsprozessen, versuchen einige typische Richtungen und Trends zu bündeln, die sich im organisatorischen Dickicht der Wohlfahrtsverbände abzeichnen.

Die Organisationsentwicklung betrifft vor allem die organisatorischen Konsequenzen, die sich im Zuge der Neuen Steuerung ergeben. Sozialpolitisch veränderte Rahmenbedingungen erzwingen neue Formen der Organisation. Letzteres berührt auch die Erwartungen an die Profession Sozialer Arbeit. Hingegen betreffen die Fragen des Selbstverständnisses eher die sogenannte werteorientierte Milieuanbindung, bei konfessionellen Verbänden zudem die organisatorische Ankopplung an die verfasste Kirche, insbesondere die Frage der Sozialanwaltschaft für Benachteiligte. Beide Herausforderungen machen es für Wohlfahrtsverbände als *Organisationen* im Sinne einer reflexiven Selbststeuerung notwendig, ihre organisatorischen Veränderungen mit den semantisch-traditionellen Selbstbeschreibungen neu zu synchronisieren.

Die organisatorischen, auf die konfessionellen Verbände bezogenen Transformationsprozesse betreffen vor allem drei Ebenen: die Ebene der Trägereinrichtungen, d. h. der konkreten sozialen Dienstleister vor Ort, die Ebene des Spitzenverbandes als Interessenvertreter, fachlicher Berater usw. der Trägereinrichtungen und die Ebene der katholischen Kirche bzw. der evangelischen Landeskirchen als organisatorischem und ideellem Gesamtrahmen.

Die wichtigsten Veränderungen betreffen zunächst die Trägereinrichtungen. Die Neue Steuerung erfordert eine stärkere betriebswirtschaftlich gesteuerte, effizienz- und effektivitätsorientierte Organisationsstruktur, im Ergebnis ein *Unternehmen.* Hierbei bestärkt die organisationsintern auf Effizienz abzielende Bündelung von Aktivitäten und die zunehmende Trägerkonkurrenz den Trend, mit anderen Trägereinrichtungen des jeweiligen Verbandes zu fusionieren. Es kommt zu entsprechenden Schwerpunktsetzungen in attraktiven, marktfähigen Geschäftsfeldern und entsprechenden Einrichtungstypen. Unter dem Dach eines

Verbandes bilden sich expandierende Träger als Großeinrichtungen mit erheblichem Einfluss aus. Komplementär hierzu nimmt der Einfluss eher kleiner, im nichtmarktfähigen Segment arbeitender Träger ab. Ihre demokratischen Mitbestimmungsmöglichkeiten im Rahmen der Trägerpolitik werden durch diesen Prozess erschwert. Zudem machen die organisatorischen Differenzierungen und Schwerpunktsetzungen Kostenrechnungen erforderlich, die die traditionellen (intransparenten) Quersubventionierungen verhindern.

Aus der Sicht großer Trägereinrichtungen erscheint das Dach des jeweiligen Spitzenverbandes als zu klein; sie sehen ihre Interessen als Großunternehmen nicht angemessen vertreten und gründen entsprechend eigene, weitere Interessensvertretungen: im Bereich der Diakonie den Verband diakonischer Dienstgeber in Deutschland (VdDD) und im Bereich der Caritas die Arbeitsgemeinschaft caritativer Unternehmen (AcU), die durchaus in Spannung zu ihrem traditionellen Interessenvertreter, dem Spitzenverband, stehen können. Der steuerungslogische Primat der Wirtschaftlichkeit der unternehmerisch arbeitenden Organisationen induziert weiteren gravierenden Veränderungsbedarf, so die Notwendigkeit, Geschäftsentwicklungen nicht an den gewachsenen landeskirchlichen bzw. Diözesangrenzen zu orientieren. Gleichzeitig reklamieren die sozialen Unternehmen des Verbandes im Selbstverständnis weiterhin für sich die Zielsetzungen des traditionellen diakonischen Profils, vornehmlich eine bewusste Kirchlichkeit, das kirchliche Dienstverhältnis[41] und die Anwaltschaft für die Schwachen.

Aus der Sicht des Spitzenverbandes stellt sich die zunehmende unternehmerische Emanzipation einiger Träger anders dar, nämlich als Relativierung ihrer sozialpolitischen, monopolartigen Interessenvertretungsfunktion und als organisatorische Erosion der Sozialanwaltschaft. Denn die traditionellen, parteilichkeitsvalenten Adressierungen an Arme, Schwache usw. treten in der unternehmerischen Steuerungslogik naturgemäß zurück, so dass sich am Ende die advokatorische Funktion in den

41 Zum Überblick vgl. Joussen, Anforderungen. Ferner Evangelischer Pressedienst, Reform; ebenso Jähnichen u. a., Dritter Weg?

organisatorischen Sachzwängen verflüchtigen könnte. Auf lange Sicht könnte der Spitzenverband seine bisherigen Steuerungseinflüsse auf die Träger faktisch verlieren und funktionslos werden. Parallel zu dieser Entwicklung tun sich für ihn durch Qualitätssicherung und Zertifizierung andere Einflussmöglichkeiten auf: Solange Einrichtungen das kirchliche Markenzeichen tragen und auch unternehmerisch von dem den Kirchen entgegengebrachten Vertrauenskapital profitieren wollen, sind die Spitzenverbände die »Zertifizierungsagenturen«. Trotzdem tun die Verbände gut daran, sich stärker den Erwartungen eines Einrichtungslobbyings zu öffnen. Von der Ebene der verfassten Kirche aus ist die Perspektive auf die beiden anderen Ebenen nochmals verschieden: Nach kirchlichem Selbstverständnis und entsprechendem Leitbild vollzieht sich in den diakonischen Einrichtungen, aber keineswegs nur dort, eine Grundfunktion kirchlichen Seins.[42] Der relativ selbständige Spitzenverband hat aus dieser Sicht auch die Funktion, diese Grundfunktion auf der Linie der verfassten Kirche zu stützen und in traditioneller Perspektive die kirchennahen, von der Ortsgemeinde organisatorisch nicht leistbaren, aber letztlich in ihrem Sinne tätigen Einrichtungen zu begleiten, zu koordinieren und mitzugestalten. Die Kirchlichkeit stellt sich daher je nach Ebene recht unterschiedlich dar:

- auf der Ebene der sich modernisierenden Trägereinrichtungen als Motivationskapital der Mitarbeiter und Vertrauenskapital auf Seiten der Nachfrager. Der Dritte Weg im Dienstrecht verspricht zudem Spielräume in den Flexibilisierungsprozessen;
- auf der Ebene des Spitzenverbandes als kirchliches Tatzeugnis im Sinne einer gesellschaftlichen bzw. gesellschaftspolitischen Sozialanwaltschaft und als Beitrag zur sozialen Gerechtigkeit;
- auf der Ebene der verfassten Kirche als Grundfunktion des kirchlichen Lebens, als Ergänzung und indirekte Stärkung ortsgemeindlichen Lebens, als Zuwendung zu den Armen und damit als glaubwürdiges Nachfolgezeugnis, ferner als Mittel kirchlicher Präsenz und Einflussnahme in der Gesellschaft.

42 Zu zentralen, das Selbstverständnis betreffenden Dokumenten der kirchlichen Verbände aus den letzten 20 Jahren vgl. Schäfer, G./Maaser, Geschichte.

Je nach theologischem Ansatz werden unterschiedliche Topoi in normativer Hinsicht leitend:

a) Steht die trägereinrichtungsdefinierte Kirchlichkeit im Vordergrund, gewinnt der Religionsbegriff an Bedeutung: Individuen suchen angesichts zunehmender Individualisierung nach biografischer Sinnorientierung und nach Thematisierungsmöglichkeiten, vor allem in Lebensumbruchsphasen und vermutlich verstärkt im letzten Drittel des Lebens. Diakonische Einrichtungen bieten hierfür eine gewissermaßen undogmatische Kirchlichkeit an, bilden eine sensible, diese Sinnfragen aufnehmende Organisations- und Mitarbeiterkultur aus.[43] Insbesondere die evangelische Kirche zeigt sich auf diese Weise modernisierungsoffen und neuzeitversöhnt, leistet einen Beitrag zur modernen Kultur mit Hilfe ihrer eigenen religiösen Deutungspotenziale. Auf diesem Weg wird in milderer Form das Missionsmotiv wiederum dem Tatzeugnis angenähert. Die mit diesem Modernisierungsprozess induzierte organisatorische Dynamik verschiebt indessen die Adressierungen: Es werden mehr Menschen in pastoral-seelsorgerlicher Hinsicht erreicht, Benachteiligte im engeren Sinne hingegen und ein sozial-advokatorisches Tatzeugnis treten mehr in den Hintergrund. Eine Verschiebung von der sozialanwaltlichen zu pastoral-seelsorgerlichen Funktionen lässt sich m. E. auch in den Denkschriften[44] erkennen.
b) In einer spitzenverbandsdefinierten Kirchlichkeit würden vermutlich die sozialpolitische Funktion und die Sozialanwaltschaft mit Hilfe theologisch-biblischer Topoi herausgestellt. Während einige Jahrzehnte lang stärker die Eigenständigkeit und das Eigenrecht diakonischer Verbandswirklichkeit gegenüber der verfassten Kirche betont wurde, liegt es in der Modernisierungssituation nahe, traditionelle Semantiken (Nachfolgezeugnis, das prophetische Amt der Kirche usw.) und Gemeinsamkeiten stärker hervorzuheben. Ob dies nun eher als Barmherzigkeitsbeitrag oder stärker sozialpolitisch – etwa im Sinne einer Betonung sozialer Rechte[45] – akzentuiert wird,

43 Vgl. Hofmann/Schibilsky, Spiritualität.
44 Evangelische Kirche in Deutschland, Herz und Mund; Dies, Dienste.
45 Vgl. Evangelische Kirche in Deutschland, Herz und Mund, 14.

kann zunächst offen bleiben. Der Spitzenverband akzentuiert derzeit stärker und teilweise im Kontrast zu früher[46] deutlicher die sozialpolitische Funktion.[47]

c) Für die verfasste Kirche stellt sich angesichts der von ihr geschaffenen Verbändewirklichkeit die Frage, ob und in welcher Weise sie durch die verfasste Diakonie in der Gesellschaft präsent sein will.[48] Als ein Kompromiss zwischen den idealiter nachgezeichneten theologischen Linien und operativen Modernisierungszwängen und -anforderungen könnte das Programm »Wichern III«[49] gelten mit dem Versuch, die einzelnen legitimen, theologischen Motive idealiter zusammenzuhalten. Eine besondere Akzentuierung erfährt hierbei die Annäherung von Gemeinde und Verbands- und Einrichtungswirklichkeit der Diakonie[50] und somit ein Thema, das die Geschichte der Entstehung der modernen Diakonie von Anfang an begleitete. Hier ist es bisher allerdings offen, wie dies gleichzeitig zu einer realistischen, korrespondierenden, richtungsfesten Organisationsentwicklung und der Synchronisierung der drei Akteursebenen beitragen kann.

46 Kritisch hierzu auch Schreiner, Arbeitsrecht, 5 »Die kirchlichen Träger und Akteure sind dabei keineswegs immer nur Opfer objektiver Gesetzmäßigkeiten wie dem Lohnsenkungsdruck. Ein besonderes anrüchiges Beispiel aktiver Täterschaft‹ gab es bei der Festlegung des Pflegemindestlohns der damaligen Vertreter der Diakonie in der vom Bundesarbeitsministerium eingesetzten Bundespflegekommission. Diese sorgte im Frühjahr 2010 für Unverständnis und Empörung. Fast alle Kommissionsmitglieder wollten einen Mindestlohn von 9 Euro für West- und Ostdeutschland. Als einziger Wohlfahrtsverband verhinderte der Diakonievertreter Arm in Arm mit den privaten Trägern eine entsprechende Anhebung. Es kam zu einem unbefriedigenden Kompromiss von 8,50 € in West- bzw. 7,50 € in Ostdeutschland. Schockierend fanden viele nicht nur, dass der Diakonie-Vertreter zu dieser Zeit Vorstandsmitglied des Verbandes der diakonischen Dienstgeber in Deutschland war, sondern vor allem, dass danach keinerlei selbstkritische Diskussion in der Diakonie stattfand.«

47 Diakonie Deutschland – Evangelischer Bundesverband, Perspektiven

48 Zu unterschiedlichen organisatorischen Szenarien vgl. Maaser, Werteorientierung.

49 Vgl. auch Basse u. a., Themenheft.

50 Vgl. Schäfer, G. u. a., Nah dran.

Impulse:

- Es gibt immer wieder Argumente, die eine stärkere Verselbständigung der Diakonie und ihrer Einrichtungen gegenüber der verfassten Kirche nahelegen. Benennen Sie solche Argumente und überlegen Sie, welche gesellschaftlichen, ökonomischen und theologischen Gründe dafür oder dagegen sprechen.
- Welche offenen Kontroversen oder verdeckte Konflikte zwischen dem Diakonischen Spitzenverband und einzelnen Einrichtungen sind gegenwärtig oder zukünftig zu erwarten?

Literatur: Zum Weiterlesen:

MAASER, WOLFGANG, Wohlfahrtsverbände und gesellschaftliche Solidarität – Problemdiagnosen zum Verhältnis von partikularen Hilfekulturen und Gerechtigkeitsansprüchen, in: Joachim Hruschka/Jan C. Joerden (Hg.), Grund und Grenzen der Solidarität in Recht und Ethik. Jahrbuch für Recht und Ethik 22, 2014, 349–363.

OTTNAD, ADRIAN/WAHL, STEFANIE/MIEGEL, MEINHARD, Zwischen Markt und Mildtätigkeit. Die Bedeutung der freien Wohlfahrtspflege für Gesellschaft, Wirtschaft und Beschäftigung, München 2000.

Johannes Eurich

4.2 Unternehmerische Diakonie

4.2.1 Vom Korporatismus zum Marktmodell

Seit der Nachkriegszeit und bis in die 1990er Jahre war die Sozialpolitik in Deutschland geprägt vom Wohlfahrtskorporatismus, nach dem der Staat die Verpflichtung hat, seinen Bürgerinnen und Bürgern den Zugang zu sozialrechtlich definierten sozialen oder gesundheitlichen (Hilfs-)Leistungen zu garantieren. In Deutschland hat sich aus historischen Gründen ein Sozialstaatsmodell herausgebildet, in welchem der Staat diese Leistungen nicht alle selbst erbringt, sondern mit weiteren Leistungserbringern aus dem freigemeinnützigen oder privaten Bereich, die ihre Leistungen den Bürgerinnen und Bürgern in der Regel auf der Basis privatrechtlicher Verträge zur Verfügung stellen, öffentlich-rechtliche Versorgungsverträge abschließt. So wurde bereits in der Weimarer Republik auf Grundlage des Subsidiaritätsprinzips eine duale Struktur in der sozialen Sicherung eingeführt, die anderen Akteuren wie Verbänden der freien Wohlfahrt neben der öffentlichen Wohlfahrtspflege Raum gaben, und damit eine Dreiecksbeziehung zwischen Staat-Wohlfahrtsverbänden-Bürger etabliert. Dieses Modell der Partnerschaft des Staates und der freien Wohlfahrtspflege wurde von der Bundesrepublik übernommen und führte zur Festigung der freien Wohlfahrtspflege, zu der im Jahre 2012 sechs Spitzenverbände mit insgesamt knapp 1,7 Mio. Beschäftigten zählten, nämlich neben den Verbänden von Religionsgemeinschaften wie dem Deutschen Caritasverband, der Diakonie Deutschland oder der Zentralwohlfahrtsstelle der Juden auch die Arbeiterwohlfahrt, das Deutsche Rote Kreuz und der Paritätische Wohlfahrtsverband.[1] Diese Zahlen machen deutlich, dass Wohlfahrtsverbände wichtige

1 Vgl. Bundesarbeitsgemeinschaft der Freien Wohlfahrtspflege, Gesamtstatistik.

beschäftigungspolitische Akteure nicht nur im Bereich des stetig wachsenden sozialen Dienstleistungssektors sind, sondern auch was den Arbeitsmarkt insgesamt in Deutschland betrifft. 2014 waren ca. 465.000 Menschen bei der Diakonie und ca. 590.000 beim Caritas Verband beschäftigt, während in der deutschen Automobilindustrie etwa 775.000 Menschen arbeiteten. Dies macht die Wohlfahrtsverbände zu selbstbewussten Akteuren auf dem Arbeitsmarkt, die sich selbst auch als Motor der Sozialwirtschaft sehen. Doch das Konzernimage, das sich aus dieser Größe und Rolle ergibt, ist »durch die Binnenstruktur der Wohlfahrtsverbände in keiner Weise gedeckt«[2]. So gehören zur Diakonie Deutschland 19 Landesverbände (die Diakonischen Werke der Landeskirchen der EKD), 70 Fachverbände, Bezirks-, Kreis und Ortstellen in jeder größeren Stadt sowie über 30.000 Einrichtungen wie Pflegeheime, Krankenhäuser und Beratungsstellen (ähnlich sind Struktur und Zahlen beim Deutschen Caritas Verband).[3]

Ein wichtiger Einschnitt in das sozialstaatliche Arrangement markierte die Abkehr vom Selbstkostendeckungsprinzip im Rahmen des Gesundheitsstrukturgesetzes sowie die Einführung der Pflegeversicherung 1995. Das bis dato wirksame Selbstkostendeckungsprinzip sah vor, dass die Selbstkosten der Krankenhäuser durch die Krankenkassen (Pflegesätze) und ihre Investitionen durch die öffentliche Hand vollständig gedeckt werden mussten. Weil es aber nicht möglich war, die Kosten mit diesem Prinzip zu begrenzen, wurde die Einführung von unternehmerischen und marktwirtschaftlichen Elementen im Bereich der sozialen Dienstleistungen beschlossen. Dazu gehörten vertraglich festgelegte Leistungsvereinbarungen anstelle des Selbstkostendeckungsprinzips, unternehmerische Steuerungselemente, Budgetierung und Controlling sowie Qualitätssicherungsverfahren.

Die Frage der Finanzierbarkeit sozialstaatlicher Leistungen war eingebettet in einen politischen Prozess zur Neubestimmung des Verhältnisses zwischen Staat und Gesellschaft. Programmatisch grundgelegt wurde sie durch das Schröder-Blair-Papier[4] aus

2 Cremer, Wohlfahrtsverbände, 30.

3 Vgl. www.diakonie.de/zahlen-und-fakten-9056.html.

4 Schröder/Blair, Sozialdemokraten.

dem Jahr 1999. Es formuliert das Leitbild eines aktivierenden Sozialstaats, das in der Konsequenz neue Formen der Finanzierung und der Strukturen der Dienstleistungserbringung befördert hat. Es begrüßte den Wettbewerb unter den Dienstleistungserbringern, was eine Erosion der Vormachtstellung der frei-gemeinnützigen Wohlfahrtspflege gegenüber privat-gewerblichen Anbietern ebenso bedeutete wie eine faktische Streichung des Subsidiaritätsprinzips. Insgesamt führte das zu einer weitreichenden Neuordnung von öffentlichen Kostenträgern und Dienstleistungserbringern.

Damit wird deutlich, dass die Transformation des Wohlfahrtsstaates nicht allein als Folge etwa der Globalisierung zu sehen ist, sondern auch als Folge politischer Entscheidungen begriffen werden muss, die auf der Basis neo-liberaler Ansätze[5] zu einer Modernisierung des Sozialstaats führen sollten.[6] In dem neuen Sozialstaats-Konzept ist der Markt nicht mehr das Gegenüber des Staates, sondern zu seinem Prinzip und Vorbild geworden. Damit übt der Markt eine formalisierende Kraft sowohl auf den Staat wie auch auf die Gesellschaft aus. Die mit den neo-liberalen Ansätzen einhergehende Ökonomisierung des Sozialbereichs ist somit nicht als entfesselter, schrankenloser Kapitalismus zu begreifen, der staatlichen Einfluss zurückdrängt, sondern als politische Strategie, in deren strategischem Programm der vermeintliche Rückzug des Staates als Neubestimmung des Verhältnisses zwischen Politik und Ökonomie sichtbar wird und in der die Transformation gesellschaftlicher Kräfteverhältnisse beiden dient. Der Umbau des Wohlfahrtsstaates ist »als Umorganisation der Regierungstechniken – nicht als Zurückdrängung staatlichen Einflusses durch den ›Terror der Ökonomie‹ […] – zu verstehen.«[7] Entsprechend wird die Rolle des Sozialstaats nicht mehr in der Adressierung und Steuerung gesellschaftlicher Problemlagen gesehen, sondern in

5 Mit dem Begriff »neoliberal« wird auf solche Ansätze Bezug genommen, die sozialstaatliche Interventionen lediglich als Basisversorgung zur Deckung elementarer Bedürfnisse vorsehen und daher die Umverteilung gesellschaftlichen Reichtums im Rahmen eines Wohlfahrtsstaates beschränken möchten. Vgl. hierzu Rose, Neubestimmung.

6 Vgl. Butterwegge/Lösch/Ptack, Neoliberalismus; Hengsbach, Blick.

7 Schäper, Ökonomisierung, 73.

der Moderation des Wettbewerbs zwischen den am Marktgeschehen beteiligten Anbietern sozialer Dienstleistungen.

In dem Konzept des aktivierenden Sozialstaats kommt der Zivilgesellschaft eine prominente Rolle zu; sie erhält als Ressource der Wohlfahrtsproduktion eine besondere Bedeutung. Denn die Potenziale von familiärer und nachbarschaftlicher Unterstützung und des freiwilligen Engagements galten zuvor als nicht ausgeschöpft.[8] Dazu kommen verstärkte Aktivitäten der Zivilgesellschaft, die sich als Teil der politischen Gesellschaft versteht und sich aktiv für die Gestaltung von demokratischen und partizipatorischen Prozessen in dem Feld Staat-Markt-Gesellschaft einsetzt.[9] Auch neue Formen der Finanzierung sozialer Dienstleistungen durch Fundraising oder Stiftungen helfen, deren staatlich-fiskalische Grenzen zu erweitern.

Neben dem bewussten Umbau des Sozialstaats wird seine Transformation auch durch große Entwicklungslinien vorangetrieben wie demografischer Wandel, Veränderung der Lebensformen, Änderungen im Verständnis von Autonomie und Selbstbestimmung. All dies führt zu einer Gemengelage, die tiefgreifende Herausforderungen für die Wohlfahrtsverbände bedeutet und eine insgesamt stärkere Einbindung der Zivilgesellschaft notwendig macht, um die wohlfahrtstaatlichen Leistungen in Zukunft auf einem Niveau zu halten, das dem steigenden Bedarf gerecht wird.

4.2.2 Die Situation der Wohlfahrtsverbände

Die geänderte Ausrichtung des staatlichen Handelns bewirkt, dass der Staat vor allem eine aktivierende Politik unterstützender Maßnahmen praktiziert, die auf der Ebene der Leistungserbringung auf eine effiziente Ressourcenverwendung und die Förderung von Wettbewerb zur Erhöhung von Leistung und Qualität abzielt. Damit ändern sich die Rahmenbedingungen der Dienstleistungserbringung: Sie bestehen nun aus einem Mix aus staatlicher Unterstützung, Unternehmertum und bürgerlichem Engagement.

8 Vgl. Olk/Klein/Hartnuß, Engagementpolitik.

9 Vgl. Adloff, Zivilgesellschaft.

Dies hat Auswirkungen auf die Rolle der Wohlfahrtsverbände. Ihnen kommen grundsätzlich zwei Aufgaben zu, die wahrzunehmen einen zunehmenden Spagat bedeutet. Zum einen haben die Wohlfahrtsverbände eine anwaltschaftliche Funktion: sich für Menschen und Gruppen einzusetzen, die besondere Unterstützung benötigen, am Rande der Gesellschaft stehen oder nicht für sich selbst eintreten können. Zum anderen sind die Wohlfahrtsverbände jedoch auch Interessenvertreter ihrer Mitglieder, zu denen Organisationen auf Landes- und Ortsebene gehören, Dienstleistungserbringer, Stiftungen, Zusammenschlüsse von Ehrenamtlichen sowie persönliche Mitglieder, wobei die Vertretung der unternehmerischen Interessen ihrer Dienstleistungserbringer einen wichtigen Aspekt darstellt.

Angesichts der Tatsache, dass in Deutschland 2013 20,3 % der Bevölkerung, also 16,2 Mio. Menschen, arm oder armutsgefährdet waren[10] (nach Kriterien der EU gelten diejenigen Menschen als arm oder armutsgefährdet, die mit weniger als 60 % des Durchschnittseinkommens der Bevölkerung auskommen müssen) und die öffentlichen Mittel zur Bekämpfung von sozialen Notlagen ebenfalls unter Spardruck geraten sind, kann es nicht die alleinige Aufgabe von Wohlfahrtsorganisationen wie der Diakonie sein, sich auf die Organisation und Durchführung von sozialstaatlichen Leistungen zu beschränken. Vielmehr muss die Diakonie den Menschen, die am Rand der Gesellschaft leben, vermehrte Aufmerksamkeit schenken, d.h. ihre sozialanwaltschaftliche Funktion wahrnehmen. Denn diese ist eine der zentralen theologischen Begründungsfiguren diakonischen Handelns überhaupt, die jedoch unter wettbewerblichen Bedingungen kritisiert worden ist. Zunächst werden einige Aspekte zur Begründung der sozialanwaltschaftlichen Funktion genannt, bevor deren Konfliktpotenzial betrachtet wird.

Bereits im Alten Testament (Ex 20) werden randständige oder sich in einer vulnerablen Situation befindende Menschen unter besonderen Schutz gestellt, um sie der Willkür einzelner Personen

10 https://www.destis.de/DE/ZahlenFakten/GesellschaftStaat/EinkommenKonsumLebensbedingungen/LebensbedingungenArmutsgefaehrdung/Aktuell_Hauptindikatoren_SILC.html; jsessionid=F217662FEBB0A8EEA83E61DCFFF5DDD9.cae4.

oder Gruppen zu entziehen. Ihnen wird nicht nur Schutz und Zuwendung zugesprochen, sondern sogar der Anspruch darauf, um sie nicht im Bereich der gnädigen Zuwendung vom Wohlwollen oder der schwankenden Hilfsbereitschaft anderer abhängig zu machen. Diese als Gemeinschaftstreue verstandene Gerechtigkeit hat nicht nur den Dienst an der Gemeinschaft im Blick, sondern »ebenso die Respektierung des Rechts des Einzelnen und seiner Ansprüche an die Gemeinschaft«[11]. So lässt sich sagen, dass alttestamentliches Gerechtigkeitsdenken in gelingender Wechselseitigkeit menschlicher Beziehungen besteht, die eben den besonderen Schutz von schwachen und ausgestoßenen Mitgliedern der Gesellschaft einschließt. Die anwaltschaftlichen Funktionen des Beistehens, Verteidigens, Fürsprechens und Vertretens, die Gott bezüglich seines Einsatzes für die Armen und Benachteiligten zugesprochen werden[12], bilden die theologische Grundlage des Prinzips der Sozialanwaltschaft.

Im Neuen Testament setzt sich der advokatorische Gedanke fort. Das Gebot der Nächstenliebe empfiehlt die Wahrnehmung sozialer Verhältnisse unter der Prämisse der Liebe und etabliert auf diese Weise Sozialanwaltschaft, die immer wieder die konkreten Bedürfnisse des Nächsten in den Blick nimmt und dazu beiträgt, »ein Sensorium für die Benachteiligten der Rechtssysteme zu entwickeln bzw. immer neu einzusetzen«[13]. Und in Joh 14–16 wird die Verheißung des Geistes in den Kontext der Zeugenschaft vor Gericht gestellt, um Unrecht und schuldiges Verhalten aufzudecken. Zusammenfassend lässt sich also für die Sozialanwaltschaft als Prinzip diakonischen Handelns Folgendes formulieren:

(1) Nach biblischem Zeugnis hat Sozialanwaltschaft ihren Ort an der Schnittstelle zwischen persönlicher Glaubenspraxis und Öffentlichkeit. D. h. von der Diakonie ist auch heute ein öffentliches Eintreten zugunsten von Menschen in Notlagen gefordert und dies umso mehr, als die Kontexte von Benachteiligungen komplexer werden.

11 Thiel, Gerechtigkeit, 20.
12 Huber, Gerechtigkeit, 164.
13 Schmidt, Gerechtigkeit, 34.

(2) Anwaltschaftlichkeit ist ein Prinzip mit kritischer Kraft. Sie ist nicht gleichzusetzen mit diakonischem Handeln, sondern hinterfragt als theologisches Korrektiv auch das diakonische Handeln selbst. Anwaltschaftlichkeit bedeutet, dass das diakonische Handeln in seiner Dringlichkeit, Notwendigkeit und Angemessenheit kontinuierlich zu prüfen und an den Interessen der anwaltschaftlich vertretenen Menschen auszurichten ist.
(3) Da diakonisches Handeln zum Vollzug des Glaubens der Kirche gehört, hat die Sozialanwaltschaft eine zweifache Funktion: »Nach der einen Seite hin besteht ihre Aufgabe darin, konkrete Personen so zu unterstützen, dass sie trotz Unterlegenheit an Macht zu ihrem Recht kommen. Nach der anderen Seite hin zielt sie darauf, die sozialen Umwelten in Gestalt von Recht, Sicherheit, Politik, Organisation des Gesundheitswesens und [der] Wirtschaft so zu beeinflussen, dass sie auf Bedürfnisse und Möglichkeiten der Menschen in ihren verschiedenen Lebenslagen und Schicksalen besser Rücksicht nehmen.«[14]
(4) Die Grenze der Anwaltschaft ist das Subjektsein der Armen, das nicht durch den anwaltschaftlichen Anspruch ersetzt werden darf. Vielmehr ist die Selbstbestimmung und Teilhabe von Menschen in benachteiligten Lebenslagen zu fördern, etwa durch Prozesse der Ermächtigung bzw. des Empowerments. Dies kann nur durch die Einbeziehung der Betroffenen in den anwaltschaftlichen Prozess erfolgen, so dass diakonisches Handeln zu einer Praxis wird, »die die Armen Subjekte ihrer eigenen Heilung sein lässt, und sich in ihren Dienst stellt«[15].

Die sozialanwaltschaftliche Funktion der Wohlfahrtverbände bezüglich der sozial Benachteiligten steht allerdings in einer gewissen Spannung zu ihrer Funktion als Interessenvertreter der Dienstleistungsproduzenten. Denn das, wofür die Verbände sich zugunsten ihrer Klienten einsetzen (müssen), ist von den Dienstleistungserbringern unter Umständen nicht finanzierbar. »Dies führt dazu, dass die Organisationen einen permanenten internen Interessensausgleich zwischen den Interessen der Mitglieder bzw. Klient/

14 Bopp u. a., Positionspapier, 195 f.
15 Möhring-Hesse, Inklusion, 7.

innen auf der einen Seite und den Einrichtungen auf der operativen Ebene bewerkstelligen müssen.«[16] Aber auch die Glaubwürdigkeit der Wohlfahrtsverbände kann in Gefahr geraten, wenn sie z. B. die Beschäftigung von osteuropäischen Frauen in der häuslichen Pflege mit dem Argument des Lohndumpings kritisieren, aber gleichzeitig als Vermittler solcher Haushaltshilfen fungieren.[17] Grundsätzliches Konfliktpotenzial liegt auch in den verschiedenen verbandlichen Ebenen, die unterschiedliche Aufgaben haben. Während die Dachverbände auf bundespolitischer Ebene als Akteure in der sozialpolitischen Meinungsbildung auftreten, sind die operativen Einheiten gezwungen, sich an den Handlungsrationalitäten des Marktes zu orientieren, was dazu führen kann, dass Empfehlungen der Verbandsebene aus betriebswirtschaftlichen Gründen abgelehnt werden. Dies macht einen weiteren dilemmatischen Punkt deutlich, der die Steuerung der Verbände betrifft. Die verschiedenen, vielfältige und ganz unterschiedliche Aufgaben erfüllenden Verbände mit ihren Organisationen und Einrichtungen lassen sich, obwohl sie als »vielfältig gegliederte Einheit empfunden«[18] werden, nicht zentral wie Unternehmen steuern, weil die Träger rechtlich selbständig sind. Führungshandeln in Wohlfahrtsorganisationen kann daher vor allem nur »Kontextsteuerung« sein, die »über die Moderation verbandlicher Willensbildungsprozesse, über Projekte, Empfehlungen oder Richtlinien für die verbandliche Praxis« wirkt.[19] Doch damit bleibt die Spannung zwischen dem Konzernimage, das nicht zuletzt auch mit dem Anspruch zusammenhängt, der an konfessionell fundierte Wohlfahrtseinrichtungen geknüpft wird, und den unternehmerischen Leistungen der dezentralen Träger erhalten. Denn obwohl konfessionelle Träger gerade nach der Einführung des Konkurrenzaspekts eben auch unternehmerisch agieren müssen, wird gerade von ihnen erwartet, dass sie ihre Aufgabe doch nicht vor allem mit Blick auf das Geld wahrnehmen.[20]

16 Heinze/Schneiders, Wohlfahrtskorporatismus, 8.
17 Vgl. Schneiders, Internationalisierung.
18 Cremer, Wohlfahrtsverbände, 31.
19 Ebd.
20 Vgl. A. a. O., 30 f.

4.2.3 Diakonische Organisationen als Unternehmen

Dass diakonische Organisationen heute als sozialwirtschaftliche Unternehmen tätig sind, hat damit zu tun, dass sie in Feldern des Sozial- und Gesundheitswesens tätig sind, die häufig als (Quasi-) Sozialmärkte organisiert sind. Was bedeutet es, in diesen Feldern als sozialwirtschaftliches Unternehmen aufzutreten? Zu beachten ist, dass es erhebliche Unterschiede zwischen Organisationen der Sozialwirtschaft und solchen der Erwerbswirtschaft gibt. »Während letztere ihre Güter im Wesentlichen zum Zwecke der Überschusserzielung produzieren und ihre Produktpalette immer dahin variieren, wenn sich durch die ›schöpferische Zerstörung‹ des Alten und die Innovation von Neuem die Gewinnaussichten erhöhen, geht es in der Sozialwirtschaft um die Produktion ihrer Güter als solcher: die Sicherung und Steigerung sozialer Wohlfahrt ist gewissermaßen Selbstzweck.«[21] Für diakonische Unternehmen bedeutet das, dass die christlichen Motive und Begründungsfiguren für das Hilfehandeln mit den strategischen Zielen der Organisation – und dies eben auch unter wettbewerblichen Rahmenbedingungen – zusammenzubringen sind. Weiterhin fallen diakonische Organisationen wie andere gemeinnützige Institutionen des sozialen Sektors unter das im Grundgesetz verankerte Sozialstaatsgebot. In einem Bundesverfassungsgerichtsurteil von 1985 wurde die in Art. 20, Abs. 2 GG formulierte Staatszielbestimmung der Bundesrepublik Deutschland als ein »demokratischer und sozialer Bundesstaat« präzisiert, als Sicherung und Förderung der Existenzgrundlagen der Bürger, als Ausgleich sozialer Grundsätze und als gerechte Sozialordnung.[22] Daraus folgt, dass die in dieser Rechtssetzung formulierten Zielvorgaben von diakonischen Organisationen nicht preisgegeben und durch rein wettbewerbsorientierte Zielvorgaben ersetzt werden dürfen.

Damit kommt die spezifische Funktion diakonischer Sozialdienstleister in den Blick. Auf der betrieblichen Meso-Ebene leisten sie – anders als es auf der gesellschaftlichen Makro-Ebene der Fall ist, bei der es um die politische Ausgestaltung einer sozial gerechten

21 Lob-Hüdepohl, Vermarktlichung, 111.

22 Vgl. Schulte, Sicherheit, 16.

Gesellschaft geht, und anders als auf der Mikro-Ebene, wo es um das einzelne Hilfehandeln geht – einen bedeutenden Beitrag zur Adressierung und Behebung sozialer und gesundheitlicher Notlagen in der Gesellschaft. In der Konkurrenz mit anderen Akteuren und Dienstleistern auf dem Sozialmarkt haben ökonomische Parameter wie Effizienz und Effektivität, Kundenzufriedenheit und Qualitätssicherung einen sehr hohen Stellenwert bei diakonischen Unternehmen erhalten. Und da die Einnahmen in budgetierten Arbeitsbereichen und aufgrund von öffentlich geregelten Vereinbarungen nicht beliebig zu steigern sind, lassen sich zunehmend Fusions- und Übernahmeprojekte beobachten, auf Grund derer kritische Größen von betrieblichen Einheiten erreicht werden sollen, um Kosteneinsparungen ohne qualitative Einbußen zu erreichen. Damit wird deutlich, unter welchem ökonomischen Druck diakonische Organisationen stehen, aber auch welch zentrale Rolle das ökonomische Denken in der Leitung diakonischer Organisationen einnimmt, auch weil sie auf dem Sozialmarkt gezwungen sind, Marktvorteile zu suchen und Mitbewerber auszubooten.

Damit diakonische Organisationen jedoch von anderen Akteuren auf dem Sozialmarkt unterscheidbar bleiben, reicht es nicht aus, bei der Anwendung ökonomischer Prinzipien erfolgreich zu sein, sondern sie müssen auch ihr diakonisches Profil akzentuieren und ihrem diakonischen Auftrag gerecht werden, sich im Namen der Nächstenliebe für das Wohlergehen anderer einzusetzen. Das biblisch-theologische Fundament ist zentral für das Selbstverständnis diakonischer Organisationen. Nicht zuletzt deswegen erwartet man von einer diakonischen Einrichtung auch mehr: etwa eine Zuwendung zum Einzelnen, die vom christlichen Menschenbild geprägt ist oder in der die Liebe Gottes zu den Menschen in der Begegnung mit dem einzelnen Hilfesuchenden deutlich wird. Aber zuweilen ist es nicht ganz einfach, das spezifisch Diakonische einer diakonischen Einrichtung auszumachen. Dennoch bleibt es ein Postulat, dass diakonische Organisationen neben der ökonomischen Fundierung, die eine unerlässliche Voraussetzung für die Leitung einer sozialwirtschaftlichen Organisation ist, auch eine theologische Orientierung haben müssen. Mit anderen Worten: Für diakonische Organisationen sollte die Ökonomie der äußere Rahmen und die Theologie die innere Achse sein – so Alfred Jäger mit einem Bild von einem Kreisel, bei dem, je größer die Teilautonomie und je stärker die Schwungkraft ist, desto stärker die innere und integrierende innere Achse, die Theologie, sein muss.[23] Dazu beitragen kann eine Leitbildentwicklung sowie die gelebte Wertekultur, die sich nach außen in Renommee und nach innen in Arbeitsklima, Mitarbeiterkommunikation sowie Beziehungen zwischen Personal und Klientel manifestiert, so dass christliche Führung und Wirtschaftlichkeit nicht als Widerspruch erscheinen müssen.[24] Ein besonderer Stellenwert kommt dabei der Dienstgemeinschaft zu, die heute zwar in den Auseinandersetzungen über den Dritten Weg kritisiert wird, jedoch umfassender für eine christlich fundierte Solidar-Gemeinschaft der Mitarbeitenden einer diakonischen Organisation steht und damit – wenn sie glaubwürdig ausgestaltet wird – ein starkes Zeugnis für die diakonische Kultur der Organisation sein kann. Letztere kann damit einen besonderen Beitrag zur Identität diakonischer Unternehmen in einer pluralen Gesellschaft leisten, wie im nachfolgenden Exkurs ausgeführt wird.

Für diakonische Organisationen bedeuten diese Überlegungen, dass sie weder die ethische Leitkategorie ihres Geltungsanspruchs aufgeben, noch die ökonomischen Effizienz-Anforderungen ignorieren dürfen. Dadurch haben die Entwicklung der Organisation an sich und ihrer Grundsätze und Routinen erheblich an Bedeutung gewonnen. Zu den Lösungen, die angesichts der Ökonomisierung des Sozialbereichs gesucht wurden bzw. werden, gehören neben der Entwicklung von Leitbildern die Einführung von Balanced Scorecards, die Akzentuierung der Unternehmenskultur, die Verabschiedung eines Diakonie Corporate Governance Kodex mit Anregungen zur Trennung von Aufsicht und Geschäftsführung, die Einrichtung von Reflexionsarenen, bei denen anhand eines Kriterienkatalogs zusammen mit den Mitarbeitenden die ökonomischen, ethischen und fachlichen Perspektiven von diakonischen Organisationen durchdacht werden, oder die Implementierung von Wertemanagementsystemen, die die identitätsbestimmenden Werte auf der operativen Ebene relevant werden lassen.

23 Jäger, ökonomisches Unternehmen; Ders., christliches Unternehmen.
24 Vgl. Fleßa, Führen.

All diese Bemühungen müssen der Tatsache Rechnung tragen, dass diakonische Organisationen sich in einer Gemengelage zwischen Staat, Markt und Zivilgesellschaft befinden und daher nicht unter eine übergreifende Strategie gebracht werden können; zu führen sind solche hybride Organisationen z. B. durch ein zielorientiertes »muddling through«[25], ein Verfahren aus der Organisationstheorie, bei dem durch wechselseitige Abstimmungsprozesse aller beteiligter Akteure die Spannungen zwischen ökonomischen Effizienz-Anforderungen, fachlichen Qualitätsstandards und christlichen Grundlagen von Fall zu Fall ausgelotet und gelöst werden. Das nach dem folgenden Exkurs vorgestellte Hybrid-Modell stellt einen analytischen Ansatz dar, um die Bezüge dieser unterschiedlichen Bereiche in einer Organisation zu erfassen und zu sehen, welche Konsequenzen sich daraus ergeben.

4.2.4 Exkurs: Diakonische Unternehmenskultur als Beitrag zur Identität diakonischer Unternehmen (Beate Hofmann)

Die bereits angesprochene Frage nach dem, was Diakonie diakonisch macht und möglicherweise von anderen sozialen Organisationen unterscheidet, hat in den letzten zehn Jahren zu einem intensiven Nachdenken über diakonische Unternehmenskultur geführt. In mehreren Konzepten,[26] die häufig mit Qualitätsentwicklungsprozessen verknüpft waren, wurde reflektiert, wie Organisationen zentrale Alltagspraktiken beschreiben und was dabei prägend sein soll. Dabei wurde auf Erkenntnisse zur Unternehmenskultur aus der Organisationsforschung zurückgegriffen. Der Organisationsforscher Edgar Schein definiert Unternehmenskultur als »ein Muster gemeinsamer Grundprämissen, das die Gruppe bei der Bewältigung ihrer Probleme externer Anpassung und interner Integration erlernt hat, das sich bewährt hat und somit als

25 Vgl. Lindblom, Muddling-Through.

26 Hanselmann, Qualitätsentwicklung; Hofmann, Unternehmenskultur; Reber, Spiritualität; Diakonie Bundesverband/Deutscher Caritasverband, Rahmenbedingungen.

bindend gilt; und das daher an neue Mitglieder als rational und emotional korrekter Ansatz für den Umgang mit Problemen weitergegeben wird.«[27] Organisationskultur entwickelt sich aus den Erfahrungen einer Organisation heraus und bündelt die kollektiven Überzeugungen und Handlungsstrukturen unter der Überschrift »So machen wir das hier«.

Schein beschreibt unterschiedliche Ebenen der Sichtbarkeit von Unternehmenskultur, die von mir im Bild der diakonischen Wasserlilie gefasst wurden:[28] Da ist die Ebene der Blüte über dem Wasser, zu der alle Artefakte der Organisation gehören, z. B. Gebäude, Rituale, Symbole, Legenden, Dokumente und Jargon. Dann gibt es die Ebene unter Wasser, sozusagen der Stengel. Das sind die Organisationswerte, die in Leitbild und Führungsgrundsätzen zum Ausdruck kommen. Der dritte Bereich sind die Wurzeln, der christliche Glaube, aus dem sich eine besondere Sicht auf den Menschen und die Welt ableitet. So verknüpft Unternehmenskultur Weltsichten, handlungsleitende Werte und Alltagspraktiken einer Organisation.

Unternehmenskulturelle Schlüsselmomente liegen in der Gestaltung von unterschiedlichen Schwellensituationen in der Beziehung zu den Nutzern der Organisation (Erstkontakt, Einzug, Bewältigung besonderer Krisen, Auszug, Tod), in der Begleitung der Mitarbeitenden in ihrer Organisationsbiografie (Bewerbung, Stellenantritt, Jubiläen, Verabschiedung), in der Gestaltung von Mitarbeitergemeinschaft (Betriebsausflug, Weihnachtsfeier, Geburtstage) und Kommunikation und in der Wahrnehmung von Räumen und Zeiten.[29]

Was macht diakonische Unternehmenskultur besonders? Vieles haben diakonische Unternehmen mit anderen Unternehmen der Sozialwirtschaft gemeinsam. Das ist auch nicht verwunderlich in einer von der christlichen Tradition geprägten Sorgekultur, die sich in vielen Leitbildern spiegelt. Aber es gibt auch Kulturaspekte, die diakonische Unternehmen von anderen unterscheiden können. Mitarbeitende beschreiben an dieser Stelle z. B. die

27 Schein, Unternehmenskultur, 25.
28 Vgl. Hofmann, Unternehmenskultur, 15.
29 Vgl. dazu ausführlich Hofmann, Unternehmenskultur.

Erfahrung von Gemeinschaft, die besondere Beziehungsqualität, die nicht nur für die Gestaltung der Beziehung zu den Nutzern diakonischer Angebote gilt, sondern auch in den Teams und im Blick auf gemeinsames geistliches Leben.

Ein weiterer Aspekt ist das besondere Sinnpotenzial diakonischer Arbeit. Dieses Potenzial veranlasst manchmal Menschen, gut bezahlte Positionen in der Wirtschaft aufzugeben und in die Arbeit mit Menschen mit Behinderung zu wechseln. Auch dieses Potenzial teilen wir mit anderen Trägern; doch gibt es in der diakonischen Tradition Aspekte, die das Sinnpotenzial in besonderer Weise unterstützen, z. B. Bilder, Symbole und Rituale, die helfen können, Sinnkrisen zu bearbeiten. Wenn ein kranker Mensch trotz intensiver Bemühungen des Personals gestorben ist, dann kann eine gemeinsam gestaltete Verabschiedung der Trauer, Frustration und Ohnmacht dieser Situation Worte und Zeichen geben, die das Erfahrene etwas erträglicher machen und eine Form bieten, in der Gefühle geteilt und Trost erlebt wird. Wenn in der Diakonie eine neue Mitarbeiterin begrüßt wird, wird sie möglicherweise nicht nur mit einem Händedruck und einem Blumenstrauß empfangen, sondern auch mit einem Segenswunsch und einer Segensgeste. Für manche ist das ein wichtiger Aspekt ihrer Arbeit in der Diakonie, für andere ist es eher ungewohnt oder fremd. Nur wenige wollen sich die spirituelle Dimension diakonischer Unternehmenskultur möglichst vom Leibe halten.

Ein anderer Aspekt, der durch Arbeitsverdichtung und virtuelle Dauererreichbarkeit immer wichtiger wird, ist die Kultur der Unterbrechung. Das Wissen um die Bedeutung stiller Momente, um Zeiten der Distanzierung und Pausen im Arbeitsalltag findet in der christlichen Sonntags-, Fest- und Andachtskultur Ausdruck. Es bekommt in der modernen Arbeitswelt neue Bedeutung, wie Forschungen zu Burnout und Gesundheit am Arbeitsplatz zeigen.[30] Nur wer sich zwischendurch bewusst unterbrechen lässt, für einige Zeit aus dem Hamsterrad aussteigen und Abstand gewinnen kann, erhält sich die Kraft für seine Arbeit. Eine diakonisch geprägte Unternehmenskultur kann das unterstützen.

30 Vgl. Lubatsch, Führung; Hagemann, Arbeit.

Damit diakonische Unternehmenskultur profilbildend wirken kann, braucht sie kultursensible Führung, die als achtsam, glaubwürdig und im Einklang mit den im Leitbild proklamierten Werten erlebt wird. Das ist entscheidend, wenn Unternehmenskultur ihre problembewältigende, integrierende, stabilisierende und motivierende Wirkung entfalten soll. Das ersetzt nicht umsichtiges Wirtschaften und Planen, aber es bietet eine Dimension, die für das Engagement von Mitarbeitenden in ihrer Arbeit und für die Identifikation mit den Zielen und Werten des Unternehmens fundamental ist.

Diakonische Unternehmenskultur als Managementkonzept stellt somit den Versuch dar, diakonisches Profil in den organisationalen Praktiken diakonischer Einrichtungen zu verankern. Damit sollen ethische und spirituelle Traditionen weitergeführt werden, die früher selbstverständlich durch Mitglieder geistlicher Gemeinschaften (Diakonissen und Diakone) repräsentiert wurden und nun durch Elemente organisationalen Handelns im Kontext der Personalführung wie der Dienstleistungserbringung verortet werden. Das Konzept steht für das Anliegen, den Charakter diakonischer Unternehmen zu beschreiben und Wege zu entwickeln, wie Professionalität, Wirtschaftlichkeit und die christliche Prägung in diakonischen Unternehmen ausbalanciert werden können.

Um den besonderen Charakter diakonischer Unternehmen wahrzunehmen, ist es darüber hinaus notwendig, auf ihre systemischen Besonderheiten zu achten, wie sie in der Theorie der hybriden oder pluralen Organisation beschrieben werden.

(Exkurs Ende.)

4.2.5 Hybride Organisationen[31]

Die Vermischung staatlicher und marktlicher Elemente sowie die stärkere Einbeziehung zivilgesellschaftlichen Engagements führen dazu, dass sich auf der Ebene der einzelnen Organisationen bei der Entwicklung und Trägerschaft sozialer Dienstleistun-

31 Vgl. zum Folgenden Eurich, Organisationsformen.

gen die Bereiche Staat/Kommune, Markt und Zivilgesellschaft, obwohl sie unterschiedlich ausgerichtet sind, miteinander verschränken. In der Regel betreffen staatliche Elemente vor allem Fragen der Finanzierung und Standardisierung, marktwirtschaftliche akzentuieren die Konkurrenz unter autonomen Dienstleistern, während zivilgesellschaftliche Elemente den Rückgriff auf soziale Ressourcen vorsehen wie etwa Aktivitäten von Fördervereinen, Initiativen, Wirtschaftsunternehmen, die soziale Dienste unterstützen etc. Das bedeutet, dass auch Einrichtungen der Diakonie keine einheitlich funktionierenden Organisationen sind, sondern Kennzeichen kombinieren, die normalerweise den einzelnen Sektoren des Staates, des Marktes oder der Gemeinschaft/Zivilgesellschaft voneinander abgegrenzt zugeordnet werden.

Zu beachten ist, dass der Bereich, in dem diakonische Trägerorganisationen tätig sind, ebenso einem Wandel unterliegt (s. o.), der auch an den unterschiedlichen Begriffen, die für diesen verwendet werden wie z. B. »Zivilgesellschaft«, »Nonprofit-Bereich«, oder »Dritter Sektor« sichtbar wird. Was den Begriffen gemeinsam ist, ist die Bezeichnung eines Segments, das deutlich von Staat und Markt unterschieden und abgegrenzt ist. In Ansätzen von Walzer und Esping-Andersen markiert Zivilgesellschaft den Bereich der Gemeinschaft/Familie, der neben Staat und Markt zu den zentralen Basisinstitutionen moderner Gesellschaften gehört.[32] Die Dritte-Sektor-Forschung versteht den Dritten Sektor als eigenständigen Bereich neben Staat, Markt und Gemeinschaft und steht damit in der Nähe des Konzepts vom Welfare-Mix, das die Produktion von Wohlfahrt als gemeinsame Aktivität von staatlichen Akteuren, Familien/Gemeinschaften und marktbasierten Organisationen versteht.[33] Nach diesem Verständnis ist der Dritte Sektor dann weniger ein Sektor oder abgrenzbarer Bereich, sondern eher als intermediäre Sphäre zu verstehen. Denn »charakterisierend für Funktionsweise und Orientierungen der Organisationen im Dritten Sektor […] ist deren grundlegende Unbestimmtheit. Neben dem Prinzip der freien Assoziationen

32 Walzer, Gesellschaft; Esping-Andersen, Welfare State.

33 Vlg. Evers/Ewert, Organisationsformen.

bestehen graduelle Einflüsse der Basisinstitutionen Staat, Markt und Gemeinschaft – in Konstellationen und Ausmaßen, die historisch gesehen kontingent sind«[34]. Folgende Aspekte lassen sich demnach als Kennzeichen von Organisationen des Dritten Sektors bestimmen:[35] Sie bewegen sich in einem öffentlichen Raum, der dadurch charakterisiert ist, dass viele verschiedene Werte und Orientierungen nebeneinander bestehen mit entsprechend vielfältigen organisatorischen Formen; sie stehen in wechselseitigen Beziehungen und Einflussnahmen mit den Basisinstitutionen Staat, Markt und Gemeinschaft, aus denen allen sich Impulse in ihnen finden und in die hinein sie auch Impulse senden; sie unterliegen den gegensätzlichen Einflüssen der anderen Sektoren und sind vielfachen Dynamiken und Wandlungsprozessen unterworfen, was sich in ihrer Geschichte ablesen lässt, die meist nicht linear verläuft, sondern von Veränderungen und Einschnitten gekennzeichnet ist.

Damit ist deutlich, dass der Dritte Sektor nicht trennscharfe Grenzen hat, sondern sich als Sphäre vor allem an den Übergängen zu den Sektoren der Basisinstitutionen befindet. So gibt es auch keine ihm eigenen Handlungslogiken, sondern sein Spezifikum liegt gerade in der Kombination und Synthese der Logiken der anderen Sektoren innerhalb der intermediären Organisationen. Organisationen des Dritten Sektors reflektieren somit die sich zum Teil widersprechenden Prinzipien der Basisinstitutionen und sind auch nicht immer von ihnen klar abgrenzbar. Wo die Prinzipien des gesellschaftlich-öffentlichen Bereichs enden und die Privatheit von familiären Gemeinschaften beginnt, ist daher ebenso wenig genau zu unterscheiden wie die Frage, ob bei einer Partnerschaft zwischen staatlichen Institutionen und Dritte-Sektor-Organisationen nun staatliche Prinzipien gelten oder die Mitgliederlogik. Zudem befinden sich die verschiedenen Logiken nicht nur in Harmonie miteinander, vielmehr lassen sich die Spannungen zwischen den verschiedenen internen Organisationselementen, »die auf erwerbswirtschaftlichen, staatlichen und gemeinnützigen Anforderungen beruhen, und die jeweils spezifisch für das

34 A. a. O., 105.
35 Vgl. a. a. O., 106.

Umfeld sind, in dem sich die Organisation bewegt«[36], gerade als Kennzeichen von Dritte-Sektor-Organisationen begreifen.

Für solche Organisationen wurde die Bezeichnung »hybride Organisationen« gewählt, denn sie sind gekennzeichnet von folgendem Charakteristikum: »Elemente, die ursprünglich mit einer je unterschiedlichen Sphäre assoziiert wurden, verbinden sich miteinander, und zwar innerhalb einer Organisationsform.«[37] Dabei lassen sich vier Dimensionen der Hybridisierung identifizieren:[38]

(1) Ressourcen: Die Finanzierung ihrer Tätigkeiten aus unterschiedlichen Quellen ist für viele Organisationen heute Realität. Sie erhalten öffentliche Mittel, die über Ausschreibungen und damit über eine Art von Wettbewerb vergeben werden, haben Eigenerlöse, werben Fundraising-Mittel ein, erhalten Zuschüsse aus Kirchensteuern oder von Kirchengemeinden und können auf freiwillige Mitarbeit zurückgreifen. Es kommt also zu einem Finanzierungsmix mit Teilen einer Quasi-Marktfinanzierung, die jedoch keine Kommerzialisierung des Sektors bedeutet. Denn gerade das bürgerschaftliche Engagement hat in den letzten Jahren an Bedeutung gewonnen. Deshalb ist es für Organisationen entscheidend, Unterstützungsnetzwerke aufzubauen und zu pflegen, die von Geldspenden über freiwilliges Engagement bis hin zur Nutzung von Vertrauenskapital reichen.

(2) Formen der Organisationssteuerung: Da es in Dritte-Sektor-Organisationen in besonderer Weise auf die Beteiligung bürgerlicher Akteure ankommt, kann Governance in diesen Organisationen nicht so hierarchisch erfolgen wie in staatlichen Organisationen, denn die verschiedenen Gruppen nehmen ebenfalls Einfluss auf die Steuerung der Organisation. Bei einer diakonischen Einrichtung für Menschen mit Behinderung ist etwa an Selbstvertretungsgruppen oder Angehörigenvertreter/innen zu denken. So ist im Bereich der hybriden Organisationen auch von Meta-Governance, Mixed-Governance oder Co-Governance die Rede.[39]

36 Schulz, A., Organisationen, 38.

37 Ever/Ewert, Organisationsformen, 103.

38 Vgl. a. a. O., 112 ff.

39 Vgl. Kooiman, Governing.

(3) Organisationsziele: Die Ziele von hybriden Organisationen sind nicht so eindeutig wie bei gemeinnützigen Organisationen oder privatgewerblichen. Bei ersteren besteht ein Gewinnausschüttungsverbot, aber bei privatgewerblichen muss die Profit-Orientierung nicht notgedrungen anderen, inhaltlichen Zielen übergeordnet sein. Hybride Organisationen haben daher die Aufgabe, den Spagat zwischen der Verwurzelung im lokalen Gemeinwesen und übergreifenden gesellschaftlichen Entwicklungen zu bewerkstelligen. So muss etwa eine diakonische Pflegeeinrichtung nicht nur Pflegestandards einhalten, Lösungen für den Fachkräftemangel finden und ihr Angebot an die Weiterentwicklung der Vorsorgestrukturen anpassen, sondern sie muss auch auf die lokalen Besonderheiten eingehen und sich die Unterstützung von kirchlichen und politischen Akteuren sichern sowie ein Netzwerk zu Dienstleistern und Unterstützungsgruppen pflegen.

(4) Corporate Identity: Hybride Organisationen müssen bei der Suche nach ihrer (neuen) Identität traditionelle Zuschreibungen mit der Anpassung an das veränderte Organisationsumfeld balancieren. Dabei kann es zu Identitätskonflikten kommen, denn »ihr vielfach anzutreffender ›Sozialmarkt-Opportunismus‹ harmoniert nicht ohne weiteres mit gleichzeitig artikulierten Ambitionen, im Sinne spezifischer Wertbindungen (z. B. christliches oder humanistisches Menschenbild) anwaltschaftlich zu agieren«[40]. Bei solchen Identitätskonflikten geht es um die Frage, wie stark sich die Organisation auf das ökonomische Paradigma bei ihrer Selbstbeschreibung einlässt und wie stark andere Orientierungen zur Geltung gebracht werden. Die Klienten bzw. Kunden erwarten gerade von konfessionellen Organisationen eine stärkere Orientierung am christlichen Menschenbild als eine schlichte Kosten-Nutzen-Erwägung. Hieran macht sich auch die Bereitschaft für Spenden und freiwilliges Engagement an solche Organisationen fest. Es ist also eine Herausforderung für konfessionelle Organisationen beide Aspekte, Wirtschaftlichkeit und Wertefundament, in ein kohärentes Bild von sich zu bringen. Da die Organisationen oftmals

40 Bode, Vermarktlichung, 92.

weitere Anforderungen, die z. B. von außen an sie herangetragen werden, integrieren müssen, wird auch von multiplen Identitäten gesprochen, welche eine erhebliche Herausforderung für die Steuerung hybrider Organisationen bedeuten.[41] Ihr Hintergrund sind veränderte Rollenverständnisse bei den Professionellen oder den Adressaten von Dienstleistungen oder Wandlungsprozesse in der Gesellschaft, die Mentalitätswechsel zur Folge haben wie z. B. die Ausweitung sozialer Anspruchsrechte mit gestiegenen Beteiligungsmöglichkeiten oder bedürfnisgerecht ausgestaltete Dienstleistungen mit Wahloptionen oder die Beachtung des Selbstbestimmungsrechts der Leistungsempfänger, aber auch ausdifferenzierte Identitätsmerkmale, die die Nutzer von Dienstleistungen je nach Kontext als Konsumenten, Koproduzenten, Bürger, Patienten oder Mitglieder einer Gemeinschaft auftreten lassen. Als Beispiel für die unterschiedlichen Identitätsdimensionen lässt sich der medizinische Bereich nennen. Hier könnte jemand sich als aktiver Bürger dafür einsetzen, dass die gesundheitspolitischen Rahmenbedingungen optimiert werden oder als einer, der sich Informationen beschafft, um auf Gesundheitsmärkten als gut informierter Konsument auftreten zu können. Er könnte im Rahmen von Disease Management als Koproduzent bei der Erstellung der Gesundheitsleistungen auftreten und müsste auch als Mitglied einer bestimmten Gemeinschaft adressiert werden, denn das Netzwerk von Familie und Freundeskreis ist erheblich für die Genesung.[42]

Um diesen Ansprüchen gerecht zu werden, hat man auf organisationaler Ebene zunächst mit der Bildung interdisziplinärer Teams und mit Verstärkung der Zusammenarbeit mit anderen Organisationen reagiert. Voraussetzung dafür ist natürlich eine Öff-

41 Vgl. Evers/Ewert, Organisationsformen, 119 ff.

42 Multiple Identitäten sind jedoch nicht nur auf der Seite der Dienstleistungsempfänger zu verzeichnen, sondern auch auf der der Dienstleistungserbringer. So sind auch Ärzte neben ihrer Fachlichkeit auch immer mehr gefragt, ihr Expertenwissen für Laien verständlich zu kommunizieren und ihre Kompetenzen auch den individuellen Bedürfnissen der Patienten entsprechend einzusetzen. Zudem sind bei ihnen auch managerielle und betriebswirtschaftliche Fähigkeiten gefragt. Vgl. Evers/Ewert, Organisationsformen, 120.

nung der Organisation und eine Anschlussfähigkeit für andere Perspektiven. Doch selbst wenn das gelingt, sind die Ansprüche, die an die Organisationen herangetragen werden, auf verschiedene Abteilungen oder Kooperationspartner mit je eigenen organisationalen Identitäten verteilt, die nicht selten in Konflikt mit einander geraten können. Bei der Hybridisierung ist aber ein Abgleich der verschiedenen Bedürfnisse entscheidend, was nur durch die Hinterfragung der Dominanz einer vorherrschenden Logik möglich ist. So kann, wollen Hybridisierungsprozesse angestoßen werden, der Fokus nicht nur auf einem Aspekt liegen, etwa der Steigerung der Wettbewerbsfähigkeit, sondern es müssen auch weitere Rationalitäten und Zieldimensionen in den Blick kommen, um adäquat auf sich neu artikulierende Bedürfnisse reagieren zu können. So lassen sich in der Altenpflege neuere Ansätze beobachten, wie die Priorisierung der ambulanten Pflege, Pflegebudgets, Case-Management, aber auch die Kooperation mit Anbietern des lokalen Gemeinwesens sowie die Einbeziehung von Familienangehörigen und Nachbarn in die Pflege, was die Erweiterungen von Optionen und damit auch Logiken gegenüber dem staatlichen Heim deutlich macht.

Vor allem der Anspruch auf mehr Mitspracheoptionen führt dazu, dass zivilgesellschaftliche Prinzipien und Akteure in organisationalen Abläufen und Entscheidungen stärker berücksichtigt werden müssen. Dies fordert von den Führungskräften, die verschiedenen Akteure mit ihren unterschiedlichen Interessen zu erkennen, zwischen ihnen vermitteln zu können und deren Perspektiven in die Arbeit der Organisation und ihre Dienstleistungen einzubinden. Ohne diese Fähigkeit, Unsicherheiten durch flexible Kooperationen und netzwerkartige Ressourcen-Strukturen zu begegnen, wird eine Führungskraft die Herausforderung einer offenen Organisation, bei der die Grenzen zwischen der Organisation und ihrer Umwelt verschwimmen, nicht bewältigen können. Das bedeutet für die Auswahl von Führungspersonal, dass der Fokus nicht allein auf die betriebswirtschaftliche Kompetenz zu richten ist, sondern auch die zivilgesellschaftliche Orientierung von großer Relevanz ist.[43] Denn dort, wo bei Führungskräften

43 Meyer/Leitner, Warnung.

keine Sozialisation im Nonprofit-Bereich vorhanden ist, besteht die Gefahr, dass Nonprofit-Organisationen wie profitorientierte Wirtschaftsbetriebe geführt werden. Dabei bietet die zivilgesellschaftliche Orientierung gerade für diakonische Einrichtungen eine Chance, sich als Erbringer von professionellen, bedürfnisgerecht ausgestalteten und ethisch qualifizierten Dienstleistungen zu positionieren; zugleich ist dies auch die einzige Möglichkeit, sich von rein wirtschaftlich ausgerichteten Sozial-Unternehmen zu unterscheiden und so eine feste Größe in der intermediären Sphäre zwischen Staat, Markt und Gemeinschaft zu bleiben.[44]

4.2.6 Exkurs: Das Miteinander unterschiedlicher Rationalitäten als Führungsaufgabe (Beate Hofmann)

Die Leitung und Steuerung hybrider Organisationen steht – wie schon beschrieben – vor der Herausforderung, unterschiedliche Logiken und Systeme zusammenzuführen. Ein diakonisches Unternehmen muss einerseits kirchlichen Ansprüchen im Blick auf seine religiöse und ethische Konturierung genügen, andererseits sozialpolitische Anforderungen an seine fachliche Qualität erfüllen und drittens ökonomisch verantwortlich und strategisch klug mit seinen Ressourcen umgehen. Diese vielfältigen, manchmal widerstreitenden Anforderungen und Handlungslogiken müssen von den Führungskräften eines Unternehmens in Entscheidungen zusammengeführt werden. Kuno Schedler und Johannes Rüegg-Stürm haben in ihrem Buch zu multirationalem Management[45] aufgezeigt, dass das Miteinander verschiedener Rationalitäten sehr verschieden gestaltet sein kann: Eine der Rationalitäten kann dominieren, auch wenn anderes behauptet wird; es kann situativ entschieden werden, welcher Logik im konkreten Konfliktfall gefolgt wird; die Rationalitäten können im ständigen Wettkampf liegen oder im gleichberechtigten Dialog miteinander stehen, um zu Entscheidungen zu kommen, die für alle beteiligten Rationalitäten vertretbar sind.

44 Vgl. Klug, Wohlfahrtsverbände.
45 Vgl. Schedler/Rüegg-STrüm, Bearbeitungsstrategien.

Diakonische Unternehmen stehen vor der Aufgabe, die Relevanz ökonomischer, theologischer und fachwissenschaftlicher (pädagogischer, medizinischer, pflegewissenschaftlicher) Logiken zu akzeptieren, statt sie zu beklagen und den Verlust theologischer Dominanz zu betrauern. Das Miteinander der Perspektiven ist so zu organisieren, dass die Existenz verschiedener Rationalitäten akzeptiert und respektiert wird und Raum für Entscheidungsfindung im Licht dieser unterschiedlichen Denkweisen eröffnet wird, ohne dabei diakonisches Profil und seinen kulturellen Niederschlag aufzulösen. Das fordert komplexe Aushandlungsprozesse und hohe multirationale Reflexions- und Sprachfähigkeit der beteiligten Führungskräfte. Wo das gelingt und auch kulturell in der Führungskultur, in der internen Kommunikation und in der Strategieentwicklung verankert ist, werden sich unterschiedliche Denkweisen gegenseitig befruchten können und damit neue Ideen und Perspektiven entstehen, die das Unternehmen voranbringen – im Dienst am Nächsten.

(Exkurs Ende.)

4.2.7 Einbindung in die Zivilgesellschaft

Zivilgesellschaftliche Initiativen weisen auf die Problematiken eines rein ökonomisch ausgerichteten Sozialsektors hin: Sozial benachteiligten Menschen mangelt es an finanziellem Kapital und manchmal auch an nachgefragten Kompetenzen, um am Marktgeschehen oder gesellschaftlichen Prozessen teilhaben zu können. Sie erhalten Transferleistungen, die nur wenig finanziellen Spielraum eröffnen und müssen über entsprechende Ansätze aus der Sozialen Arbeit zum Teil erst zur Teilhabe befähigt werden. Daraus resultieren grundsätzliche Anfragen an den Marktmechanismus im sozialen Sektor. Zum Teil werden diakonische Unternehmen von Mitgliedern der Zivilgesellschaft kritisch auf die Ökonomisierung des Sozialbereichs angesprochen. Von den diakonischen Einrichtungen wurde dagegen die Verbetrieblichung überwiegend erfolgreich gemeistert, so dass diese heute potente Akteure auf den Quasi-Märkten des Sozialbereichs darstellen und ökonomische Kriterien in der Steuerung der Organisation berücksichtigt haben.

Kooperiert ein diakonisches Unternehmen mit zivilgesellschaftlichen Akteuren müssen folglich unterschiedliche Sichtweisen vermittelt und in pragmatischer Hinsicht miteinander abgestimmt werden. Trotz durchaus divergierender Ansätze und Verständnisse lassen sich jedoch auch Schnittmengen und Überlappungen hervorheben. So bildet der Aspekt der Selbstbestimmung, der im ökonomischen Kundenbegriff als Orientierung enthalten ist, eine Schnittstelle zu zivilgesellschaftlichen Orientierungen, die z. B. in der Selbstbestimmt-Leben Bewegung diese besonders für Menschen mit Behinderung eingefordert hat.[46] Entsprechend besteht ein Vorteil wettbewerblicher Rahmenbedingungen wohlfahrtsstaatlicher Leistungen in der erheblichen Wahlmöglichkeit auf Seiten der Nutzer, die gleichzeitig einhergeht mit der Ablösung des paternalistischen Beziehungsmodus traditioneller sozialer Hilfe. Problematisch wird es, wenn neben dieser Wahlfreiheit auch das Risiko individualisiert, also die kollektive Sicherung von Risiken durch den Doppelmechanismus von Prävention und Selbstmanagement nicht nur ergänzt, sondern ersetzt werden soll. Dies bedeutete, dass jeder für seine Probleme und deren Lösungen alleine verantwortlich gemacht wird, was einer völligen Ausblendung überindividueller Ursachen wie konjunktureller oder struktureller Schwierigkeiten gleichkäme und die Teilhabepotenziale des Einzelnen erheblich einschränken würde.[47] Dagegen geht es zivilgesellschaftlichen Initiativen im Sozialbereich – häufig unter Beteiligung diakonischer Träger – um Solidarität mit marginalisierten Menschen, die gesellschaftlich inkludiert und deren Teilhabe in konkreten Projekten vor Ort realisiert werden soll. So betrifft die Idee der Inklusion zum einen diakonische Träger in der Arbeit mit Menschen mit Behinderungen, die nun ihre Einrichtungen dezentralisieren und Wohnungen für behinderte Menschen in unterschiedlichen Nachbarschaften und Quartieren anmieten. Soziale Isolation kann sich jedoch auch in der eigenen Wohnung einstellen. Hier ist es auch eine zivilgesellschaftliche Aufgabe, entsprechende Teilhabemöglichkeiten für Menschen mit Behinderung

46 Vgl. Eurich/Maaser, Sozialökonomie, 265.

47 Besonders deutlich wird dies beim sozialen Gradienten von Gesundheit: vgl. Siegrist/Marmot, Einleitung; Siegrist, Gesundheitschancen.

zu schaffen und ihnen zu helfen, ihren Platz in der Gesellschaft einzunehmen. Dies gilt daher zum anderen ebenso für Kirchengemeinden, an deren Gottesdiensten behinderte Menschen nun vermehrt als Besucher teilnehmen. Kirchengemeinden kann hier eine besondere Türöffner-Funktion in die Zivilgesellschaft hinein zukommen, sofern sie inklusiv ausgerichtet sind und Kontakte in ihr soziales Umfeld hinein eröffnen. Sie können durch Empowerment-Ansätze – gegebenenfalls unter Beteiligung diakonischer Fachkräfte – zur Befähigung behinderter Menschen zu einem nachhaltig selbständigen Leben beitragen. Werden solche Projekte gemeinsam von diakonischen Einrichtungen und Kirchengemeinden durchgeführt,[48] ergeben sich Herausforderungen und Chancen für beide. Im folgenden Kapitel zum zivilgesellschaftlichen Engagement und der Rolle der Diakonie wird dies vor allem hinsichtlich der Sozialraumorientierung entfaltet und für das Engagement von Kirchengemeinden reflektiert. Die Perspektive diakonischer Träger wird dagegen in den folgenden Abschnitten unter dem Stichwort »Gemeinwesendiakonie« bedacht.

Gemeinwesendiakonie »nimmt den Stadtteil in den Blick, orientiert sich an den Lebenslagen der Stadtteilbewohner und öffnet sich so zum Gemeinwesen hin«[49]. Angesichts der wachsenden gesellschaftlichen Herausforderungen, die durch den sozialen Wandeln bedingt sind, gewinnt die Zusammenarbeit mit Kirchengemeinden oder weiteren Akteuren im Stadtteil oder auf kommunaler Ebene auch für diakonische Unternehmen an Bedeutung. Als Beispiel soll der zunehmende Unterstützungsbedarf im Bereich der ambulanten Altenpflege genannt werden, der dadurch bedingt ist, dass Menschen immer länger leben und dadurch mehr alte Menschen Unterstützung benötigen, gleichzeitig aber die Zahl junger Menschen, die sich um die Älteren kümmern können, zurückgeht und es zusätzlich an professionell Pflegenden fehlen wird. Daher ist eine erhebliche Veränderung des bisherigen Unterstützungsverständnisses vonnöten, das auch die Suche nach neuen Lösungen für die Versorgung der steigenden Anzahl alter Menschen einschließt. Ein Ansatz besteht darin, die vorhandenen sozialen Dienstleistungsangebote

48 Vgl. Eurich, Gesellschaft.
49 Horstmann/Neuhausen, Mutig mittendrin, 5.

so in den Sozialraum zu integrieren, dass sie mit Aspekten der Stärkung des Selbsthilfepotenzials, Abdeckung des Assistenzbedarfs, ortsnahe, der Entwurzelung entgegenwirkende bürgerschaftliche Unterstützung koordiniert werden können – und dies unter Einsatz von intelligenten Technologien etwa zur Vernetzung untereinander. Hier bieten sich Kirchengemeinden als strategische Partner an, da diakonische Unternehmen dort einen Pool an christlich orientierten ehrenamtlichen Mitarbeitenden vorfinden, die im Rahmen einer Kooperation mit der Kirchengemeinde eingebunden werden können. Zudem sind Kirchengemeinden in jedem Stadtteil oder Dorf vorhanden und bieten auch räumliche Gegebenheiten, die für sozialraumorientierte Arbeit einen wichtigen Aspekt darstellen. Entsprechend könnte ein Service-Intermediär die ortsnahen Ressourcen mit dem Bedarf vor Ort zusammenbringen, was für die betroffenen Menschen attraktiv wäre und gesamtgesellschaftlich einen Beitrag zur Bearbeitung eines erheblichen Problems etwa in der Altenversorgung bedeuten würde.

Diakonische Unternehmen sind als Teil der gemeinwohlorientierten Wohlfahrtspflege für eine solche Funktion in zweifacher Hinsicht geeignet: Erstens haben sie die Ressourcen, um den veränderten Bedingungen wie z. B. dem erhöhten und noch steigenden Assistenzbedarf gerecht werden zu können. Dadurch haben sie die Chance, sich im regionalen Zusammenspiel der verschiedenen Gruppen und in Bezug auf andere soziale Dienstleister als Akteur für das Gemeinwesen zu profilieren. Diese Profilierung kann – zweitens – z. B. über die Funktion eines »Service-Intermediärs«[50] erfolgen, der Professionelle und Ehrenamtliche in einem verlässlichen und hilfreichen Netzwerk zusammenzubringt. Die Kommunen übernehmen diese Funktion nur selten, weil sie anfallende Aufgaben, sobald diese über das Vermitteln hinausgehen, im Zweifelsfall nicht selbst erbringen bzw. sich sozialpolitisch eher auf die Gewährleistungsfunktion zurückziehen und den Bedarf über Ausschreibungen decken.[51] Und die gewerblichen Unternehmen kommen dafür nicht in Frage, weil die Intermediärsaufgabe

50 Vgl. dazu und zum Folgenden: Haase, Dienstleister.

51 Vgl. z. B. den Rückbau kommunaler Krankenhäuser. Bei Kindergärten ist momentan zum Teil eine gegenläufige Bewegung beobachtbar.

schlecht vor dem Hintergrund einer reinen Gewinnerzielungsabsicht wahrgenommen werden kann.

Dass sich dabei Herausforderungen auf ganz unterschiedlichen Ebenen ergeben, liegt auf der Hand. So sind der Rechtsanspruch der Leistungsempfänger, die Bewilligungspraxis und das Portfolio der sozialen Dienstleister in der jetzigen Konstellation eng aufeinander abgestimmt. Dies zu ändern, hätte weitreichende Voraussetzungen. »Es bedarf der Überwindung der sozialrechtlichen Versäulung und der Entwicklung eines sozialraumbezogenen Leistungsrechtes, nicht um den hohen Standard des bundesrepublikanischen Sozialrechts zu ersetzen, sondern um ihn zu ergänzen. […] Vermutlich würden darüber hinaus eine Neuverordnung des Gemeinnützigkeitsrechts sowie die Veränderung zahlreicher berufs- und versicherungsrechtlicher Regelungen notwendig sein.«[52]

Der soziale Dienstleistungsbereich weist in vielen Handlungsfeldern eine Tendenz weg von der Institutionenzentrierung hin zur Personenzentrierung auf und stellt damit diakonische Unternehmen vor die Herausforderung, das Quartier zu ihrer Bewährungsprobe werden zu lassen. Diese Tendenz ist zum Beispiel in der Leitvorstellung einer inklusiven Gesellschaft, die allen Menschen den gleichen Zugang und gleiche Teilhabechancen ermöglicht, enthalten. Deren Realisierung muss sich auf konkrete Teilhabemöglichkeiten vor Ort konzentrieren, ohne die eine inklusive Gesellschaft lediglich eine abstrakte Größe bleiben würde. Ebenso kann man die Öffnung zum Gemeinwesen bei präventiver Armutsbekämpfung oder in der Jugendhilfe beobachten. Eine Sozialraumorientierung wird daher in unterschiedlichen Handlungsfeldern greifbar und wird auch von den betroffenen Menschen favorisiert, die eine lebensweltliche Orientierung an ihrem Umfeld und den darin vorhandenen Ressourcen wünschen. So sehen sich diakonische Unternehmen herausgefordert, sich zivilgesellschaftlich innerhalb eines Stadtteils oder einer Kommune zu vernetzen und vom Dienstleistungserbringer zum Service-Intermediär zu werden. Freilich müssten sie dies mit Fingerspitzengefühl in Bezug auf das vorhandene sozialräumliche Gefüge

52 Haas, Dienstleister, 269.

des Quartiers tun, denn: »Wer mit Übernahmementalität in ein Quartier einfällt, wird die Kraft informeller Netzwerke schnell als Grenzziehung erfahren.«[53]

4.2.8 Soziales Unternehmertum und soziale Innovationen

Sozialen Dienstleistungen kommt als sozialpolitisches Instrument eine wachsende Bedeutung zu, ihre Weiterentwicklung spielt eine zentrale Rolle in der europäischen Sozialpolitik, aber auch in der Bewältigung der Konsequenzen des sozialen Wandels und der demografischen Entwicklung. So stellen gesellschaftliche Veränderungen in den Bereichen soziale Normen (veränderte Beziehungen zwischen den Generationen), Lebenserwartung (höhere Lebenserwartung aufgrund fortschreitender medizinischer Versorgung), demografischer Wandel (geringere Kohortengrößen nachwachsender Generationen und damit Fragen der Finanzierbarkeit sozialer Sicherungssysteme), zivilgesellschaftliche Konzepte (aufgrund der steigenden Durchlässigkeit sozialer Grenzen und Übernahme von Beispielen aus internationalen Kontexten), Mentalität der Empfangenden von Dienstleistungen (weg vom Objekt-Aspekt hin zum Menschenrechtaspekt), Informationstechnologien (neue Möglichkeiten von Kommunikation und Wissensmanagement) und Migration (eine große Zahl von Menschen, die zu integrieren sind) die Wohlfahrtsstaaten vor erhebliche Herausforderungen.[54]

Gleichzeitig ist zu beobachten, dass das Vermögen privater Haushalte weltweit gestiegen ist und sich auf einem Rekordhoch befindet[55], während die Vermögenswerte der öffentlichen Haushalte seit zwei Jahrzehnten zurückgehen. Diese Entwicklung lässt es naheliegend erscheinen, privates Kapital zu mobilisieren, um den Herausforderungen in der sozialen Sicherung begegnen zu

53 A. a. O., 261.
54 Vgl. Langer/Eurich, Dienstleistungen, 93.
55 www.allianz.com/v_1443701019000/media/economic_research/research_data/german_documents/vermoegen_privater_haushalte/VermphW.pdf.

können. Im Rahmen der Präsidentschaft Großbritanniens der G8 2013 wurde eine Taskforce zum Thema Social Impact Investment eingerichtet. Unter Social Impact Investment ist, laut OECD, Folgendes zu verstehen: »the provision of finance to organisations addressing social needs with the explicit expectation of a measurable social, as well as financial, return. Social impact investment has become increasingly relevant in today's economic setting as social challenges have mounted while public funds in many countries are under pressure. New approaches are needed for addressing social and economic challenges, including new models of public and private partnership which can fund, deliver and scale innovative solutions from the ground up.«[56] Der Europäische Wirtschafts- und Sozialausschuss hat in einer Stellungnahme 2014 Social Impact Investment begrüßt, aber empfohlen, es im Kontext der Initiativen für Soziales Investment und für Soziales Unternehmertum zu betrachten. Der Ausschuss ist der Ansicht, dass Social Impact Investment eine Kombination von verschiedenen sektorenübergreifenden Ressourcen ist, um soziale Wirksamkeit zu erzeugen. Er ist aber ebenfalls der Meinung, Social Impact Investment »is one component in the social financial ecosystem« and »should not aim to replace the public responsibility of financing core activities in the social sector, but can rather complement other funding streams.«[57]

Auch wenn noch nicht ganz klar ist, wie die EU sich hier positionieren wird, so ist doch deutlich, dass Sozialunternehmertum gestärkt werden soll und dies, weil Sozialunternehmertum nahezu in eins gesetzt wird mit sozialen Innovationen, effizienteren und effektiveren Dienstleistungen und ihm zugetraut wird, durch neue, innovative Wege der Dienstleistungserbringung die Bedürfnisse der Betroffenen besser zu befriedigen.[58] Welche Formen von Sozialunternehmertum am besten innovative Lösungen bieten können, wird – zumindest in Deutschland – diskutiert. Die einen sehen das bei den großen Wohlfahrtsorganisationen wie der Diakonie gegeben, die seit über 150 Jahren mit immer

56 OECD, Investment, 10.

57 European Economic and Social Committee, Opinion, 2.

58 Vgl. Howaldt/Domanski/Schwarz, Rethinking.

neuen Lösungen auf immer neue Herausforderungen reagiere[59], die anderen sehen das gerade in zivilgesellschaftlichen und wirtschaftlichen Initiativen *neben* den etablierten Strukturen in der Annahme, dass damit der Versäulung des Wohlfahrtsstaats mit seinem System der sozialrechtlichen Refinanzierung entgegen gewirkt wird.[60] Letztlich gibt es für beide Seiten Argumente, weil nicht nur soziale Start-ups Innovationen hervorbringen, sondern auch die freien Wohlfahrtsverbände.[61]

Da sich die Tendenz in Richtung Finanzierung von sozialen Dienstleistungen über marktförmige Modelle aller Voraussicht nach fortsetzen wird, gilt es auch, kritische Rückfragen zu formulieren. Ist die Besonderheit der freien Wohlfahrtspflege berücksichtigt? Diakonische Organisationen setzen sich auch für Menschen ein, deren Bedürfnisse weder durch den Markt noch durch den öffentlichen Sektor ausreichend befriedigt werden. Wie kann man den sozialen Zusammenhalt bewahren, wenn das Augenmerk auf der Rentabilität der sozialen Dienstleistung liegt? Wie die Qualität der Dienstleistungen, wenn vor allem eine Cost-efficiency-Logik dominiert? Wie vermeidet man eine »Dreiklassengesellschaft« unter den Nutzern von Sozialleistungen: etwa von Nutzern, die die empfangenen Leistungen direkt bezahlen können, Nutzern, die für die Finanzierung durch private Investoren attraktiv sind, und Nutzern, die durch die öffentliche Hand finanziert werden oder eventuell aus dem Blick geraten? Entscheidend ist, dass soziale Dienstleistungen so weiterentwickelt werden können, dass sie nicht nur zahlungskräftigen Kunden nutzen, sondern zu sozial ausgewogenen Versorgungsangeboten führen und so zur Kohäsion der Gesellschaft beitragen. Gerechtigkeitsfragen spielen neben Kosteneffizienz für eine solidarische Gesellschaft ebenso eine Rolle. Können beide Aspekte durch soziale Innovationen aufgenommen werden? Was wird unter sozialen Innovationen verstanden?

Wolfgang Zapf hatte Ende der 1980er Jahre soziale Innovationen definiert als »neue Wege, Ziele zu erreichen, insbesondere

59 Vgl. Kunz, Unternehmertum.
60 Vgl. Evers/Laville, Social services.
61 Vgl. Scheuerle u. a., Entrepreneurship.

neue Organisationsformen, neue Regulierungen, neue Lebensstile, die die Richtung des sozialen Wandels verändern, Probleme besser lösen als frühere Praktiken, und die deshalb wert sind, nachgeahmt und institutionalisiert zu werden.«[62] Die entscheidenden Fragen, die sich dabei stellen, sind: »Was heißt besser?« und »Besser für wen?« Denn eine Neuerung für eine Gruppe kann oft auch mit einer Verschlechterung für eine andere Gruppe einhergehen. Deshalb ist es entscheidend, bei sozialen Innovationen genau hinzuschauen. Was genau bedeuten die Veränderungen für die Betroffenen? Wem kommen sie zugute, wem nicht? Sind sozial Benachteiligte ausreichend berücksichtigt? Wie wirken sich die Innovationen auf das Lohnniveau der Mitarbeitenden im betroffenen Bereich aus? Kann Gemeinnützigkeit bestehen bleiben, wenn privates Innovationskapital in den Markt fließt? Was für Folgen hat das für das freiwillige Engagement? Welche für die Solidarität?

Die Weiterentwicklung sozialer Dienstleistungen im Sinne einer weiteren Ausdifferenzierung des Welfare-Mix ist zu begrüßen, nicht zuletzt, weil dabei häufig die Interessen der von Not betroffenen oder Unterstützung suchenden Menschen Ausgangspunkt der Suche nach neuen Lösungen sind. Dabei werden Nutzerinnen und Nutzer nicht mehr nur als Co-Produzenten einer sozialen Dienstleistung verstanden, sondern als Co-Creatoren, die das Design der Dienstleistung mitbestimmen. Auf diese Weise sind soziale Startups zurzeit in der Regel in den Nischenbereichen aktiv, die von der freien Wohlfahrtspflege nicht abgedeckt sind, weil sie jenseits sozialrechtlicher Absicherung liegen. Es gilt aber auch darauf zu achten, dass es bei einer weiteren Ausdifferenzierung des Welfare-Mix nicht zu einer Absenkung der sozialen Sicherung kommt, die vor allem finanziell gut ausgestatteten Kunden nützt, während sozial Benachteiligte und Marginalisierte aus dem Blick geraten. In der Transformation des Wohlfahrtsstaats muss die Balance gelingen zwischen ökonomischen Effizienzanforderungen und innovativen Dienstleistungen – zum Nutzen derer, die Versorgung benötigen.

62 Zapf, Innovationen, 177.

Impulse:

- Kirchengemeinden und Diakonische Unternehmen sind in unterschiedlichen Sektoren und Teilsystemen unserer Gesellschaft verortet. Welche Konsequenzen hat dieser Unterschied für die Leitung von diakonischen Organisationen im Vergleich zu kirchlichen Organisationen und Gemeinden?
- Welchen Umgang mit unterschiedlichen Rationalitäten nehmen Sie in diakonischen Organisationen wahr?
- Diskutieren Sie das Verhältnis von Konzept der theologischen Achse (Jäger) zum Konzept der Multirationalität in diakonischen Unternehmen.
- Analysieren Sie die Organisationskultur der Gemeinde oder Einrichtung, in der Sie tätig sind.

Literatur: Zum Weiterlesen

EURICH, JOHANNES/MAASER, WOLFGANG, Diakonie in der Sozialökonomie. Studien zur neuen Wohlfahrtspolitik (VDWI 47), Leipzig 2013.

HÖVER, HENDRIK, Entscheidungsfähigkeit in diakonischen Unternehmen. Eine St. Galler Management-Studie (LGG), Berlin u. a. 2015.

Beate Hofmann

4.3 Zivilgesellschaftliches Engagement von Diakonie und Kirche

4.3.1 Zivilgesellschaftliche Potenziale

Zwei Stichworte aus dem vorangegangenen Beitrag, nämlich Zivilgesellschaft und Sozialraumorientierung bzw. Gemeinwesendiakonie, werden in diesem Kapitel aus der Perspektive von Diakonie und Kirche reflektiert. Am Anfang dieses Kapitels steht ein Fallbeispiel:

Als im September 2015 täglich mehrere Tausend Flüchtlinge aus den Kriegsgebieten in Syrien, Irak, aus Afghanistan und Eritrea über die österreichisch-bayerischen Grenzen kamen, waren die staatlichen Ämter und Behörden bald an ihre Grenzen gekommen. Ehrenamtliche übernahmen es, in improvisierten Empfangszentren Flüchtlinge mit Nahrung, Kleidung und Information zu versorgen und »Willkommenskultur« zu gestalten. Auch in Berlin, wo sich täglich lange Warteschlangen vor dem Landesamt für Gesundheit und Soziales bildeten, organisierten Ehrenamtliche die Versorgung und Unterstützung der Flüchtlinge. Erst allmählich waren die Behörden in der Lage, auf die veränderte Situation angemessen zu reagieren. Über Wochen waren es Freiwillige, die in einer humanitären Notlage schnell, kreativ und mit großem Engagement halfen, die Herausforderung zu bewältigen. Vielerorts mussten Menschen, die helfen wollten, abgewiesen werden, weil es niemand gab, der die Hilfe sinnvoll organisieren konnte. Als sich abzeichnete, dass weiterhin sehr viele Flüchtlinge ins Land kommen werden, wurde den Verantwortlichen klar, dass diese Situation auf Dauer nicht von Ehrenamtlichen bewältigt werden konnte und daher Gelder und Personal bereit gestellt werden mussten, um diese Herausforderung verlässlich und mit der notwendigen politischen, rechtlichen und sozialen Vernetzung zu bewältigen. Es entwickelte sich ein Netz von Organisationen, in dem bis heute unterschiedliche Professionen und Fachlichkeiten zusammenarbeiten, um die Integration von Flüchtlingen in unsere Gesellschaft zu managen. Weiterhin spielen Ehrenamtliche dabei eine wichtige Rolle; sie gestalten eine Fülle von Aktivitäten von Kleiderkammern über Deutschkurse bis zur Organisation von Freizeitangeboten und interkultureller Begegnung.

Das Beispiel zeigt: Es gibt in unserem Sozialstaat Situationen, in denen die professionellen Strukturen überfordert sind und ehrenamtlich Engagierte effektiv Notlagen bewältigen können. Zivilgesellschaft zeigt sich hier handlungsfähig und demonstriert, dass Bürgerinnen und Bürger in unserer Gesellschaft ein soziales Gewissen haben und engagiert und aktiv für ihnen wichtige Werte wie Menschlichkeit, Achtung der Würde, Gastfreundschaft und Widerstand gegen Fremdenfeindlichkeit einstehen. Gleichzeitig brauchen Herausforderungen wie Migration auf Dauer verlässliche Strukturen, professionelles und ehrenamtliches Know-how und politische Konzepte, also das Ineinandergreifen von staatlichen, sozialen, kirchlichen und ehrenamtlichen Organisationen.

Das Konzept der Zivilgesellschaft, wie es derzeit diskutiert wird, beleuchtet genau diesen Zwischenraum zwischen Staat und privatem Bereich, in dem Menschen aktiv werden, um sozialen Werten, die ihnen wichtig sind, Ausdruck zu geben.[1] Zu diesen Werten zählen »Zivilität, Zuwendung zum anderen ohne Macht und Profitinteressen, Prosozialität und karitative Orientierung.«[2] Zivilgesellschaft in diesem Sinn steht für »noch unerprobte Möglichkeiten der Beteiligung und Verantwortungsübernahme durch Bürgerinnen und Bürger«.[3] Ehrenamtliches Engagement als Ausdruck dieses Bürgerwillens ist ein zentrales Kennzeichen der Zivilgesellschaft, die auch Bürgergesellschaft genannt wird.

Historisch gesehen ist die Entstehung diakonischer Organisationen eng mit diesem Bürgerwillen verknüpft. Schon im 19. Jahrhundert waren es Bürgerinnen und Bürger, die die entstehenden Freiräume, die das neu geschaffene Vereinsrecht bot, nutzten, um

1 Vgl. die Definition von Arenhövel, Zivilgesellschaft, 60, der auf eine Definition von Hans-Joachim Lauth und Wolfgang Merkel zurückgreift.

2 Gabriel, Zivilgesellschaft, 384.

3 Arenhövel, Zivilgesellschaft, 55.

Menschen in Not zu helfen und ihrem christlichen Glauben tatkräftig Ausdruck zu verleihen. Die organisierte Diakonie ist entstanden aus dem Engagement aktiver Bürgerinnen und Bürger in freien Assoziationen neben der verfassten evangelischen Kirche, die damals noch Staatskirche war.[4] Nach der Integration in die staatlich geförderte Wohlfahrtspolitik durch die Sozialgesetzgebung und nach der Integration in die verfasste Kirche durch den Druck nationalsozialistischer Wohlfahrtspolitik um 1940 zeigte sich der Bürgerwille in den 1960/70er Jahren durch die Gründung von Selbsthilfegruppen und neuen politischen Bewegungen. Gemeinwesenorientierte Konzepte in der Sozialen Arbeit waren ein Versuch, auf diese gesellschaftlichen Veränderungen angemessen zu reagieren. Die Revolutionen in Ostdeutschland und Osteuropa haben der Kirche neue Bedeutung in der Zivilgesellschaft verliehen, weil kirchliche Orte oft zu den entscheidenden Räumen wurden, in denen Bürgerinnen und Bürger sich jenseits staatlicher Kontrolle artikulieren und organisieren konnten.

Durch die Vermarktlichung und Ökonomisierung von Gesundheit und Sozialem kommt zivilgesellschaftlichem Engagement eine neue Bedeutung zu. Es entzieht sich der Logik von finanzieller Entlohnung und sozialstaatlicher Unterstützung und setzt da an, wo Menschen sozialen Bedarf sehen und engagiert und selbstorganisiert helfen wollen und können – ohne erst die Frage der Refinanzierung sozialen Handelns klären zu müssen. Beispiele sind die Arbeit der Tafeln, die Gründung von Hospizen oder das Engagement in Flüchtlingsunterkünften. Manche Engagementformen wie die Hospizarbeit sind inzwischen vielerorts dauerhaft finanziert und Teil des Gesundheitssystems geworden. Andere Bereiche behalten ihre komplementäre Funktion.

Für die verfasste Kirche und die organisierte Diakonie werfen diese Formen zivilgesellschaftlichen Engagements verschiedene Fragen auf:

- Inwieweit kann es Kirche und Diakonie gelingen, Räume für zivilgesellschaftliches Engagement bereit zu stellen und zu füllen?
- Inwieweit wirken Kirche und Diakonie als »intermediäre« Organisationen, die solches Engagement ermöglichen?

4 Vgl. den Beitrag von Thomas Hönig in diesem Buch.

- Inwieweit haben sie koordinierende Funktionen, um von Kostenträgern finanzierte Arbeit und ehrenamtlich getragene Arbeit sinnvoll zu verknüpfen?
- Welche Formen der Teilhabe und Mitbestimmung, welche Organisationsformen sind dabei sinnvoll und tragfähig?
- Wie können dadurch die Angebote von Kirchen und Diakonie weiterentwickelt werden?

Soziologische Analysen zeigen, dass das besondere Potenzial von Kirchen und ihrer diakonischen Arbeit zum einen in der Förderung von interpersonalem und institutionellem Vertrauen liegt.[5] Kirchliche und diakonische Organisationen bieten »ein reiches Spektrum an Gelegenheitsstrukturen, die das Einüben von Vertrauen ermöglichen«[6]. Dieses Vertrauen ist eine wichtige Grundlage für den Zusammenhalt einer Gesellschaft. Bei Kirchenmitgliedern zeigt sich, dass das Vertrauen in Menschen aus anderen Religionen vergleichsweise größer ist, so dass hier ein »brückenbildendes Sozialkapital« sichtbar wird.[7] Dieses Sozialkapital[8] wird durch Werte wie Nächstenliebe gestärkt und steht in enger Verbindung mit freiwilligem Engagement. Zum anderen bieten Kirchen ein vielfältiges Netzwerk und Kontaktfeld zu anderen Organisationen. Sehr viele Kirchengemeinden sind in ihrer Kommune, mit Vereinen und anderen Religionsgemeinschaften vernetzt.[9] Diese Kontakte in die Zivilgesellschaft sind ein »Schatz«, dessen Potenzial häufig gar nicht bewusst wahrgenommen wird.[10]

Dieses Potenzial der Kirche in der Zivilgesellschaft wird besonders relevant angesichts aktueller sozialpolitischer Entwicklungen, die im Konzept der Sozialraumorientierung gebündelt werden.

5 Vgl. dazu Pickel, Sozialkapital.
6 Schendel, Potentiale.
7 Vgl. Pickel/Gladkirch, Säkularisierung, 99.
8 Der Begriff mag auf den ersten Blick befremden, er kommt aus der soziologischen Theorie und wurde ursprünglich von dem französische Soziologen Pierre Bourdieu geprägt. Für ihn ist Kapital Verfügungsmacht in einem Feld. Soziales Kapitel beschreibt er als das Vorhandensein von Beziehungen gegenseitigen Kennens und Anerkennens. Vgl. Bourdieu, Mechanismen.
9 Über 52 % der Ehrenamtlichen in der Diakonie sind auch anderswo engagiert. Diakonisches Werk der EKD e. V., Engagement, 34.
10 Vgl. Schendel, Potentiale, 3.

4.3.2 Diakonische Chancen und Aufgaben von Kirchengemeinden im Gemeinwesen

Sozialraumorientierung in der sozialen Arbeit impliziert eine Strategie der Verknüpfung verschiedener Entwicklungen, z. B. Gemeinwesenarbeit, Community Organizing und Inklusion. Dabei ist die Sicht der Klienten – verbunden mit einer lebensweltlichen Perspektive – ausschlaggebend. In der sozialen Arbeit wird darum von »Kontextualisierung« gesprochen und von einer »integrativen Ressourcenperspektive«, aufgrund deren personelle, materielle, soziale, bauliche und infrastrukturelle Ressourcen in die Problemlösung einbezogen werden.[11] Unterstützt wird diese Perspektive durch die kommunale Förderung der Stadtteilentwicklung sowie durch Inklusionsbemühungen im Gefolge der Ratifizierung der UN-Behindertenrechtskonvention.[12] Auch der Siebte Altenbericht der Bundesregierung widmet sich unter der Überschrift »Sorge und Mitverantwortung in der Kommune – Aufbau und Sicherung zukunftsfähiger Gemeinschaften« diesem Thema.[13] Wolfgang Hinte beschreibt als Kern der Sozialraumorientierung folgende Prinzipien:[14]

- »Ausgangspunkt jeglicher Arbeit sind der Wille/die Interessen der leistungsberechtigten Menschen (in Abgrenzung zu Wünschen oder naiv definierten Bedarfen).
- Aktivierende Arbeit hat Vorrang vor betreuender Tätigkeit.
- Bei der Gestaltung von Arrangements spielen personale und sozialräumliche Ressourcen eine wesentliche Rolle.
- Aktivitäten sind zielgruppen- und bereichsübergreifend angelegt.
- Vernetzung und Integration der verschiedenen sozialen Dienste sind Grundlage für nachhaltig wirksame soziale Arbeit.«

Es liegt nahe, dass Kirchengemeinden und diakonische Organisationen wegen ihrer regionalen Verankerung und Vernetzung für

11 Fehren, Sozialraumorientierung, 445 f.
12 Vgl. http://www.behindertenrechtskonvention.info.
13 https://www.siebter-altenbericht.de.
14 Hinte, Gemeinwesenarbeit, 27.

die Sozialraumorientierung eine große Bedeutung haben. Kirchenräume öffnen als »Orte gebauten Transzendenbezuges« im Zentrum von Stadtvierteln oder Dörfern »den Horizont und erinnern an immer neue Möglichkeiten der Grenzüberschreitung […] bzw. der Versöhnung unter einem Horizont, der immer weiter und größer ist […] als diese oder jene Logik von Ausschluss und Abgrenzung«.[15] Entsprechend wird diese Entwicklung mancherorts als Chance aufgegriffen, um das diakonische Profil von Gemeinden zu fördern und Gemeinden weiterzuentwickeln. Exemplarisch wurden in einem ökumenischen Modellprojekt »Kirche findet Stadt« 36 Initiativen dokumentiert, um zu zeigen, wie kirchliche Potenziale vor Ort für das Gemeinwesen fruchtbar werden können und welche Früchte dieses Engagement für Kirchengemeinden trägt.[16] Zu den Projekten gehören Stadtteilzentren, Mehrgenerationenhäuser, Bürgerhäuser, Kulturzentren etc.

Ein Beispiel, das sich auch gut auf den ländlichen Raum übertragen lässt, ist die Sozialkirche in Gaarden: In diesem Kooperationsprojekt der Kirchengemeinde Gaarden, der Kieler Tafel und der Ev. Stadtmission Kiel wird die Lebensmittelversorgung durch die Kieler Tafel verbunden mit geeigneten sozialen, kulturellen und seelsorgerlichen Angeboten einer Begegnungsstätte. Dabei finden bis zu 30 Menschen eine Beschäftigungsmöglichkeit. »Bis zu 200 sozial benachteiligte Menschen aus der ganzen Stadt kommen täglich in die Kirche und erleben, dass Kirche für sie ein Ansprechpartner ist. Dadurch entwickelt sich ein enger Kontakt zwischen den Menschen, der Ortsgemeinde und der Diakonie. Armut und soziale Benachteiligung werden von den Beteiligten direkt wahrgenommen. Dieses Handeln strahlt in den Kirchenkreis, die Landeskirche und die Öffentlichkeit aus.«[17] In diesem Projekt finden sich Ideen, wie die angesichts des demografischen Wandels in vielen ländlichen Regionen schwieriger werdende Versorgung mit kirchlicher Unterstützung organisiert werden könnte.

15 Zippert, Wahrnehmen, 187.

16 Vgl. www.kirche-findet-stadt.de. Eine weitere Studie zu den Chancen gemeinwesenorientierter Zusammenarbeit von Kirche und Diakonie findet sich unter Horstmann/Neuhausen, Mutig mittendrin.

17 Vgl. die Beschreibung unter www.kirche-findet-stadt.de/index.php/referenzplattform/referenzstandorte/region-nord/101-kiel-gaarden.

Allerdings zeigen die Erfahrungen mit den Projekten auch, dass Kirchengemeinden bisher ihre Rolle in der Zivilgesellschaft nur zögerlich wahrnehmen und die Kooperationen und Netzwerke noch ausbaufähig sind. Wenn Kirchengemeinden bereit sind, sich in den gesellschaftlichen Prozess einzubringen, in dem Subsidiarität neu gestaltet und Zivilgesellschaft miteinander gelebt wird, wird das vielfältige Formen annehmen, je nach Bedarfslage im Quartier. Um diese Bedarfslage und die Möglichkeiten wahrzunehmen, haben sich verschiedene Formen der Sozialraumanalyse entwickelt, durch die sowohl die Problemlagen im Quartier als auch mögliche Kooperationspartner wahrgenommen und Strategien entwickelt werden.[18]

Fazit: Sozialräumliches Denken fordert von Kirchengemeinden und diakonischen Organisationen die Bereitschaft zur Kooperation und eine neue Kultur der Zusammenarbeit. Von den unmittelbar Beteiligten fordert sie die Fähigkeit, sich auf unterschiedliche Denkweisen, Entscheidungssysteme und Interessen einzulassen. Von den Gemeinden fordert Sozialraumorientierung die Bereitschaft, nicht nur religiöse Interessen der Kerngemeinde in das Zentrum der eigenen Aktivitäten zu stellen, sondern die Belange und Bedarfe der Menschen in dem Quartier, in dem sich die Kirchengemeinde befindet, wahrzunehmen und darin als »Salz der Erde« mitwirken zu wollen.

Damit berührt Sozialraumorientierung den Kern des Gemeindeverständnisses. Zielt eine Gemeinde vorrangig darauf, die Interessen ihrer Mitglieder zu befriedigen, richtet sie sich in ihrem »binnenkirchlichen Milieu« ein oder hat eine Gemeinde eine Mission, nämlich Anteil an der Missio Dei, der Sendung Gottes in die Welt und zu allen Menschen? Diese Öffnung nach außen, die Bereitschaft, sich für Themen, Prozesse und Probleme im Quartier zu interessieren, sich zu beteiligen und mitzugestalten, ist eine Kernfrage von Gemeindeentwicklung geworden.[19]

18 Vgl. hierzu Württembergische Landeskirche, Diakonisches Handeln, 38–56 und Bischöfliches Ordinariat Diözese Rottenburg-Stuttgart, Caritas, 34 ff. Eine ausführliche Beschreibung von Sozialraumwahrnehmung findet sich bei Zippert, Wahrnehmen, 189–200.

19 Vgl. dazu die Erfahrungen in der anglikanischen Kirche bei Herbst, Patienten. Auch in den USA wurden in den lutherischen Kirchen entsprechende

Entsprechend sind sozialräumliche Prozesse eng mit Profilfragen verbunden: »Verlieren wir nicht unsere Sichtbarkeit, wenn wir als Diakonie oder Kirchengemeinde mit anderen, nicht religiös gebundenen Partnern zusammenarbeiten? Was haben wir davon, wenn wir Hausaufgabenbetreuung für muslimische Flüchtlingskinder anbieten, die kommen doch nicht in unseren Gottesdienst?« Fragen wie diese gilt es, in kirchlichen Gremien wahrzunehmen und diakonietheologisch reflektiert zu beantworten. Zentrale biblische Bezugstexte wie Lk 10, 25 ff oder Mt 25, 31 ff zeigen, dass diakonisches Handeln Hilfe für Menschen in Notlagen ist, ungeachtet ihrer Religion oder ihrer ethnischen Herkunft.

Das theologische Konzept dazu formiert sich programmatisch seit 2007 unter dem Stichwort Gemeinwesendiakonie[20] oder »Wichern III«. Hinter letzterem steht eine Phaseneinteilung der Geschichte organisierter Diakonie, die Wolfgang Huber wie folgt skizziert: »Die moderne Entwicklung diakonischen Handelns im deutschen Protestantismus hat ihren Anfang in der Mitte des 19. Jahrhunderts. Johann Hinrich Wicherns große Rede auf dem Kirchentag in Wittenberg 1848 und die sich daran anschließende Denkschrift gelten dafür als die grundlegenden Dokumente; deshalb wird die Entwicklung der Diakonie immer wieder mit seinem Namen verbunden. Nach dem diakonischen Neubeginn der Jahre 1848 ff. (»Wichern I«) und nach dem Aufbruch aus der Not nach dem Ende der nationalsozialistischen Gewaltherrschaft und des Zweiten Weltkriegs (»Wichern II«) steht heute eine Neubestimmung der diakonischen Aufgabe angesichts der Herausforderungen des 21. Jahrhunderts an (»Wichern III«). Es geht um den christlichen Beitrag zu einer Kultur der Barmherzigkeit in der Zivilgesellschaft«.[21]

Den Begriff »Wichern III« hat Theodor Strohm geprägt. Wicherns Programm enthalte, so Strohm, auch die Idee, »christliche Assoziationen der Hilfsbedürftigen selbst für deren soziale

Erkenntnisse gewonnen. Gemeinden waren dann missionarisch wirksam, wenn sie sich für andere Menschen und Milieus geöffnet haben.

20 Vgl. Diakonisches Werk der EKD e. V., Handlungsoption.

21 Huber, Profil, 8.

Zwecke zu veranlassen«. Diese Subjektorientierung in der Organisation von Hilfe, die auch im Community Organizing im Zentrum steht, beschreibt Strohm so: »Es scheint heute an der Zeit, eine neue Balance zwischen den sozialstaatlichen Expertenkulturen und den auf freiwilliger Initiative und gemeinsamer Verantwortung beruhenden Kulturen des eigenen Lebens (…) herzustellen. Grundlegend für kirchlich-diakonisches Engagement bei der Förderung und Initiierung des Bürgerengagements ist, dass […] auf kirchliche Vereinnahmung verzichtet wird und das Ziel – die Hilfe für Notleidende – jederzeit das Zentrum bleibt. Mit dieser Haltung verträgt sich durchaus, die Quelle der eigenen Motivation kenntlich zu machen und Glauben zu bezeugen. Kennzeichnend ist, das zugleich unbefangen geschichtliche oder im Ausland bewährte Modelle aufgegriffen, neu erprobt werden und ein breiter sozialer Lernprozess eingeleitet wird.«[22]

In der Konsequenz dieser Überlegungen ergibt sich ein neues Miteinander von Diakonie und Gemeinde, von Christen und Nichtchristen, von Gottesdienst und sozialem Handeln, sowie eine verstärkte Wahrnehmung des Raumes, in dem sich eine Gemeinde befindet und der Menschen, mit denen Christinnen und Christen dort zusammenleben. Ein besonderer Ansatz unter Betonung der politischen Dimension stellt dazu das Community Organizing dar, das anschließend in einem Exkurs vorgestellt wird.

Eine zentrale Säule dieser Aktivitäten von Kirche und Diakonie in der Zivilgesellschaft sind Ehrenamtliche. Um als diakonische Organisation oder diakonisch orientierte Kirche angemessen die vorhandenen Potenziale nutzen zu können, braucht es eine aufmerksame und differenzierte Wahrnehmung des Phänomens ehrenamtliches Engagement.

22 Strohm, Wichern drei, 21 f.

4.3.3 Exkurs: Community Organizing als Ansatz zur politischen Mitgestaltung der Zivilgesellschaft (Johannes Eurich)

Ein auf kommunaler Ebene verfolgter umfassender Ansatz zur Gestaltung des Gemeinwesens stellt Community Organizing dar, welches als weiteres Beispiel für eine mögliche Zusammenarbeit von Kirchengemeinden und diakonischen Einrichtungen dargestellt wird.[23] Durch Communty Organizing soll die Teilhabe und Inklusion sowie politische Gestaltung des Sozialraums befördert werden: »Community Organizing ist eine sozialräumliche Strategie, durch welche die Bürger eines Gemeinwesen befähigt werden sollen, als autonome Akteure der Zivilgesellschaft auf die gesellschaftlichen Aushandlungsprozesse gestaltend einzuwirken.«[24] Über andere gemeinwesenbezogene Ansätze hinausgehend verfolgt Community Organizing eine politisch orientierte Strategie, um durch miteinander verbundene und organisierte Bürgerinnen und Bürger ein Gegenüber zu Staat und Wirtschaft zu bilden. Ziel von Community Organizing ist es, neben einem starken Staat und einer leistungsfähigen Wirtschaft, eine handlungsfähige Zivilgesellschaft zu etablieren. Dementsprechend setzt Community Organizing bei den Bürgerinnen und Bürgern in den Stadteilen an. Hier sollen sich Einzelpersonen, öffentliche und kirchliche Einrichtungen und dort angesiedelte Unternehmen zusammenfinden, um zur Verbesserung des lokalen Lebensumfeldes der Menschen beizutragen und sie in diese Prozesse einzubinden. Zentral ist dabei die Frage der Macht. Community Organizing »zielt darauf ab, Menschen zu befähigen, ihr eigenes Leben, das gesellschaftliche Zusammenleben und damit letztlich auch das öffentliche Leben gemeinsam mit anderen zu gestalten, gegebenenfalls zu verändern und zu entwickeln, d.h. persönlich und öffentlich politisch handlungsfähig zu sein«[25]. Bei Community Organizing geht es also nicht nur um Ehrenamt, freiwilliges Engagement oder Philanthropie, sondern um die Möglichkeit, Demokratie lebendig und vor

23 Vgl. Ev. Stiftung Alsterdorf/Kath. Hochschule für Sozialwesen Berlin, Community.

24 Baldas, CO-Projekt, 50.

25 Penta/Sander, Bürgergesellschaft, 60.

Ort zu gestalten. Dementsprechend ist Community Organizing »ein parteipolitisch und konfessionell unabhängiger Ansatz, um lösungsorientiertes zivilgesellschaftliches Engagement auf breiter gesellschaftlicher Basis von unten aufzubauen.[26]«

Community Organizing erfordert eine spezifische Rolle von Kirchengemeinden und diakonischen Einrichtungen, die nicht als Vertreterinnen eigener Interessen im Sozialraum aktiv werden, sondern von den Bedürfnissen der Menschen ausgehend danach fragen, was für das Gemeinwohl konkret vor Ort getan und wie das Gemeinwesen politisch mitgestaltet werden kann.[27] Eine Herausforderung kann – besonders in hochgradig pluralistischen Stadtgesellschaften – darin liegen, die christliche Begründung für das Engagement und dessen Ziele so einzubringen, dass weltanschaulich neutral daran angeschlossen werden kann. Wobei damit zugleich die Spannung thematisiert wird, christliches Engagement nicht vollständig in säkulare Termini oder Programme aufzulösen. Andererseits bietet die Einbindung in die Zivilgesellschaft sowohl für die Kirche wie für die Diakonie Chancen.[28] Sie bedeutet zunächst eine Zunahme von gemeinwohlbezogenen Aktivitäten, die von Kirchengemeinden und diakonischen Einrichtungen gemeinsam verantwortet werden[29], so dass diese in der Verbindung ihrer jeweiligen Potenziale ein gewisses Gewicht in den zivilgesellschaftlichen und politischen Diskurs des kommunalen Raumes einbringen können. Darüber hinaus hat Community Organizing Effekte für die Kirchengemeinde selbst als »Medium der Ver-Ortung der Gemeinde im Nahraum (›Entgrenzung nach außen‹) und als Medium der Bewusstwerdung eigener innerer Vielfalt und Bedürftigkeit (Koinonia – ›Entgrenzung nach innen‹)«[30]. Denn mit der Entdeckung von Bedürfnissen der Menschen im Stadtteil um die

26 Ebd.

27 Andere Ansätze wie Sozialrauorientierung oder Gemeinwesenarbeit sind weniger stark politisch ausgerichtet. Jedoch birgt gerade die politische Aktivität die Chance, kommunal Anliegen im Sinne der Sozialanwaltschaft von Kirchen und Diakonie einzubringen. Vgl. zu den unterschiedlichen Ansätzen: Gillich, Lobbyarbeit.

28 Vgl. Eurich, Gesellschaft.

29 Horstmann/Neuhausen, Mutig mittendrin, 5.

30 Lob-Hüdepohl, »Community Organizing«, 102 ff.

Kirchengemeinde herum wird der Blick auch für die Nöte innerhalb der Kirchengemeinde selbst geschärft. Beteiligung an Aktivitäten des Community Organizing kann daher auch zu einer stärkeren Beachtung der diakonischen Dimension kirchengemeindlicher Arbeit führen.

(Exkurs Ende.)

4.3.4 Ehrenamtliche als zentrale Akteure in der Zivilgesellschaft

In der evangelischen Kirche engagierten sich im Jahr 2010 mindestens 1,1 Millionen Menschen ehrenamtlich. Sie leisten pro Jahr 216 Millionen Arbeitsstunden.[31] In der Diakonie wurden im gleichen Jahr 700.000 Ehrenamtliche gezählt, die sich vor allem in der Betreuung von Menschen in der Altenhilfe (48 %), in der Behindertenhilfe oder in der Hilfe für Personen in besonderen Lebenslagen engagieren.[32] Wie in den Kirchengemeinden beteiligen sich überwiegend Frauen.[33]

Ehrenamtliches Engagement ist für die evangelische Kirche fundamental. Sie ist ihrem Selbstverständnis nach konstituiert durch die Versammlung der Gläubigen, nicht durch die Amtsträger; sie wird gemeinsam geleitet von Menschen, die im Sinne des Priestertums aller Getauften agieren, und von ordinierten Amtsträger.

»Ehrenamtliches Engagement ist ein zentraler Ausdruck des Glaubens. Gott schenkt Menschen unterschiedliche Gaben, damit sie Aufgaben für andere wahrnehmen können. Es gehört zur ›Freiheit eines Christenmenschen‹, Verantwortung zu übernehmen. […] Eine gabenorientierte Kirche weiß um den Schatz des Ehrenamtes und fördert es in vielfältiger Weise. […] Die Kirche nimmt eine doppelte Aufgabe für die Zivilgesellschaft wahr: Sie ist Motivationsquelle des Ehrenamts, die in die Gesellschaft ausstrahlt; und sie ist Ort konkreten ehrenamtlichen Engagements.«[34]

31 Horstmann, Studie, 53.

32 Diakonisches Werk der EKD e. V., Engagement, 6.

33 A. a. O., 37. In der Diakonie beträgt der Frauenanteil 74,4 %, in den Kirchengemeinden liegen die Angaben bei ca. 66 %.

34 EKD-Synode 2009 Ulm, Ehrenamt, 4.

Mit diesen Aussagen hat die EKD-Synode im Jahr 2009 die Rolle des Ehrenamts in der evangelischen Kirche skizziert. Sie beschreibt das Engagement als Schatz, der für den Zusammenhalt unserer Gesellschaft und die gelebte Religion zentral ist. Aber dieser Schatz ist keineswegs selbstverständlich. Viele Kirchengemeinden erleben, dass es schwieriger wird, Jugendliche für die Mitarbeit bei Freizeiten zu gewinnen oder Ersatz für die Leiterin der Seniorengruppe oder des Besuchsdienstes zu finden. Vor allem die Suche nach Mitwirkenden für kirchliche Gremien gestaltet sich mühsamer. Die Gründe für diese Schwierigkeit liegen in einem Paradigmenwandel im Ehrenamt, der vielerorts in seiner Wirkung und den notwendigen Veränderungen noch nicht verstanden worden ist.

In den Sozialwissenschaften wird diese Veränderung seit den 90er Jahren als Paradigmenwechsel vom *traditionellen* zum *neuen* Ehrenamt diskutiert.[35] Elemente dieses Wandels sind:

- eine stärkere Orientierung an den Inhalten konkreter Arbeit statt an einer Organisation und ihrer Weltanschauung, d. h. im Vordergrund steht das Engagement für Kinder oder für Flüchtlinge, nicht für »die Kirche«,
- Engagement als bewusste Entscheidung statt familiär weitergegebener Tradition,
- Motivation, die nicht nur von altruistischen Orientierungen, sondern auch von eigenen Interessen und Ansprüchen gekennzeichnet ist,
- die Erwartung, das Engagementfeld mitgestalten zu können statt sich in hierarchische Strukturen einzuordnen,
- ein in Umfang und Dauer begrenztes Engagement in Initiativen, Projekten, Aktionen statt eines langfristigen, verbindlichen Engagements in Organisationen.

Dabei zeigt sich inzwischen, dass dieser Paradigmenwechsel sich nicht umfassend und überall vollzieht, sondern dass sich – vor allem im Raum der Kirche – eine Gleichzeitigkeit unterschiedlicher Formen und damit eine große Vielfalt von Motiven und Engage-

35 Vgl. Olk, Ehrenamt.

mentformen entwickelt hat. In vielen Kirchengemeinden existieren Motivstrukturen von traditionellem und neuem Ehrenamt nebeneinander.[36] Dies kann zu Konflikten unter Ehrenamtlichen führen, die sich in ihren unterschiedlichen Motiven und der unterschiedlichen Form von Engagement nicht verstehen und entsprechend nicht akzeptieren.[37] Manchmal werden Motive des neuen Ehrenamts von traditionellen Ehrenamtlichen als »unchristlich« eingestuft, weil sie (auch) die eigene Person im Blick haben und nicht (nur) den Nächsten. In der Folge solcher Diskussionen suchen sich viele Menschen, die sich im Sinne des neuen Ehrenamtes engagieren wollen, andere Orte (außerhalb von Kirche und Diakonie) für ihr Engagement.

Empirische Untersuchungen zu den Motiven Ehrenamtlicher zeigen, dass explizit religiöse Motive (»sich als Christ berufen fühlen«) für Engagement zurückgehen, während der Wunsch, etwas Sinnvolles zu tun und dadurch mit anderen zusammen etwas zu tun, zu den dominanten Motiven gehört, auch in der Diakonie.[38] Die gesamtgesellschaftlichen Untersuchungen dokumentieren, dass gerade bei jüngeren Menschen die Gemeinwohlorientierung steigt, während Geselligkeitsbedürfnisse zurückgehen.[39] Bei über Fünfzigjährigen verbindet sich Engagement zunehmend mit eigenen Interessen, z. B. der Nutzung ihrer Qualifikationen über die Pensionierung hinaus.

Nicht nur die Motive, auch die Zeiträume des Engagements differenzieren sich aus. Es gibt weiterhin Menschen, die sich auf längere Zeit engagieren und zu kontinuierlicher Mitarbeit bereit sind, während andere auf überschaubare Aktionen angewiesen sind, um sich engagieren zu können. Durch die wachsende berufliche Mobilität nimmt die Fluktuation unter den Engagierten zu. Das bedeutet, dass Ehrenamtliche häufiger verabschiedet und

36 Vgl. dazu Hofmann/Puch, Entwicklungspotenzial, 218.

37 So prallen Vorstellungen aufeinander von zeitlich begrenztem Engagement oder Hilfe »wo und wann es gebraucht wird« oder Einstellungen zur Kostenerstattung zwischen »ich spende selbstverständlich alles« und »ich erwarten eine geregelte Auslagenerstattung«.

38 Diakonisches Werk der EKD e. V., Engagement, 31.

39 Erste Erkenntnisse aus dem 4. FWS zeigen das auch als gesamtgesellschaftlichen Trend, vgl. Coenen-Marx, Engagement, 2.

neue gewonnen oder Möglichkeiten zum Wiedereinstieg geschaffen werden müssen.

Damit ehrenamtliches Engagement möglich wird, müssen die Bedürfnisse und Ziele derer, die mitarbeiten wollen, und die Möglichkeiten, sich zu engagieren, zusammenpassen. Dieses »Zusammenpassen« oder »Passungsverhältnis«, wie es Heiner Keupp[40] ausdrückt, gelingt häufig nicht mehr. Kirchliche und diakonische Engagementfelder sind mancherorts nicht ausreichend auf die Interessen und Anliegen Ehrenamtlicher eingestellt; Hauptamtliche denken stärker von dem Bedarf ihrer Arbeit und weniger von den gewandelten Bedürfnissen oder den kreativen Ideen der Ehrenamtlichen her. Entsprechend braucht das neue Ehrenamt eine andere Form der Begleitung, die einen geklärten Rahmen für selbständiges, den eigenen Gaben, Motiven und Ideen entsprechendes ehrenamtliches Engagement schafft.

Ein guter Indikator für die kirchlichen Schwierigkeiten in der Anpassung an diesen Wandel ist die Wahrnehmung von Rollen im Verhältnis von Haupt- und Ehrenamtlichen. Ehrenamtliche, die sich mit ihrem Know-How selbstbestimmt und eigenverantwortlich agieren wollen, sehen sich manchmal in eine zuarbeitende Helferrolle gedrängt, die ihrem Selbstverständnis und ihren Vorstellungen von Engagement nicht entspricht. Umgekehrt empfinden Hauptamtliche es manchmal als Kränkung, wenn nicht mehr sie selbst die Jugendfreizeiten leiten oder die Kindergruppe halten oder das Flüchtlingscafe managen, sondern sie andere Menschen dafür qualifizieren und sie selbst im Hintergrund Aufgaben in Management und Qualifizierung zu bewältigen haben. In der Diakonie wird zusätzlich die Frage laut, ob durch die Ehrenamtlichen Arbeitsplätze eingespart und die interessanten Aufgaben in der Begleitung von Menschen von den Ehrenamtlichen übernommen werden, während die anstrengende Grundpflege bei den hauptamtlichen Pflegekräften bleibt.

Ein weiteres Problem ist die parochiale Orientierung in der kirchlichen Ehrenamtsorganisation. Ehrenamtliche suchen interessante Tätigkeiten und dieses Interesse macht nicht an den Grenzen einer Parochie halt. Daher braucht es für die Gewinnung wie

40 Vgl. Keupp, Ehre.

auch für die Bewältigung der sozialen Aufgaben in der Zivilgesellschaft regionale Plattformen und Foren, die Kirche und Diakonie in der Region bespielen und moderieren muss. Dazu müssen, wie schon angesprochen, die Rollen zwischen Haupt- und Ehrenamtlichen und das kirchliche Selbstverständnis in der Zivilgesellschaft geklärt werden; dazu müssen auch neue Strategien für die Entwicklung der Aktivitäten von Kirche und Diakonie in Region und Gemeinden gefunden werden.

4.3.5 Aufgaben für Kirche und Diakonie in der Begleitung ehrenamtlichen Engagements

Die Begleitung Ehrenamtlicher ist Organisations- und Bildungsaufgabe, angefangen von Veranstaltungen zur Gewinnung über Fortbildung, Begleitung von Teams, Gestaltung von Festen und anderen Gelegenheiten informellen Lernens bis hin zur spirituellen Begleitung.[41]

In der Zivilgesellschaft hat sich für diese Aufgaben der Begriff »Freiwilligenmanagement« entwickelt, der oft als ungeeignet empfunden wird, weil vermeintlich Ehrenamtliche zu »gemanageten Objekten« gemacht werden. Gemeint ist »ein Methoden- und Haltungsrepertoire, mit dem Ehrenamtliche professionell begleitet werden«.[42] Als Aufgaben definiert Hanusa:[43]

- Freiwilligenarbeit so organisieren, dass die richtigen Menschen an den für sie richtigen Platz kommen,
- für kommende, bleibende und scheidende Freiwillige sorgen,
- stimmige Zusammenarbeit in den Gruppen fördern,
- als Ansprechpartner und Ansprechpartnerin bei Konflikten und Problemen zur Verfügung stehen,
- ermöglichen, dass Menschen mit Lust und effektiv arbeiten können.

41 Vgl. dazu die Bausteine in Bischöfliches Ordinariat Diözese Rottenburg-Stuttgart, Caritas, 11, oder die »5 B's der Mitarbeiterbegleitung« bei Hofmann, Engagement, 342.

42 Hanusa, Freiwilligenmanagement, 47.

43 Vgl. a.a.O., 50.

Genau diese Aufgaben weisen viele kirchliche Ehrenamtsgesetze den Hauptamtlichen zu; allerdings fehlt oft die Verankerung entsprechender Qualifikationen und Kompetenzen in den Ausbildungen kirchlicher Berufe.

Besondere Herausforderungen liegen für Kirche und Diakonie im Feld der Gewinnung Ehrenamtlicher. Sie geschieht bisher selten über organisationale Aktivitäten wie die Nutzung von Engagement-Agenturen oder Werbung, sondern häufig über Eigeninitiative der Engagierten oder ihre Beziehungsnetzwerke.[44]

Für die Gewinnung von Ehrenamtlichen gibt es grundsätzlich drei Ansätze, die heute oft in ein spannungsvolles Verhältnis zueinander treten. Karl Foitzik beschreibt sie so:[45]

- Der *problemorientierte* Ansatz: Ausgehend von einem Problemfeld wird ein Aktionsplan entwickelt, für den Mitwirkende gesucht werden;
- Der *ressourcenorientierte* Ansatz, der bei den Gaben und Fähigkeiten möglicher Engagierter ansetzt und daraus Projekte entwickelt;
- Der *auftragsorientierte* Ansatz, bei dem aus innerer Verpflichtung oder Tradition heraus Menschen für die Weiterführung von (meist schon vorhandenen) Aufgaben gesucht werden, die als Auftrag der Kirche definiert wurden.

Ehrenamtliches Engagement in Kirche und Diakonie bewegt sich bleibend in der Spannung zwischen dem kirchlichen Auftrag, also der Kommunikation des Evangeliums in Wort und Tat, und den vielfältigen Interessen von Ehrenamtlichen. Dieses Dilemma muss bewältigt werden, wenn Kirche und Diakonie zukunftsfähig und offen für Engagierte im Sinn des neuen Ehrenamtes bleiben wollen. Der ressourcen- und der auftrags- oder problemorientierte Ansatz in der Gewinnung Ehrenamtlicher müssen ausbalanciert werden.

44 Vgl. Diakonisches Werk der EKD e. V., Engagement, 33, wo als Weg ins diakonische Engagement vor allem Eigeninitiative (53,3 %) oder Freunde (30,2 %) angegeben wurde, während Aktivitäten der Organisationen wie Nutzung von Engagement-Agenturen (2,6 %) oder Werbung (21,3 %) eine geringere Rolle spielen. Horstmann, Studie, 36, weist für die Kirche ähnliche Befunde auf.

45 Vgl. Foitzik, Mitarbeit, 60–63.

Kirchliches Engagement in der Zivilgesellschaft geschieht in einem Raum, in dem auch andere Akteure Engagementmöglichkeiten bieten. Der Staat fördert diese Vielfalt gezielt durch die nationale Engagementstrategie, zu der neben begleitender Forschung vielfältige Kampagnen und Projekte gehören, aber auch die Förderung von Initiativen. Bisher haben sich Kirche und Diakonie an diesen Aktivitäten kaum beteiligt und die wachsende Zahl von Anbietern von Engagement vor allem als Bedrohung wahrgenommen.[46] Die wachsende Konkurrenz zwingt Kirche und Diakonie, ihre Engagementangebote besser zu kommunizieren und zu profilieren. In der neuen Situation liegen aber auch besondere Chancen: so suchen Wirtschaftsunternehmen im Rahmen von Corporate Citizenship bzw. Corporate Volunteering[47] Partner für soziales Engagement in ihrem Umfeld. Das bietet für Kirche und Diakonie viele neue Möglichkeiten, die bisher kaum angenommen werden.[48]

Kooperationen mit Verbänden, mit Kommunen und Fundraisern werden neue Chancen in der gemeinsamen Entwicklung von Instrumenten von Freiwilligenmanagement bieten, bei Fortbildungsangeboten, bei Standards für den Nachweis und die Anerkennung von ehrenamtlichem Engagement für berufliche Entwicklung, aber auch im gemeinsamen Ringen für eine gerechtere Welt und eine solidarische Gesellschaft.[49] Eine besondere Aufgabe ist die Gestaltung geistlicher Begleitung als eines Alleinstellungsmerkmals kirchlichen Ehrenamts. Dabei gilt es, tragfähige, orientierende Formen christlicher Spiritualität zu gestalten sowie

46 Vgl. Roß, Engagement, 29; 31; 37.

47 Vgl. zur Definition von Corporate Volunteering von Backhaus-Maul, Corporate Citizenship. Für konkrete Beispiele vgl. www.upj.de.

48 2010 hatten knapp 10 % der diakonischen Einrichtungen eine solche Kooperation mit gewerblichen Unternehmen, aber 34 % hätten sich eine gewünscht, vgl. Diakonisches Werk der EKD e. V., Engagement, 21 f.

49 Ein gute Beispiel bietet das Projekt Himmel und Erde (www.kirche-findet-stadt.de/index.php/referenzplattform/referenzstandorte/region-nord/102-itzehoe-innenstadt), bei dem ein zentral gelegenes historisches Gebäude in der Fußgängerzone der Itzehoer Innenstadt zu einem kommunikativen Ort der inklusiven Begegnung und des Bürgerengagements ausgebaut wurde, in dem auch eine Freiwilligenbörse und eine Ehrenamtsakademie untergekommen sind.

die christliche Ethik und Spiritualität als Sinnpotenzial und Hilfe zur Kontingenzbewältigung sichtbar und erfahrbar machen.

Sozialräumliche Ansätze in der Jugendarbeit, in der Seniorenarbeit, bei diakonischen Maßnahmen oder in der Familienbildung erfordern und ermöglichen Kooperationen zwischen verschiedenen Akteuren in einer Region. Als Herausforderung stellt sich hier der Erhalt von Beteiligungs- und Mitbestimmungsmöglichkeiten für Ehrenamtliche dar, weil häufig solche Kooperationen nur unter Hauptamtlichen entwickelt und gestaltet werden.[50]

Über Kooperationen bieten sich auch Möglichkeiten, die Milieuverengung im Engagement aufzubrechen und Geringverdienenden, Arbeitslosen, Menschen mit Behinderung oder Migranten einen Zugang zum Ehrenamt zu eröffnen. Bildungsangebote und geregelte Kostenerstattung, aber auch Aufwandsentschädigungen für Geringverdienende spielen hier eine größere Rolle als für andere Engagierte und erfordern von den Verantwortlichen einen sensiblen Umgang, denn die sog. Monetarisierung des Ehrenamts ist ambivalent.[51] Einerseits zeigen die Befunde kirchlicher wie gesamtgesellschaftlicher Untersuchungen, dass sich diejenigen in unserer Gesellschaft und Kirche engagieren, die es sich finanziell leisten können. Der überdurchschnittliche Anteil höher Gebildeter, gut Verdienender und der Mangel an Ehrenamtlichen aus sozial schwachen Milieus oder Unterstützungsbedürftigen markiert dieses Problem. Möglicherweise würden Aufwandsentschädigungen oder Honorierungen ehrenamtliches Engagement auch für andere Milieus zugänglich machen. In Zukunft könnte dieser Aspekt angesichts von drohender Altersarmut für viele Engagierte noch drängender werden, weil sie auf Zuverdienst angewiesen sein werden.

Andererseits zeigen Erfahrungen mit diesen Honoraren in den neuen Bundesländern, dass sich damit das Image von Ehrenamt verändert hat: Es wird zu einer Arbeitsbeschaffungsmaßnahme und als Instrument der Beschäftigungspolitik gesehen, das nur

50 Vgl. Gensicke/Geiss, Freiwilligensurveys, 190 f. Dort wird auf sinkende Mitsprache- und Beteiligungsmöglichkeiten von Freiwilligen in Feldern mit einer starken Dominanz von Hauptamtlichen hingewiesen.

51 37 % der Freiwilligen in der Diakonie erhalten eine Aufwandsentschädigung, vgl. Diakonische Werk der EKD e. V., Engagement, 21.

für die relevant und interessant ist, die es nötig haben.[52] Der zivilgesellschaftliche, partizipative Charakter des Ehrenamtes, der auf Freiwilligkeit und Unentgeltlichkeit basiert, wird durch die Monetarisierung des Engagements stark verändert. Und es verschärft sich ein unguter Wettbewerb, der bereits jetzt zu beobachten ist: Warum sollte jemand unentgeltlich für die Frau im Haus gegenüber einkaufen gehen, wenn man dafür von der Diakoniestation ein Honorar bekommen könnte? Muss man das dann nicht denen überlassen, die das Geld brauchen? Und warum sollte jemand bei der evangelischen Jugend als Jugendleiter/in auf eine Freizeit mitfahren, wenn man dafür beim Kreisjugendring Geld bekommt und keinen zusätzlichen Ferienjob annehmen muss? Hier braucht es dringend transparente Regeln und klare Absprachen zwischen verfasster Kirche und Diakonie. Es braucht eine differenzierte Sprachregelung für Ehrenamtliche und geringfügig Beschäftigte bzw. andere Formen bezahlten Engagements.

Denn die Grundidee wie auch der Charme von Ehrenamt bestehen eigentlich darin, dass der »Lohn« sich nicht finanziell berechnen lässt, sondern in ganz anderen Dimensionen beschrieben wird und damit eine Gegenwelt zur starken Ökonomisierung aller Lebensbereiche darstellt.[53]

4.3.6 Diakone und Diakoninnen als Bindeglieder zwischen Kirchengemeinden und diakonischen Einrichtungen (Johannes Eurich)

Zu den Hauptamtlichen, die in besonderer Weise für die Begleitung von Ehrenamtlichen und die Mitwirkung in diakonischen Projekten in Betracht kommen, gehören die Berufsgruppen im Diakonat (Diakone/innen, Gemeindepädagogen/innen), die einen besonderen Beitrag zur diakonischen Entwicklung von Kirche in parochialen Gemeindeformen und an pluralen Orten der

52 Auf diesen Aspekt hat Thomas Gensicke in einem Vortrag in Nürnberg am 5.3.2011 hingewiesen, vgl. zum Gesamtkomplex Gensicke/Geiss, Freiwilligensurveys, 263 ff.

53 Vgl. dazu auch die sehr lesenswerten Überlegungen zum Unterschied von Arbeit und freiwilliger Tätigkeit bei Hanusa, Freiwilligenmanagement, 58 f.

Gesellschaft leisten können.[54] Der Diakonat wird dabei als Teil der öffentlichen Rolle der Kirche verstanden, die so ihren Beitrag zur Bewältigung von Sinnkrisen und zur Orientierung gesellschaftlicher Veränderungsprozesse leistet.[55] Insbesondere durch die Berufsgruppen im Diakonat können Teilhabe- und Bildungsprozesse für Menschen in prekären Lebenssituationen und existenziellen Krisen gestaltet und so das Evangelium in Wort und Tat verkündigt werden. Diakone wie Gemeindepädagoginnen eignen sich hierfür hervorragend, weil sie eine Doppelqualifikation in Theologie und als professionelle Fachkraft in Bildung und Sozialwesen besitzen. Sie kommen als spezifisch ausgebildete Mitarbeitende der Kirche für die parochiale und für die intermediäre Gestaltung des diakonischen Auftrags der Kirche im Gemeinwesen in Frage. Allerdings wäre dazu – auch zu ihrer klaren Wahrnehmung von außen – eine offizielle kirchliche Mandatierung (Ordination) wünschenswert. Im Jahr 2013 arbeiteten rund 19.000 Mitarbeitende im Diakonat und stellen damit eine ähnlich große Berufsgruppe dar wie Pfarrer/innen.[56]

Die bereits erwähnte doppelte Qualifikation (staatlich anerkannter Abschluss im Sozial- oder Gesundheitswesen und gemeindepädadogische oder diakoniewissenschaftliche Qualifikation) bildet eine gute Voraussetzung für Diakone/innen, um in multiprofessionellen Tätigkeiten als »Gatekeeper« bzw. »Brückenbauer/Vernetzer« im Sozialraum aktiv zu sein.[57] Der Diakonat wird dabei als kirchliche Zweitstruktur identifiziert, die sowohl in parochialen Gemeindestrukturen und über diese hinaus im Gemeinwesen als auch in diakonischen Einrichtungen tätig ist und diakonische Aufgaben wahrnimmt. Aufgrund seiner sozialräumlich-vernetzenden Handlungslogiken kann er das Evangelium in der diakonischen Praxis an pluralen Orten der Gesellschaft (und dabei in unterschiedlichen Verfasstheiten) im Gemeinwesen repräsentieren. Besonders erkennbar wird dies am Beispiel der Zweitgottesdienste, die Diakoninnen oder Diakone an unterschied-

54 Vgl. Baur u. a., Diakonat.
55 Vgl. hierzu Kap. 7.3 in diesem Band.
56 Vgl. Noller, Kirchenreform.
57 A. a. O.

lichen Orten im Gemeinwesen halten. Aber auch im Rahmen ihres professionellen Handelns greifen diese auf theologische Sinndeutungen und spirituelle Ressourcen zurück. Dem korrespondiert der Rekurs auf Glaubensinhalte und -traditionen, die einen wesentlichen Bestandteil der Selbstdeutungen und auch einen Teil des professionellen Orientierungswissens von Diakoninnen und Diakonen bilden.[58] Eingebunden in multiprofessionelle Teams zusammen mit Pfarrern/innen und weiteren Akteuren des Sozialraums können Diakone eine Schnittstelle zwischen kirchlichem Auftrag und gesellschaftlichem Engagement bilden.

(Exkurs Ende.)

Impulse:

- Entwickeln Sie theologische Argumente für eine Kooperation Ihrer Kirchengemeinde mit nichtchristlichen Akteuren im Sozialraum.
- Entwickeln Sie eine Sozialraumanalyse für den Ortsteil, in dem sich Ihre Gemeinde befindet. Welche Kooperationspartner gibt es? Was müsste sich in der Gemeinde verändern, um Kooperationen mit diesen Partnern zu ermöglichen? Welche Auswirkungen hätte das auf das gemeindepädagogische Programm bzw. die Angebote dieser Gemeinde?
- Beschreiben Sie Ihre Rolle als Hauptamtliche/r in der Zusammenarbeit mit Ehrenamtlichen. Welche Haltung erfordert das von Ihnen?

Literatur: Zum Weiterlesen

Detering, Joachim u. a. (Hg.), Nah dran. Werkstattbuch für Gemeindediakonie, Neukirchen-Vluyn 2015.

Horstmann, Martin/Neuhausen, Elke, Mutig mittendrin. Gemeinwesendiakonie in Deutschland. Eine Studie des sozialwissenschaftlichen Instituts der EKD, Münster 2010.

Noack, Michael, Kompendium Sozialraumorientierung. Geschichte, theoretische Grundlagen, Methoden und kritische Positionen, Weinheim 2015.

58 Vgl. Noller/Eidt/Schmidt, Diakonat.

Heinz Schmidt

4.4 Diakonie und verfasste Kirche

4.4.1 Geschichtliche und theoretische Voraussetzungen

Von Anfang an war die Liebestätigkeit ein zentrales Merkmal christlicher Gemeinden und ist es bis heute. Diakonie ist bereits im Neuen Testament »nota ecclesiae« [Kennzeichen der Kirche]. In ihr ist das ganze Erbe Jesu (als Heilszusage und als materiell-leibliche Hilfe) verdichtet.[1]

Ab dem 2. Jh. ist die innerchristliche Liebestätigkeit so etwas wie ein Markenzeichen mit missionarischer Ausstrahlung. Der Satiriker Lukian karikierte bereits die christlichen Unterstützungsaktivitäten für einen gefangenen Prediger[2]. Aristides von Athen beschrieb 140 n. Chr. die Vielfalt innergemeindlicher Aktivitäten in einem Brief an den Kaiser Antonius Pius[3]. Witwen, Waisen, Arme und Fremdlinge wurden unterstützt, Gefangene besucht, Begräbnisse organisiert. Kaiser Julian empfahl im 4. Jh. den heidnischen Tempeln die Liebestätigkeit der christlichen Gemeinden als Vorbild. Basilius der Große gründete bei Caesarea (um 370) eine Diakoniestadt für Kranke, Aussätzige, Arme und Fremde (Christen und Nichtchristen), zu deren Versorgung er Mönche und Diakone einsetzte. Er wurde damit zum Vater der Einrichtungsdiakonie und inaugurierte die für das Mittelalter charakteristische Symbiose von Mönchtum und Diakonie. Gleichzeitig mischte er sich mit der Forderung eines neuen Erbrechts, das 50 Prozent eines Vermögens den Armen zusprechen sollte, in die staatliche Sozialpolitik ein. Eine Zehntabgabe für die Armen, erst-

1 Vgl. den Beitrag von Renate Kirchhoff in diesem Buch.
2 Thraede, Kirchenfinazen, 553 (Zitat aus Lukian).
3 Krimm, Gestaltwerdung, 45.

mals auf der zweiten Synode von Tours beschlossen, wurde unter Karl dem Großen Reichsgesetz.

Die mittelalterlichen Klöster können zum Teil als diakonische Gemeinschaften angesehen werden, die entsprechende Einrichtungen, besonders Spitäler, unterhielten. Armutsbewegungen und Minderbrüder lebten – wenigstens eine Zeit lang – in Gemeinschaft mit Armen und erkannten diese so als beziehungsbedürftige Individuen an. Der kirchliche Diakonat verlor endgültig seine soziale Bedeutung, als die städtischen Magistrate im Spätmittelalter zunehmend die Armenfürsorge mit dem Ziel übernahmen, die Armut durch Erziehung zu beseitigen und nicht mehr veränderbaren Existenzen zu disziplinieren. Der Diakonat war zu einer Stufe des Priesteramts geworden.

Die Reformation bedeutete insofern einen Neuanfang, als sie die diakonische Aufgabe der ganzen Gemeinde – als unmittelbare Konsequenz des Glaubens – zurückgab und somit den Diakonat als Teil des allgemeinen Priestertums und teilweise auch als spezifisch kirchliches Amt erneuerte. Freilich hat Luther die allgemein diakonische Aufgabe sehr schnell den Obrigkeiten übertragen und mit der Leisniger Kastenordnung die städtische Armenerziehung und Disziplinierungspolitik noch verstärkt. Martin Bucer hat in Straßburg vergeblich versucht, die städtischen Armenpfleger als Diakone an die Gemeinde zurückzubinden. Calvin hat die von Bucer entwickelte Vier-Ämter-Lehre (Pfarrer, Lehrer, Diakone, Presbyter) übernommen und auch Frauen als Diakoninnen für die Armen- und Krankenfürsorge vorgeschlagen, während den Männern als ordinierten männlichen Diakonen die Leitungs- und Verwaltungsaufgaben obliegen sollten. Obwohl Calvin sich hinsichtlich der Frauen nicht durchsetzten konnte, zeigte diese geschlechtsspezifische Unterscheidung im 19. Jahrhundert bei der Einführung des Diakonissenamts Wirkung. Es gab also durchaus eine Reihe von geschichtlichen Vorbildern, an die der neue diakonische Aufbruch des Pietismus im 17./18. Jahrhunderts und der Erweckungsbewegung im 19. Jh. anknüpfen konnte.

In Deutschland war es August Hermann Francke (1633–1727), der einerseits – angeregt durch Philipp Jakob Spener – auf das Erbe Luthers zurückgriff (»Diakonentum aller Gläubigen«), andererseits durch die Errichtung des Waisenhauses und der damit verbundenen Einrichtungen eine Anstaltsdiakonie auf die Beine stellte. Er konnte sich dafür die Unterstützung wohlhabender Bürger und staatlicher Autoritäten sichern. Die Herrnhuter Brüdergemeine des Grafen von Zinzendorf (1700–1760) wollte dagegen eine apostolische Gemeinde im Sinne einer diakonischen Kontrastgesellschaft sein, wie sie schon bei den Minderbrüdern zu finden war. In England, den Niederlanden und Frankreich hat die pietistische und erweckliche Diakonie im Kontext freikirchlicher Minderheitsgemeinden oder damit verbundener Trägervereine die Devise John Wesleys (1703–1791) umzusetzen versucht: »Es gibt keine Heiligkeit wenn sie nicht soziale Heiligkeit ist«[4]. Es entstanden Armenschulen, Blindenvereine, Landarbeitervereinigungen, Sonntagsschulen, aber auch politische Vereinigungen mit dem Ziel, die Lage der arbeitenden Klassen zu verbessern. Diese gemeindediakonischen Formen verbreiteten sich auch bei den Anglikanern und Presbyterianern. Sie prägen das Bild der Diakonie in den westeuropäischen Ländern bis heute. In Frankreich hat daran wiederum die christlich soziale Bewegung des 19. Jh. (christianisme social u. a.) angeknüpft[5], die zum Teil in den religiösen Sozialismus übergegangen ist. Auch die ökumenische Bewegung und ihre Diakonie, die bis heute gesellschafts- und ökonomiekritische Impulse vermittelt, können sich auf diese Tradition berufen. Die deutsche Diakonie des 19. und 20. Jh. wurde durch den religiösen Sozialismus[6] nur geringfügig, beeinflusst. Erst im Gefolge der politischen Theologie entwickelte sich eine gesellschaftskritisch-politische Diakonie, die Jürgen Moltmann unter der Perspektive des Reiches Gottes als gemeindediakonisches Konzept profilierte[7]. Die deutsche Diakonie wurde zuvor stärker durch die großen bürgerlichen Gründergestalten des 19. Jh. geprägt, durch die Diakonissenhäuser und -gemeinschaften im Sinne von Theodor Fliedner (1800–1864), Friederike Fliedner (1800–1842) und Wilhelm Löhe (1808–1872), sowie durch die diakonische Komplexeinrichtung des unternehmerisch erfolgreichen Friedrich von Bodelschwingh (1831–1910).

4 Dupré/Saliers, Spiritualität, 313.
5 Blaser, christianisme social.
6 vermittelt über Christoph Blumhardt (Bad Boll) und zeitweise Paul Tillich.
7 Moltmann, Reich.

Johann Hinrich Wichern bestimmte die strukturellen und theologischen Grundlagen der *Inneren Mission* als Verein (Centralausschuss ab 1848) neben der Kirche mit volksmissionarischer und sozialreformerischer Ausrichtung, in einer gewissen Konkurrenz zur etablierten Kirche, aber mit ihr über viele leitende Persönlichkeiten verbunden. Eine stärkere »Verkirchlichung« der deutschen Diakonie setzte im Gefolge der nationalsozialistischen Übergriffe ein. In Form des Evangelischen Hilfswerks entstanden dann nach dem Zweiten Weltkrieg als Not- und Flüchtlingshilfe eigene landeskirchliche diakonische Strukturen in Form des »Hilfswerks der Evangelischen Kirche in Deutschland«, einer unselbständigen Einrichtung der verfassten Kirche. Damit wurden die Landeskirchen erstmalig zum Träger diakonischer Organisationen. Das mit der Gründung des Evangelischen Hilfswerks verfolgte Ziel einer diakonischen Mobilisierung der Gemeinden und aller Landeskirchen (»Kirche in Aktion«), das besonders von seinem ersten Leiter Eugen Gerstenmeier verfolgt wurde, erfüllte sich allerdings nicht. Die privatrechtlich organisierte Diakonie unter dem Dach des Centralausschusses der Inneren Mission bestand daneben weiter, nun aber durch die Grundordnung der EKD (vom 13. Juli 1948) als »Wesens- und Lebensäußerung der Kirche« anerkannt[8]. Die Zusammenführung der beiden Organisationen zum »Diakonischen Werk der Evangelischen Kirche in Deutschland« begann 1957 und wurde durch ein Kirchengesetz am 6. November 1975 besiegelt[9], das einerseits eine enge organisationsrechtliche Verbindung zur verfassten Kirche absicherte, andererseits die rechtliche Selbständigkeit des Diakonischen Werkes als Dachverband für die meist selbständigen Träger diakonischer Arbeit wahrte, die nur durch ihre Mitgliedschaft ihre kirchliche Anbindung ausweisen müssen. Damit fallen alle diakonischen Einrichtungen unter den Schutz des Artikels 140 des Grundgesetztes, der den Religionsgemeinschaften das Recht garantiert, ihre Angelegenheiten selbständig zu ordnen und zu verwalten. Sie können sowohl über ihre Rechtsformen entscheiden als auch ein eigenes Dienst- und Arbeitsrecht erlassen.

8 Kirchenamt der EKD, Grundordnung, 233.
9 Amtsblatt der EKD 29, 713.

Eine weitere Fusion mit einer kirchlichen Organisation wurde im Oktober 2012 vollzogen. Das Diakonische Werk und Brot für die Welt vereinigten sich mit dem Evangelischen Entwicklungsdienst zum »Evangelischen Werk für Diakonie und Entwicklung«, dem gemeinsamen Wohlfahrtsverband der Evangelischen Kirche in Deutschland, altkonfessioneller Kirchen und zahlreicher Freikirchen mit Sitz in Berlin. Mit der skizzierten organisationsrechtlichen Verankerung von Kirche und Diakonie ging freilich eine sich verstärkende Einbindung der Diakonie in die sozialstaatliche Struktur der Bundesrepublik Deutschland einher, die auch auf dem Gebiet der ehemaligen DDR ab 1990 nachvollzogen wurde. Bereits im Verlauf der Weimarer Republik (1919–1933) wurden diakonische Einrichtungen zu öffentlich-rechtlich beauftragten Dienstleistern in der Behindertenarbeit, der Fürsorge, der Jugendhilfe und auch im Gesundheitswesen. Das Prinzip des Vorgangs der Freien Wohlfahrt wurde zusammen mit den nicht-kirchlichen Verbänden durchgesetzt und auch in die grundlegenden Sozialgesetze der Bundesrepublik (vor 1990) übernommen.[10] Die daraus resultierenden Spannungen und Probleme fasst der folgende Text, der einem Diskussionspapier des zentralen Leitungsorgans der deutschen Diakonie entnommen ist[11], wie folgt zusammen:

»Zugleich aber definiert nun der Sozialstaat zu wesentlichen Teilen die Arbeitsbedingungen und Handlungsmöglichkeiten der Diakonie. Mit dem formalen Freiheitsgewinn durch die Zuordnung zur Kirche korrespondiert eine hohe faktische Abhängigkeit von der öffentlichen Hand. Die Geschichte der Diakonie nach 1945 ist auf das engste mit der des bundesrepublikanischen Wohlfahrtsstaates verbunden. Diese Abhängigkeit wurde besonders augenfällig mit der Einführung wettbewerblicher Elemente in die sozialrechtlichen Sicherungssysteme ab den 1990er Jahren. Galt bis dahin das sogenannte Kostendeckungsprinzip, wurden beginnend mit der Etablierung einer gesetzlichen Pflegeversicherung 1996 sukzessive wettbewerbliche Elemente in die überkommenen Strukturen der Leistungserbringung eingeführt. Doch

10 Gegenwärtig engagiert sich das Evangelische Werk für Diakonie und Entwicklung zusammen mit den anderen Spitzenverbänden der Freien Wohlfahrt u.a. gegen den Abbau sozialstaatlicher bzw. subsidiärer Strukturen zugunsten einer noch radikaleren sozialmarktlichen Orientierung.

11 Becker, U., Perspektiven, 111 f.

schon vorher zeichnete sich ab, dass die seit den 1970er Jahren vielbeschworene ›Krise des Sozialstaates‹ auch die Diakonie im Sozialstaat vor erhebliche Herausforderungen stellt. Doch auch intern stellt sich zunehmend die Frage, ob die Diakonie an einer Überexpandierung leidet und dabei ihr evangelisches Proprium aus dem Blick verliert. Besonders manifest wurde diese Gefahr nach der Wiedervereinigung, als die Diakonie in Ostdeutschland zahlreiche staatliche Einrichtungen in kirchliche Trägerschaft übernahm. Die in Westdeutschland schon zu beobachtende strukturelle Asymmetrie zwischen schrumpfender Volkskirche und expandierender Diakonie verschärft sich hier noch einmal. Unter diesen Bedingungen wird es für die Diakonie zunehmend schwierig, ihr Kirchesein zu plausibilisieren.«

Hier kann eine soziologische Analyse diesen scheinbar widersprüchlichen Befund erklären. Aus systemtheoretischer Sicht hat Niklas Luhmann eine Dreiteilung des Christlichen Religionssystems in der modernen, funktional-differenzierten Gesellschaft diagnostiziert. Im *Teilbereich Kirche* wird die Funktion der Sinnvermittlung und Kontingenzbewältigung wahrgenommen. Im *Teilbereich Diakonie* werden Leistungen für andere gesellschaftliche Teilsysteme erbracht, die von ihnen erzeugte Probleme, insbesondere solche, die personbezogene Hilfeleistungen erforderlich machen, nicht selbst lesen können. Dadurch ist die Diakonie gezwungen, Fremdnormierungen zu übernehmen und vorrangig Leistungen zu erbringen, die mit Sinnvermittlung und Kontingenzbewältigung nur marginal zu tun haben. Dem dritten *Teilbereich Theologie* käme dann die Aufgabe zu, die Identität und Einheit des Religionssystems zu reflektieren, was ihm aber im Blick auf die Diakonie immer weniger gelinge. Die funktionale Zuordnung zu unterschiedlichen gesellschaftlichen Systemen erscheint insofern plausibel, als sie den Bedeutungsverlust von Kirche bei gleichzeitig wachsender Wertschätzung von Diakonie zu erklären vermag. In den verselbständigten Systemen einer säkularisierten Gesellschaft werden religiöse Inhalte nicht mehr kommuniziert außer eben in den (residualen) Organisationen, die sich auf das Religionssystem selbst beschränken. Religiöse Deutungsangebote müssen mit Leistungen für andere Systeme verknüpft sein, wenn sie Resonanz finden sollen. Gegen Luhmanns Thesen sprechen allerdings Forderungen nach einer deutlicheren religiösen Profilierung, besonders durch spirituelle und seelsorgerliche Angebote, als Alleinstellungsmerkmale von Diakonie auf dem sogenannten Sozialmarkt. Gleichzeitige Forderungen an die Kirchengemeinden, sich durch *ganzheitliche* Begleitung vor Ort bzw. im Quartier als relevanter Beziehungspartner zu bewähren, verweisen eher auf eine Zuordnung von Kirche und teilweise auch Diakonie zu nicht funktional ausdifferenzierten Lebensbereichen, in denen Individuen ihre Identität finden und in Krisen bewähren müssen. Auch die vielfach konstatierte *Versäulung* der Diakonie in mindestens drei Organisationsformen mit unterschiedlichen Zielsetzungen, nämlich Dienstleistungserbringung, Gemeinschaftsbildung/soziale Integration sowie Sozialanwaltschaft, verweist eher auf eine nur teilweise Verquickung von Diakonie und funktionalen Gesellschaftssystemen. Zumindest die zweite Säule (Gemeinschaftsbildung/Integration) bezieht sich auf die Bedürfnisse individueller Existenz, die von den funktional ausdifferenzierten Systemen nicht befriedigt werden.

Angesichts der Dominanz kirchlich-institutioneller, sozialstaatlicher und neuerdings auch ökonomisch-wettbewerblicher Reflexionen zum Verhältnis von Kirche und Diakonie ist daran zu erinnern, dass es theologisch-ethisch gesehen nur zwei eigentliche Subjekte der Diakonie geben darf. Zum einen sind dies die Hilfeempfänger und Hilfebedürftigen, die nicht zu Objekten kirchlich-diakonischer Betreuung werden dürfen, sondern deren eigene Kräfte und Ressourcen angeregt bzw. unterstützt werden sollten. Zum anderen sind dies die diakonisch Handelnden, die dank ihrer inneren Beziehung zu Jesus Christus für ihre Klienten zu einer neuen humanen Erfahrung werden und gleichzeitig die christliche Gemeinde bzw. mit der berühmten Formel Bonhoeffers »Christus als Gemeinde existierend«[12] verkörpern, vielleicht ohne darüber je nachgedacht zu haben. Exemplarische Formen interaktionsnaher diakonischer Organisation sind einerseits Selbsthilfegruppen und

12 Bonhoeffers Rede von »Christus als Gemeinde existierend« ist die Modifikation der Hegelschen Formulierung »Gott als Gemeinde existierend«. Sie findet sich in Bonhoeffers Dissertation »Sanctorum Communio« (1930) an verschiedenen Stellen. Vgl. Bonhoeffer, Sanctorum, 87; 126 ff.

andererseits gemeindebezogene Initiativgruppen.[13] Diakonische Einrichtungen, die *heute ihr Kirchesein zu plausibilisieren* haben, sollten das auch organisatorisch sichtbar machen. Manche haben damit begonnen.

Impulse:

- Im Verlauf der Geschichte haben sich unterschiedliche Formen kirchlicher Diakonie herausgebildet. Skizzieren Sie eine für jede Epoche (Antike, Mittelalter, Aufklärung/Pietismus etc.) und überlegen Sie, ob diese Form den diakonischen Auftrag in ihrer Zeit angemessen zur Geltung gebracht hat.
- Wie verändert sich die kirchliche Diakonie durch ihre Einbeziehung in sozialstaatliche Strukturen?
- Welche Erkenntnisse ergeben sich aus systemtheoretisch-funktionalistischer Perspektive auf das Verhältnis von Diakonie und Kirche und wo sehen Sie Grenzen dieser Betrachtungsweise?

4.4.2 Konzepte und Diskurse

Neben der als Innere Mission bzw. Evangelisches Hilfswerk selbständig gewordenen Diakonie war die kirchlich-diakonische Arbeit bis lange nach dem Zweiten Weltkrieg um die Person der Gemeindeschwester zentriert. Schon Johann Friedrich Oberlin (1740–1828) hatte im Steintal/Elsass Kleinkinderschulen gegründet und unter Berufung auf Phöbe (Röm 16,1) Diakonissen als Erzieherinnen eingesetzt, die von den Frauen seiner Gemeinde gewählt wurden und neben der Kleinkindererziehung auch für die Beratung von Familien und für die Krankenfürsorge zuständig waren. Unter anderen griff Theodor Fliedner dieses Konzept mit der Gründung einer Kleinkinderschule, einem Kinderlehrerinnenseminar und einer Krankenpflegeausbildung auf. In einem Vortrag von 1889 hat »Pastor Fliedner«, einer der Söhne von Theodor Fliedner, die Gemeindediakonie als »die Perle der Diakonissentätigkeit«

13 Im Rahmen befreiungstheologischer Praxis und Reflexion sind solche Gruppen als kollektive Subjekte diakonischen Handelns identifiziert worden. Vgl. Steinkamp, Initiativgruppen, bes. 198 ff.

bezeichnet. Sie sei nicht nur auf Krankenpflege beschränkt, sondern umfasse alles, was in der Kirche durch Frauen zur Unterstützung von Familien getan werden könne[14]. Dieses Konzept der »Gemeindeschwester«, teils von Kinder- und Krankenpflegevereinen, teils unmittelbar von den Kirchengemeinden angestellt, herrschte bis in die 1960er Jahre vor, gelegentlich ergänzt durch die Tätigkeit von Besuchsdienstkreisen. Die Gemeindeschwester galt als die rechte oder linke, jedenfalls die diakonische Hand des Pfarrers, hatte dessen Augen und Ohren zu ergänzen, d.h. dafür zu sorgen, dass dessen Seelsorge als Nächstenliebe praktisch erfahrbar wurde. Als in den 1960er Jahren die institutionalisierte und fachlich immer besser qualifizierte Diakonie auch viele gemeindediakonische Aufgaben übernahm, entstanden erste Gegenkonzepte einer gemeindebasierten, nachbarschaftlichen Diakonie. Hans Christoph von Hase forderte die »Integration des Hilfsbedürftigen in den Kreis der benachbarten Christen«[15], Paul Philippi vertrat die These, dass »christozentrische Diakonie« nur als eine Gemeinde Gestalt gewinne, die der christusfernen Welt das gottgewollte Zusammenleben beispielhaft vorlebe[16].

Der damit vorgenommenen scharfen Kontrastierung von Kirche und Welt widersprach sowohl das Konzept eines doppelten Diakonats von Heinz-Dietrich Wendland[17] als auch das einer »Kirche für andere« bzw. »Kirche für die Welt« des Ökumenischen Rats der Kirchen[18]. Wendland sprach von der Präsenz Christi sowohl in der »Fülle der diakonischen Charismen«[19] der Gemeinde

14 Ueber Gemeindediakone. Vortrag von Pastor Fliedner – Kaiserswerth. Flugblatt hg. vom Ausschuss der südwestdeutschen Konferenz für Innere Mission, Karlsruhe 1889, 3: »Die Diakonissen sollen auch den notleidenden Witwen täglich Handreichung thun wie den bedürftigen Kindern, besonders auch den kleinen Kindern vor der Schulzeit. Sie sollen besonders den jungen Mädchen beistehen in Gefahren und Versuchungen… Sie sollen den Ehefrauen beistehen, die allein nicht ankämpfen können gegen die Not des Lebens«. Es ist unklar, ob Georg oder Heinrich Fliedner diesen Vortrag gehalten hat.

15 Von Hase, Gemeinde, 39f.

16 Philippi, Christozentrisch.

17 Wendland, Christos Diakonos, 110–122.

18 Ökumenischer Rat der Kirchen, Strukturen.

19 Wendland, Christos Diakonos, 114f.

als auch verborgen in der Welt der »Ärmsten und Elendesten«[20]. Diakonie hat sich zwischen diesen beiden Polen zu bewegen, d. h. sowohl innerhalb als auch außerhalb der Kirche auf eine agapekonforme Gestaltung der sozialen Beziehungen hinzuwirken. Demgegenüber betonten Philippi und insbesondere dessen Lehrer Herbert Krimm, dass die Diakonie »wie an einem Modellkörper an der eigenen Gemeinde alles das zu verwirklichen« habe, »was man an Nächstenliebe, an Liebesdienst, an Sprungbereitschaft gegenüber dem Elend für unerlässlich hält.«[21] Eine Verständigung zwischen beiden Positionen war damals nicht möglich, vermutlich weil einerseits Philippi/Krimm nicht sahen, dass sich die Kirchen selbst schon weitgehend säkularisiert und pluralisiert hatten und weil andererseits Wendland die verschiedenen humanistischen Wertorientierungen in Gesellschaft und Kirche nicht genügend beachtete, mit denen eine »gesellschaftliche Diakonie« sich durchaus hätte verbinden können. Die Unterscheidung zwischen einer kirchlichen Binnenstruktur (als Ort der Gemeindediakonie) und einer gesellschaftlichen Diakonie wurde auch durch die schon im 19. Jahrhundert einsetzende Entwicklung zu einer diakonischen »Zweitstruktur«[22] begünstigt und durch deren weitgehende Einbindung in das sozialstaatliche System bestärkt. Spätestens seit den 1960er Jahren prägten die größten Dienstleistungseinrichtungen das Bild der Diakonie in der Öffentlichkeit, die alle verbleibenden gemeindlichen Aktivitäten fast vergessen ließ.

Gegen ein solches Zwei-Säulen-Modell von Kirche und Diakonie hat Jürgen Moltmann eine »Diakonisierung der Gemeinde« und eine Gemeindewerdung der Diakonie gefordert[23] und damit gleichzeitig dem neuzeitlichen ethisierten Diakonieverständnis widersprochen, das die praktizierte Nächstenliebe zur mora-

20 Wendland, Christos Diakonos, 114 f.

21 Krimm, Gestaltwerdung, 131.

22 Vgl. Schmidt, R. K. W., Sozialität.

23 Moltmann, Reich, 38. Moltmann knüpft an Karl Barth an (Barth, Dogmatik, Bd. III/4, 5454), der gegen die vorherrschende Individualisierung ethischen Handelns die Gemeinde unter dem Wort Gottes als das Subjekt diakonischen Handelns herausgestellt hatte, die dem Dienst Gottes an ihr entspricht und nicht menschlicher Anstrengung entspringen darf (Gefahr der Werkgerechtigkeit!).

lischen Aufgabe und Leistung einzelner Subjekte gemacht habe. »Diakonie im Horizont des Reiches Gottes« solle mit der Aufhebung der Vereinzelung der Gemeindemitglieder beginnen: »Solange die alltägliche Isolierung der Gemeindemitglieder voneinander nicht aufgehoben wird, wird es keine Erfahrung der Gemeinde geben und auch keine Diakonie in der Gemeinde«[24]. Diakonie ist zuallererst ein Akt des Selbstvollzugs der Gemeinde, die freilich nur insofern deren Subjekt ist, als sie sich als Diakonie untereinander vollzieht und sich gleichzeitig den Armen und Notleidenden in ihrer Reichweite zuwendet. Der katholische praktische Theologe Hermann Steinkamp hat kürzlich das Moltmann'sche Diakoniekonzept wie folgt aktualisiert:

»Die christliche Gemeinde als Gemeinde derer, die die vorrangige Option Gottes für die Armen in der Praxis Jesu glaubend bejaht und nachvollzieht, wird in dem Maße Subjekt diakonischer Orthopraxis, als sie die Solidarität der geringsten Brüder und Schwestern untereinander und mit den Kranken, Notleidenden und Behinderten, am Ort ›lebt‹, d. h. in konkreter Parteinahme und in solidarischen, die Würde der Bedürftigen achtenden Hilfehandlungen.«[25] Auch einzelne Christen können – genauso wie diakonische Einrichtungen[26] – in dem Maße Subjekte diakonischen Handelns sein, in dem sie sich auf entsprechende gemeindliche Kommunikationen zurückbeziehen und an ihnen teilnehmen. Außerdem soll die diakonische Kirche als ganze ihre »Option für die Armen« durch prophetisches »Einklagen der Rechte der Armen und Einsatz im Kampf für weltweite Gerechtigkeit« realisieren sowie durch glaubhafte institutionelle Entscheidungen ihre »parteiliche Solidarität« unter Beweis stellen (z. B. durch Verzicht auf Privilegien).[27]

Die Konzeption ist zweifellos von einer hohen Kohärenz und entspricht so der grundlegenden Forderung Steinkamps, dass die

24 Moltmann, Reich, 37.

25 Steinkamp, Diakonie statt Pastoral, 59.

26 Diese »Erweiterung« auf die institutionalisierte Diakonie vollzieht H. Steinkamp an dieser Stelle nicht, hält es aber für möglich, Krankenhäuser, Altenheim, aber auch Obdachlosensiedlungen zu eigenständigen Gestalten der Kirche, zu »Gemeinden jenseits der Pfarrei« zu entwickeln; vgl. Steinkamp, a. a. O., 157.

27 Ebd.

Kirchen und Gemeinden sich »in Richtung auf eine neue Praxis selbstorganisierter basisgemeindlicher Formen solidarischen Miteinanders transformieren sollten«[28]. Sie hat sich auch bis zu einem gewissen Grad vor Ort bewährt, sofern sich Gemeinden darauf eingelassen und sich als diakonische Gemeinden bzw. Diakoniekirchen selbst neu organisiert haben. Aber selbst in solchen lokalen Zusammenhängen hat sich gezeigt, dass eine Praxis selbstorganisierter solidarischer Formen allein nicht ausreicht, um der Pluralität der Unterstützungsbedarfe gerecht zu werden. Zwar initiieren und nutzen ältere Menschen zunehmend und gerne Möglichkeiten der Selbsthilfe, Selbstorganisation und nachbarschaftlicher Solidarität, aber in aller Regel brauchen sie dabei institutionelle Ressourcen (z. B. Räume, Finanzen, Beratung etc.). Mit höherem Alter wächst die Zahl gebrechlicher Menschen, die ständiger professioneller Hilfe bedürfen, auch wenn gerade hier Selbsthilfe und Selbstorganisation zu zentralen Qualitätsstandards geworden sind. Die zunehmende elektronische Medialisierung hat das Leben für die meisten Menschen beschleunigt, traditionelle Rhythmisierung des Lebens aber weiter zerstört; sie hat die Kommunikationsdichte erhöht, aber Erfahrungen persönlicher Nähe vermindert; sie hat die Informationsmenge extrem ausgedehnt, gleichzeitig aber Orientierungsbedürfnisse anwachsen lassen. Die sozialen Medien vermehren die Kommunikationschancen, auch die anonymisierten, verleiten aber auch zu ständiger Selbstdarstellung, Selbstperfektionierung und begünstigen Selbstisolation und Vereinsamung. Günter Ruddat und Gerhard K. Schäfer sprechen in diesem Zusammenhang von der sozialen und therapeutischen Rolle von kirchlicher Diakonie »vor Ort, die Rituale des Lebens (leiturgia) und Angebote der Orientierung (martyria), Gemeinschaft (koinonia) und Beistand (diakonia) darstellt und öffentlich verhält.«[29] Das Konzept einer »Praxis selbstorganisierter solidarischer Zusammenhänge« bedarf daher schon im Blick auf lokale Gegebenheiten der Erweiterung und Flexibilisierung, die die ekklesiologisch und diakonisch notwendige Komplementarität verschiedener Strukturen und Praxisformen einbezieht. Ruddat/

28 A. a. O., 1.
29 Ruddat/Schäfer, Diakonie, 214.

Schäfer fassen verschiedene Vorschläge dazu in der folgenden Formulierung zusammen:

»›Kirche mit anderen‹, die sich öffnet und die nicht festhält, die den Weg der Menschen im Rhythmus des Lebens kreuzt und präsent ist auf dem Markt und an den Rändern der Stadt, eine solche Kirche erinnert an eine Welt, in die die Erfahrung des Kreuzes hineingehört und die auch die dunklen Seiten des Lebens beleuchtet und mit anderen teilt.«[30]

Das Konzept »Kirche mit anderen« ist nicht nur auf Gerechtigkeitsprobleme fokussiert, sondern impliziert ein wesentlich breiteres Spektrum kirchlicher Begleitung und Unterstützung. Zu denken ist z. B. an verschiedene individuelle Krisen, an Trauersituationen, an Sterbebegleitung, Erziehungs- oder Ausbildungshilfe usw. Der Titel »Kirche mit anderen« signalisiert zudem die größtmögliche Selbstbestimmung und Selbstorganisation als Qualitätsstandard kirchlicher Begleitung, die es offen lassen kann, ob sich die Adressaten im Sinne bestimmter christlicher Überzeugungen oder Ziele selbst engagieren wollen. Dies ist ein wichtiger Unterschied zum Konzept solidarischer Gerechtigkeitspraxis, das – obwohl dabei Selbstorganisation und Selbsthilfe ständig betont werden – offensichtlich voraussetzt, dass die Unterstützten sich schließlich selbst im Sinne solidarischer Gerechtigkeitspraxis engagieren. »Kirche mit anderen« verzichtet auf eine derartige, letztlich missionarische Intentionalität und entspricht so besser der pluralistischen Situation innerhalb und außerhalb der Kirchen. Außerdem legt die Formulierung »mit anderen« auch nahe, dass Kirche nicht allein tätig wird, sondern sich die Begleitungsaufgabe mit anderen Gruppen teilt, sei es in Form institutioneller Kooperationen oder in Netzwerken. Schließlich ist der Träger der begleitenden Hilfe nicht vorab festgelegt. Es kann eine Kirchengemeinde, ein Kirchenbezirk, es können aber auch freie Initiativgruppen sein, die mit kirchlichen Mitteln (auch mit kirchlichem Know-how) unterstützt werden. Denkbar sind sogar diakonische Unternehmen, wenn sie bestimmte Begleitungsaktivitäten, z. B. ein Hospiz oder besondere spirituelle Angebote, in ihr Portfolio aufnehmen. Auch Kooperationen zwischen verschiedenen Organisationen sind denkbar.

30 Ebd.

Die Konzeption »Kirche mit anderen« wurde seit etwa 2000 als Zukunftsperspektive[31] entwickelt. Sie traf damals schon auf verschiedene Ansätze und Beispiele einer diakonischen Gemeinde bzw. Kirche (s. u.), die auch inzwischen dokumentiert bzw. praktisch-theologisch reflektiert wurden.[32] Auf der konzeptionellen Ebene haben Ruddat/Schäfer aus diesen Projekten eine Doppelstrategie gewonnen, die sie als »Diakonische Lokalisierung nach außen« und »Diakonische Lokalisierung nach innen« bezeichnet haben. Erstere meint eine Öffnung von Räumen der Begegnung und Unterstützung für Menschen in bestimmten (Not-)Situationen wie Einsamkeit, materielle Bedürftigkeit, Erziehungs- und Sozialisationsbedarf u. a. m. in Form von Kirchencafés, Kleiderkammern, Mittagstischen oder anderen niedrigschwelligen Angeboten. Auch die Umgestaltung von Kindertagesstätten in Familien- und Nachbarschaftszentren oder von Diakoniestationen in Beratungs- und Pflegeagenturen gehört dazu.

»Diakonische Lokalisierung nach außen« meint die Verantwortung diakonischer Aktivitäten und Projekte in sozialen Brennpunkten im Umfeld von Gemeinden, Kirchenbezirken, in Stadtgebieten oder im ländlichen Bereich (z. B. Asylunterkunft, Justizvollzugsanstalt, Behindertenwerkstätten oder -wohnungen u. a. m.) mit dem Ziel ihrer selbständigkeitsorientierten Umstrukturierung. Diese doppelte Lokalisierung sollte freilich als diakonisch erfahrbar und erkennbar sein, z. B. durch entsprechend rituelle bzw. liturgische Gestaltung von Festen und besonderen Lebensereignissen, durch eine auf christliche Traditionen zurückgreifende Rhythmisierung von Jahres- und Lebenszeiten sowie durch spirituelle Angebote, die von einer Trägergemeinde oder Initiativgruppe selbst praktiziert werden. Die diakonische Lokalisierung nach außen kann auch zu einer Vernetzung mit anderen Gemeinden oder Gruppen in der Absicht wechselseitiger Ressourcennutzung veranlassen. Schließlich ergeben sich aus den bisherigen Erfahrungen differenzierte Qualifizierungsanforderungen, denen durch diakonische Praktika oder Projektgruppen sowie

31 Zum Beispiel im Christuspavillon auf der EXPO 2000: Baltruweit/Haite/Hellwig, Kirche; Lukatis/Wegner, Expo.

32 Bei Ruddat/Schäfer, Diakonie, 216–221 werden zehn davon referiert.

Freiwilligenschulung, aber gegebenenfalls auch durch professionelle Ausbildung und Einsatz von Fachkräften Rechnung getragen werden kann.

Das Konzept »Kirche mit anderen« bezieht sich nicht nur auf Kirchengemeinden und Projektgruppen, sondern auch auf komplexere, d. h. übergreifende kirchliche und diakonische Organisationen wie Dienstleistungsunternehmen und Verbände. Auch hier ist eine »Lokalisierung nach innen« im Sinne einer Öffnung für Freunde, Gäste und Fremde und eine Lokalisierung nach außen angesagt. Für Kirchen und diakonische Komplexeinrichtungen bedeutet dies eine stärkere Beachtung der innerkirchlichen Pluralität, eine bewusste Einbeziehung nichtchristlicher Mitarbeitender mit vergleichbaren ethisch-humanistischen Intentionen (z. B. Beschäftigung islamischer Erzieherinnen in Kindertagesstätten mit Kindern islamischer Eltern) sowie die Beteiligung anderer gesellschaftlicher Gruppen an innerkirchlichen Diskursen. Eine »Lokalisierung nach außen« ist z. B. im Senioren- und im Behindertenbereich bereits seit einiger Zeit im Gang. Unter der Programmformel »Ambulantisierung« wird aus früheren Betreuungsanstalten ein neues Setting selbständiger Wohngruppen, Wohngemeinschaften (z. B. zwischen Behinderten und Nichtbehinderten), Mehrgenerationenhäuser oder von Service-Netzwerken vor Ort. Einige Einrichtungen agieren u. a. als sogenannte Service-Intermediäre im Rahmen lokaler Kooperationen und Netzwerke.[33] Kirchenleitende Institutionen setzen auf adressatenbezogene Steuerungsinstrumente und delegieren Verantwortlichkeiten an lokale und regionale Instanzen, weil diese die Gegebenheiten vor Ort genauer erfassen und flexibler reagieren können. Die Kirchen insgesamt verstehen sich nicht mehr als staatsnahe Betreuungsinstitutionen für Sinnfindung und Orientierung, sondern als zivilgesellschaftliche Akteure, die durch Wort und Tat Menschen gewinnen müssen, und zwar für unterschiedlich intensive Formen der Beteiligung. Da beide, Kirche und Diakonie, als zivilgesellschaftliche Akteure in teilweise unterschiedlichen Umwelten zu agieren haben, kann sich die manchmal beklagte Doppelstruktur bzw. die Eigenständigkeit der aus einem Vereins-

33 Vgl. Haas, Unternehmen, 257–270.

wesen erwachsenen diakonischen Zweitstruktur der Diakonie durchaus bewähren, solange beide Strukturen sich als »Kirche mit anderen« verstehen und diesbezüglich eng zusammenarbeiten, und zwar in lokalen und regionalen Settings. Freilich muss dabei beachtet werden, dass diakonische Einrichtungen als sozialstaatliche Dienstleistungsunternehmen den ihnen vorgegebenen Qualitätsparametern und Leistungsansprüchen verpflichtet sind und daher dazu tendieren, das Notwendige für ihre Kunden zu tun statt zuerst deren Wünsche und Bedürfnisse zusammen mit ihnen zu erkunden und gemeinsam nach Lösungen zu suchen. Diakonie *für andere* oder Diakonie *mit anderen* muss daher immer neu kritisch rückgefragt werden, natürlich nicht nur hinsichtlich der Dienstleistungsunternehmen.

Impulse:

- Benennen Sie Vorteile und Risiken gemeindediakonischer Aktivitäten im Unterschied zu der Tätigkeit diakonischer Unternehmen.
- Erklären Sie, was mit »Kirche für andere« bzw. »Kirche mit anderen« gemeint ist.

4.4.3 Formen und Strukturen

4.4.3.1 Nürnberg – ein Beispiel diakonischer Gemeindeentwicklung

Unter Bezug auf das Konzept »Kirche mit anderen« hat Paul-Hermann Zellfelder-Held die theologischen Grundlagen und die Praxis diakonischer Gemeindeentwicklung an seinem Wirkungsort Nürnberg mit großem Engagement beschrieben.[34] Ausgehend von der Diagnose, dass die Gesellschaft zwar soziale Leistungen, nicht aber sozialen Zusammenhalt produziert, bestimmt er genau dies als die Chance und Aufgabe der Gemeinde, »für möglichst viele zur geistlichen und sozialen Heimat zu werden«[35]. Die Voraussetzungen seien gegeben: »Denn Kirchengemeinden sind, auch gesellschaftlich gesehen, ein einzigartiger Organismus. Das

34 Zellfelder-Held, Gemeinde.
35 A.a.O., 23.

flächendeckende Netz von Gemeinden ist die feinmaschigste gesellschaftliche Struktur, die es heute in Deutschland gibt. Kirchengemeinden sind ein Gegenmodell zu einer Welt mit immer unpersönlicheren und unübersichtlicheren Strukturen, in der die soziale Verinselung und Anonymität der Menschen immer mehr zunimmt.«[36]

Um die Vorteile dieser Struktur diakonisch fruchtbar zu machen, müssen die Gemeinden einladend, glaubwürdig, solidarisch und gleichzeitig kompetent sein. Dies setzt voraus, dass sich möglichst viele Gemeindeglieder für diakonische Ziele mobilisieren lassen und die einzelnen Aktivitäten vor Ort, auch unterschiedlicher Gemeinden, effektiv vernetzt sind. Damit die Gemeinde wirklich zum Zeichen der Liebe Gottes werden kann, genügt nicht einfach eine Berufung auf das Gebot der Nächstenliebe, das zudem häufig individualethisch verstanden wird. Denn die Grundsituation der Diakonie ist das heilige Abendmahl, in dem die Gemeinschaft als Teilen erfahren wird. Es ist Quelle der Diakonie aufgrund der persönlichen gemeinschaftlichen Erfahrung und gleichzeitig Raststätte auf dem Weg durch die Zeiten. Insbesondere lebt und handelt die Diakonie aus der Hoffnung auf die Überwindung alles Leidens und die eschatologische Feier des Freudenmahls.

Im zweiten Teil des Buches stellt der Verfasser in anregender Weise Erfahrungen, Modelle und Ideen diakonischer (Um-)Gestaltung im Einzugsgebiet des Gottesdienstes (II. 1), des Pfarramts (II.2), der Diakonie-Sozialstation (II.3) und des Kindergartens (II.4) dar und demonstriert damit eindrucksvoll, dass traditionelle kirchliche Strukturen ziel- und bedürfnisentsprechend veränderbar sind (z. B. durch Gemeindekommunitäten, sozialanwaltschaftliche Aktionen, generationenübergreifendes Wohnen und Hospize, Kindergarten als Nachbarschaftszentrum, Mitbestimmung u. a. m.). Verdienstvoll ist auch der III. Hauptteil, der unter dem Titel »Handwerkszeug« zeigt, wie Instrumente und Arbeits-

36 A. a. O., 19. So einleuchtend dieser Befund erscheint, so naheliegend sind auch Einwände. Das flächendeckende Netz lässt sich bereits heute nicht mehr aufrechterhalten. Es fällt Kirchengemeinden schwer, bestimmte Milieus mit ihren besonderen Mentalitäten zu erreichen, in denen Vereinzelung und Verinselung nicht unbedingt negativ bewertet werden. Außerdem werden Letztere durch mächtige gesellschaftliche Akteure gestützt.

weisen modernen Sozialmanagements gewinnbringend einzusetzen sind, die Zusammenarbeit von Haupt- und Ehrenamtlichen fruchtbringend gestaltet werden kann und welche Strukturen und Rechtsformen die einzelnen Gemeinden bzw. mehrere Gemeinden zusammen schaffen können, um sich diakonisch effektiv zu organisieren (z. B. Trägerverein, gemeinnützige GmbH, Stiftungen). Dies ist auch deshalb weiterführend, weil es dazu beiträgt, den Graben zwischen Gemeinde- und Einrichtungsdiakonie zu überbrücken. Hinsichtlich ihrer Weiterentwicklung sind anscheinend beide mit ähnlichen Problemen konfrontiert, die sie mit ähnlichen Instrumenten zu lösen versuchen. Das dürfte Kooperationen erleichtern.

4.4.3.2 Kapelle Heidelberg – Beispiel einer Diakoniekirche

Das Beispiel von Nürnberg ermutigt zur Nachahmung. Aber es lässt, wie schon beiläufig erwähnt, einige risikoträchtige Aspekte unreflektiert. Eine derart weitgehende Mobilisierung ›normaler‹ Gemeinden wird in der Regel nicht möglich sein. Eine Verankerung freiwilligen diakonischen Einsatzes im Abendmahl wird vielen, die zu einem Engagement neigen, unzugänglich bleiben. Die große Mehrheit der (distanzierten) Mitglieder der Kirchengemeinden wird auf dieser Basis kaum zu mobilisieren sein, während zeitlich begrenzte und projektbezogene Engagements unter distanzierten Mitgliedern durchaus Anklang finden. Eine normale Gemeinde, die dem Nürnberger Beispiel folgen will, riskiert, dass ihre wenigen hauptamtlichen Mitarbeitenden, besonders die Pfarrerin bzw. der Pfarrer, ständig überfordert sind und bald resignieren. Die landeskirchliche Gemeindesituation macht die Umsetzung des Nürnberger Modells wahrscheinlich nur für sehr aktive freikirchliche Gemeinden oder für die sehr seltenen so genannten Personalgemeinden möglich, bei denen die Mitgliedschaft wie in den meisten Freikirchen auf einer persönlichen Entscheidung zum Engagement beruht. Ein Beispiel hierfür ist die Evangelische Kapellengemeinde in Heidelberg. Eine Selbstdarstellung von 2013 charakterisierte die Gemeinde folgendermaßen:[37]

37 aus: www.kapellengemeinde.de Aufruf vom 5.3.2013. Der hier zitierte Text befindet sich nicht mehr auf der Website.

»Die Kapellengemeinde ist die Diakoniekirche für Heidelberg. In ihrem Zentrum stehen Diakonie, Gebet und Gemeinschaft und so das Miteinander von vielen ehrenamtlichen Mitarbeiterinnen und Mitarbeitern, die miteinander die Kapelle gestalten.
Wir sind eine internationale Gemeinde, zu uns kommen Menschen aus der ganzen Welt, viele Sprachen werden bei uns gesprochen: französisch, englisch, spanisch und persisch. Ein besonderes Anliegen sind uns auch Menschen, die mit wenig Geld leben müssen. Deswegen haben wir den Treff manna gegründet, wo es fast jeden Tag Gemeinschaft, Bildung und guten Kaffee für nur wenige Cent gibt.
Die Kapelle lebt vom Miteinander der Generationen von Kindern bis zu Alten: für Kinder gibt es Kindergottesdienste und Trommelunterricht, eine KiTa und eine Krippe, rüstige Rentner treffen sich in Gruppen, zu uns gehören aber auch Pflegeeinrichtungen für Rentner.
Die Kapellengemeinde ist eng verbunden mit den Einrichtungen der Evangelischen Stadtmission Heidelberg e. V. und dem Diakonischen Werk Heidelberg und wir arbeiten zusammen mit dem Diakoniewissenschaftlichen Institut der Universität Heidelberg.
Die Kapelle ist eine Personalgemeinde in der Altstadt von Heidelberg. Sie gehört zur Evang. Kirche Heidelberg und zur Evang. Landeskirche in Baden. Ihre Trägerin ist die Evang. Stadtmission Heidelberg e. V.«

Die Personalgemeinde der Kapelle wird über ihre engagierten Mitglieder hinaus von der Evangelischen Stadtmission Heidelberg, einem mittelgroßem diakonischen Träger der Region, als Trägerin unterstützt, die sowohl die Pflegeeinrichtungen wie auch die Krippe und KiTa (letztere auch mit städtischer Unterstützung) finanziell trägt. Die Gemeinde selbst unterhält den Treff »Manna« mit Freiwilligen und einer halben hauptamtlichen Kraft und die genannten Gruppenaktivitäten der Gemeinde. Außerdem ist es ihr gelungen, junge Menschen aus verschiedenen Ländern und Kulturen, vorwiegend Studierende, zu veranlassen, ihre Zusammenkünfte und Gottesdienste in die Kapelle zu verlegen, wozu sie auch die Gemeindeglieder und auch die Heidelberger Öffentlichkeit einladen. Diese lebendigen Begegnungen mit anderen Kulturen und Religionen haben eine gute Resonanz.

Das Beispiel zeigt, dass die »Diakoniekirche«, obwohl sie von einer sehr aktiven Gemeinde mit Freiwilligen unterstützt wird, sich gezielt auf wenige Aktivitäten konzentriert, die weitgehend durch örtliche Bedingungen vorgegeben sind. Mit dem Treff »Manna«

im Zentrum der Altstadt setzt die Gemeinde ein Zeichen für Solidarität mit Randständigen. Außerdem befinden die Kapelle und der Treff Manna in einer Straße, in der noch verschiedene andere diakonische Einrichtungen konzentriert sind (z. B. Senioren- und Pflegeheime, Anonyme Alkoholiker mit Werkstätten, Obdachlosenunterkünfte, Diakonieladen/Tafel), so dass diese Straße auch als Diakoniestraße bezeichnet wird und gelegentlich als solche durch Straßenfeste in Erscheinung tritt. Am Beispiel Heidelberg lässt sich lernen, dass sich durch Vernetzung und zielgerichtete ortsbezogene Profilierung nachhaltige diakonische Effekte erzielen lassen. Freilich bleibt auch hier offen, ob die besondere Mitgliederstruktur der Personalgemeinde eine Übertragung auf normale landeskirchliche Gemeinden ausschließt.

4.3.3.3 Beispiel Diakonische Hausgemeinschaften

Die Wohn- und Lebensformen diakonischer Haus- und Lebensgemeinschaften wurden in den vergangenen Jahren neu entdeckt und in unterschiedlicher Weise in die Praxis umgesetzt. Es gibt Hausgemeinschaften für pflege- und betreuungsbedürftige Menschen (einschließlich von solchen mit Demenz), die von professionellen Pflegediensten unterstützt werden. Träger sind teilweise örtliche Diakoniewerke (z. B. Hannover, Kassel), Kirchengemeinden oder freie Vereine, von denen einige auch mit gewerblichen Pflegediensten zusammenarbeiten. Ziele dieser Einrichtungen sind die Förderung und Erhaltung von Alltagskompetenzen, Unterstützung bei einer möglichst selbständigen Lebensführung, Erleichterung der Kommunikation nach innen und außen, kommunikative und spirituell-religiöse Unterstützung. Zum Beispiel bietet die Einrichtung in Hannover Folgendes an: Singkreis, Spielnachmittage, kreatives Gestalten, Gesprächskreis, Vorlese-Nachmittage, Besucher auf vier Pfoten, Heimkino-Abende, Andachten und Gottesdienste, jahreszeitliche Feste.[38]

Eine Gefahr solcher Hausgemeinschaften älterer Menschen ist ohne Zweifel, dass sie als Inseln in ihren Umwelten existieren und

38 www.diakonisches-werk-hannover.de/hausgemeinschaften_waldeseck/konzept.html, letzter Aufruf: 22.12.2015.

so lediglich zu modernisierten Formen von Altenheimen werden. Eher vermieden wird eine solche Verinselung in Wohngruppen in der Art von Mehrgenerationenhäusern, die nicht nur auf ältere Menschen fokussieren. Als Vielfaltsgemeinschaft, als Dorf in der Stadt und Werkstadt für menschliche Spielregeln bezeichnet sich die Diakonische Hausgemeinschaft Heidelberg. An verschieden Orten der Stadt leben ältere und jüngere Menschen, Familien und Alleinstehende sowie solche in besonders schwierigen Lebenslagen und mit Assistenzbedarf zusammen: Das Zentrum bildet ein Mehrgenerationenhaus, das sich als »Forum für gesellschaftliches Engagement«, als »Quartiers-Treffpunkt« und »Raum für kulturelle Aktivitäten« bezeichnet, »der allen Menschen in Wohngemeinschaften offensteht«. Das Mehrgenerationenhaus sieht sich außerdem:

»als ein[en] Ort der informellen Spielregeln und der gemeinsamen Improvisation. Junge und Alte, Familien und Alleinstehende, Menschen in glücklichen und in schwierigen Lebensphasen haben Lust auf gute Gesellschaft in der Vielfaltsgemeinschaft. In ihrem Quartierszentrum entdecken sie eine neue Sinnperspektive und erfahren einen großen Beziehungsreichtum. Die Spielregeln in dem offenen Sozialraum werden nicht von kommerziellen Aspekten geprägt. Spontan und zwanglos finden dort viele Aktivitäten statt. Hier entstehen Freundschaften, Kinder entdecken in Gemeinschaft die Welt, Ältere treffen sich ungeplant zum Café und können sich auch im Hausanzug wohlfühlen. Für die ganz Kleinen steht ein Wickeltisch bereit. Im Mehrgenerationenhaus wird gemeinschaftlich gekocht und gegessen, gesungen und musiziert, doziert und fürs Leben gelernt… Die Kultur solidarischer Nachbarschaft ist bedeutsam auch für Menschen, die immer wieder Unterstützung benötigen – Familien, ältere Menschen, Personen mit unterschiedlichem Assistenzbedarf. Im Umfeld des Mehrgenerationenhauses soll daher eine breite Palette von Diensten etabliert werden. Im gemeinschaftlichen Kontext soll Selbständigkeit ermöglicht werden.«[39]

Die Diakonischen Hausgemeinschaften wurden als freie Initiative 1990 in Freiburg/Breisgau gegründet. Der Schwerpunkt wurde 1996 nach Heidelberg verlegt. Sie sind finanziell selbständig, finanzieren sich aus Spenden und erhalten die gesetzlichen Leistun-

39 www.mehrgenerationenhaus-heidelberg.de/mehrgenerationenhaus/, letzter Aufruf: 22.12.2015.

gen der sozialstaatlichen Kostenträger für ihre assistenzbedürftigen Bewohner. Sie arbeiten auch bedarfsabhängig mit etablierten Leistungserbringern, also mit sozialwirtschaftlichen Organisationen (z. B. Pflegedienste, therapeutische Dienste) zusammen. Freilich muss jeder Einzelfall mit den einschlägigen Diensten und Kostenträgern gesondert verhandelt werden. »Die bürokratischen Festlegungen der unterschiedlichen Kostenträger erschweren … ausdifferenzierte Formen der Zusammenarbeit unterschiedlicher sozialwirtschaftlicher Akteure« heißt es auf der Website.[40] Die Bildung von Netzwerken im Bereich der professionellen sozialen Arbeit und des bürgerschaftlichen Engagements solle besser als bisher gefördert werden. Aus städtischen und staatlichen Haushaltsmitteln erhält der Verein gelegentlich Anschubfinanzierungen für neue Projekte, natürlich erst nach einem aufwendigen Antragsverfahren.

Hausgemeinschaften gibt es heute fast überall in Europa. Meistens sind damit aber Seniorenwohngemeinschaften gemeint, die von professionellen Pflegediensten unterstützt werden. Das Modell der Vielfaltsgemeinschaft findet sich in der reduzierten Form von Mehrgenerationenhäusern an verschiedenen Orten, meist angeschlossen an andere sozialwirtschaftliche Leistungserbringer, kirchliche oder diakonische Organisationen. Die Diversifizierung in verschiedene Lebens- und Wohnstätten in einem ganzen Stadt- oder Landgebiet mit mannigfachen Vernetzungen vor Ort wie in Heidelberg ist bisher nirgends erreicht worden. Es ist zu hoffen, dass diese vielversprechende »Lokalisierung« nach innen und nach außen für die Entwicklung kirchlicher Diakonie zu einem Trendsetter wird.

4.4.3.4 Vernetzung bzw. Kooperation von Diakonie und Gemeinde

Die traditionelle organisatorische Trennung von Kirchengemeinden und selbständig agierenden diakonischen Einrichtungen hat sich zunehmend als problematisch erwiesen. Abgesehen von dys-

40 www.mehrgenerationenhaus-heidelberg.de/struktur/, letzter Aufruf: 22.12.2015.

funktionalen Konkurrenzen um Freiwillige sahen sich Kirchengemeinden häufig durch eigene diakonische Aktivitäten finanziell und personell überfordert. Selbständige diakonische Einrichtungen arbeiteten oft isoliert. In der öffentlichen Wahrnehmung haben sie ihr kirchliches Profil verloren, zumal wenn bei der Einstellung von Mitarbeitern nur auf die je einschlägige Fachkompetenz geachtet wurde.

Mit einer gezielten glaubens- und handlungsbezogenen Qualifizierung von Mitarbeitenden in Kirche und Diakonie reagieren die kirchliche »Erststruktur« und die diakonische »Zweitstruktur« auf einen spürbaren Profilverlust. Denn ein christliches Gemeindeleben ohne diakonische Praxis ist genauso wenig überzeugend, wie wenn die Dienstleistungen diakonischer Einrichtungen nicht vom Glauben ihrer Mitarbeitenden getragen werden, die zum Teil sogar aus den naheliegenden Ortsgemeinden kommen. Außerdem gewinnen beide ihre Freiwilligen aus dem gleichen Umfeld. Es gibt heute viele Beispiele der Vernetzung von Gemeinde und Diakonie in klein- und großformatigen Aktivitäten. Eine naheliegende Kooperation ergibt sich im Bereich der Kindergärten, wie etwa in Prien im Chiemgau. Dort hat 2008 das diakonische Werk Rosenheim den kleinen gemeindlichen Kindergarten übernommen und mit einem Hort und Kinderkrippe zu einem »Haus für Kinder« erweitert.[41] Ohne die finanziellen Mittel und die Fachkompetenz der Diakonie hätte die Gemeinde eine solche familienfreundliche Verbesserung nicht leisten können. Die Kirchengemeinde bleibt aber mit dem Kinderhaus durch Beratung in religiösen Fragen, Seelsorgeangebote für Eltern und Mitarbeitende, durch Gestaltung der kirchlichen Feste sowie durch einen Kindergartenförderverein verbunden. Außerdem arbeiten die Theologen der Gemeinde bei der pädagogischen Planung mit. Die Öffentlichkeitsarbeit und Konfliktbearbeitung mit Eltern und Mitarbeitenden sind gemeinsame Aufgaben.

Das Beispiel des Hauses für Kinder in Prien steht hier für die Kooperation einer Einzelgemeinde mit einem örtlichen diakonischen Verband. Großformatigere Kooperationen beziehen sich neuerdings auf ganze Stadtgebiete oder Regionen besonders dann, wenn

41 www.prien-evangelisch.de/index.php?id=63, letzter Aufruf: 22.12.2015.

Menschen mit besonderem Assistenzbedarf nicht mehr in Heimen betreut, sondern an ihren vertrauten Wohnorten unterstützt werden, um ihnen ein weitgehend selbstbestimmtes Leben zu ermöglichen. Dies wird z.B. von der GmbH »In der Gemeinde leben«, deren Gesellschafter die Stadtdiakonie Düsseldorf und die von Bodelschwingh'schen Stiftungen Bethel sind. Sie helfen Menschen mit geistigen und mehrfachen Behinderungen bei der Suche nach angemessenen Unterstützungsleistungen, beraten bei der Aufstellung des Persönlichen Budgets, bieten ambulantes betreutes Wohnen an, aber auch klassische Wohnheimplätze mit spezialisierten Leistungen (z.B. tagesstrukturierende Angebote), wenn diese erforderlich sind. Sie beraten – soweit notwendig – bei der alltäglichen Lebensgestaltung vor Ort und bemühen sich mit verschiedenen Projekten, Kreativität und Kompetenzentwicklung von Menschen mit Behinderung zu fördern, z.B. durch das Projekt »Barrierefreie Teilhabe in einer digitalen Welt«. Hier können Menschen sowohl als Entwickler als auch als Nutzer digitaler Kommunikationstechnik mit Experten aus Forschung und Technik zusammenarbeiten.[42] Solche innerdiakonischen Vernetzungen gibt es an vielen Orten, besonders in Bereichen, wo neuartige Unterstützungsformen die Diakonie nötigen, ihre angestammten Häuser zu verlassen und vor Ort als »Service-Intermediäre« tätig zu werden, wie im Pflegebereich, in der Seniorenunterstützung, der Kinder- und Jugendförderung (einschließlich Ganztagesschulen). Aus einer bewussteren Wahrnehmung der zivilgesellschaftlichen Rolle von Kirche und Diakonie sind neue Kooperationen mit anderen Trägern oder Gruppen erwachsen. Zum Beispiel kooperieren Kirchengemeinden/Diakonie im Rahmen von Kinder- und Familienzentren bei der Erziehungs- und Sexualberatung mit Pro Familia[43] oder bei der Beratung von Migranten mit Ausländerbehörden, kommunalen Nachbarschaftszentren, Volkshochschulen und Anwaltsvereinigungen.[44]

Zur Wahrnehmung von gemeindeübergreifenden Aufgaben hat sich Gemeindediakonie in größeren Städten auch auf Kirchen-

42 Vgl. www.igl-duesseldorf.de letzter Aufruf: 22.12.2015.

43 Z.B. in der Evang. Osterkirchengemeinde Düsseldorf: www.osterkirchengemeinde.de/Kindertagesstaetten letzter Aufruf: 22.12.2015.

44 Z.B. Diakonie Lohn-Pill: www.eiche-oehjne.de letzter Aufruf: 22.12.2015.

bezirksebene ausgebaut und arbeitet mit ganz unterschiedlichen Kooperationspartnern und immer in engem Kontakt mit den einzelnen Kirchengemeinden. Ein Beispiel dafür ist die Gemeindediakonie Mannheim, die sich selbst als soziales Dienstleitungsunternehmen für die Region bezeichnet. Sie ist aus der Gemeindediakonie des Ortsteils Mannheim-Neckarau hervorgegangen und wird heute von der Gesamtkirchengemeinde Mannheim und aus Spenden finanziert.[45] Sie unterhält ein Netzwerk von Einrichtungen und Diensten mit über 1.200 Plätzen. Mehr als 500 Mitarbeiterinnen und Mitarbeiter mit unterschiedlichen Qualifikationen engagieren sich in der Förderung, Pflege und Begleitung von jungen, älteren und behinderten Menschen. Die Gemeindediakonie Mannheim betreibt eigenständig eine Kinderkrippe, ein Pflegeheim für Senioren, Tagesbetreuung für behinderte Senioren, verschiedene ambulante Dienste zur Unterstützung von selbständigem Wohnen durch Beratung, Integrationsförderung, Familienentlastung und -unterstützung sowie mehrere Wohnstätten und Werkstätten für Menschen mit Behinderung. Das Einzugsgebiet umfasst im Wesentlichen den Stadtkreis Mannheim und den Rhein-Neckar-Raum. An allen Standorten ist der Gemeindediakonie eine enge Verbindung mit den örtlichen Kirchengemeinden und Vereinen wichtig. Sie arbeitet mithin sowohl als Dienstleistungsanbieter als auch als Service-Intermediär mit vielen Vernetzungen und dürfte damit wegweisend sein für die zukünftige kirchlich-diakonische Entwicklung.

Die letzten Beispiele zeigen überdies, dass auch gemeindediakonische Initiativen, wenn sie sich effektiv und nachhaltig entwickeln wollen, nicht allein mit Freiwilligen auskommen. Sie brauchen Fachpersonal für ihre Unterstützungsleistungen, angefangen von der Beratung über konkrete Hilfsmaßnahmen bis zu Verwaltung, Organisation und Management. Damit übernehmen sie strukturelle Elemente aus den sozialwirtschaftlich arbeitenden diakonischen Unternehmen und müssen darauf achten, sich nicht ebenso wie diese zu einer unabhängigen Zweitstruktur neben der (lokalen) Kirche zu entwickeln. Durch eine ständige Rückbindung an Gottesdienst und Gemeindeleben sollte dies vermieden werden.

45 www.gemeindediakonie-mannheim.de letzter Aufruf: 01.03.2016.

Impulse:

- Beschreiben Sie Gemeinsamkeiten und Unterschiede zwischen den drei erstgenannten Beispielen (a–c)).
- Welche Gewinne können sich für die Diakonie aus Kooperationen und Vernetzungen ergeben, welche Verluste könnten damit verbunden sein?

4.4.4 Perspektiven und offene Fragen

4.4.4.1 Kommunikation mit unterschiedlichen Zielgruppen

Das wachsende Bewusstsein der Zusammengehörigkeit von Kirche und Diakonie zwingt die Kirchenleitungen dazu, sich auf die extrem unterschiedlichen Bedürfnisse und Erwartungen ihrer Mitglieder besser einzustellen. Die Unterschiedlichkeit von distanzierten und engagierten Mitgliedern ist zwar schon lange bekannt. Dennoch folgen Landeskirchen und Kirchengemeinden vorwiegend nur einer Strategie, die Angebote für den Kreis ihrer hochverbundenen Mitglieder bedürfnisbezogen zu diversifizieren, um damit möglichst viele bei der Stange zu halten. Im Blick auf die breite Öffentlichkeit bemüht man sich außerdem um ein positives Image als vertrauenswürdige Institution mit menschlicher Nähe und hohen ethischen Standards. Dies hat auch bislang leidlich funktioniert, gestützt durch eine recht starke Verankerung der Kirchen im Erziehungs- und im sozialen Dienstleistungssystem. Die langsame aber stetige Erosion der kirchlichen Mitgliedschaft war mit dieser Strategie aber nicht aufzuhalten. Sie wird bei zunehmender religiöser und kultureller Pluralisierung nicht aufhören. Eine weitere »Diakonisierung« von Kirchen(gemeinden) verlangt aber nach mehr Freiwilligen und auch nach dem Einsatz von mehr Professionellen, die bereit sind, sich auf kirchlich-diakonische Bildungsprozesse einzulassen. Sie können nicht mehr vorrangig aus dem schrumpfenden Reservoir von kirchlich hochverbundenen Mitgliedern gewonnen werden. Die Kirchen müssen eine zusätzliche Strategie zur Mobilisierung ihrer distanzierten Mitglieder und von Nichtmitgliedern entwickeln sowie personen- und arbeitsbezogen differenziert ausgestalten. »Leuchttürme« im Sinne des Impulspapiers »Kirche der Freiheit«[46] reichen dafür nicht aus. Es geht vielmehr um eine anschauliche und emotional ansprechende, persönliche und öffentliche Kommunikation der guten Taten kirchlicher Diakonie und der konkreten Lebensqualitäten, die aus einem Engagement bei diesen Tätigkeiten erwachsen. Es genügt daher nicht, Gutes zu tun und nur darüber zu reden. Es müssen auch die guten Gefühle und die Lebensbereicherung der Engagierten mitkommuniziert werden. Außerdem müssen die gesellschaftlichen Gewinne diakonischen Handelns für alle, auch für Nicht-Christen und Anhänger anderer Religionen, spürbarer und deutlicher werden. Diese neue Strategie methodisch zu konkretisieren erfordert eine kommunikative Kompetenz, die durch die bisherigen diakonischen Ausbildungsgänge nur selten erreicht wird. Wie kann mehr Professionalität in diakonischer Kommunikation erreicht werden?

4.4.4.2 Kooperationen in Netzwerken

Die diakonische Dynamisierung von Kirchenbezirken und Kirchengemeinden hat bereits zu vielfachen Kooperationen und zur Bildung von Netzwerken mit verschiedenen auch öffentlichen und nichtkirchlichen Akteuren geführt. Dabei wurden die Inhalte und Qualitätskriterien der Leistungserbringung in erster Linie durch die zuständigen Professionen bestimmt. Die zugrunde liegende Sinn- und Wertorientierung wurde selten expliziert, eine Vermittlung dieser Orientierung an die jeweilige Klientel nicht einmal in Form eines freien Angebots versucht. Besonders Kooperationspartner aus Kirche und Diakonie neigen dazu, ihre religiösen Überzeugungen hintanzustellen, zumal wenn dies von den nichtkirchlichen Partnern nahegelegt wird. Ein Beispiel:

> In einer ersten Evaluation des Projekts der Evangelischen Landeskirche Württemberg »Diakonat – neu gedacht, neu gelebt« wurden Mitarbeiter eines Diakons in der Schulsozialarbeit d. h.

46 Evangelische Kirche in Deutschland, Freiheit.

nichtkirchliche Partner des Projekts gefragt, ob gerade ein Diakon oder eine Diakonin Kooperationspartner sein müsste oder nicht. Darauf gab es folgende Antworten:[47]

»Verantwortlicher Schule: Aus meiner Sicht muss es nicht sein, ist vielleicht durchaus etwas, was von der kirchlichen Seite gewünscht wird, denn sie sollen ja von der kirchlichen Gemeindearbeit aus Aufträge mit übernehmen können, das ist jetzt keine Frage. Also für mich ist es keine Voraussetzung gewesen.

Verantwortliche Stadt: Als Stadt hab ich dazu direkt keine Meinung oder wie soll ich sagen, doch ich hab eine Meinung, aber es ist unerheblich, (…) für uns als Kommune, dadurch dass sie dann beim Kirchenbezirk angestellt sind, ist es aus unserer Sicht unerheblich.

Verantwortlicher Schule: Also es hat auch jetzt unmittelbar überhaupt gar keine Berührungsprobleme gegeben, wir haben ja sehr viele Kinder mit Migrationshintergrund, also auch mit islamischem Glauben, die sprechen genauso mit den Schulsozialarbeitern, in der Schule wird auch gar nicht dieser Diakonen-Auftrag oder der kirchliche Auftrag so transparent, also hier gehen die (Schulsozialarbeiter) genauso vorurteilsfrei, ohne Missionsauftrag, mit den Schülern um.

Verantwortlicher CVJM: Das ist auch gut so. Das ist ja nicht hier von uns gefordert, missioniert hier in der Schule, das ist ja eher durch ihre Person, geben sie ein Stück weit Zeugnis, und da braucht man gar nicht viel sagen und das muss man nicht sagen, das leben sie einfach.«

Claudia Schulz kommentiert: »Es ist in dieser Momentaufnahme damit klar definiert, dass es sich in der Tätigkeit des Diakons in der Schule um reine Schulsozialarbeit handelt – als profanes professionelles Handeln, das auf den Kontext Schule beschränkt ist und in keinem unmittelbaren Zusammenhang mit den Angeboten etwa des CVJM steht. Dass der Diakon eine (aus der Sicht der Kirche implizit wirkende) christliche Überzeugung hat, … spielt für den Verantwortlichen der Schule keine Rolle. Dies ist ebenso für die Verantwortliche von Seiten der Kommune der Fall. Hier ist eine persönliche christ-

47 Schulz, C., Forschung, 113 f; 115 f (Auszüge).

> liche Überzeugung dieses Schulsozialarbeiters zugleich sehr erwünscht, für die konkrete Arbeit selbst, für das professionelle Handeln ist es jedoch aus Prinzip als unerheblich betrachtet. … Ist aber, so lässt sich hier nun fragen, diakonisches Handeln noch ein diakonisches Handeln, wenn vor allem der Diakon selbst und die in der Evaluation tätigen Diakoniewissenschaftlerinnen dieses als solches erkennen?«

Die Schlussfrage der kommentierenden Soziologin Claudia Schulz würde sofort verneint werden, wenn sie zugespitzter statt »*vor allem* der Diakon« »*nur* der Diakon« geschrieben hätte. Das diakonische Profil der Kirche wird jedenfalls nicht geschärft, wenn die kirchlichen Netzwerke als »unsichtbare Diakonie« agieren. Kinder mit Migrationshintergrund oder islamischen Glaubens hätten sich vermutlich kaum bedrängt gefühlt, wenn der Diakon im Rahmen der Schulsozialarbeit Gelegenheiten zu einem freiwilligen interreligiösen Gebet geboten oder einen Raum der Stille und Meditation angeboten hätte. Ein wirksames Klischee von aufgezwungener Missionierung reicht immer noch aus, um jede Form religiöser Lebenshilfe brüsk abzuweisen. Mission ist aber heute »in einer postsäkularen und daher auch nachchristlichen Gesellschaft nicht anders zu verstehen als die Plausibilisierung der christlichen Lebens- und Wirklichkeitsdeutung in lebensweltlichen Kernbezügen[48] unter Bezug auf die heterogenen individuellen Biographien und Bedürfnislagen. Gefordert ist daher eine diakonisch profilierte religiöse Kommunikationsfähigkeit, die das persönliche Leben deshalb bereichert, weil sie eine sinnvolle Lebensführung in unterschiedlichen Lebenskontexten intendiert. Die Förderung religiöser Kommunikationskompetenz in säkularen und postsäkularen Umgebungen wird somit zu einer zentralen Zukunftsaufgabe kirchlicher Diakonie.

48 So der praktische Theologe Georg Lämmlin: Lämmlin, Religionspraxis, 35.

4.4.4.4 Kommunikative und rechtliche Profilierung des Diakonats

Der Diakon im oben herangezogenen Interview hat sich offensichtlich als kompetenter pädagogischer Mitarbeiter bei den Verantwortlichen der Schulsozialarbeit Anerkennung erworben. Sein kirchlicher Auftrag wurde freilich nicht sichtbar. Religiöse Kommunikation ist vermutlich genauso wenig intendiert wie eine moralische Orientierung, die über aktuelle Verhaltensprobleme hinausgeht. Das Kennenlernen und Verstehen anderer Religionen und Kulturen spielt in dieser Schulsozialarbeit wohl auch keine Rolle. Dass der Diakon an diesem Ort in erster Linie seine pädagogische Fachkompetenz erweisen will, ist ihm persönlich nicht vorzuwerfen. Über Jahrzehnte wurde den diakonischen Mitarbeiterinnen und Mitarbeitern explizit durch ihre Ausbildung und implizit durch die Rekrutierungspraxis nahegelegt, dass fachspezifische Kompetenz in einem Berufsfeld weitaus wichtiger sei als eine diakonisch konturierte religiöse Kommunikationsfähigkeit. Erst in den letzten Jahren wuchs eine Sensibilität für die Verluste, die dieses Vorgehen mit sich bringt. Zwei Maßnahmen wurden eingeleitet: Für die Mitarbeitenden in den verschiedenen diakonischen Arbeitsbereichen wurden sogenannte Diakonie- oder Glaubenskurse eingerichtet, für Studierende die Möglichkeit einer diakonischen und fachspezifischen Doppelqualifikation, sei es durch ein theologisch-ethisches Aufbaustudium (oder entsprechende Weiterbildungskurse) oder durch einen kombinierten grundständigen Studiengang. Dadurch kann mindestens eine gewisse Auskunftsfähigkeit hinsichtlich der religiösen Grundlagen der Diakonie gewährleistet werden, eine religiöse Kommunikationsfähigkeit und auch -bereitschaft ist damit aber noch nicht gesichert.

Im Prinzip ist eine theologisch-professionelle Doppelqualifikation für hauptberuflich tätige Diakoninnen und Diakone unverzichtbar, wenngleich dieser Standard nicht zum Hindernis für solche werden darf, die aufgrund ihrer religiösen Überzeugung den Diakonat aus einer fachlich qualifizierten Berufspraxis heraus anstreben.[49] Die vorhandenen Ausbildungsgänge reichen al-

49 Mit solchen Personen könnte man individuell vereinbaren, wie sie sich das notwendige Wissen und die Kompetenz für den Diakonat erwerben können.

lerdings inhaltlich und strukturell nicht aus, um eine religiöse Kommunikations- und diakonische Praxiskompetenz zu vermitteln. Sie sind weitgehend wissensorientiert, d. h. sie zielen weder auf eine Sensibilität für die Bedürfnisse (einschließlich Orientierungsbedürfnissen) anderer Menschen noch auf die Fähigkeit, ungezwungen und zugleich alltagstauglich religiöse und ethische Fragen so anzusprechen, dass Gesprächspartner sich gerne darauf einlassen.[50] Die beste Vorbereitung darauf wäre natürlich eine entsprechende Alltagskommunikation, besonders im Elternhaus, in Kindergruppen und Schulen. Eine solche Selbstverständlichkeit religiösen Austauschs kann aber, wenigstens in Mitteleuropa, in absehbarer Zeit nicht wiedergewonnen werden.[51] Daher gibt es keinen anderen Weg als das Ansprechen, Aufgreifen und Einspielen religiöser Vorstellungen zunächst in arrangierten Situationen zu trainieren und zu evaluieren, danach aber auch in alltäglichen Situationen zu praktizieren und die diesbezüglichen individuellen Erfahrungen in einer Lerngruppe gemeinsam zu reflektieren. Neben einem solchen Kommunikationstraining, das die ganze Ausbildung begleiten müsste, sollten sich zukünftige Diakoninnen und Diakone ein vielfältiges Repertoire spiritueller Angebote aneignen und auch kontinuierlich praktizieren, damit sie spontan entsprechende Anlässe und Hinweise aufgreifen und gestalten können (z. B. Meditationen initiieren, kurze ereignisbezogene Gebete frei formulieren, Lieder gemeinsam singen, kleine Festlichkeiten im Alltag gestalten, Segenausteilen). Auch ein Training von angemessenem Auftreten sowie angemessener Gestik und Mimik sollte dazugehören.

Das größte Hindernis für den Erwerb einer solchen religiösen Sprachfähigkeit ist nicht, wie meistens angenommen, die verbreitete Irreligiosität alltäglicher Kommunikation, sondern die

50 Mitteleuropäer, die sich gelegentlich in den USA aufhalten, sind mitunter verwundert, wie selbstverständlich Christen (und auch andere) informell und in strukturierten Settings, seien es Konferenzen, Krankenhäuser, Schulen, Jugendcamps oder sogar Universitätsseminaren ihre religiösen Überzeugungen zur Sprache bringen, singen, beten usw.

51 Ein unvermitteltes zur Sprache-Bringen religiöser Vorstellungen wirkt hierzulande eher peinlich oder belästigend bzw. es wird als Missionierungsversuch verstanden.

fehlende Motivation, zu einem oder einer religiös kompetenten Diakonin oder Diakon zu werden. In vielen diakonischen Einrichtungen galten diese seit den 1970er Jahren als zu wenig professionell, weshalb man bei Einstellungen häufig nur auf die fachliche Qualifikation, etwa als Sozialarbeiter oder Heilpädagogin, achtete. Mit dem Standard einer Doppelqualifikation hat sich hier insofern etwas verbessert, als diakonische Arbeitgeber nun von der notwendigen fachspezifischen Professionalität verbunden mit einem theologisch-ethischen Grundwissen ausgehen können, das gegebenenfalls für die Profilierung ihrer Einrichtung nützlich sein kann. Freilich ergeben sich aus dieser Doppelqualifikation in der Regel keine Statusverbesserung und auch kein Zugewinn an Anerkennung. Führungspositionen werden nach wie vor mit Theologen, Juristen und neuerdings Ökonomen besetzt. Es ist bisher nicht gelungen, die durch ein Doppelstudium angestrebte spezifisch diakonische Doppelqualifikation in einen Verantwortungszuwachs, verbunden mit einem Statusgewinn, umzumünzen. Im Blick auf Kirchengemeinden und -bezirke und auch die meisten Landeskirchen ist die Situation des Diakonats nicht besser. In der EKD hat man sich nach langem Ringen zwar darauf geeinigt, den Diakonat als »geordnetes Amt der Kirche einzurichten«[52], aber weder dessen Gleichwertigkeit mit dem Pfarramt noch eine gleichwertige Bezahlung durchgesetzt, von entsprechenden Aufstiegschancen ganz zu schweigen. Damit lassen die Kirchen eine Ressource ungenutzt, die nicht nur ihre Außendarstellung verbessern, sondern ihnen auch eine höhere sozialethische Praxistauglichkeit und eine alltagstaugliche religiöse Kommunikationsfähigkeit gewährleisten könnte. Die Zukunft des Diakonats ist wesentlich davon abhängig, ob sich die Kirchen endlich dazu entschließen können, Diakoninnen und Diakone zu den Verantwortlichen für die Beziehungs- und Gemeinschaftsarbeit der Kirche, also für die sozial-ethische Arbeit verbunden mit der entsprechenden öffentlichen und privaten Kommunikation, zu machen und dazu auch entsprechende Stellen einrichten. In den Gemeinden sollten Diakone mit den Pfarrern auf Augenhöhe (und mit gleicher Bezahlung) zusammenarbeiten,

52 So in der »Kundgebung der Synode zur Zukunft der Diakonie« der EKD-Synode 1998, Kundgebung, 30.

und zwar mit der eigenständigen Verantwortung für die Organisation und Gestaltung der gemeindediakonischen Arbeit. In den kirchlichen Gremien mit festgelegtem Theologenanteil müsste die gleiche Zahl an Vertretern des Diakonats zu finden sein. In der Kirchenleitung sollte mindestens die für die Diakonie zuständige Person eine Diakonin oder ein Diakon sein.[53]

Gibt es heute noch eine aus dem kirchlichen Auftrag abzuleitende Legitimation für ein solches zweites Amt neben dem Pfarramt? Haben sich die kirchlichen Aufgaben nicht so sehr differenziert, dass der kirchliche Auftrag, Beziehungen zu stiften und Gemeinschaften zu pflegen, von ganz verschiedenen Professionen wahrgenommen werden müsste? Richtig an dieser Frage ist der Hinweis auf die heute unabdingbare handlungsbereichsbezogene Spezifizierung kirchlich-diakonischer Aktivitäten. Das gilt aber in gleicher Weise für das Pfarramt, das heute ebenso in verschiedensten Handlungsbereichen agieren muss (Unterricht, Seelsorge, Verwaltung, Organisation und Management, Arbeit mit Kindern, Jugendlichen, Senioren, Hochschulen, Politik, Mission und Entwicklung, Gottesdienst und Liturgien etc.).[54] Die Einheit des Pfarramts ergibt sich nicht aus der Summe seiner handlungsfeldbezogenen Differenzierungen, sondern allein aus dem einheitlichen kirchlichen Auftrag, das Evangelium in den verschiedensten Handlungsbereichen verständlich zu machen. Der integrierende Auftrag aller Pfarrämter ist also hermeneutisch bestimmt. Der integrierende Auftrag aller Diakonatsämter ist hingegen sozial-kommunikativ und kommunitär ausgerichtet. Der kirchliche Amtsbegriff ist allein theologisch qualifiziert und nicht berufsfeldspezifisch differenziert und daher nicht mit dem Professionsbegriff gleichzusetzen. Er sichert aber, dass die verschiedensten berufsfeldbezogenen Funktionen in kirchlicher Verant-

53 Die neuere Diskussion um die historische Legitimation des Diakonats, die von einigen neutestamentlichen Exegeten in Frage gestellt wurde, wird hier nicht aufgegriffen. Dazu: Schmidt, H., Zusammenschau, 330 f und 340–344.

54 Es ist zumindest erwägenswert, auch in der Pfarrerausbildung eine formelle Doppelqualifikation bezogen auf einen der für die kirchliche Arbeit zentralen und üblicherweise professionalisierten Arbeitsbereiche (wie therapeutische Beratung, Recht/Verwaltung, Management, Kirchenmusik, verschiedene Kulturwissenschaften) anzustreben.

wortung wahrgenommen werden. Wenn auf dieser Basis auch Diakoninnen und Diakone ihre Kirche uneingeschränkt repräsentieren können, wäre dies sicher auch eine bessere Motivation, um dieses kirchliche »Amt« anzustreben.

Impulse:

- Skizzieren Sie Konsequenzen und Herausforderungen für die Gemeindediakonie, die mit der zunehmenden gesellschaftlichen Pluralisierung zusammenhängen.
- Erläutern Sie mindestens zwei Problemlagen, die es Diakoninnen und Diakonen schwer machen können, sich in ihrem Beruf wohlzufühlen.

Arbeitsauftrag zum ganzen Kapitel:

Sie sind verantwortlich für die Diakonatsstellen eines Kirchenbezirks in einer deutschen Großstadt und haben zwei Stellen zu besetzen, eine für die Planung und Organisation der gesamten diakonischen Arbeit des Kirchenbezirks, eine weitere für die Beratung und Unterstützung von Kirchengemeinden, die ein besonderes Profil wollen. Erstellen Sie zwei Arbeitsplatzbeschreibungen, die auch Grundlagen für die Stellenausschreibungen sind und daher Folgendes enthalten sollten:

- Definition der Verantwortungsbereichs
- Besondere Aufgaben und Herausforderungen
- Anstellungsvoraussetzungen und erwartete Kompetenzen
- Bezahlung, Einstufung, Dienst- und Rechtsaufsicht

Literatur: Zum Weiterlesen

a) Theologische/ethische/geschichtliche Vertiefung

Schäfer, Gerhard K., Kirche und Diakonie. Bestandsaufnahmen und Perspektiven, in: Heinz Schmidt/Klaus D. Hildemann (Hg.) Nächstenliebe und Organisation, Leipzig 2012, 124–148.

b) Praxisbezogene Entfaltung (mit diakoniewissenschaftlichen Grundlagen)

Götzelmann, Arnd, Evangelische Sozialpastoral. Zur diakonischen Qualifizierung christlicher Glaubenspraxis, Stuttgart 2005.

Eurich, Johannes, u.a. (Hg.), Kirchen aktiv gegen Armut und Ausgrenzung. Theologische Grundlagen und praktische Ansätze für Diakonie und Gemeinde, Stuttgart 2011.

c) Praktisch-theologische/diakoniewissenschaftliche Einbettung

Noller, Annette/Eidt, Ellen/Schmidt, Heinz (Hg.), Diakonat – theologische und sozialwissenschaftliche Perspektiven auf ein kirchliches Amt, Stuttgart 2013.

Steinkamp, Hermann, Diakonie statt Pastoral. Ein überfälliger Perspektivenwechsel, Berlin 2012.

Ingolf Hübner

5. Diakonische Handlungsfelder

Diakonie bezeichnet sowohl das Handeln jedes Christen im sozialen Bereich als auch den sozialen Dienst der Kirche. Als sozialer Dienst der Kirche ist Diakonie Partnerin und Bestandteil des Gesundheits- und Sozialbereichs des Gemeinwesens. Ausgangspunkt ist das religiöse Selbstverständnis der diakonischen Akteure, mithin eine christliche Deutung ihrer Praxis. Dabei orientiert sich diakonisches Handeln an den Bedarfen und Notlagen der Menschen. Eine frühkirchliche Systematisierung diakonischer Handlungsfelder waren die sieben Werke der Barmherzigkeit (vgl. Mt 25, 34–46): Hungrige speisen, Durstige tränken, Fremde beherbergen, Nackte kleiden, Kranke pflegen, Gefangene besuchen, Tote bestatten.

Neben der Bedarfsorientierung zeichnet sich Diakonie durch Fachlichkeit aus. Die Professionalisierung sowie die Entwicklung der Diakonie- und Sozialwissenschaften haben zu einer starken Differenzierung der Handlungsfelder geführt. Auch die Sozialgesetzgebung (Sozialgesetzbücher) und das Engagement der Diakonie als Leistungsanbieter auf dem Gesundheits- und Sozialmarkt haben zu dieser Entwicklung beigetragen.

Diakonische Handlungsfelder zeichnen sich weiterhin dadurch aus, dass sie nicht auf den Bereich institutionalisierter Diakonie beschränkt sind. Im Gegenteil, diakonisches Handeln aus christlichem Selbstverständnis verbindet Diakonie und Kirche. Seinen Ausdruck findet das in Fragen der Trägerschaft, der Verzahnung kirchlicher und diakonischer Strukturen in der Gemeinwesenarbeit und der großen Bedeutung, die freiwilliges Engagement in den diakonischen Handlungsfeldern hat. Einen umfassenden Überblick über die Hilfen und Angebote bietet die Einrichtungsstatistik der Diakonie.[1]

1 Diakonie Deutschland – Evangelischer Bundesverband, Einrichtungsstatistik.

5.1 Allgemeine Grundsätze und Entwicklungen

Neben der Spezialisierung und Ausdifferenzierung gibt es allgemeine Grundsätze des diakonischen Handelns, die sich am christlichen Menschenbild orientieren. Diese Prinzipien erfahren zwar in den Handlungsfeldern verschiedene Akzentuierungen, prägen aber das gesamte diakonische Handeln.

Selbstbestimmtes Leben und Teilhabe an allen Aspekten des gesellschaftlichen Lebens ist eine wesentliche Grundorientierung diakonischen Handels und des diakonischen Dienstleistungsangebots. Die besondere Wertschätzung der Selbstbestimmung wurzelt in der von Gott jedem Menschen zukommende Bestimmung, sie liegt der menschlichen Selbstbestimmung voraus und umfasst sie. Weil Hilfebedürftigkeit und Abhängigkeit eine allgemeine Gegebenheit menschlichen Lebens ist, gehören Selbstbestimmung und Fürsorge zusammen. Eine Fürsorge, in der es um Ermöglichung von Selbstbestimmung geht, besteht in der Anerkennung von Abhängigkeit und der verantwortlichen Gestaltung der Unterstützungsleistungen. Insofern ist Selbstbestimmung ein unverzichtbares und herausforderndes Kriterium fürsorglichen Handelns, damit es nicht Paternalismus oder Fremdbestimmung Vorschub leistet. Konkret wird diese Herausforderung, wenn Menschen mit Pflege-, Unterstützungs- oder Assistenzbedarf während unterschiedlich langer Lebensabschnitte und in spezifischen Lebenssituationen, z. T. aber auch lebenslang und in vielen Bereichen des täglichen Lebens, in der Gestaltung eines selbständigen und selbstverantworteten Lebens überfordert und auf Hilfe angewiesen sind. In der Diakonie geht es darum, durch geeignete, aufmerksame Unterstützung ein mehr an Selbstbestimmung und selbstverantworteter Lebensgestaltung zu ermöglichen. Zur selbstbestimmten Lebensgestaltung gehören Rechte und Möglichkeiten, ein selbstbestimmtes Leben in der Gesellschaft zu führen und an der Gemeinschaft teilzuhaben. Insbesondere die Teilhabe am Arbeitsleben als zentraler Teil der Teilhabe am gesellschaftlichen Leben ist für Menschen mit Einschränkungen nicht immer einfach zu erreichen. Die Unterstützungs- und Hilfeleistungen, aber auch das politische und öffentliche Agieren der Diakonie ist darauf gerichtet, jedem Menschen die Möglichkeit zu bieten, sich mit seinen

Fähigkeiten und Fertigkeiten in die Gesellschaft einzubringen. Selbstbestimmtes Leben und Möglichkeiten der Teilhabe stärken das Selbstvertrauen und bereichern das soziale Leben.

In diesem Kontext ist *Empowerment* ein wichtiger Leitbegriff diakonischen Handelns. Empowerment wird beschrieben als »mutmachender Prozesse der Selbstbemächtigung, in denen Menschen in Situationen des Mangels, der Benachteiligung oder der gesellschaftlichen Ausgrenzung beginnen, ihre Angelegenheiten selbst in die Hand zu nehmen, in denen sie sich ihrer Fähigkeiten bewusst werden, eigene Kräfte entwickeln und ihre individuellen und kollektiven Ressourcen zu einer selbstbestimmten Lebensführung nutzen lernen« (Herriger, 2010, 20). Im Mittelpunkt von Empowerment stehen die Potenziale und Ressourcen von Menschen. Der Empowerment-Ansatz verbindet die Selbstbemächtigung problembetroffener Menschen und Gruppen mit professioneller Unterstützung von Autonomie und Selbstgestaltung. Bei der Umsetzung des Ansatzes besteht bei einer Konzentration auf das Subjekt und seine Ressourcen die Gefahr einer individualisierenden Verkürzung, wenn die gesellschaftlichen Kontexte nicht einbezogen werden.

Daher ist der *Personenzentrierte Ansatz* in der diakonischen Arbeit von Individualisierung zu unterscheiden. Je stärker Menschen auf Hilfeleistungen angewiesen sind, desto wichtiger wird ihre personenzentrierte Ausgestaltung. Die persönlichen Wünsche und Ziele eines Menschen zur Bewältigung und Gestaltung der Lebenssituation müssen die Grundlage für die Bedarfsermittlung und die Hilfen sein. Ausdruck des Personenzentrierten Ansatzes ist auch das Wunsch- und Wahlrecht, das Nutzerinnen und Nutzer sozialer Dienstleistungen haben. Das stärkt Menschen in ihrer Nachfragemacht nach sozialen Diensten. Zugleich fordert es die diakonischen Dienstleister zu einer konsequenten *Kunden- oder Nutzerorientierung* heraus.

Der Begriff *Inklusion* wird im deutschsprachigen Kontext seit einigen Jahren verwendet. Gegenwärtig wird er vor allem im Zusammenhang mit Reformen des Bildungssystems diskutiert. Die verstärkte Auseinandersetzung mit dem Inklusionsbegriff geht auf das 2008 verabschiedete Übereinkommen der Vereinten Nationen über die Rechte von Menschen mit Behinderungen (UN-Behindertenrechtskonvention) und deren Umsetzung nach der Ratifizierung in Deutschland 2009 zurück. Inklusion ist neben anderen Prinzipien wie Nichtdiskriminierung, Chancengleichheit, Zugänglichkeit und Teilhabe zentral für das Verständnis und die Interpretation der UN-Behindertenrechtskonvention. Inklusion umfasst neben Rechtsgleichheit die volle und wirksame Einbeziehung in Gesellschaft und Gemeinschaft. Umgesetzt wird Inklusion als pädagogisches Prinzip im Bildungssystem, durch inklusive frühkindliche Bildung und allgemeine Schulbildung, durch eine barrierefreie Ausformung des Arbeitsmarktes und des Arbeitsumfeldes sowie als Ziel und Zweck von Diensten und Programmen der Habilitation und Rehabilitation. Für Menschen mit körperlichen, seelischen oder kognitiven Beeinträchtigungen bedeutet Inklusion insbesondere, dass sie Bedingungen vorfinden, die es ihnen erlauben, ihren Aufenthaltsort frei zu wählen und entscheiden können, wo und mit wem sie leben, ihre Begabungen und Fähigkeiten zur Entfaltung zu bringen und ihren Lebensunterhalt durch frei gewählte oder angenommene Arbeit zu verdienen. Inklusion und Autonomie sind untrennbar miteinander verbunden.

Diakonisches Handeln erfolgt gemeinwohl- bzw. bedarfsorientiert. Die *Gemeinwohlorientierung* motiviert in großem Umfang Menschen, sich freiwillig in diakonischen Handlungsfeldern zu engagieren. Zugleich ist diese ehrenamtliche Mitarbeit Ausdruck der engen Verbindung von Diakonie und Kirche, von diakonischen Diensten, Einrichtungen und Kirchgemeinden. Die Arbeit in den diakonischen Handlungsfeldern ist darauf gerichtet, die Einzelne bzw. den Einzelnen und die Allgemeinheit auf materielle und geistige Weise selbstlos zu fördern. Entsprechend ist *Gemeinnützigkeit* ein wesentlicher Bestandteil des Selbstverständnisses der Diakonie. Gemeinnützigkeit ist zugleich eine steuerrechtliche Feststellung, durch die die öffentliche Hand gemeinnützige Aktivitäten mittels Steuerbefreiungen bzw. Steuerermäßigungen oder durch Zuschüsse begünstigt. Gemeinnützigkeit und Gemeinwohlorientierung schlagen sich in einem Vertrauensvorschuss bei der Inanspruchnahme diakonischer Dienstleitungen und in der Mitwirkungsbereitschaft bei ihrer Erbringung nieder.

5.2 Soziale Arbeit

Soziale Arbeit bezeichnet eine angewandte Wissenschaft, in der seit den 1990er-Jahren die traditionellen Fachrichtungen Sozialpädagogik und Sozialarbeit zusammengefasst sind. Als Handlungsfeld kann Soziale Arbeit in einem umfassenden Sinn verstanden werden, in diesem Sinn wird z. B. die Diakonie als soziale Arbeit der Kirchen bezeichnet. Präziser geht es bei der Sozialen Arbeit um die Förderung sozialer Kompetenzen und des Sozialverhaltens von Menschen, um den Ausgleich sozialer Benachteiligungen, um die Milderung oder Vermeidung individueller oder kollektiver Problemlagen oder um die Abwendung von Schaden von Menschen und der Gemeinschaft.

Die *Allgemeine Sozialarbeit der Diakonie* zeichnet sich durch ihre Nähe zur Alltags- und Lebenswelt von Menschen in schwierigen sozialen Situationen aus. Sie ist erste Anlaufstelle im Netzwerk diakonischer Dienste und Einrichtungen und bietet Beratung, Information, Vermittlung und Unterstützung an, um Menschen zu befähigen, ihren Alltag zu bewältigen und ihre Notsituation zu überwinden. Über die zielgruppenübergreifenden Hilfen für Einzelne hinaus nimmt die Allgemeine Sozialarbeit Einfluss auf die Bedingungen für das Zusammenleben und den sozialen Zusammenhalt. Damit ist sie eine lokale Koordinierungsstelle im kirchlich-diakonischen Feld und stellt eine Verbindung von Gemeindediakonie, Gemeinwohlorientierung und fachlicher Arbeit dar.

Armut bedeutet letztlich, dass Personen nicht die Teilhabemöglichkeiten haben, die in einer Gesellschaft als normal gelten und zugleich materiellen Mangel erleiden. Zu den *armutslindernden Diensten* gehören Einrichtungen wie Tafeln, Kleiderkammern und Sozialkaufhäuser. Diese meist durch Freiwilliges Engagement getragenen oder unterstützten Angebote ergänzen sozialstaatlich garantierte Ansprüche, insbesondere, wenn diese unzureichend sind, und entlasten das ohnehin geringe Budget von Menschen in Armutslagen. Armutslindernde Dienste können jedoch soziale Rechte nicht ersetzen, sie können immer nur zur Linderung der Armut beitragen, jedoch nicht zu deren Überwindung. Daher setzt sich die Diakonie anwaltschaftlich, d. h. öffentlich und politisch für Menschen ein, die sich in prekären Lebensverhältnissen befinden. Zentraler Anspruch der Diakonie ist, dass alle Menschen für sich selbst und die eigene Familie sorgen und gleichberechtigt am gesellschaftlichen Leben teilnehmen können.

In *Beschäftigungs- und Qualifizierungsprojekten* gehen Langzeitarbeitslose einer sinnvollen und strukturierten Tätigkeit nach, die ihnen die Chance gibt, im Kontakt mit der Arbeitswelt zu bleiben, ihre beruflichen Fähigkeiten zu erhalten oder zu entwickeln. So können sie ihre Chancen auf eine Rückkehr zu einer regulären Beschäftigung verbessern. Für diesen Übergang gibt es Beratungsangebote, Bewerbungshilfen und Unterstützung bei der Arbeitsplatzsuche. Allerdings gibt es Menschen, die auch durch eine Teilnahme an diesen Projekten kaum Chancen auf dem Arbeitsmarkt haben. Daher setzt sich die Diakonie für sozialversicherungspflichtige Arbeitsplätze am allgemeinen Arbeitsmarkt ein, die öffentlich gefördert werden. Bei öffentlich geförderter Beschäftigung geht es vor allem um Teilhabe an Arbeit und damit um Aspekte gesellschaftlicher Teilhabe.

Zu den Zielgruppen der *Wohnungsnotfallhilfe* gehören wohnungslose oder von drohendem Wohnraumverlust betroffene alleinstehende Männer, Frauen, Familien oder Elternteile mit Kindern sowie Menschen ohne Obdach. Grundsätzlich haben wohnungslose und obdachlose Menschen die gleichen Leistungsansprüche wie andere Menschen. Gezielte Hilfestellungen sollen bei Wohnungs- oder Obdachlosigkeit oder nach einer Haftentlassung helfen und eine Eingliederung in das gesellschaftliche Leben ermöglichen. Allerdings leiden diese Menschen oft an psychischen Beeinträchtigungen, Suchtproblemen und Abbauerscheinungen. Entsprechend der komplexen Ursachen und Folgen der Wohnungs- bzw. Obdachlosigkeit gibt es ein differenziertes diakonisches Unterstützungsangebot. Dazu zählen: Fachberatungsstellen, Tagesaufenthaltsstätten mit Gelegenheit, Wäsche zu waschen sowie Essens und Textilienausgabe, zum Beispiel von Schlafsäcken und Kleidung, Kältehilfen wie beispielsweise Kältebusse, die Obdachlose bei Minusgraden in eine geeignete Unterkunft bringen, stationäre und teilstationäre Einrichtungen der Wohnungslosenhilfe, Betreutes Wohnen im eigenen Wohnraum oder in bereitgestellten Wohnungen, Hilfen zur

Rechtsdurchsetzung und medizinische Angebote. Oft stehen eine unmittelbare Befriedigung eines materiellen Bedürfnisses und aufsuchende Angebote im Mittelpunkt. Die Angebote sind niedrigschwellig und basieren bei der Versorgung und Beratung auf Freiwilligkeit. Im Evangelischen Bundesfachverband Existenzsicherung und Teilhabe sind die Angebote für obdachlose und ausgegrenzte Menschen und die Einrichtungen und Dienste, die im Bereich der Straffälligen-, Gefangenen- und Haftentlassenenhilfe tätig sind, zusammengefasst.

Die *Schuldnerberatung* hilft Menschen, die überschuldet oder von Überschuldung bedroht sind. Die Mitarbeitenden der Schuldnerberatungsstellen unterstützen dabei, die Schulden zu tilgen oder zu reduzieren. Vorrangig geht es darum, in finanziell schwierigen Situationen die Existenzgrundlage zu sichern. Darüber hinaus beraten sie, wie die sozialen und psychischen Folgen der finanziellen Krise bewältigt werden können. Dabei verfolgen die Schuldnerberatungsstellen einen ganzheitlichen Ansatz. Die Beratung ist gleichermaßen auf das Problem wie auch auf den Menschen gerichtet. Es geht nicht nur um die rein »technische« Aufgabe, das Problem der Überschuldung zu lösen. Im Sinne einer ganzheitlichen Hilfe gehen die Beratenden auf den einzelnen Menschen mit all seinen Fähigkeiten, Eigenheiten, Potenzialen, Problemen und seiner Lebenssituation ein. Die Hilfe beim Abbau der akuten Verschuldung und die Arbeit an persönlichen Kompetenzen, um erneuter Überschuldung vorzubeugen, stehen in einem ausgewogenen Verhältnis.

An deutschen Bahnhöfen unterhalten Caritas und Diakonie gemeinsam über 100 *Bahnhofsmissionen*. Bahnhöfe sind öffentliche Orte, an denen Menschen in akute Nöte geraten können oder in existentiellen Notlagen Hilfe suchen. Am exponierten Ort Bahnhof sind die Bahnhofsmissionen niedrigschwellige Hilfeeinrichtungen, die offen sind für alle Menschen und deren Anliegen. Für Menschen in prekären Lebenssituationen sind sie häufig erste oder letzte Anlaufstelle im Hilfesystem. Bahnhofsmissionen werden stark vom freiwilligen Engagement getragen. Sie sind einbezogen in das Netz sozialer Dienste der jeweiligen Stadt, um deren Hilfsangebote für die Ratsuchenden am Bahnhof zu erschließen.

5.3 Altenhilfe

Zum Leben gehört das Altern. Vielfach wird ein aktives, selbstbestimmtes drittes Lebensalter nach dem Ausscheiden aus dem Berufsleben unterschieden vom hohen vierten Lebensalter, in dem allgemeine körperlichen und/oder geistigen Fähigkeiten deutlich nachlassen. Die hochaltrigen Menschen sind zunehmend in ihrer Selbständigkeit eingeschränkt und auf Unterstützung angewiesen. Nichtsdestotrotz ist das Altern eine individuell sehr unterschiedliche Phase des menschlichen Lebens. Und auch das Bild vom Altern als Lebensphase ist kulturell geprägt. Alt zu werden wird in der Bibel als ein Segen bezeichnet. Bei aller Vielfalt der biblischen Aussagen über das Alter, steht über allem das Versprechen Gottes: »Bis in euer Alter bin ich derselbe, und ich will euch tragen, bis ihr grau werdet. Ich habe es getan; ich will heben und tragen und erretten.« (Jes 46,4)

Einschränkende Begleiterscheinungen des Alters und deren Auswirkungen stellen Betroffene und deren Bezugspersonen vor die Frage, welche Formen der professionellen Unterstützung erforderlich und passend sind, um trotz der Beeinträchtigungen möglichst selbstbestimmt leben zu können. Die Möglichkeiten zur Unterstützung von Menschen im Alter werden mit dem Begriff Altenhilfe zusammengefasst. Ziel der Altenhilfe ist ein möglichst selbstbestimmtes und selbständiges Leben in Teilhabe an der Gesellschaft. Unter Altenhilfe versteht man vor dem Hintergrund der demographischen Veränderung die Gestaltung einer Lebenswelt, die es auch Menschen mit körperlichen und kognitiven Einschränkungen erlaubt, möglichst selbständig leben zu können. Um diesem Ziel gerecht zu werden, hat sich die Altenhilfe in neuerer Zeit stark ausdifferenziert.

Als *Offene Altenhilfe* bzw. *gemeinwesenorientierte offene Altenarbeit* werden Angebote für ältere Menschen bezeichnet, bei denen es um Freizeitgestaltung, Beschäftigung, Bildungs- und Kulturarbeit geht. Die Offene Altenhilfe verfolgt einen eher präventiven Ansatz mit dem Ziel, die subjektive Lebensqualität durch soziale Teilhabe zu verbessern und ältere Menschen darin zu unterstützen, ihre Selbständigkeit zu bewahren und ihre vorhandenen Fähigkeiten einzusetzen. Offene Altenhilfe unterstützt Selbsthilfe und Teilhabe. Bei der Förderung bürgerschaftlichen Engagements und der Vernetzung der Angebote haben generationenübergreifende Aspekte eine immer größere Bedeutung.

Ziel der *ambulanten und teilstationären Altenhilfe* ist es, bei eintretender Pflegebedürftigkeit weiterhin ein Leben in der eigenen Häuslichkeit und im vertrauten Lebensfeld zu ermöglichen. Etwa siebzig Prozent aller pflegebedürftigen Menschen leben im eigenen Haushalt bzw. in der Familie und werden überwiegend von Angehörigen gepflegt. Viele ältere Menschen erhalten auch Unterstützung durch Nachbarn. Mit ambulanten Pflegeleistungen unterstützen und entlasten die Pflegedienste (*Diakoniestationen*) die pflegenden Angehörigen, aber auch allein lebende ältere Menschen mit Unterstützungsbedarf. Auf ärztliche Verordnung und finanziert durch die Krankenkassen leisten die Diakoniestationen die Behandlungspflege bzw. häusliche Krankenpflege. Wenn eine Pflegebedürftigkeit durch den Medizinischen Dienst der Krankenversicherung festgestellt worden ist, erhalten sie zu Lasten der Pflegekasse Grundpflege und hauswirtschaftliche Versorgung sowie Betreuungsleistungen. Zu den Aufgaben ambulanter Pflegedienste gehören in diesem Zusammenhang auch die Beratung in Fragen zur Pflegeversicherung und zur Finanzierung der Leistungen, hauswirtschaftliche Versorgung und Betreuungsdienste, Hilfe bei Anträgen, Pflegeberatung, Pflegeanleitung und Gesprächskreise für pflegende Angehörige. Für die Sicherheit in der eignen Häuslichkeit stehen zunehmend technische Assistenzsysteme zur Verfügung, die auf die Bedürfnisse älterer Menschen zugeschnitten sind. Häufig werden die ambulanten Leistungen der Diakoniestationen durch kooperierende mobile Mahlzeitendienste ergänzt. In Zusammenarbeit mit Kirchgemeinden gehört auch seelsorgerliche Begleitung zu den Angeboten der Diakoniestationen.

Teilstationäre Angebote nehmen pflegebedürftige Menschen in Anspruch, die weiterhin in der eigenen Häuslichkeit leben. Sie besuchen tagsüber eine Tagespflege, in der sie gemeinsam mit anderen älteren Menschen essen und am sozialen Leben teilnehmen. Wenn pflegende Angehörige verhindert sind oder verreisen, können die pflegebedürftigen Menschen für einen begrenzten Zeitraum in einer Kurzzeitpflegeeinrichtung versorgt werden. Die teilstationären Angebote stabilisieren die häusliche Pflegesituation und entlasten die pflegenden Angehörigen.

Auch beim *Betreuten Wohnen* leben ältere Menschen in einer abgeschlossenen Wohnung, die barrierefrei gestaltet ist. Grundlage ist ein normales Mietverhältnis, das um eine Betreuungspauschale für bestimmte Grundleistungen (z. B. Hausnotruf) erweitert wird. Bei Bedarf können die Mieterinnen und Mieter Pflegeleistungen von einem ambulanten Pflegedienst in Anspruch nehmen, die jedoch unabhängig vom Betreuten Wohnen in einem eigenen Pflegevertrags vereinbart werden. Die Angebote im Bereich des Betreuten Wohnens sind sehr unterschiedlich, so dass sorgfältig geprüft werden muss, welches Angebot zur Lebenssituation passt. Durch ein alten- und behindertengerechtes Wohnumfeld und die Möglichkeit, bei Bedarf professionelle Pflege von einem ambulanten Pflegedienst in Anspruch nehmen zu können, verbindet das Betreute Wohnen Eigenständigkeit mit Sicherheit.

Unterschiedliche Faktoren können dazu führen, dass pflegebedürftige Menschen nicht mehr in der eigenen Wohnung bleiben können. Wenn sich ältere Menschen in der eigenen Häuslichkeit nicht mehr ausreichend versorgen können, kann die *stationäre Altenhilfe* die richtige Alternative sein. Die Gründe für einen Umzug sind unterschiedlich: Es gibt keine Angehörigen oder diese wohnen weit entfernt, eine dementielle Erkrankung macht eine rund um die Uhr Unterstützung erforderlich, die Wohnung oder das Haus kann nicht mehr verlassen werden oder die Bewegungsfreiheit innerhalb der Wohnung ist durch Barrieren eingeschränkt. Die häufigste Form der stationären Altenhilfe ist das Alten- und Pflegeheim, in dem pflegebedürftige Menschen wohnen sowie an der Verpflegung und am sozialen Leben teilhaben. Die Wohnatmosphäre und das Gefühl des Respekts und der Geborgenheit haben einen entscheidenden Einfluss auf die subjektive Lebensqualität der Menschen. Sind pflegerische Unterstützung und soziale Betreuung erforderlich, so werden diese professionell und auf die individuellen Bedürfnisse abgestimmt geleistet. Neben der allgemeinen Pflege, die grund- und behandlungspflegerische Leistungen umfasst, bieten Alten- und Pflegeheime zum Teil auch eine beschützende, gerontopsychiatrische Pflege für Menschen mit Demenz an. Für alle pflegerischen und sozialen Leistungen kennzeichnend ist der aktivierende Ansatz, dessen Ziel es ist, Menschen in ihren Fähigkeiten zu fördern. Um ihren Bewohnerinnen und Bewohner die Teilhabe am Leben in der Gemeinschaft zu ermöglichen, öffnen sich die Pflegeheime zum Sozialraum, d.h. zum umliegenden Wohnquartier. In den letzten Jahren ist intensiv über die Ausgestaltung der stationären Altenhilfe diskutiert worden: Dabei geht es um die Größe der Pflegeheime, aber auch um die Frage, wie ältere Menschen mit und ohne Demenz gut versorgt werden können und um die Frage, wie sich das Pflegeheim auf Menschen einstellen kann, die erst kurz vor ihrem Tod einziehen und eine hospizähnliche Versorgung benötigen.

Vernetztes Arbeiten in der Altenhilfe bezeichnet ein Ablaufschema organisierter, bedarfsgerechter Hilfeleistungen, in dem der Versorgungsbedarf eines älteren Menschen für einen bestimmten Zeitraum über institutionelle Grenzen von Einrichtungen, Diensten und Ämtern hinweg geplant und organisiert wird. Durch Case Management wird der lebensraumorientierte Vernetzungsansatz im Bereich der Altenhilfe umgesetzt. Ziel des Case Managements ist es, eine optimale individuelle und bedürfnisorientierte Versorgung durch Vernetzung der Leistungserbringer zu erreichen. Allerdings muss dabei mit der Gefahr umgegangen werden, dass die Kooperationen nicht verbindlich und passgenau sind und Versorgungslücken auftreten. Eine Stärkung individueller Verantwortung darf nicht als Sparmaßnahme zur Lasten der Betroffenen und ihrer Angehörigen gehen.

5.4 Gesundheitliche Versorgung, Krankenhilfe und Hospizarbeit

Zum diakonischen Auftrag gehört auch die *Krankenhilfe*, die heute Teil eines komplexen Gesundheitssystems ist. Die klassischen Aufgaben diakonischer Krankenpflege finden sich in der ambulanten Krankenpflege ebenso wie im Krankenhaus, im Altenpflegeheim und im Hospiz. Zur Diakonie gehören Krankenhäuser, Fachkliniken und Rehabilitationseinrichtungen, die jeweils einen spezifischen Versorgungsauftrag haben und sich im Wettbewerb mit kommunalen und privaten Trägern bewähren müssen. Zur gesundheitlichen Versorgung in der Diakonie gehört nicht nur das Bemühen um körperliche und psychische Heilung sondern auch Seelsorge.

Die *kirchlichen Krankenhäuser* haben in der Krankenhausversorgung in Deutschland einen wichtigen Stellenwert.[2] Jedes dritte Allgemeinkrankenhaus befindet sich in kirchlicher Trägerschaft. Obwohl der Krankenhausbereich von Effizienz- und Konsolidierungsdruck geprägt ist, zeichnen sich die kirchlichen Krankenhäuser durch Qualität und menschliche Zuwendung aus. Die Umsetzung christlicher Werte im Krankenhausalltag trägt dazu bei. Sie reicht von der Zuwendung zur Patientin und zum Patienten über die betriebliche Kultur bis zur Bedeutung, die ethischen Fragen und Konflikten beigemessen wird. Insgesamt steht in kirchlichen Krankenhäusern die Zuwendung zum Menschen im Mittelpunkt. Das Bemühen der kirchlichen Krankenhäuser, ein dem Evangelium gemäßes Profil herauszuarbeiten und die Angebote mit Blick auf die Bedürfnisse und Wünsche der Patientinnen und Patienten auszugestalten, schlägt sich in einer großen Patientenzufriedenheit nieder. Traditionell hat die Aus-, Fort- und Weiterbildung in kirchlichen Krankenhäusern einen hohen Stellenwert. Kirchliche Krankenhäuser stellen überproportional viele Ausbildungsplätze in den Pflegeberufen. In der evangelischen Pflegeausbildung sind Theorie und Praxis eng miteinander verbunden und es gibt Raum für Themen des christlichen Glaubens in der Begegnung mit dem kranken Menschen und den Brüchen des Lebens. Kirchlichen Krankenhäusern gelingt es mit ihrer lokalen Verwurzlung und Verbindung zu Kirchengemeinden in besonderer Weise, die Potenziale freiwilligen Engagements zu mobilisieren und für eine verstärkte Unterstützung und Zuwendung zu Patientinnen und Patienten zu nutzen. Viele ehrenamtliche Helferinnen und Helfer, die in praktischer Ausübung christlicher Nächstenliebe für Patienten und Bewohner in Krankenhäusern, Alten- und Pflegeheimen Aufgaben übernehmen, sind in der Evangelischen Kranken- und Alten-Hilfe (Grüne Damen und Herren) organisiert.

2 Prognos AG, Krankenhäuser; Diakonie Deutschland – Evangelischer Bundesverband, Perspektiven.

Seitdem 2004 die gesetzliche Möglichkeit geschaffen wurde, eine vertragsärztliche Versorgung auch durch Medizinische Versorgungszentren sicherzustellen, engagieren sich diakonische Träger in diesem Bereich. Diakonische Einrichtungen fördern so die Verzahnung zwischen der ambulanten und stationären Medizin. Besonders im ländlichen Raum wird dadurch die fachärztliche Versorgung verbessert. Neben der medizinischen Grundversorgung mit entsprechender Basisdiagnostik und -therapie bieten Medizinische Versorgungszentren eine Behandlung in vielen Fachgebieten und kooperieren mit anderen Arztpraxen, Krankenhäusern, Therapeuten und Sozialeinrichtungen.

Ziel der medizinischen Rehabilitation ist es, Behinderungen, Einschränkungen der Erwerbstätigkeit oder Pflegebedürftigkeit zu vermeiden oder zu vermindern. In den Vorsorge- und Rehabilitationseinrichtungen finden kranke Menschen eine umfassende interdisziplinär ausgerichtete medizinisch-pflegerische und therapeutische Versorgung und Seelsorge. Medizinische Rehabilitation, Prävention und Selbsthilfe gehen dabei Hand in Hand. Es gibt verschiedene Formen und Richtungen der Rehabilitation: stationäre, ambulante und mobile Einrichtungen bzw. Dienste mit geriatrischer, medizinischer oder psychiatrischer Ausrichtung.

Die ambulante medizinische Rehabilitation bietet Menschen mit einer Erkrankung die Möglichkeit, wohnortnah einen Weg zurück in den Alltag und das Berufsleben zu finden. Das Entdecken und Nutzen der eigenen Ressourcen spielt eine wichtige Rolle, um ein Leben unter Einbezug von Krankheitsfolgen neu zu gestalten. Ziel der medizinischen Rehabilitation ist es, die Heilung, Besserung und Verhütung vor Verschlimmerung der Erkrankung und wenn möglich die Wiederherstellung der Erwerbsfähigkeit zu erreichen. Rehabilitative Maßnahmen sind z. B. Aktivierung und Arbeitstherapie, sorgfältige Medikation, psychotherapeutische Betreuung, körperliche und psychische Stabilisierung oder Training der Fähigkeiten zur selbständigen Lebensführung.

Palliative Care (schmerzlindernde Pflege) steht für eine umfassende Versorgung im Rahmen der Hospizarbeit. Bei der Pflege und Begleitung Sterbender werden körperliche, psychische, soziale und spirituelle Aspekte berücksichtigt. Es geht darum, die Lebensqualität der Betroffenen und ihrer Angehörigen angesichts der Krankheitsgeschichte und des Krankheitsverlaufs zu verbessern und auftretende Symptome wie Schmerzen, Angst oder Atemnot zu mildern. Ziel ist es, den Menschen ihre letzte Lebensphase so lebenswert wie möglich zu gestalten. In vielen Einrichtungen arbeiten speziell ausgebildete Palliative-Care-Fachkräfte. Zugleich wird die Hospizarbeit maßgeblich vom Engagement Freiwilliger getragen. Neben stationären Hospizen gibt es ambulante Hospizdienste, die schwer kranke und sterbende Menschen zuhause, im Pflegeheim oder an anderen Orten betreuen. Für Kinder und Jugendliche gibt es spezielle ambulante und stationäre Angebote.

5.5 Teilhabe von Menschen mit Behinderungen, Behindertenhilfe

Ein wichtiges Anliegen der Diakonie ist die *Behindertenhilfe bzw. Eingliederungshilfe*, die sich seit etwa zwanzig Jahren von einem paternalistischen Hilfesystem hin zu einer an den Rechten von Menschen mit Behinderungen orientierten Dienstleistungslandschaft entwickelt. Diakonische Dienste und Einrichtungen bieten vor allem Assistenzleistungen für Menschen, die – nach dem bisherigen Begriff – *wesentlich behindert* sind, d.h. durch gesundheitlich bedingte Funktionseinschränkungen wesentlich daran gehindert sind, selbständig zu wohnen, zu arbeiten und an allen Dimensionen des gesellschaftlichen Lebens teilzuhaben. Ziel der Behinderten- oder Eingliederungshilfe ist es, durch entsprechende Assistenzleistungen eine gleichberechtigte Teilhabe zu ermöglichen. Von einer wesentlichen Behinderung betroffen sind gegenwärtig über 600.000 Menschen, also nur eine kleine Teilgruppe der 7,5 Millionen Menschen, die einen Schwerbehindertenausweis haben. Menschen mit Lernschwierigkeiten (früher geistige Behinderung) und mehrfachen Behinderungen sind hierbei die größte Gruppe. Die Hilfe, die sie erhalten, wird Eingliederungshilfe genannt. Unter Eingliederungshilfen sind Leistungen zu verstehen, die Teilhabe am Leben in der Gesellschaft ermöglichen, z. B. im Bereich der Mobilität oder der Arbeit. Die Zahl der Menschen mit Behinderungen, die Unterstützung im Bereich des

Wohnens in Anspruch nehmen, ist deutlich angestiegen. Die Ursachen dafür liegen vor allem in der gestiegenen Lebenserwartung aufgrund verbesserter medizinischer Möglichkeiten und darin, dass frühere Generationen den Ermordungsprogrammen des Nationalsozialismus ausgesetzt waren.

In der Diakonie gibt es ein vielfältiges Unterstützungsangebot für Menschen mit Behinderungen. Obwohl immer mehr Wert darauf gelegt wird, durch gemeindeintegrierte Wohnheime, Wohngruppen und Werkstätten vor allem ambulante und ergänzende Unterstützungsprogramme zu entwickeln, gibt es in der diakonischen Behindertenhilfe viele stationäre Angebote. Gleichwohl verfolgen professionelle Helfer und Einrichtungen das Ziel der De-Institutionalisierung und sind den Betroffenen gegenüber in erster Linie für die Gewährung von Autonomie verantwortlich. Ziel der Eingliederungshilfe ist die selbstverständliche Teilhabe von Menschen mit Behinderungen im Leben der Kommunen und der Kirchengemeinden.

Zu den differenzierten Angeboten der Behindertenhilfe gehören im Kinder- und Jugendalter die Frühdiagnostik und -förderung, die Familienunterstützung, Begleitung behinderter Paare mit und ohne Kinder, Erziehungsberatung, Therapie und Behandlung, integrative Kindertagesseinrichtungen, Förder- und Integrationsbeschulung, sowie Kurzzeitbetreuung und Wohngruppenarbeit. Im Bereich beruflicher Rehabilitation und Teilhabe gibt es u.a. Berufsbildungs- und Berufsförderungswerke, Integrationsfachdienste und Integrationsfirmen, Beschäftigungs- und Zuverdienstinitiativen und das breite Angebot der Werkstätten für behinderte Menschen. Weiterhin gibt es Unterstützungsangebote zum Wohnen und zur Freizeitgestaltung. Dazu zählen Assistenz und Begleitung in ambulanter Form wie Wohnangebote in vielfältigen Formen von Wohngruppen, Wohngemeinschaften und Wohnheimen. Schließlich gibt es Tagesförderangebote (auch für Senioreninnen und Senioren) und verschiedene behindertenmedizinische Angebote.

Werkstätten für Menschen mit Behinderungen sind Einrichtungen zur beruflichen Rehabilitation. Etwa 50.000 Plätze in Werkstätten für Menschen mit Behinderungen gibt es in der Diakonie. Sie ermöglichen Menschen mit Behinderungen die Teilnahme am Arbeitsleben und fördern die Eingliederung in das Arbeitsleben. Eine Werkstatt für Menschen mit Behinderungen bietet denjenigen behinderten Menschen, die wegen Art oder Schwere der Behinderung nicht, noch nicht oder noch nicht wieder auf dem allgemeinen Arbeitsmarkt tätig sein können, einen Arbeitsplatz oder die Gelegenheit zur Ausübung einer geeigneten Tätigkeit. Zunehmend bieten Werkstätten für Menschen mit Behinderungen vernetzte Unterstützungsleistungen und beziehen den Sozialraum mit ein.

Berufsbildungswerke sind ebenfalls Einrichtungen zur beruflichen Rehabilitation. Das Angebot der Berufsbildungswerke umfasst sowohl den vorberuflichen Kompetenzerwerb als auch die Erstausbildung in unterschiedlichsten Berufen. Ergänzt werden diese Leistungen durch bedarfsbezogene Unterbringungsmöglichkeiten, Betreuungsformen im heilpädagogischen Rahmen und eine Hinführung zu einem selbstbestimmten Leben.

5.6 Suchthilfe, Psychiatrie und Sozialpsychiatrie

In der *Suchthilfe* werden suchtgefährdeten und suchtkranken Menschen möglichst frühzeitig, flexibel, setting- und zielgruppenspezifisch Hilfen zur Verfügung gestellt. Bei diesen Hilfen geht es darum, Mensch auch in den Grenzerfahrungen von Abhängigkeit und Hilflosigkeit als von Gott bejahte freie Geschöpfe anzunehmen. Alkohol, Drogen und Medikamente, aber auch Essstörungen, Glücksspiel, Kaufrausch oder Medienkonsum – es gibt viele Erscheinungsformen von Sucht und Abhängigkeit. Wer abhängig ist, steckt in einer Sackgasse und braucht Hilfe. Dafür steht ein System an Beratungsstellen und Behandlungsmöglichkeiten zur Verfügung. Ambulante Beratungs- und Behandlungsstellen für Suchtkranke und ihre Angehörigen bieten Kriseninterventionen, Motivationsarbeit, Nachsorge, Erarbeitung von Behandlungsvorschlägen, Prävention oder Vermittlung weiterführender Hilfen an. Ergänzt werden die Angebote durch psychosoziale Begleitung von Substituierten und ambulante Entwöhnungsbehandlungen. Weiterhin stehen in der (teil-)stationären akutmedizinischen und/oder psychiatrischen Entzugsbehandlung Plätze zur Verfügung, ebenso in (teil-)stationären Einrichtungen zur Rehabilitation und

Nachsorge von Menschen mit Suchterkrankungen. Zu den Einrichtungen der Diakonie im Suchthilfebereich gehören darüber hinaus ambulantes betreutes Wohnen, Wohnheime, Werkstätten, Arbeitsprojekte, niedrigschwellige Angebote zur Tagesstrukturierung, aufsuchende Hilfen oder Substitutionshilfen. Die professionelle Suchthilfe der Diakonie wird ergänzt durch das ehrenamtliche Engagement in den Gruppen der evangelischen Abstinenz- und Selbsthilfeverbände. In der Suchthilfe werden suchtgefährdeten und suchtkranken Menschen Räume und Orte angeboten, in denen Freiheit von Abhängigkeiten und Sucht erprobt sowie Schutz und Gemeinschaft erfahren werden können.

Die *psychiatrischen Angebote der Diakonie* umfassen u. a. Angebote des Gesundheitssystems, der medizinischen und beruflichen Rehabilitation, der ambulanten und stationären Eingliederungshilfe sowie Beratungsangebote im Rahmen der Daseinsvorsorge. Prävention und Entstigmatisierung von psychischen Erkrankungen und deren Behandlung, die Weiterentwicklung von Versorgungsstrukturen, die auch Menschen mit chronisch psychischen Erkrankungen ein selbstbestimmtes Leben in ihrem vertrauten Umfeld ermöglichen, sowie die Unterstützung der Selbsthilfe sind wesentliche Ziele. Die Diakonie bietet Menschen mit psychischen Erkrankungen ihre Unterstützungsangebote in verschiedenen Diensten und Einrichtungen an. Zu den psychiatrischen Hilfen im Gesundheitsbereich gehören psychiatrische und psychosomatische Krankenhäuser und Fachabteilungen für Erwachsene sowie für Kinder und Jugendliche, psychiatrische Tageskliniken oder Institutsambulanzen. Weiterhin gibt es Dienste, die Krankenpflege für psychisch Kranke bzw. Soziotherapie anbieten, gerontopsychiatrische Pflegedienste und Pflegeheime, stationäre und teilstationäre Angeboten der Jugendhilfe für Kinder und Jugendliche mit (drohender) seelischer Behinderung, Wohneinrichtungen, therapeutischen Wohngemeinschaften und Tagesstätten für Menschen mit psychischen Erkrankungen sowie Werkstätten für Menschen mit psychischer Erkrankung und seelischer Behinderung. Auch Begegnungsstätten, Selbsthilfegruppen, Dienste für das ambulant betreute Wohnen, Integrationsfachdienste und Berufsbildungswerke, Rehabilitationseinrichtungen und Integrationsbetriebe oder Beratungsstellen können eine spezielle Ausrichtung auf Hilfen für Menschen mit psychischer Erkrankung und seelischer Behinderung haben. In den psychosozialen Kontakt- und Beratungsstellen sowie Sozialpsychiatrischen Diensten wird den sozialen Ursachen von psychischen Störungen besondere Aufmerksamkeit gewidmet.

5.7 Flüchtlingsarbeit und Migrationsfachdienste

Das Handlungsfeld Flüchtlingsarbeit und Migration orientiert sich an den christlichen Grundprinzipien, alle Menschen unabhängig von ihrer Herkunft und kulturellen Zugehörigkeit als Träger von Rechten anzunehmen und ihnen ein Leben in Würde zu ermöglichen. Die Migrationsfachdienste stehen Neuzugewanderten, Flüchtlingen und anderen Menschen mit Migrationshintergrund in Fragen der Aufnahme, des Aufenthaltes und der Ausreise oder Weiterwanderung zur Seite, fördern ihre Teilhabe an unserer Gesellschaft und wirken Diskriminierungen entgegen. Sie konzentrieren ihre Hilfsangebote auf die Durchsetzung von Rechten – aufenthaltsbezogene, aber auch soziale Rechte – und die Förderung der Teilhabe am Gemeinwesen. Migrationsfachdienst ist der Oberbegriff für unterschiedliche spezialisierte Dienste wie Migrationsberatung für Erwachsene, Jugendmigrationsdienste oder Flüchtlingsarbeit. Es gibt Angebote für Jugendliche, Erwachsene und Familien, Beratung für neu Ankommende wie für Menschen mit Migrationshintergrund, die schon seit Generationen in Deutschland leben. Die Migrationsfachdienste sind oft auch Träger von Sprach- und Integrationskursen.

Das internationale Flüchtlingsrecht sowie die verfassungsrechtlichen Vorgaben verpflichten Deutschland, für Flüchtlinge menschenwürdige Aufnahmebedingungen zu gewährleisten. Die Umsetzung dieser Garantien durch die Ermöglichung eines selbstbestimmten Lebens und der aktiven Teilnahme am gesellschaftlichen Leben ist angesichts hoher Flüchtlingszahlen eine große Herausforderung.[3]

3 Diakonie Deutschland – Evangelischer Bundesverband, Positionen; Diakonisches Werk der EKD e. V., Einwanderungsgesellschaft.

Angst und Verzweiflung aufgrund des Erlebten und unsichere Perspektiven kennzeichnen die Situation der meisten Flüchtlinge. In der *Flüchtlingsarbeit* der Diakonie erhalten sie Unterstützung bei Fragen zum Aufenthaltsrecht, bei der Suche nach Unterkunft und Wohnungen, in Sprachkursen und durch Ausbildungsplätze oder psychosoziale Beratung. In der Asylverfahrensberatung nutzen Mitarbeitende der Diakonie ihren fachlichen Hintergrund, ihre interkulturelle Kompetenz und Kontakte zu öffentlichen Stellen und Institutionen. Sie bereiten die Antragsstellenden auf die Anhörung beim Bundesamt für Migration und Flüchtlinge vor und begleiten sie. Die Diakonie setzt sich dafür ein, dass Flüchtlinge von Anfang an angemessene Lebens- und Arbeitsbedingungen vorfinden und gleichberechtigter Teilunserer Gesellschaft werden. Die Diakonie ist auf unterschiedlichste Weise in die Unterbringungskonzeptionen der Länder und der Kommunen eingebunden. Dabei ist die Diakonie bestrebt, eine Aufnahme der Flüchtlinge zu fördern, welche die Eingliederung in das Gemeinwesen unterstützt. Die Diakonie ist tätig in Erstaufnahmeeinrichtungen für Flüchtlinge, setzt sich aber dafür ein, dass Flüchtlinge frühzeitig in einer eigenen Wohnung leben können. Neben professionellen Mitarbeitenden sind viele ehrenamtlich Helfende der Diakonie im Einsatz, um Flüchtlingen in Deutschland eine neue Heimat zu geben. Ehrenamtlich kirchliche und zivilgesellschaftliche Initiativen der Flüchtlingshilfe und Kirchenasyl gewährende Gemeinden sind wichtige Kooperationspartner. Da die Arbeit mit Menschen, die eine Fluchtgeschichte hinter sich haben, eine sensible Aufgabe ist, werden ehrenamtlich Engagierten Schulungen zu interkultureller Sensibilität angeboten. Darüber hinaus begleitet die Diakonie ehrenamtliche Vormünder für unbegleitete minderjährige Flüchtlinge.

Die *Migrationsberatungsstellen* haben die Aufgabe, den Integrationsprozess zu initiieren, zu steuern und zu begleiten. Sie leisten Einzelfallberatung und -begleitung, haben primär eine Clearingfunktion und vermitteln an die anderen Dienste der Regelversorgung. Neben der individuellen Integrationsförderung arbeiten die Beratungsstellen in Netzwerken, Gremien und im Sozialraum. Sie fördern die interkulturelle Öffnung und die Vernetzung der

Dienste und der Verwaltungsbehörden. Damit unterstützen sie das Leben in Vielfalt im Gemeinwesen.

Der Schwerpunkt der Migrationsberatung für Erwachsene liegt bei der Einzelfallberatung auf der Grundlage des Case Managements sowie bei der sozialpädagogischen Begleitung und Beratung der Zugewanderten vor, während und nach dem Integrationskurs. Zu ihren Aufgaben gehören die Mitarbeit in kommunalen Netzwerken, die Mitwirkung bei der interkulturellen Öffnung der Regeldienste und eine aktive Öffentlichkeitsarbeit. Die Mitarbeitenden der Migrationsberatung für Erwachsene unterstützen und begleiten die gesellschaftliche und soziale Teilhabe der Zielgruppe.

Die *Jugendmigrationsdienste* sind ein Angebot an der Schnittstelle Jugend und Migration. Sie bieten jungen Menschen sozialpädagogische Hilfen zur sprachlichen, schulischen, beruflichen und sozialen Integration an. Chancengleichheit sowie Partizipation in allen Bereichen des sozialen, kulturellen und politischen Lebens werden gefördert.

5.8 Kinder- und Jugendhilfe

In der Kinder- und Jugendhilfe nehmen Diakonie und Kirche ihre Mitverantwortung für gute Bedingungen des Aufwachsens von Kindern und Jugendlichen und für ihre Persönlichkeitsentwicklung wahr. In der diakonischen Bildungsverantwortung und in der Sorge um das Wohl des Kindes ergänzen sich fördernde Angebote zur Erziehung (z. B. Kindertageseinrichtungen, Familienbildungsstätten oder individuelle Förderung), unterstützende Angebote um Benachteiligungen abzubauen und positive Lebensbedingungen junger Menschen und ihrer Familien zu schaffen bzw. zu erhalten (z. B. Erziehungs- und Familienberatungen, Einzelbetreuung oder betreute Wohngruppen) und sozialpolitische Aufgaben (z. B. in der Jungendhilfeplanung). Angebote der Kinder- und Jugendhilfe und Unterstützung von Familien ergänzen sich.[4]

Zu den *diakonischen Hilfen für Kinder und Eltern* zählen Eltern-Kind-Gruppen, Kindertageseinrichtungen oder offene Ganztags-

4 Spenn u. a., Handbuch; Braune-Krickau/Ellinger, Jugendarbeit.

schulen. Mit ca. 9.000 Einrichtungen sind die evangelischen Kindertagesstätten einer der größten diakonischen Arbeitsbereiche und als Orte elementarer Begegnung mit dem christlichen Glauben ein gesellschaftsbezogener Beitrag zur Vermittlung von Werten. In evangelischen Kindertageseinrichtungen hat die gemeinsame Erziehung, Bildung und Betreuung für Kinder mit und ohne Behinderung eine lange Tradition und einen festen Ort. Neue Impulse hat die Entwicklung inklusiver Pädagogik durch die Umsetzung der UN-Behindertenrechtskonvention erhalten. Allerdings werden diese Fragen auch im Zusammenhang mit demografischen und finanziellen Entwicklungen der kirchlichen Träger diskutiert und der damit verbundenen Herausforderung, das evangelische Profil zu erhalten und zu entwickeln. Eine andere Herausforderung ist der Aufbau von Familienzentren. In evangelischen Familienzentren geht es um eine gute Verbindung der Bildungs- und Erziehungsarbeit mit Kindern, um Angebote der Familienbildung, -beratung und -unterstützung sowie um Begegnungsmöglichkeiten. Die Verbindung von Angeboten für Kinder, für Eltern und für die ganze Familie ist zugleich eine Öffnung der Einrichtung in den Sozialraum und das Gemeinwesen.

Zur Kinder- und Jugendhilfe gehören weiter *Hilfen zur Erziehung*. Hilfen zur Erziehung sind sozialpädagogische Angebote, wenn eine dem Wohl des Kindes oder der Jugendlichen entsprechende Erziehung nicht gewährleistet werden kann. Der Anspruch der Kinder- und Jugendhilfe ist es, den Eltern und ihren Kindern für jede Problemlage und sich daraus ergebende Hilfebedarfe ein passendes Angebot zur Verfügung zu stellen. Unter den ambulanten Hilfeleistungen sind die Angebote der Familienbildung, der Familienerholung, der Erziehungsberatungsstellen und entsprechende Freizeitangebote wichtige Instrumente, um Eltern zu stärken, ihre erzieherische Verantwortung wahrzunehmen. In der *sozialpädagogischen Familienhilfe* wird versucht, die häusliche Situation durch eine intensive Betreuung und Begleitung der Familie in Erziehungsfragen sowie bei sozialen und wirtschaftlichen Schwierigkeiten zu stabilisieren. Die Hilfen sind in der Regel auf eine längere Dauer angelegt und zielen auf eine Hilfe zur Selbsthilfe. Diese Angebote werden ergänzt durch Unterstützungsleistungen in Krisensituationen.

Wenn die Hilfestellungen zur Erziehung nicht ausreichen und Kinder bzw. Jugendliche Entwicklungsverzögerungen oder Probleme im sozialen Verhalten aufweisen, benötigen sie *familienunterstützende ergänzende Hilfemaßnahmen*. Dies sind etwa Tagesgruppen als teilstationäre Angebote, in denen die Jugendlichen oder Kinder nachmittags lernen, ihre Probleme in der Beziehung zu Menschen, ihren Bewegungsdrang, ihren Umgang mit Gefühlen und im schulischen Bereich zu bewältigen.

Wenn die Hilfestellungen in der Erziehung und die familienunterstützenden Hilfemaßnahmen nicht genügen, um das Zusammenleben in den Familien zu verbessern, gibt es die Möglichkeit, dass Kinder und vor allem Jugendliche für eine Zeit außerhalb der Familie leben. Das kann in einer Pflegefamilie oder in einer Wohngruppe sein. Wohngruppen bieten Lebensmöglichkeiten für Jugendliche mit sozialisationsbedingten Defiziten und seelischen Behinderungen. *Stationäre Erziehungshilfe* in einer Einrichtung über Tag und Nacht (Heimerziehung) oder in einer sonstigen betreuten Wohnform soll Jugendliche durch eine Verbindung von Alltagserleben mit pädagogischen und therapeutischen Angeboten in ihrer Entwicklung fördern. Ambulante und stationäre Erziehungshilfen bilden innerhalb der Kinder- und Jugendhilfe – nach den Kindertagesstätten – das zweitgrößte Handlungsfeld der sozialpädagogischen Angebote. Die Hilfen zur Erziehung werden in der Regel freiwillig in Anspruch genommen. Wenn allerdings Anhaltspunkts für das Vorliegen einer Kindswohlgefährdung vorliegen, können Eltern durch Familiengerichte zur Annahme einer Hilfe verpflichtet oder ihnen das Sorgerecht entzogen werden. Die Zunahme der von Eltern und jungen Menschen in Anspruch genommenen Erziehungshilfen verweist nicht nur auf einen gestiegenen Unterstützungsbedarf, sondern ist zugleich Beleg für die hohe Akzeptanz und die fachliche Qualität diakonischer Hilfen für Kinder und Jugendliche.

5.9 Hilfen für Frauen

Gewalt gegen Frauen – ob im häuslichen Umfeld, durch Frauenhandel oder Zwangsverheiratung – ist keine seltene Randerscheinung, sondern prägt den Alltag vieler Frauen in Deutschland. Nicht nur die körperlichen und psychischen Verletzungen sind zu bewältigen, sondern auch die veränderte soziale Situation und ökonomische Einbußen – zum Beispiel durch Verlust der Wohnung oder durch Beeinträchtigung der Erwerbsarbeit bis zum Jobverlust. Die notwendige Präventions- und Interventionsarbeit erfordert eine effektive Zusammenarbeit der beteiligten Institutionen und Behörden. Darüber hinaus steht die psychische Bewältigung von Armut durch emotionale Nähe, Schutz und Geborgenheit sowie Strategien familiärer Konfliktbewältigung. Neben Anlauf- und Informationsstellen bieten Frauen- und Kinderschutzhäuser der Diakonie Betroffenen Schutz und unterstützen sie bei der Überwindung der psychischen und sozialen Folgen. Der Schwerpunkt der Arbeit orientiert sich an den realen Erfordernissen des Alltags und bezieht die tatsächliche Lebenswelt der Hilfesuchenden ein. Die Deckung des individuellen Hilfebedarfs zielt auf eine nachhaltige Verbesserung der Lebenssituation ab.

5.10 Diakonisches Bildungshandeln

Eine plurale und sich mehr und mehr ausdifferenzierende Gesellschaft ist der Ausgangspunkt diakonischen Bildungshandelns. Befähigungs- und Bildungsgerechtigkeit sind wichtige Merkmale bei der Umsetzung. Wesentliche Herausforderungen für das diakonische Bildungshandeln bilden der durch die Kompetenzorientierung eingeleitete Paradigmenwechsel in der Aus-, Fort- und Weiterbildung. Hierbei geht es nicht um Bildungsabschlüsse, sondern um eine Kompetenzorientierung, die durch den Deutschen Qualifikationsrahmen (DQR) eingeführt wurde. Kompetenzorientierung und Konzepte des Lebensbegleitenden Lernens sind zwei wichtige Säulen im diakonischen Bildungshandeln. Es geht um die Gleichwertigkeit unterschiedlicher Lernformen, die Orientierung an Lernergebnissen sowie die Durchlässigkeit zwischen verschiedenen Lernorten und Systemen, um lebenslanges Lernen im Sinne eines lebensbegleitenden Lernens zu befördern. Dies stellt insbesondere die Bildungsanbieter und Personalverantwortlichen vor neue Herausforderungen. Die Anerkennung unterschiedlicher Kompetenzen bietet eine Chance, einen besseren Zugang zum Arbeitsmarkt zu erhalten. Eine Anerkennungsmöglichkeit jenseits formaler Bildungsabschlüsse erweitert das Potenzial qualifizierter Menschen, die dazu beitragen, den Fachkräftemangel abzumildern. Die Diakonie unterstützt den qualitativen wie quantitativen Ausbau des Bildungssystems auf der bildungsinstitutionellen Ebene (formaler Kompetenzerwerb) im Sinne von Kooperationen und der Etablierung von Standards. Ebenso sind für ein diakonisches Bildungshandeln Kompetenzbilanzierungsverfahren von non-formal und informell erworbenen Kompetenzen relevant, die auf eine Beschäftigungsfähigkeit hinauslaufen und/oder auf soziale oder personale Kompetenzen angewandt werden. Damit verbunden ist ein Verständnis des Bildungsprozesses als ein lebendiger, sich in Situationen entfaltender Kompetenzerwerb. Ein so verstandener Bildungsprozess schließt fachliche Kompetenzen, Werte- und Haltungsfragen ebenso ein wie Perspektiven vom Armut, Migration, Behinderungserfahrungen und Fragen der Gendergerechtigkeit. Im diakonischen Verständnis besteht Bildung nicht nur aus Fach und Verfügungswissen, sondern schließt Orientierungswissen und religiöse Kompetenzen als integralen Bestandteil ein.[5]

In der diakonischen Bildung wird das Leben mit den verschiedenen Lebensphasen und Lebenserfahrungen in den Blick genommen, es geht um individuelle Zugänge und gesellschaftliche Milieus: von der frühkindlichen Bildung, der Schulbildung, über das Freiwillige Soziale Jahr, die Berufsausbildung und Persönlichkeitsbildung bis zur Bildung im Alter.

Im Schul- und Bildungsbereich ist die Diakonie sowohl mit Kooperationen als auch als Träger engagiert. In der Schulsozialarbeit kooperiert sie mit vielen Schulen. In offenen Ganztagsschulen erweitert die Diakonie als externer Bildungsanbieter die Bildungs-

5 Eurich/Oelschlägel, Bildung; Diakonisches Werk der EKD e. V., Bildung.

und Betreuungsangebote. So vielfältig diese Schulformen sind, so vielfältig sind auch die Kooperationsformen im schulischen Bereich. In sozialpädagogischen Seminaren fördert die Diakonie den Übergang von der Schule in den Beruf. In der Berufseinstiegsbegleitung werden Schülerinnen und Schüler mit besonderem Unterstützungsbedarf beim Übergang von der Schule in eine berufliche Ausbildung begleitet. Berufsvorbereitende Maßnahmen sind ein wichtiges Bildungsangebot, um Jugendlichen den Zugang zu einer Ausbildung und zum Arbeitsmarkt zu ermöglichen. Jugendlichen mit spezifischem Förderbedarf (Lernbehinderung) wird Förderung angeboten, um auf die Aufnahme einer Ausbildung vorzubereiten oder eine geeignete Beschäftigung für sie zu finden.

Im Bereich der beruflichen Bildung gibt es in der Diakonie ein breites Spektrum an Berufsschulen, Ausbildungsstätten und Berufskollegs für soziale und pflegerische Berufe. In den Ausbildungen in sozialen Berufen werden insbesondere professionelle Kompetenzen der Beratung und Begleitung, der Erziehung, Unterstützung und Fürsorge erworben. Zu den überregional verbreiteten sozialen und sozialpädagogischen Berufen zählen: Sozialassistentin und Sozialassistent, Kinderpflegerin und Kinderpfleger, Erzieherin und Erzieher, Heilerziehungspflegerin und Heilerziehungspfleger, Heilpädagogin und Heilpädagoge. In den Ausbildungen zu pflegerischen Berufen stehen gesundheitsfördernde und medizinisch-pflegerische Kompetenzen im Vordergrund. Dazu gehören die Berufe: Gesundheits- und Kinderkrankenpfleger, Gesundheits- und Krankenpflegerin, Krankenpflegehelfer und Altenpflegerin. Mit der Pflegeausbildungs-Reform 2016 werden diese Berufe durch eine generalistische Ausbildung zur Pflegefachfrau bzw. zum Pflegefachmann ersetzt. Damit ist die Erwartung einer höheren Attraktivität der Pflegeberufe verbunden, da mit einer Breitbandausbildung Absolvierende in den verschiedenen Handlungsfeldern der Pflege arbeiten können. Auch die Akademisierung der Pflegeberufe soll dazu beitragen, dem prognostizierten Fachkräftemangel zu begegnen.

Veränderungen im sozialen Bereich haben die Bildungsanforderungen dynamisiert. Für diesen gewachsenen Bedarf sowie generell für ein Lebensbegleitendes Lernen bieten Fort- und Weiterbildungsstätten der Diakonie sowie diakonische Akademien, berufsbegleitende Fort- und Weiterbildungen an.

Im Bereich der Sozialen Arbeit und im Gesundheitswesen, insbesondere in der beruflichen Weiterentwicklung haben Hochschulabschlüsse eine wachsende Bedeutung. Evangelische und diakonische Fachhochschulen bieten eine Vielzahl von spezialisierten Studiengängen an. Die Akademisierung diakonischer Bildung ist Ausdruck einer weiteren Professionalisierung der Sozialen Arbeit, internationaler Entwicklungen im Ausbildungsbereich (u. a. »Bologna-Prozess«) und der zunehmenden Bedeutung des Managements und der Personalentwicklung diakonischer Unternehmen und Verbände.

5.11 Beratung und Seelsorgedienste

Beratung ist eine Arbeitsweise in vielen diakonischen Kontexten. Zugleich gibt es in einer Reihe von Handlungsfeldern ein ausdifferenziertes, spezialisiertes und professionalisiertes Beratungsangebot. In der institutionellen Beratung dominiert zunächst eine therapeutische Perspektive, in der auf eine Veränderung innerseelischer Prozesse zur Problemlösung gesetzt wird. Daneben ist aber deutlich, dass viele Probleme durch soziale Lebensbedingungen und ihre Auswirkungen verursacht sind und Beratung auch auf eine Veränderung der sozialen Bedingungen zielt. Beratungsverständnis und -methoden stehen im Spannungsverhältnis dieser unterschiedlichen Ansätze. Bei der Ausgestaltung der Beratungsangebote sind entweder gesellschaftliche Problemlagen handlungsleitend (z. B. Arbeitslosen-, Wohnungslosen-, Schuldner-, Flüchtlingsberatung), manchmal eine Zielgruppenorientierung (z. B. Pflege-, Straftäterberatung, Frauenhäuser) oder individuelle Krisensituationen (z. B. Sucht-, Schwangerschaftskonflikt-, Erziehungs-, Partnerschafts-, Trauerberatung). Entsprechend der verschiedenen Ausgangssituationen gibt es unterschiedliche Beratungsformen. Neben Einzelberatung werden Beratungsgespräche für Paare, für Familiensysteme oder als Gruppenberatung angeboten. Im Mittelpunkt des Beratungsgesprächs stehen jedoch immer die Menschen, die Beratung nachfragen.

Im diakonischen Verständnis bedeutet Beratung nicht, dass Ratsuchenden einen Rat erhalten. Als Hilfe zur Selbsthilfe geht es darum, gemeinsam Lösungswege zu erarbeiten, die angenommen und in die Tat umgesetzt werden können, um wirksam zu werden. Ziel und Methode der Beratung sind abhängig von der Nachfrage und Problemlage des Ratsuchenden: Begleitung oder Information, Krisenintervention oder Psychologische Beratung/Therapie, Clearing (Auftrags- und Hilfeklärung) oder Casemanagement.

Evangelische Lebensberatung ist eine Beratung mit psychologischem Schwerpunkt. Anlass für die Beratung ist meist eine krisenhafte Entwicklung oder das Leiden an einer körperlichen oder seelischen Gesundheitsstörung. Dass Evangelische Lebensberatung mit den Angeboten der Paar-, Familien-, Schwangerschafts- und Erziehungsberatung stark nachgefragt wird, kann als Ausdruck der »Individualisierung« sozialer Probleme und der Überforderung durch gesellschaftliche Modernisierung und Beschleunigung gedeutet werden. Viele Menschen fragen nach professioneller Hilfe in akuten seelischen Notlagen und tiefen Lebens- und Übergangskrisen. Die damit verbundene Suche nach sinnstiftender Lebensorientierung und Lebensgewissheit macht Beratung zu einer diakonischen Form der Seelsorge.

Schwangerschafts- und Schwangerschaftskonfliktberatungsstellen unterstützen Frauen und Paare vor und nach der Geburt. Aber auch unabhängig von einer bestehenden Schwangerschaft können Frauen, Männer und Paare die Beratungsstellen aufsuchen, zum Beispiel um mit einer neutralen, qualifizierten Person über Probleme in der Liebesbeziehung, unerfüllten Kinderwunsch oder Methoden der Schwangerschaftsverhütung zu sprechen. Schwangeren- und Schwangerschaftskonfliktberatungsstellen verbinden individuelle Hilfen mit präventiven Aktivitäten und bieten, je nach regionaler Arbeitsteilung und fachlichem Schwerpunkt, ergänzende Leistungen wie Gruppenangebote, Kurvermittlung oder Offene Treffs an.

Ein Beratungsangebot der besonderen Art ist die *Telefonseelsorge*.[6] Die Arbeit der Telefonseelsorge ist charakterisiert durch Niederschwelligkeit, das helfende Gespräch, Ehrenamtlichkeit und

6 Hauschildt, E./Blömeke, Telefonseelsorge.

institutionelle Verlässlichkeit. Sie ist ein besonderes Angebot für Menschen, die sich scheuen, direkten Kontakt in einer Beratungsstelle zu suchen. Sie ist anonym, zu jeder Zeit und von jedem Ort aus erreichbar. Die Niederschwelligkeit trägt dem Umstand Rechnung, dass Menschen eher über ihre Probleme sprechen, wenn sie selbst entscheiden können, wann und an welchem Ort das Gespräch stattfindet. Der Grundsatz des »helfenden Gesprächs« stellt den Anrufenden in den Mittelpunkt, den der Berater beim Herausarbeiten eigener Entscheidungen und neuer Perspektiven unterstützt. Meistens geht es nicht mehr – wie zu Anfang – um Selbstmordprävention, sondern um das Gefühl, »dass jemand da ist«. Die Verfügungsgewalt über das Gespräch bleibt immer beim Anrufenden. Über Hinweise auf weitere Beratungsangebote, Fachleute oder Selbsthilfegruppen ist die Telefonseelsorge mit anderen Angeboten der Diakonie vernetzt. Die Arbeit der Telefonseelsorge wird in starkem Maß von Ehrenamtlichen getragen, die ihre Motivation, ihr Engagement und ihre Erfahrungen einbringen. Gleichzeitig werden sie durch intensive Schulungen auf ihre Aufgabe vorbereitet. Die ehrenamtliche Ausrichtung unterstreicht, dass die Telefonseelsorge kein psychotherapeutischer Fachdienst ist. Seit 1995 gibt es außerdem die Möglichkeit der Beratung per Mail und Chat.

5.12 Entwicklung der Handlungsfelder

Diakonische Handlungsfelder korrespondieren mit professionellen und gesellschaftlichen Vorgaben und sind einem steten Wandel unterworfen. Eine zusätzliche Dynamik resultiert aus der ganzheitlichen Ausrichtung diakonischer Arbeit und dem Denken und Handeln in vernetzten Strukturen. Gemeinwesenorientiertes diakonisches Handeln fördert gemeinsame Verantwortung und ist auf eine enge Vernetzung diakonischer Handlungsfelder gerichtet. Ein gemeinwesenorientierter Ansatz macht zugleich deutlich, dass diakonische Handlungsfelder nicht starr voneinander abgegrenzt sind. Jenseits professioneller Entwicklungen sind Helfen, Unterstützen, Pflegen, Bilden, Beraten Ausdruck der Zuwendung zum Menschen. Mit seiner übergreifenden Perspektive fördert der gemeinwesenbezogene Ansatz eine Entwicklung diakonischer Handlungsfelder hin zu fächerübergreifender Professionalität. Dabei bleibt die Kombination von Professionalität und Nächstenliebe Fokus der Entwicklung.

Impulse:

- Ziel der diakonischen Arbeit ist es, die Asymmetrie zwischen Helfenden und Hilfsbedürftigen in einer symmetrischen Kommunikation der Nächstenliebe aufzulösen. Wie kann verhindert werden, dass dies in ein Pathos der Barmherzigkeit oder ein Helfersyndrom kippt? Was kann der Begriff der »Reichgenossenschaft«[7] in diesem Kontext austragen?
- Die Förderung von Selbstbestimmung ist das Ziel des Empowerment-Konzepts. Die Förderung von Selbstbefähigung gehört zur diakonischen Professionalität. In einer pluralen und komplexen Gesellschaft steigen jedoch die Abhängigkeiten und der Assistenzbedarf. Wie können Autonomie und Selbstverantwortung geachtet und gefördert werden ohne paternalistischen oder fürsorgerischen Tendenzen Vorschub zu leisten? Wie kann ein Hilfeverständnis überwunden werden, dass sich einseitig an den Defiziten, Begrenzungen und der »Behinderung« des Gegenübers orientiert?[8]
- Auch als Nonprofit-Unternehmen unterliegen diakonische Einrichtungen wirtschaftlichen Zwängen, die im Kontext der Ökonomisierung des Sozialen steigen. Wie können theologisch-ethische Orientierung und ökonomischer Rationalität aufeinander bezogen werden? Wie ist die Forderung einer »Armutsorientierung«[9] als Oberziel diakonischer Arbeit zu bewerten?

Literatur: Zum Weiterlesen

Ruddat, Günter/Schäfer, Gerhard K. (Hg.), Diakonisches Kompendium, Göttingen 2005.

Haslinger, Herbert, Diakonie. Grundlagen für die Soziale Arbeit der Kirche, Paderborn u.a. 2009.

7 Moltmann, Horizont.
8 Vgl. Enggruber, Notizen.
9 Fleßa, Arme.

HERRIGER, NORBERT, Empowerment in der Sozialen Arbeit. Eine Einführung, Stuttgart 2010.

RAT DER EKD (Hg.), Es ist normal, verschieden zu sein. Inklusion leben in Kirche und Gesellschaft. Eine Orientierungshilfe des Rates der EKD, Gütersloh 2015.

BIEKER, RUDOLF/FLOERECKE, PETER (Hg.), Träger, Arbeitsfelder und Zielgruppen der Sozialen Arbeit (Grundwissen Soziale Arbeit 5/6), Stuttgart 2011.

6. Internationale Diakonie

Katharina Wegner

6.1 Europäische Perspektiven der Wohlfahrtsentwicklung

Die Sozialpolitik in der Europäischen Union aus der Sicht der Diakonie

Seit 1991 betreibt die Diakonie Deutschland – damals noch das Diakonische Werk der Evangelischen Kirche in Deutschland (EKD)« – ein kleines Lobbybüro in Brüssel. Sie agiert dort nicht allein, sondern zusammen mit anderen, wie dem Bevollmächtigten des Rates der EKD, dem Deutschen Caritasverband und der Bundesarbeitsgemeinschaft der Freien Wohlfahrtspflege (BAGFW). Es ist wichtig, dass sich die Diakonie Deutschland bei der Vertretung ihrer Interessen und der Interessen ihrer Mitglieder mit anderen vernetzt. Denn ohne das gemeinsame Auftreten gelingt es nur schwer, sich in Brüssel Gehör zu verschaffen. Beinahe noch wichtiger ist die europäische Vernetzung, da die europäischen Netzwerke die ersten Ansprechpartner der Europäischen Kommission sind. Die Diakonie Deutschland ist Mitglied von Eurodiaconia, einem Verband von 45 diakonischen Akteuren sehr unterschiedlicher Größe aus 32 europäischen Ländern.

Die Diakonie Deutschland ist davon überzeugt, dass das soziale Profil der Europäischen Union (EU) gestärkt werden muss. Wie sieht es damit aus – rechtlich und politisch? Was sind die aktuellen Entwicklungen? Dieser Frage geht der folgende Beitrag aus Sicht der Diakonie Deutschland nach.[1]

1 Die Diakonie Deutschland hat bei der EU auch Anliegen in der Flüchtlingspolitik. Denn hier hat die EU wichtige Kompetenzen. In Brüssel wird die

6.1.1 Grundlagen

6.1.1.1 Sozialpolitik im Recht der EU

Im Vordergrund der europäischen Einigung stand zunächst die wirtschaftliche Integration. Deren soziale Folgen waren allerdings von Anfang an im Blick. Der Vertrag über die Europäische Wirtschaftsgemeinschaft (EWG) von 1957 ging davon aus, dass die Vollendung des Binnenmarktes zum sozialen Fortschritt beitragen würde. Noch heute heißt es in Art. 151 des Vertrages über die Arbeitsweise der EU (AEUV), dass sich eine Abstimmung der Sozialordnungen in der EU aus der wirtschaftlichen Integration im Binnenmarkt ergeben werde.

Im Laufe der Jahre ist die Bedeutung der europäischen Sozialpolitik mit jedem Schritt der Vertiefung der europäischen Einigung gewachsen. Seit dem Inkrafttreten des Vertrages von Lissabon 2010 gehört zu den Zielen der EU »eine in hohem Maße wettbewerbsfähige soziale Marktwirtschaft, die auf Vollbeschäftigung und sozialen Fortschritt zielt«. Die EU bekämpft außerdem soziale Ausgrenzung und Diskriminierungen und fördert die soziale Gerechtigkeit und den sozialen Schutz (Art. 3 Abs. 3 des Vertrages über die Europäische Union (EUV). Als neues Instrument wurde in Art. 9 AEUV eine horizontale Sozialklausel eingeführt. Danach sind soziale Aspekte in allen Politikbereichen zu berücksichtigen. Auch in der Europäischen Charta der Grundrechte gibt es mehrere Bestimmungen, die für den sozialen Schutz in der EU von Bedeutung sind, beispielsweise Art. 25 über die Rechte älterer Menschen, Art. 26 über die Integration von Menschen mit Behinderungen, Art. 34 über soziale Sicherheit und soziale Unterstützung oder Art. 36 über den Zugang zu Dienstleistungen von allgemeinem wirtschaftlichen Interesse.

Lobbyarbeit für dieses Thema aber vom europäischen Netzwerk »Kommission der Kirchen für Migranten in Europa« (CCME) in enger Zusammenarbeit mit den Kolleginnen und Kollegen des Diakonie Bundesverbandes gemacht und nicht von der Verfasserin. Dieser Bereich bleibt deshalb hier unberücksichtigt.

Der wirtschaftliche und soziale Zusammenhalt ist bereits seit dem EWG-Vertrag ein Ziel des europäischen Integrationsprozesses. Mit Hilfe von Geld aus den EU-Strukturfonds sollen sich die Volkswirtschaften der Mitgliedstaaten einander schrittweise annähern und die weniger entwickelter Gebiete ihren Rückstand aufholen (Art. 174 AEUV).

Die Meinungen darüber, was die genannten Vorschriften für den Stellenwert der Sozialpolitik in der EU bedeuten, gehen auseinander: Hat die EU durch den Vertrag von Lissabon weitere, umfassende sozialpolitische Aufgaben – im gleichen Rang wie die wirtschaftlichen[2] – erhalten, oder handelt es sich um eine rein symbolische »Akzentverschiebung zu Gunsten des Sozialen im europäischen Integrationsprozess«[3]?

6.1.1.2 Kompetenzen der EU

Für die Beantwortung dieser Frage ist die Kompetenzverteilung zwischen der EU und ihren Mitgliedstaaten von entscheidender Bedeutung. Zentral ist für den Bereich Soziales das Subsidiaritätsprinzip. Danach wird die EU in den Bereichen, die nicht in ihre ausschließliche Zuständigkeit fallen, nur dann tätig, wenn die Ziele der in Betracht gezogenen Maßnahmen besser auf der Ebene der EU (Art. 5 Abs. 3 EUV) verwirklicht werden können. Überall sonst soll der Regelfall die nationale Kompetenz der Mitgliedstaaten sein und die EU-Kommission muss bei jeder vorgeschlagenen Rechtsetzungsmaßnahme prüfen, ob die in Art. 5 Abs. 3 EUV genannten Voraussetzungen für ein Tätigwerden der EU vorliegen.

Das Gewicht des Subsidiaritätsgrundsatzes für das soziale Profil der EU wird beispielsweise daran erkennbar, dass eine EU-weite Harmonisierung der Rechts- und Verwaltungsvorschriften der Mitgliedstaaten für die Bekämpfung der sozialen Ausgrenzung und die Modernisierung der Systeme des sozialen Schutzes in Art. 153 AEUV ausdrücklich ausgeschlossen wird.

2 Eichenhofer, Sozialstaat, 456.
3 Nowak, Europarecht 237.

Rechtlich sind in der EU also in erster Linie die Mitgliedstaaten für die Sozialpolitik zuständig. Das ist aus Sicht der Diakonie grundsätzlich auch richtig. Denn im Laufe der Jahrzehnte haben sich in den heutigen Mitgliedstaaten sehr unterschiedliche Systeme des sozialen Schutzes entwickelt. Man vergleiche nur den deutschen Sozialstaat mit Sozialversicherungen und freien Trägern sozialer Dienstleistungen mit dem schwedischen oder französischen Modell, in dem der Staat noch immer eine tragende Rolle bei der Erbringung sozialer Leistungen spielt, mit dem stark vom Markt gesteuerten britischen Modell oder den Ansätzen in den jahrzehntelang vom Sozialismus geprägten jüngeren Mitgliedstaaten.[4] Eine Harmonisierung dieser sehr unterschiedlichen Systeme scheint kaum möglich und ist wohl auch nicht erstrebenswert.

6.1.1.3 EU-Akteure

Als Hüterin der Verträge überwacht die EU-Kommission gemeinsam mit dem Europäischen Gerichtshof (EuGH) die Anwendung der Verträge und die Umsetzung des auf der Grundlage der Verträge verabschiedeten Sekundärrechtes. Im Rechtsetzungsverfahren spielt sie eine herausragende Rolle, weil sie das alleinige Vorschlagsrecht für Rechtsakte besitzt. Auch sonst bereitet sie die politischen Aktivitäten der EU vor. Für die Verabschiedung des Sekundärrechtes sind das Europäische Parlament und der Rat zuständig. Dieser besteht aus den für die anstehenden Themen jeweils zuständigen Ministerinnen und Ministern der Mitgliedstaaten, in der Sozialpolitik demnach aus den Arbeits- und Sozialministern. Mehrmals im Jahr treffen sich die EU-Staats- und Regierungschefs im Europäischen Rat. Der EuGH hat sich insbesondere über seine Rechtsprechung zum EU-Binnenmarkt (s. u. 2.) auch als gewichtiger sozialpolitischer Akteur etabliert. Über Anhörungsrechte verfügen der Ausschuss der Regionen, in dem die deutschen Bundesländer und Kommunen sitzen, und der Europäische Wirtschafts- und Sozialausschuss. Über die BAGFW ist dort auch die Diakonie vertreten.

4 Zum Vergleich von Wohlfahrtsstaaten siehe Schmidt, J., Wohlfahrtsstaaten.

6.1.2 Die Bedeutung anderer Teile des EU-Rechts für die Diakonie

Ein wichtiges weiteres Rechtsgebiet ist das EU-Binnenmarktrecht. Von zentraler Bedeutung sind hier die vier Grundfreiheiten des Warenverkehrs, des Personenverkehrs, des Kapitalverkehrs und die Dienstleistungsfreiheit. Letztere und die Freiheit des Personenverkehrs – Stichwort Arbeitnehmerfreizügigkeit – sind für die Diakonie besonders relevant.

6.1.2.1 Arbeitnehmerfreizügigkeit

Um die grenzüberschreitende Mobilität zunächst von Arbeitnehmerinnen und Arbeitnehmern und dann von allen Unionsbürgerinnen und -bürgern auch sozial abzusichern, erließ die EWG ab 1971 Verordnungen zur Koordinierung der sozialen Sicherungssysteme. Sie sollen einen Verlust von sozialen Rechten bei Inanspruchnahme der Freizügigkeit in der EU vermeiden und eine Diskriminierung aufgrund der Staatsangehörigkeit verhindern. Die Verordnungen 1408/71 (EWG) und 883/2004 (EG) bestimmen, welches der mitgliedstaatlichen Systeme der sozialen Sicherung zur Anwendung kommt, wenn sich EU-Bürgerinnen und Bürger im EU-Ausland befinden oder nach längerem Aufenthalt in ihr Heimatland zurückkehren. Geregelt wird der Schutz bei Krankheit und Mutterschaft, Arbeitslosigkeit, Invalidität, Arbeitsunfällen und Berufskrankheiten, Alter, Pflegebedürftigkeit und Tod sowie Ansprüche auf Kindergeld und Familienleistungen.[5] Der Zuzug vieler Arbeitssuchender aus Rumänien und Bulgarien in bestimmte deutsche Kommunen, die deren Integration dort vor große Probleme stellt, hat die Diskussion zu diesem Thema in Deutschland stark entfacht. Die Diakonie setzt sich dabei für die sozialen Rechte aller EU-Bürgerinnen und Bürger ein.[6]

5 Vgl. Schulz-Weidner/Wölfle, Sicherheit.
6 Diakonisches Werk der EKD e. V., Unionsbürgerinnen.

6.1.2.2 Dienstleistungsfreiheit

Zwar wurden nach langer Diskussion u.a. gemeinnützige Sozial- und Gesundheitsdienstleistungen von der Anwendung der Dienstleistungsrichtlinie (2006/123/EG), die die Hindernisse für die Entwicklung grenzüberschreitender Dienstleistungstätigkeiten zwischen den Mitgliedstaaten beseitigen soll, ausdrücklich ausgenommen, aber die Dienstleistungsfreiheit ist auch die Grundlage für das EU-Vergaberecht. Für die Diakonie geht es dabei um die Frage, wer soziale Dienstleistungen erbringen darf. Dafür, dass diese erbracht werden, ist grundsätzlich der Staat verantwortlich. Erbringt er diese jedoch nicht selbst, sondern durch Dritte, sind Beschränkungen des freien Dienstleistungsverkehrs in der EU verboten. Das heißt, dass auch Anbieter aus anderen EU-Mitgliedstaten ihre sozialen Dienstleistungen in Deutschland anbieten können. Auf der anderen Seite können diakonische Träger ihre Dienstleistungen im EU-Ausland anbieten. Das EU-Vergaberecht regelt nun, in welchem Verfahren und nach welchen Kriterien diejenige Institution ausgesucht wird, die die Dienstleistung erbringen soll.

2014 hat die EU dazu neue Richtlinien erlassen, die derzeit in deutsches Recht umgesetzt werden. Nicht zuletzt aufgrund der intensiven Lobbyarbeit der Diakonie in Brüssel sind dort besondere Regelungen für soziale Dienstleistungen vorgesehen. Danach sollen bei ihrer Vergabe Gesichtspunkte wie Qualität, Kontinuität oder Zugänglichkeit berücksichtigt werden, und der niedrigste Preis soll für den Zuschlag nicht entscheidend sein. Da soziale Dienstleistungen wegen ihres meist lokalen Charakters auch wenig geeignet sind, den Handel zwischen den Mitgliedstaaten zu gefährden, sollen zudem nationale Verfahren, wie das in Deutschland in vielen Bereichen geltende so genannte soziale Dreiecksverhältnis, auch in Zukunft anwendbar sein.

6.1.2.3 EU-Wettbewerbsrecht

Das EU-Wettbewerbsrecht regelt die Frage, ob die Zuschüsse, die der Staat dem Erbringer der Dienstleistung für die Erbringung zahlt, zulässig sind. Auf die Erbringer sozialer Dienstleistungen ist es deshalb anwendbar, weil diese nach der Rechtsprechung des Europäischen Gerichtshofs ganz überwiegend wirtschaftlich tätig und damit Unternehmen sind. Der Status der Gemeinnützigkeit ist dabei unerheblich. Grundsätzlich sind Zuschüsse an Unternehmen, die den Wettbewerb zu verfälschen drohen, verboten, soweit sie den Handel zwischen den Mitgliedstaaten beeinträchtigen. Ausnahmsweise können sie allerdings, nachdem sie bei der EU-Kommission angemeldet worden sind, von dieser genehmigt werden. Diese Verfahren, allein schon der Anmeldung einer Beihilfe bei der Kommission, sind sehr aufwändig und mit der Unsicherheit verbunden, dass die vom Staat geleisteten Zuschüsse im Nachhinein als rechtswidrig gewertet werden und zurückgezahlt werden müssen. Zur Rechtsetzung befugt ist im Wettbewerbsrecht ausschließlich die EU-Kommission. Das Subsidiaritätsprinzip gilt nicht (s.o.1.1.). Auch hier ist erreicht worden, dass die Kommission im so genannten Almunia-Paket den überwiegend lokalen Charakter sozialer Dienstleistungen anerkannt und deshalb eine Regelung verabschiedet hat, der zufolge Zuwendungen in Höhe von bis zu 500.000 Euro in drei Steuerjahren keine grenzüberschreitende Bedeutung aufweisen und deshalb nicht als Beihilfen im europarechtlichen Sinne einzuordnen sind. Alle sozialen Dienste, die mehr als diese 500.000 Euro Zuschüsse in drei Steuerjahren erhalten, sind zudem unter bestimmten Umständen von der Anmeldepflicht bei der Kommission freigestellt.[7]

6.1.3 Politische Steuerung der EU in der Sozialpolitik

Nachdem deutlich geworden ist, dass es rechtlich wenig Spielraum für eine EU-Sozialpolitik gibt, aber andere Gebiete des EU-Rechts erhebliche Auswirkungen auf die Ausgestaltung der Sozialschutzsysteme in den Mitgliedstaaten haben, soll es jetzt um die politischen Steuerungsinstrumente der EU in der Sozialpolitik gehen.

7 Europäische Kommission, ABl. 2012/L7/3 und ABl. 2012/C 8/23.

6.1.3.1 Strategie Europa 2020 und Europäisches Semester

Im Sommer 2010 verabschiedete der Rat der EU die Strategie Europa 2020, die auf intelligentes, nachhaltiges und integratives Wachstum zielt. Sie löste die Lissabon-Strategie für Wachstum und Beschäftigung ab. Drei von fünf Kernzielen haben einen starken sozialen Bezug:

- Förderung der sozialen Eingliederung, vor allem durch die Verringerung von Armut: Die Zahl der von Armut und sozialer Ausgrenzung bedrohten Personen soll bis 2020 um mindestens 20 Millionen gesenkt werden.
- Förderung der Beschäftigung: die Quote der Beschäftigten zwischen 20 und 64 Jahren soll bis 2020 auf 75 Prozent erhöht werden.
- Verbesserung des Bildungsniveaus: Die Quote der Schulabbrecher soll bis 2020 auf unter 10 Prozent reduziert, der Anteil der 30–34-Jährigen mit einem tertiären Bildungsabschluss bis 2020 auf 40 Prozent erhöht werden.

So »wurde die Sozialpolitik zum ersten Mal ins Zentrum der wirtschaftspolitischen Strategie der EU gerückt«.[8] Um eine kontinuierliche und engagierte Umsetzung der Strategie und die Erreichung der Kernziele in der EU insgesamt und in den einzelnen Mitgliedstaaten sicherzustellen, wurde ein Berichtsmechanismus etabliert, der EU-Dokumente und nationale Beiträge in einem jährlichen Rhythmus, dem sogenannten Europäischen Semester koordiniert: Die Kommission legt jeweils zu Ende des Vorjahres den Jahreswachstumsbericht zur Situation in der EU vor. Der Europäische Rat berät auf der Frühjahrstagung die dort vorgeschlagenen politischen Prioritäten. Im April verabschieden dann die Mitgliedstaaten ihre Nationalen Reformprogramme (NRP), in denen sie darlegen, wie sie diese umsetzen wollen. In Deutschland wird das NRP federführend vom Bundesministerium für Wirtschaft und Technologie erstellt, und die anderen Fachministerien liefern Beiträge aus ihren Ressorts. Die Kommission bewertet die NRP der Mitgliedstaaten in einem

8 Europäische Kommission, COM (2013) 690, 3.

Vorschlag für länderspezifische Empfehlungen, der im Juni vom Europäischen Rat verabschiedet wird. Die Umsetzung obliegt den Mitgliedstaaten und soll in der zweiten Jahreshälfte vollzogen werden. Anschließend beginnt der Abstimmungszyklus von neuem.

Im Europäischen Semester sollte ursprünglich nur die Abstimmung der Wirtschafts- und Währungspolitik der EU zusammengeführt werden. Durch die Einbeziehung der Strategie Europa 2020 in den jährlichen Überprüfungsmechanismen geht es jetzt nicht mehr nur um makroökonomische Fragen und die Sanierung der öffentlichen Haushalte der Mitgliedstaaten, sondern auch um die Erreichung der sozialen Ziele der Strategie Europa 2020. Diese gemeinsamen europäischen Ziele werden durch die Mitgliedstaaten in jeweils eigene, nationale Ziele übersetzt.

Beim Armutsbekämpfungsziel, das die Bundesregierung unter Hinweis auf den Subsidiaritätsgrundsatz verhindern wollte, war insbesondere die Armutsdefinition umstritten. Man hat sich dann auf drei Indikatoren geeinigt mit der Maßgabe, dass sich jeder Mitgliedstaat einen Indikator auswählen konnte. Neben dem etablierten Begriff der relativen Einkommensarmut, der Menschen mit weniger als 60 Prozent des mittleren Einkommens (Medianeinkommen) als arm definiert, und dem Begriff der materiellen Deprivation oder absoluten Armut, der Personen umfasst, die bestimmte notwendige Ausgaben nicht decken können, wurden auf die Initiative der Bundesregierung hin auch die Zahl der Menschen, die in Haushalten mit sehr niedriger Erwerbsbeteiligung leben, als Armutsindikator eingeführt. Hier hat sich Deutschland verpflichtet, die Zahl der Langzeitarbeitslosen bis 2020 um 320.000 Personen und somit die Zahl der der Menschen in Haushalten mit niedriger Erwerbsintensität um 640.000 zu reduzieren. Die Diakonie Deutschland bedauert, dass die Bundesregierung damit das Thema Armut auf das Thema Beschäftigung reduziert hat. Die Problematik niedriger Löhne und prekärer Arbeitsverhältnisse in Deutschland wird so ausgespart.

6.1.3.2 Offene Methode der Koordinierung (OMK)

Schon länger gibt es die OMK. Sie soll die Mitgliedstaaten bei der Entwicklung ihrer Politik unterstützen und zur Konvergenz in Bezug auf gemeinsame Ziele beitragen. Dabei werden auf Vorschlag der EU-Kommission zu den Themen Armutsbekämpfung und soziale Eingliederung, Rentenpolitik sowie Gesundheits- und Pflegepolitik Programmziele gemeinsam festgelegt und vom Europäischen Rat beschlossen. Die allgemein gehaltenen Leitlinien werden durch Indikatoren konkretisiert. Freigestellt bleibt den Mitgliedstaaten dabei, mit welchen Mitteln sie ihre nationalen Ziele erreichen wollen. Die Staaten verpflichten sich außerdem, notwendige Daten für den gemeinsamen Monitoring-Prozess zur Verfügung zu stellen. Im Rahmen eines Benchmarking – dem Vergleichen politischer Prozesse und Regelungspraktiken sowie deren Ergebnissen – können Leistungsdefizite oder gute Beispiele aufgezeigt werden.[9] Ergänzend zu den oben genannten NRP des Europäischen Semesters legen die Mitgliedstaaten Nationale Sozialberichte vor. An der Vorbereitung von beiden soll neben Landes- und Kommunalbehörden auch die Zivilgesellschaft beteiligt werden. Die Diakonie tut dies regelmäßig im Rahmen der BAGFW. Der Europäische Rat und die Kommission bewerten gemeinsam das nationale Vorgehen im Lichte der Zielvorgaben. Abschließend erfolgen eine Revision und gegebenenfalls eine Überarbeitung.

6.1.4 Aktuelle Entwicklungen

6.1.4.1 Auswirkungen der Strategie Europa 2020 auf die EU-Förderpolitik

Mit der Strategie Europa 2020 hat die EU ihre politischen Prioritäten bis zum Jahr 2020 festgelegt. Dies hat konkrete Folgen auch für andere Handlungsfelder der EU, wie z. B. die Förderpolitik. Diese soll nämlich die politischen Prioritäten der EU mit finanziellen Mitteln unterstützen. So ist erreicht worden, dass durch

9 Vgl. Bauer/Knöll, Methode, 35.

die EU-Strukturfonds – den Europäischen Sozialfonds (ESF), der bislang ein reines Beschäftigungsinstrument war, den Europäischen Regionalfonds (EFRE) und den Europäischen Landwirtschaftsfonds (ELER), bei denen es bisher um andere Politikbereiche ging – in der Förderperiode bis 2020 von den Mitgliedstaaten Projekte der sozialen Eingliederung und Armutsbekämpfung gefördert werden müssen. Außerdem ist 2014 der »Europäische Hilfsfonds für die am meisten von Armut betroffenen Personen« (EHAP) begründet worden, aus dem in Deutschland Projekte für EU-Arbeitsmigranten und Wohnungslose gefördert werden können. Ohne das Armutsbekämpfungsziel wäre das nicht möglich gewesen.

6.1.4.2 Halbzeitbilanz Strategie Europa 2020

Im Übrigen fällt die Zwischenbilanz der Strategie Europa 2020 EU-weit eher mager aus. Wenn sich nichts ändert, wird bis 2020 nur ein kleiner Teil der sozialen Ziele erreicht werden. Dies ist auch eine Folge der finanziellen und wirtschaftlichen Krise, die bei der Verabschiedung der Strategie noch nicht so abzusehen war. Besonders gravierend ist die Lage beim Armutsbekämpfungsziel. Die Zahl der armutsgefährdeten Menschen in der EU ist nicht gesunken, sondern ganz im Gegenteil um ca. 10 Millionen gestiegen.[10] Eine Ursache ist, dass die strikte, von der EU verordnete Politik einer Einsparung bei den öffentlichen Haushalten – ohne Vorgaben, wie dies zu geschehen habe – in vielen besonders von der Krise betroffenen Ländern zu massiven Kürzungen der zum Teil ohnehin schon begrenzten staatlichen Ausgaben im Bereich der Gesundheits- und Sozialausgaben geführt haben. Art. 9 EUV (s. o. 1.1.) wurde also nicht berücksichtigt.

Welche Schlussfolgerungen werden aus dieser Bilanz jetzt gezogen? Macht man so weiter wie bisher und verfehlt dann eben die Ziele? Bricht man den Versuch ab und verfolgt das Armutsbekämpfungsziel nicht weiter? Oder wird ernsthaft versucht, die Möglichkeit der Einbeziehung der Strategie Europa 2020 in das Europäische Semester (s. o. 3.1.) zu nutzen und haushalts-, wirt-

10 Europäische Kommission, COM (2014) 130, 16.

schafts- und sozialpolitische Ziele zusammenzusehen und miteinander ins Verhältnis zu setzen? Die Diakonie Deutschland plädiert für Letzteres. Sieht man sich nämlich die länderspezifischen Empfehlungen der vergangenen Jahre für die allermeisten EU-Mitgliedstaaten zu den sozialen Zielen der Strategie Europa 2020 an, gibt es hier erhebliche Verbesserungsmöglichkeiten. Ein weiteres Problem ist die mangelnde Umsetzung der Empfehlungen durch die Mitgliedstaaten – auch durch Deutschland.

6.1.4.3 Die Initiative Soziales Unternehmertum

2011 hatte der damalige EU-Kommissar für den Binnenmarkt, Michel Barnier, die »Initiative Soziales Unternehmertum« (SBI) gestartet. Sozialunternehmen wurden dort wie folgt beschrieben: Unternehmen, im Sinne der Rechtsprechung des Europäischen Gerichtshofes, sind solche

- für die das soziale oder gesellschaftliche gemeinnützige Ziel Sinn und Zweck ihrer Geschäftstätigkeit darstellt, was sich oft in einem hohen Maße an sozialer Innovation äußert,
- deren Gewinne größtenteils wieder investiert werden, um dieses soziale Ziel zu erreichen, und
- deren Organisationsstruktur oder Eigentumsverhältnisse dieses Ziel widerspiegeln, da sie auf Prinzipien der Mitbestimmung oder Mitarbeiterbeteiligung basieren oder auf soziale Gerechtigkeit ausgerichtet sind.[11]

Die Bedeutung dieser Unternehmen für den sozialen Schutz und als Wirtschaftsfaktor wurde hervorgehoben, und sie sollten ins-

11 Zu den Sozialunternehmen gehören für die Kommission u.a. Unternehmen, die Sozialdienstleistungen erbringen und/oder Güter und Dienstleitungen für besonders bedürftige Bevölkerungsgruppen anbieten (Vermittlung von Wohnraum, Zugang zu Gesundheitsdienstleistungen, Betreuung von älteren oder behinderten Personen, Kinderbetreuung, Zugang zu Beschäftigung und lebenslangem Lernen usw.), und/oder Unternehmen, die bei der Produktion von Waren oder Erbringung von Dienstleistungen ein soziales Ziel anstreben (z.B. soziale und berufliche Eingliederung von gering Qualifizierten), deren Tätigkeit aber auch nicht sozial ausgerichtete Güter und Dienstleistungen umfassen kann. Europäische Kommission, COM(2011) 682,2f.

besondere bei der Suche nach neuen Finanzquellen im Privatsektor unterstützt werden. Denn – so die Argumentation – angesichts der in der Krise nötig gewordenen Einsparungen in den Sozialhaushalten der Mitgliedstaaten sollten verstärkt die reichlich vorhandenen privaten Geldquellen für Investitionen in Sozialunternehmen nutzbar gemacht werden. Für die Diakonie ergeben sich aus dieser Initiative mehrere Herausforderungen:

- Die Frage nach dem Selbstverständnis: Definieren sich ihre Träger und Einrichtungen entsprechend dieser Beschreibung, die grundsätzlich ihrem Profil entspricht, als soziale Unternehmen?
- Kann und will die Diakonie verstärkt die Möglichkeiten der Finanzierung durch private Mittel nutzen? Wie reagiert sie auf die oben genannte Situationsbeschreibung, die akzeptiert, dass sich ein Staat die Finanzierung sozialer Dienstleistungen nicht mehr leisten könne?
- Außerdem wurde in diesem Zusammenhang die Notwendigkeit festgestellt, Sozialunternehmen müssten die durch ihre Aktivitäten erzielte soziale Wirkung besser darstellen und messen können. Hier hat die EU-Kommission durch eine Expertengruppe Methoden der Wirkungsmessung erarbeiten lassen.[12]

Als Antwort auf diese Herausforderungen hat die Diakonie Deutschland in ihrer flexiblen Struktur das Projekt »Soziales Unternehmertum« gestartet, in dem auch Klärungen zum Selbstverständnis diakonischer Träger und Einrichtungen erreicht werden sollen. Zusammen mit den anderen deutschen Wohlfahrtsverbänden und im europäischen Verbund von Eurodiaconia hebt sie ferner die Verpflichtung der Staaten hervor, für den sozialen Schutz ihrer Bürgerinnen und Bürger und eine dafür ausreichende Finanzierung zu sorgen. Private Mittel sind eine willkommene Zugabe und könnten in der Diakonie noch mehr genutzt werden. Bemerkenswert an den Diskussionen um die SBI in Brüssel war allerdings, dass dabei die Sozialschutzsysteme von Ländern wie Frankreich, Italien und Großbritannien im Zentrum standen. Gerade Letzteres, das vom Nationalen Gesundheitsdienst einmal abgesehen an zentraler Stelle von gewerblichen Unternehmen ge-

12 Europäische Kommission, Vorschläge.

tragen wird, wird auch von der EU-Kommission immer wieder als Modell für die Zukunft präsentiert. Das deutsche Modell mit dem Vorrang freier gemeinnütziger Träger, die durch öffentliche Mittel finanziert werden, kommt so gut wie gar nicht vor. Eine der Aufgaben der Diakonie in Brüssel ist daher, dieses Modell immer wieder vorzustellen, zu erklären und deutlich zu machen, inwieweit es zukunftsfähig ist und die sozialen Ziele und Grundsätze der EU-Verträge verwirklicht.

Die Frage der Messung sozialer Wirkungen und der dabei anzuwendenden Methoden wird die Diakonie und mit ihr die Freie Wohlfahrtspflege in Deutschland weiter beschäftigen. Bereits jetzt gibt es bei den EU-Strukturfonds entsprechende Vorgaben, und auch auf nationaler Ebene wird die Verpflichtung zur Darstellung der sozialen Wirkung eine immer größere Rolle spielen. Es ist deshalb dringend geboten, eigene Vorschläge zu machen, damit die anzuwendenden Methoden nicht von anderen Akteuren wie Banken oder Investoren vorgegeben werden. Die Interessen der Nutzer der Dienstleistungen sollten dabei im Vordergrund stehen.

6.1.5 Die neue EU-Kommission

Gerade im Hinblick auf den Stellenwert der Sozialpolitik in der EU hatte die neue EU-Kommission, die seit November 2014 im Amt ist, große Hoffnungen geweckt. Kommissionspräsident Jean-Claude Juncker hatte zuvor angekündigt, das soziale Profil der EU stärken zu wollen und bei Hilfs- und Reformprogrammen künftig nicht nur die Tragfähigkeit der öffentlichen Finanzen zu prüfen, sondern auch eine soziale Folgenabschätzung durchzuführen. Bisher ist von einer Stärkung des sozialen Profils allerdings nicht zu merken. Anscheinend ist die EU-Kommission fast ein Jahr nach ihrer Neukonstituierung und Neuformierung mit sechs Vizepräsidenten, denen die einzelnen EU-Kommissare zugeordnet sind, immer noch mit ihrer Umstrukturierung beschäftigt. Auch sollen weniger Themen bearbeitet werden. Welche das sind, entscheidet derzeit der Erste Vizepräsident Frans Timmermans, der auch umstrittene Vorschläge gemacht hat, wie das in Zukunft geschehen soll.[13] Nach der Griechenlandkrise hat derzeit angesichts der humanitären Krisen rund um die EU das Thema Migration und Flucht Priorität. Andere Themen, die die neue EU-Kommission aufgegriffen hat, sind der Digitale Binnenmarkt und der Investitionsplan Präsident Junckers.

Durch öffentliche und private Mittel sollen hier Investitionen auch in Projekte mit einem höheren Risiko mobilisiert werden, um auf diese Weise Wachstum und Beschäftigung in der EU anzuregen. Investitionen in die soziale Infrastruktur spielen dabei allerdings keine Rolle, obwohl sich die Kommission in der abgelaufenen Legislaturperiode mit ihrem Sozialinvestitionspaket für Investitionen im Sozialbereich eingesetzt hatte mit dem Argument, diese Ausgaben seien nicht in erster Linie Kosten, sondern wichtige Investitionen in Menschen.[14] Rechtliche Basis des Investitionsplanes von Präsident Juncker ist der »Europäischen Fonds für Strategisches Investment«, der im Juni 2015 von Rat und Parlament verabschiedet worden ist. Der Entwurf der Kommission ließ nichts Gutes hoffen für die Pläne der neuen Kommission mit der Strategie Europa 2020. Diese wurde nur am Rande erwähnt. Erst bei den Verhandlungen im Europaparlament ist es auch aufgrund der Lobbyarbeit der Diakonie im Rahmen der BAGFW gelungen, dass der Investitionsplan wenigstens in den Kontext der Strategie gestellt wurde.

Zu dieser Haltung der neuen Kommission der Strategie Europa 2020 gegenüber passt, dass sie ihren für Anfang 2015 geplanten Vorschlag, wie es damit nach der eher ernüchternden Halbzeitbilanz weitergehen soll, um ein Jahr verschoben hat. Im Europäischen Semester hat sie auf Drängen der Mitgliedstaaten nicht nur den Ablauf etwas verändert, sondern es gibt jetzt für jeden Mitgliedstaat nur noch eine, eher generelle Empfehlung. Dabei ist die Bedeutung der Umsetzung der Ziele der Strategie Europa 2020 weiter gesunken. Auch bei der SBI ist weiterhin nicht absehbar, wie die Kommission das Thema fortführen will. Anfang 2016 wird sie den Vorschlag eines »Paketes zur Arbeitsmobilität« vorlegen. Damit reagiert sie auf die oben genannte Diskussion um

13 Europäische Kommission, COM (2015) 215.

14 Europäische Kommission, COM (2013) 83.

die Arbeitnehmerfreizügigkeit. Änderungen der Verordnungen des Koordinierungsrechtes sind zu erwarten, und die Diakonie wird dazu im Vorfeld im Verbund der BAGFW Stellung nehmen.

Abzuwarten bleibt die Dynamik in der Wirtschafts- und Währungsunion. Hier wird die Meinung vertreten, diese habe keine Zukunft, wenn es in den Euro-Ländern keine stärkere gemeinsame Wirtschafts- und Sozialpolitik gebe. Dazu heißt es im Papier »Die Wirtschafts- und Währungsunion vollenden«, das Präsident Juncker zusammen mit den anderen Präsidenten der Währungsunion, des Rates, der Europäischen Zentralbank und des Europäischen Parlaments im Juni 2015 vorgelegt hat, für den Erfolg der Währungsunion müssten »die Arbeitsmärkte und Sozialsysteme aller Mitgliedstaaten des Euro-Währungsgebietes gut und fair funktionieren«. Beschäftigung und soziale Belange müssten deshalb im Europäischen Semester einen hohen Stellenwert einnehmen.[15] Leider ist das eben gerade nicht der Fall. Schließlich wird derzeit in Brüssel die Frage diskutiert, ob und inwieweit die EU den Mitgliedstaaten soziale Mindeststandards vorgeben solle.[16] Diese Diskussion befindet sich aber erst ganz am Anfang – Ausgang ungewiss.

6.1.6 Keine EU ohne Europäische Sozialpolitik

Die EU steht in mehrfacher Hinsicht am Scheideweg. Wird es angesichts der bewaffneten Konflikte an ihren Außengrenzen, der Herausforderungen durch Flucht und Migration und einer nach wie vor ungeklärten Zukunft der gemeinsamen Währung in den Euro-Ländern gelingen, gemeinsam innerhalb der EU tragfähige Lösungen zu finden und die Bevölkerung von diesen zu überzeugen?

Ohne Akzeptanz bei ihren Bürgerinnen und Bürgern hat die EU keine Zukunft. Diese geht jedoch in vielen Mitgliedstaaten mehr oder weniger stark zurück. Dabei spielt auch das mangelnde soziale Profil der EU eine wichtige Rolle. Denn obwohl diese dazu bei-

15 Europäische Kommission, Währungsunion, 10.

16 S. a. die internationale Diskussion zum »Social Protection Floor«.

getragen hat, dass seit über 70 Jahren Frieden in Europa herrscht, wird dies von vielen Menschen, die nichts anderes kennengelernt haben, heute als selbstverständlich angesehen. Die EU ist jedoch auch ein Wohlstandsversprechen: Wer ihr beitrat, tat dies in der Erwartung, durch wirtschaftlichen Erfolg auch den Wohlstand und die Lebensqualität der Bevölkerung zu heben. Bis zur Finanz- und Wirtschaftskrise hat das überwiegend funktioniert. Doch seitdem geht die Schere zwischen reichen und armen Mitgliedstaaten auseinander. Dass sich die soziale Lage in der Krise in den »ärmeren« Ländern zum Teil dramatisch verschlechtert hat, betrifft die Menschen direkt, und diese machen die Maßnahmen der EU zur Krisenbewältigung dafür mitverantwortlich. Unterstützung seitens der EU erfahren sie anscheinend nicht; der Wert der europäischen Einigung ist für sie deshalb nicht mehr erkennbar.

Hinzu kommt die enge Verbindung zwischen Wirtschafts- und Sozialpolitik: Arbeitslosigkeit und soziale Probleme beeinträchtigen die Wettbewerbsfähigkeit und das Wachstumspotenzial einer Volkswirtschaft.[17] Unbestritten ist auch, dass Staaten mit einem funktionierenden Sozialschutzsystem besser aus der Krise hervorgegangen sind.

Viele fordern deshalb jetzt ein »soziales Europa«. Was das aber konkret bedeutet, ist unklar. Wer soll in der EU und ihren Mitgliedstaaten in sozialen Fragen wofür zuständig sein? Die aktuelle Vertragslage lässt eine EU-weite Harmonisierung der nationalen Sozialschutzsysteme nicht zu, diese ist wohl auch nicht erstrebenswert. Die Koordinierung der Systeme in der EU stößt an ihre Grenzen – das zeigen die Diskussionen in Deutschland und Großbritannien über die Arbeitsmigration von EU-Bürgern. Gefragt ist also so viel Konvergenz – Annäherung – wie möglich unterhalb der Schwelle der Harmonisierung.

Wie dies geschehen kann – an dieser Diskussion beteiligt sich die Diakonie in Brüssel – und auch in Berlin. Wie gezeigt, spielen nämlich die Mitgliedstaaten weiterhin die wichtigste Rolle in der EU, und hier insbesondere Deutschland – auch aufgrund seiner Wirtschaftskraft. Auch deshalb ist es so bedauerlich, dass die Bundesregierung – unabhängig von der Zusammensetzung der

17 Europäische Kommission, COM (2013) 690, 3.

Regierungskoalition – beim sozialen Profil der EU auf der Bremse steht. Das Armutsbekämpfungsziel in der Strategie Europa 2020 wollte sie verhindern; bei der Umsetzung dieses und der anderen Ziele ist sie wenig ambitioniert und gibt damit anderen Mitgliedstaaten ein schlechtes Beispiel. Das soziale Profil der EU wird geschwächt, die Akzeptanz der EU bei ihren Bürgern gefährdet und die EU so in ihrer Existenz bedroht. Deutschland hat jedoch als Exportnation auch ein nationales Interesse am Fortbestehen der EU und der Währungsunion.

In der Diakonie gibt es ebenfalls Klärungsbedarf. Gut, dass der Bundesverband in Brüssel direkt vor Ort ist und sich, vernetzt mit der EKD und anderen Akteuren der Zivilgesellschaft an der Diskussion beteiligt. Aber befriedigende Antworten auf die Frage, wie das »soziale Europa« konkret aussehen soll, sind auch in der Diakonie bisher nicht gefunden. Nur wenige beteiligen sich an der Diskussion. Die EU scheint ihnen weit weg. Dass das nicht stimmt, macht hoffentlich dieser Beitrag deutlich. Es gibt viel zu tun.

Impulse:

- Was erwarten wir von der EU, wenn wir ein »soziales« Europa fordern?
- Welche Kompetenzen sollen bei der EU liegen und welche bei den Mitgliedstaaten?
- Welchen Beitrag kann und will die Diakonie hier leisten?

Literatur zum Weiterlesen:

Eichenhofer, Eberhard, Sozialrecht der Europäischen Union, München [9]2015.

Eisenbarth, Johannes/Wegner, Katharina, Europa sozial regieren. Mechanismen und Problemzusammenhänge der Entstehung europäischer Sozialpolitik, in: Traugott Jähnichen u. a. (Hg.), Jahrbuch Sozialer Protestantismus Bd. 7. Soziales Europa?, Gütersloh 2014, 15–45.

Klaus Seitz

6.2 Diakonie und Entwicklung

6.2.1 Einleitung

Diakonie, Entwicklung und Mission bilden theologisch eine Einheit. Sie sind gemeinsamer Ausdruck der Wahrnehmung christlicher Weltverantwortung. Die institutionelle Gestalt, in der dieser Auftrag von den Kirchen und ihren Werken wahrgenommen wird, hat in den zurückliegenden Jahrzehnten zu unterschiedlichen Formen der Arbeitsteilung, der regionalen Zuständigkeit und der Finanzierung geführt. Dabei ist der immanente Zusammenhang vielfach verborgen geblieben. Deutlich bildetet sich dies in der Unterscheidung von »innerer Mission« und »äußerer Mission« ab, die in den Aufbaujahren der Diakonie leitend war. Damit wurde der diakonische Dienst territorial einer »inneren« Mission im Inland und die Arbeit der Missionsgesellschaften, später auch der Entwicklungsorganisationen, der Mission »draußen« zugeordnet. Heute zeigt sich allerdings mehr denn je, dass diakonische Inlandsarbeit und Entwicklungsarbeit in Afrika, Asien und Lateinamerika eng aufeinander verwiesen sind. Der Entwicklungsdienst fordert auch politische Entscheidungsprozesse, Lebensstil und Wirtschaftsweise im Inland heraus. Die Diakonie wiederum kommt nicht umhin, die sozialen Problemlagen in Deutschland in grenzüberschreitenden Perspektiven beleuchten zu müssen und im internationalen Verbund anzugehen. Wie sehr Diakonie und Entwicklungsdienst miteinander verschränkt sind und wie sehr sie gerade im Zusammenwirken Synergien entfalten können, zeigt sich gegenwärtig insbesondere im Umgang mit der Flüchtlingskrise in Nahost und in Europa.

Mit der Fusion des Evangelischen Entwicklungsdienstes mit dem Diakonischen Werk der EKD, darin eingeschlossen Brot für die Welt und Diakonie Katastrophenhilfe, zum Evangelischen Werk für Diakonie und Entwicklung (EWDE) wurde 2012 ein neues institutionelles Dach geschaffen, das Diakonie und Entwicklung organisatorisch zusammenführte und die internationale Dimension von »Diakonie« wie auch die nationale Dimension von »Entwicklung« zum wechselseitigen Nutzen weiter zu entfalten vermag. Der nachfolgende Beitrag zeigt auf, wie sich die ökumenische und internationale Dimension von Diakonie heute begründet, skizziert einige Meilensteine aus dem Werdegang »ökumenischer Diakonie« und gibt schließlich einen Ausblick auf neue grenzüberschreitende und globale Problemlagen, die es notwendig erscheinen lassen, die Arbeitsteilung zwischen den Traditionslinien christlicher Weltverantwortung zukünftig neu zu justieren.

6.2.2 Die ökumenische Dimension der Diakonie

Bereits dem Gründer der »Inneren Mission«, Johann Hinrich Wichern, war deutlich vor Augen, dass Diakonie – im Sinne eines christlichen Liebesdienstes an den Armen – nicht an konfessionellen und nationalstaatlichen Schranken Halt machen kann. Sie müsse vielmehr im diakonischen Horizont verortet werden: »Der Standort bei der Beantwortung der Frage nach Diakonie und Diakonat muss jegliche Beschränkung des Gesichtskreises von sich ausschließen; er ist ein ökumenischer. Jede Beantwortung geht fehl, die diesen Standort verlässt.«[1]

Nationale und konfessionelle Grenzen dürfen Christinnen und Christen nicht daran hindern, die oikumene als gemeinsamen Verantwortungsraum der weltweiten Christenheit zu begreifen und die globale Verantwortung ihres Handelns im je eigenen Kontext zu berücksichtigen. Die Eröffnung eines Welthorizonts ist für diakonisches Handeln konstitutiv und in den Grundsätzen des christlichen Glaubens verankert, wie dies Jahrzehnte später auch der Vordenker des »Ökumenischen Lernens«, Ernst Lange, bekräftigt hat: »Das christliche Gewissen muss sich einleben in

1 Wichern, Bemerkungen, 128.

den größeren Haushalt, in dem es von Anfang an herausgefordert, in dem es von Anfang an orientiert war, den Haushalt der bewohnten Erde. Es muss sich einüben in ein neues, nein, in sein ursprüngliches Zeit- und Weltgefühl«.[2]

Indem in der weltweiten Diakonie deutlich wird, dass Barmherzigkeit und Solidarität auch Angehörigen anderer Religionen zuteilwerden, bezeugt sie, dass sich das christliche Verständnis von der universellen Gemeinschaft der Menschen keinesfalls auf die Glaubensgeschwister beschränkt. Das Doppelgebot der Liebe verweist auf eine universale Dimension der Nächstenliebe, die auch die Liebe zum »fernsten Nächsten« einschließt. Aus der Perspektive einer ökumenisch aufgestellten Diakonie stellt sich daher auch nicht die Frage, ob nun die Sorge um die Armen im eigenen Land oder die Sorge um die Armen im »Süden« Priorität für das soziale Handeln der Christinnen und Christen hat. Unter dem Eindruck knapper werdender kirchlicher Haushaltsmittel sehen sich Kirche und Diakonie aber zunehmend mit dieser falschen Alternative konfrontiert. Es wird verstärkt darauf ankommen, deutlich zu machen, dass die Anliegen und Rechte der Ausgeschlossenen und Hilfsbedürftigen im eigenen Land nicht gegen diejenigen der Armen in anderen Teilen der Welt ausgespielt werden dürfen.

Diakonie sieht sich Herausforderungen gegenüber, die nur noch in einer weltgesellschaftlichen Perspektive begriffen werden können. Das ist die Folge der Globalisierung der Problemlagen[3]. Die »soziale Frage« muss heute ebenso wie die ökologische Frage weltgesellschaftlich gedacht und bearbeitet werden, da die Ursachen von Armut und sozialer Disparität ebenso wie die Auswirkungen ökologischer Krisen nicht auf den nationalstaatlichen Rahmen beschränkt sind, sondern auf transnationale Trends verweisen. Gleichzeitig verändern sich politische Handlungsspielräume und Handlungsebenen. Die Eingriffspotenziale des Staates schwinden, zugleich wächst die Notwendigkeit, neue Formen der Kooperation und der transnationalen Politikgestaltung zur Bewältigung der globalen Krisen zu entwickeln.

2 Lange, Kirche, 306.

3 Vgl. hierzu Seitz, Diaconia.

Diakonie und Entwicklungsdienst wurzeln gleichermaßen im dem Auftrag Jesu Christi, Gottes Liebe in der Welt zu bezeugen. Diakonie ist eine Gestalt des christlichen Zeugnisses und nimmt sich besonders der Menschen in leiblicher Not, in seelischer Bedrängnis und in sozial ungerechten Verhältnissen an. Sie sucht auch die Ursachen dieser Nöte zu beheben. Die Angebote der Diakonie und der kirchlichen Entwicklungsarbeit wenden sich an alle, unabhängig von nationaler, geographischer oder ethnischer Herkunft, Geschlecht, Religion, Weltanschauung, Behinderung, Alter oder sexueller Identität.

Diakonisches Handeln muss über karitative Tätigkeiten hinaus auch eine gesellschaftspolitische Dimension umfassen. Bereits Wichern hatte betont, dass über die bisherige Praxis der Inneren Mission hinaus ein weiterer Schritt getan werden müsse, nämlich »christliche Assoziationen der Hilfsbedürftigen selbst für deren soziale (Familie, Besitz und Arbeit betreffende) Zwecke zu veranlassen«[4].

Es gehört zu den ureigenen Aufgaben der Kirche, sich um die Ärmsten der Armen zu kümmern, sie in ihren Potenzialen zu fördern und in der Vertretung ihrer Rechte zu stärken. Zur Diakonie gehört auch die Bekämpfung der Ursachen von Armut und Erniedrigung. Diakonie hat daher eine gesellschaftsverändernde und anwaltschaftliche Komponente. Es geht darum, »nicht nur die Opfer unter dem Rad zu verbinden, sondern dem Rad selbst in die Speichen zu fallen«, wie Dietrich Bonhoeffer 1933 mahnte.

Was im nationalen Maßstab gilt, gilt ebenso im ökumenischen Horizont. Für die Entwicklungsarbeit der evangelischen Kirchen hat dies die Entwicklungsdenkschrift der EKD 1973 so formuliert: »Die ökumenische Diskussion hat gezeigt, dass das Eintreten für soziale Gerechtigkeit im Weltmaßstab in christlicher Verantwortung gründet und zu neuen Formen gesellschaftlicher Diakonie herausfordert. Christliche Liebe ist nicht nur dem notleidenden Einzelnen zugewandt. Es genügt auch nicht, Schäden und Mängel, die sich aus ungerechten Verhältnissen ergeben, nachträglich aus Gründen christlicher Barmherzigkeit zu lindern. Vielmehr gehören Barmherzigkeit und Gerechtig-

4 Wichern, Innere Mission, 248.

keit, Dienst am Einzelnen und an der Gesellschaft, die Beseitigung der Ursachen sozialer Ungerechtigkeit sowie die Fürsorge für deren Opfer gleichermaßen unter die Botschaft des kommenden Gottesreiches«.[5]

Soziale Gerechtigkeit muss heute im Weltmaßstab gedacht werden. Denn längst ist die Menschheit zu einer globalen Kooperations- und Schicksalsgemeinschaft zusammengewachsen. Gerechtigkeit in der Weltgesellschaft beinhaltet die Verpflichtung, die internationalen Kooperationsbeziehungen so zu regeln, dass sie allen daran Beteiligten, insbesondere aber den Benachteiligten, zugute kommen. Es geht darum, die weltgesellschaftlichen Verhältnisse so zu gestalten, dass den am wenigsten Begünstigten daraus der größtmögliche Vorteil erwächst.

In der zitierten, für die evangelische Entwicklungsarbeit seinerzeit grundlegenden, EKD-Denkschrift heißt es dazu: »Für den Kirchlichen Entwicklungsdienst ist unbeschadet der andauernden Diskussion eine Grundentscheidung gefallen: Er hat sich der Menschen anzunehmen, die an den Rand ihrer Gesellschaft gedrängt werden und denen niemand hilft. Um ihretwillen arbeitet er mit an der Änderung gesellschaftlicher Verhältnisse.«[6]

Auch die weltweite Diakonie-Konsultation des Lutherischen Weltbundes, die 2002 unter dem Motto »Prophetische Diakonie« stattfand, hat diese Aufgabenstellung deutlich bekräftigt: »In Partnerschaft mit ihren nationalen und internationalen diakonischen Organisationen müssen die Kirchen bessere Fürsprecher für Menschen in Armut, Elend und Unterdrückung werden. Die Zukunft liegt (…) in der organisierten Anwaltschaft auf nationaler und internationaler Ebene einschließlich unseres Netzwerks als Gemeinschaft von Kirchen. Die Kirchen sollten sich mutiger in der Öffentlichkeit zu Wort melden, um für globale Mechanismen zu werben, die die sozialen, ökonomischen, kulturellen und politischen Rechte der Schwachen in jeder Gesellschaft schützen. Gleichzeitig müssen die Kirchen weiterhin mittellose Gemeinschaften und ausgegrenzte Menschen mit allen verfügbaren Mitteln und mit entsprechender Fachkompetenz unterstüt-

5 Rat der EKD, Entwicklungsdienst, 19.
6 A. a. O., 30.

zen«.[7] Beat Dietschy spricht in diesem Zusammenhang von der Notwendigkeit einer »strukturtransformativen Diakonie«[8]. Aber auch hier dürften das Ringen um gesellschaftlichen Wandel und die konkrete Hilfe für Notleidende nicht in falsche Konkurrenz zueinander treten: »Hilfe ohne Behebung der Ursachen von Not ist ungerecht, gesellschaftliche Veränderung ohne humanitäre Hilfe erbarmungslos«.[9]

Wenn Diakonie wie Entwicklungsdienst für eine Solidarität eintreten, die an den Armen orientiert ist, lassen sie sich gleichermaßen von der Erkenntnis leiten, dass Menschen nicht entwickelt werden können, sondern nur sich selbst entwickeln können. Unter Entwicklung verstehen Diakonie und Entwicklungsdienst einen fortgesetzten Prozess, der es Menschen ermöglicht, ihre Fähigkeiten zu entfalten und ihre Rechte zu verwirklichen, und der sie in die Lage versetzt bzw. darin unterstützt, ein erfülltes und menschenwürdiges Leben zu führen.[10] Dazu gehört auch, den Entwicklungsprozess der Gesellschaft, in der sie leben, in der Gemeinschaft mit anderen mitgestalten zu können. Entwicklung ist nach diesem Verständnis ohne Teilhabe »der Armen« weder wünschenswert noch möglich.

In der Zusammenarbeit mit marginalisierten Zielgruppen, die nur über eingeschränkte Selbsthilfepotenziale verfügen, stoßen Empowermentstrategien allerdings – in Nord und Süd – zunächst an ihre Grenzen. Umso mehr sind Diakonie und Entwicklungsdienst darum bemüht, entwicklungs- und sozialpolitische Instrumente in ihrer Arbeit stärker aufeinander zu beziehen und Humanitäre Hilfe, Sozialpolitik und Entwicklungszusammenarbeit gleichermaßen als Handlungsfelder einer ökumenischen Diakonie zu begreifen.

Der Aufbau eines Evangelischen Werkes für Diakonie und Entwicklung ist auch als eine Antwort auf die weltweiten Veränderungen infolge der Globalisierung zu verstehen, welche die

7 Schreiben an alle Mitgliedskirchen von der globalen Konsultation Prophetische Diakonie: Zur Heilung der Welt des Lutherischen Weltbundes vom 07.11.2002 in Johannesburg.

8 Dietschy, Diakonie, 181.

9 Ebd.

10 Brot für die Welt, Standortbestimmung.

Kirche und mit ihr die Diakonie vor neue Aufgaben stellen. Das Werk eröffnet die Möglichkeit, Humanitäre Hilfe, Entwicklungsförderung und soziale Arbeit in Deutschland angesichts der Globalisierung der sozialen Frage und der grenzüberschreitenden Verflechtung ökologischer, wirtschaftlicher und sozialer Problemlagen enger aufeinander zu beziehen.

Vor diesem Hintergrund bringt die Satzung des Evangelischen Werkes für Diakonie und Entwicklung (EWDE) auch die Einheit von Diakonie, Mission und Entwicklung deutlich zum Ausdruck: »Diakonie und Entwicklungsdienst wurzeln in dem Glauben, der die Welt als Gottes Schöpfung bezeugt, in der Liebe, mit der Gott uns an jeden Menschen als Nächsten weist und in der Hoffnung, die in der Gewissheit der kommenden Gottesherrschaft handelt. Sie sind getragen von der Überzeugung, dass nach dem biblischen Auftrag die Verkündigung des Evangeliums und der Dienst in der Gesellschaft, missionarisches Zeugnis und Wahrnehmung von Weltverantwortung im Handeln der Kirche zusammen gehören«.

6.2.3 Stationen im Werdegang von ökumenischer Diakonie und kirchlicher Entwicklungsarbeit

Als Pioniere einer Ökumenischen Diakonie sind auf europäischer Ebene der schwedische Erzbischof Nathan Söderblom und der Schweizer Theologe Adolf Keller zu nennen. Söderblom, der dann auch für seine Bemühungen zur Bündelung der friedensstiftenden Kraft der Kirchen mit dem Friedensnobelpreis ausgezeichnet wurde, hatte 1925 die »Universal Christian Conference of Life and Work« in Stockholm (im Deutschen als »Weltkonferenz für praktisches Christentum« benannt) einberufen. Diese Konferenz kann als erste internationale Konferenz für eine ökumenische, weltweite Diakonie gelten.[11] Sein Mitstreiter bei der Vorbereitung dieser Konferenz, Adolf Keller, war bis 1945 Geschäftsführer des 1922 gegründeten Europäischen Zentralbüros für zwischenkirchliche Hilfe, das die Kirchen Europas beim Wiederaufbau nach dem ersten Weltkrieg und bei der Hilfe für Flüchtlinge unterstützte.

11 Vgl. Strohm, Thesen.

Nach dem Zweiten Weltkrieg wurden in vielen Staaten sowie bei den Weltbünden wie dem Lutherischen Weltbund und dem 1948 gegründeten Ökumenischen Rat der Kirchen kirchliche Hilfsstrukturen zur Bewältigung der Not nach dem verheerenden Krieg geschaffen. Viel Unterstützung erfuhr in dieser Zeit gerade auch Deutschland, dessen Städte in Trümmern lagen und das viele Millionen obdachloser Flüchtlinge zu beherbergen hatte.

Die Zweite Vollversammlung des Ökumenischen Rates in Evanston/USA 1954 markierte ein erstes Aufbegehren von Vertretern der Südkirchen, die sich über die Dominanz der nordatlantischen Weltsicht beklagten. Die Vollversammlung in Evanston kreiste um den Begriff einer »verantwortlichen Gesellschaft« in einer »entzweiten Welt« und thematisierte die Zerrissenheit der Welt im Kontext des bedrohten Weltfriedens. Allerdings kam auch dort bereits der Bedarf an Hilfe für die armen Länder zur Sprache. Das Hilfswerk der EKD und der deutsche Zweig des Lutherischen Weltbundes hatten in dieser Zeit bereits als Spender an ökumenischen Hilfsprogrammen teilgenommen. Die Nachrichten über schwere Hungerkatastrophen, unter anderem in Indien, motivierte auch erste große Sammelaktionen: so erbrachte die Kollekte des Evangelischen Kirchentages 1956 in Frankfurt/Main 84.000 DM »für die Hungernden der Erde«. Nach dem Vorbild der britischen Miss-a-Meal-Bewegung gründete Lothar Kreyssig, Präses der EKU, 1957 die »Aktionsgemeinschaft für die Hungernden«, die in den ersten 16 Monaten ihres Bestehens fast 300.000 DM sammelte und die Ausgangspunkt für eine wahrhaft ökumenische, d. h. Protestanten und Katholiken umfassende Hilfsaktion hätte werden sollen.[12]

Dazu kam es dann nicht. Mit Misereor und Brot für die Welt starteten evangelische und katholische Kirche jeweils eigene Hilfsaktionen. Unter der Überschrift »Menschen hungern nach Brot« baten der Rat der Evangelischen Kirche in Deutschland und die evangelischen Freikirchen im Advent 1959 die evangelischen Christen in beiden Teilen Deutschlands um ein Weihnachtsopfer für die Notleidenden in der Welt. Der Aufruf zu dieser ersten Sammlung »Brot für die Welt« stand am Ende eines Jahrzehnts,

12 Vgl. Willems, Entwicklung, 227.

in welchem die Menschen in Westdeutschland ein in dieser Form unerwartetes »Wirtschaftswunder« erfahren hatten. In kürzester Zeit war das Land wieder zu wirtschaftlichem Wohlstand gelangt, der nach Kriegsende noch undenkbar schien. Der erste Aktionsaufruf erinnert an die Entbehrungen, die die Menschen in den Trümmern, die der Zweite Weltkrieg hinterließ, selbst erlitten hatten: »Unsere Generation in Deutschland weiß, was Hunger heißt«. Doch schon 1959 war die Bundesrepublik wieder zur zweitstärksten Wirtschaftsmacht der Welt aufgerückt, und für viele Familien erfüllte sich nach Jahren der Not und der harten Arbeit der Traum von einer Waschmaschine, einem Fernseher oder einem Auto.

Die Hilfe, die die Deutschen aus dem Ausland, nicht zuletzt von den Kirchen der Ökumene, erfahren hatten, war in den ersten Jahren nach dem Krieg eine wichtige Voraussetzung für diesen beispiellosen Aufschwung. Das 1945 von der Kirchenversammlung in Treysa gegründete »Hilfswerk der evangelischen Kirche« sollte den kirchlichen Beitrag zum Wiederaufbau und die Hilfe für die Vertriebenen und Flüchtlinge mit organisieren und konnte sich hierfür vor allem auf die Solidarität der Kirchen aus Europa und den USA stützen. Der Neuanfang der diakonischen Arbeit im Nachkriegsdeutschland war so gesehen auch eine Frucht weltweiter »Ökumenischer Diakonie«.[13] Symbolträchtig wurde die Kollekte, die bei der Eröffnung für »Brot für die Welt« am 12. Dezember 1959 in der Berliner Deutschlandhalle gesammelt wurde, in Milchpulvertonnen gefüllt – in eben jene Tonnen, in denen Partnerkirchen aus dem Ausland einst Nahrungsmittelhilfe für die hungernden Berliner schickten. Die solidarische Hilfe, die Menschen in Deutschland genossen hatten, sollte nun nach den Jahren des Wirtschaftswunders den Bedürftigen in anderen Teilen der Welt zurückgegeben werden.

Die erste Aktion hat eine Initialzündung in den Kirchengemeinden und in weiten Teilen der Öffentlichkeit ausgelöst. Sie hat zugleich den Anstoß dafür gegeben, dass sich die Entwicklungszusammenarbeit als eigenständiges Tätigkeitsfeld der Kir-

13 Zu Geschichte und Selbstverständnis Ökumenischer Diakonie: Füllkrug-Weitzel, Diakonie.

che etablieren konnte. Die erste zunächst noch nicht auf Fortsetzung angelegte Sammlung brachte mit 14,6 Mio. DM in West- und 4,8 Mio. Mark in Ostdeutschland mehr Mittel auf als jeder andere Spendenaufruf in der evangelischen Kirche zuvor.

Dass in einer an Wohlstand und Ressourcen so reichen Welt viele Millionen Menschen an Hunger und Armut leiden mussten, haben viele als Skandal empfunden. Dieser Mangel an Gerechtigkeit hatte die Generation der Gründer von »Brot für die Welt« empört: »Der Hunger auf der Welt ist eine ganz große Anklage, von der sich jeder mit getroffen fühlen muss. Wir wollen helfen ohne Dank und ohne Lohn. Wir wollen helfen, wie der barmherzige Samariter im Gleichnis half, der auch nicht danach fragte, zu welcher Rasse und Konfession und Klasse jemand gehört.« Mit diesen Worten benannte der Berliner Bischof Otto Dibelius, Ratsvorsitzender der EKD von 1949 bis1961, das Gründungsmotiv für die erste Spendenaktion. Er macht damit auch einen Unterschied der kirchlichen Aktion gegenüber der beginnenden staatlichen Entwicklungshilfe deutlich, die damals vor allem als Instrument zur Unterstützung wirtschafts- und außenpolitischer Eigeninteressen wahrgenommen wurde. Demgegenüber sollte für die kirchliche Solidarität gelten: »Nur die Not ist unser Maßstab«.

Allerdings legten die Initiatoren von Brot für die Welt auch Wert darauf, ihr Anliegen von der Arbeit der Missionsgesellschaften abzugrenzen. Die Unterstützung, die Brot für die Welt gewährte, sollte in erster Linie gesellschaftsdiakonisch ausgerichtet sein und daher auch nichtkirchlichen Partnerorganisationen zugute kommen. Wie die Mission allerdings wurde dieser diakonische Auftrag von Anfang an in den weltweiten ökumenischen Horizont gestellt: »In gleicher Weise wie die Mission die gesamte bewohnte Erde als ihr Arbeitsfeld betrachtet, muss auch die Diakonie der Kirche in Überwindung provinziellen Denkens in globalem Ausmaß ausgerichtet werden«[14] betonte der damalige Vorsitzende des Diakonischen Rates, Heinrich Riedel im Jahr 1961.

Die politische Instrumentalisierung der staatlichen Entwicklungshilfe im Spannungsfeld des Kalten Krieges war für Brot für

14 Riedel, Vorwort, 47.

die Welt Grund genug, dem bereits 1960 vorgetragenen Angebot von Bundeskanzler Konrad Adenauer, den Kirchen staatliche Mittel für die Entwicklungshilfe zur Verfügung zu stellen, mit entschiedener Ablehnung zu begegnen. Dabei spielte sowohl die Rücksichtnahme auf die sensiblen Bedingungen für die Durchführung der Aktion in Ostdeutschland eine Rolle, als auch die Drohung der Freikirchen, sich aus der Aktion zurückzuziehen, wenn Brot für die Welt staatliche Mittel annehmen sollte. Da die katholische Kirche jedoch umgehend positiv auf Adenauers Angebot reagiert hatte, stand die EKD unter Druck und initiierte schließlich die Gründung der Evangelischen Zentralstelle für Entwicklungshilfe (1962), die staatliche Mittel für ihre Programme nutzte, ohne damit die Unabhängigkeit von Brot für die Welt zu tangieren.

Während Brot für die Welt der Institutionalisierung der EZE somit skeptisch gegenüberstand – und die Projekt- und Programmpolitik beider Werke sich über Jahrzehnte hinweg voneinander unterschieden – spielte Brot für die Welt bei der Gründung eines weiteren Entwicklungsdienstes der evangelischen Kirchen eine initiative Rolle: Die Gründung von Dienste in Übersee (1960) als Agentur für die Vermittlung von Fachkräften wurde von Brot für die Welt ausdrücklich angeregt. Hintergrund waren verstärkte Anfragen von jungen Menschen, die nach dem breiten Echo, das die Spendenaktion von 1959 gefunden hatte, nach Arbeitsmöglichkeiten in Übersee anfragten.

Brot für die Welt wurde innerhalb der Abteilung Ökumenische Diakonie des Diakonischen Werkes angesiedelt, der auch die aus dem Hilfswerk hervorgegangene Katastrophenhilfe angehörte. Bereits 1957 war aus dem Zusammenschluss von Hilfswerk und Innerer Mission das Diakonische Werk hervorgegangen. Die Förderschwerpunkte von Brot für die Welt haben sich im Laufe der Zeit verändert. Doch das Kernanliegen ist gleich geblieben: »Hilfe zur Selbsthilfe« zu leisten, d. h. Menschen, die in Armut leben, zu befähigen, ihre eigene Lebenssituation zu verbessern und daran mitzuwirken, gerechte und zukunftsfähige Gesellschaften zu schaffen. In der Konsequenz dieser Einsicht führt Brot für die Welt auch keine eigenen Projekte in anderen Ländern durch, sondern unterstützt Partnerorganisationen vor Ort bei der Durchführung eigener Vorhaben, die darauf zielen, die Potenziale der Armen und Marginalisierten zu stärken. Gleichzeitig geht es verstärkt darum, ungerechte Strukturen, die einer nachhaltigen Überwindung der Armut entgegenstehen, innerhalb wie zwischen den Gesellschaften zu verändern.

In den Anfangsjahren stand noch die Soforthilfe für Notleidende im Mittelpunkt. Die Auseinandersetzung mit den politischen Ursachen von Hunger und Armut und die Verstrickung der Industrieländer darin waren zunächst weniger im Blick. Auch wurden in der Spendenwerbung die Menschen im Süden vor allem als Hilfsbedürftige, nicht als Subjekte ihres eigenen Handelns dargestellt. Das berühmte Motiv der »Hungerhand«, das von Rudi Wagner entworfene Aktionsplakat, brachte dies bildhaft zum Ausdruck. An seine Stelle trat 1970 das Plakat »Den Frieden entwickeln«, das bewusst eine andere Bildsprache wählte. Es waren einerseits die gesellschaftskritischen Jugendlichen in der eigenen Gesellschaft und in der Kirche, andererseits Impulse aus der weltweiten Ökumene, die eine stärkere politische Profilierung des kirchlichen Entwicklungshandelns angestoßen haben. So prägte die Erkenntnis von der wachsenden wechselseitigen Abhängigkeit der Völker die Debatten bei der Vierten Vollversammlung des Weltrats der Kirchen 1968 in Uppsala. Die Partnerkirchen in der Ökumene machten deutlich, dass Entwicklung nicht nur als Prozess wirtschaftlichen Fortschritts, sondern in erster Linie als Akt der Befreiung aus Unmündigkeit und Fremdbestimmung betrachtet werden müsse. Brot für die Welt hat daran anknüpfend den Schwerpunkt auf Programme gelegt, die den Selbsthilfewillen der Armen stärken und die sie darin unterstützen, für ihre Rechte einzutreten.

Mitte der siebziger Jahre kamen die Grenzen der ökologischen Belastbarkeit unseres Planeten in den Blick. Die Fünfte Vollversammlung des Weltrats der Kirchen in Nairobi 1975 stellte die Zukunftsfähigkeit des westlichen Fortschrittsmodells radikal in Frage. An die wohlhabenden Staaten des Nordens richtete sich der Appell: »Die Reichen müssen einfacher leben, damit die anderen überhaupt überleben können«. In der konsequenten Umsetzung dieser Erkenntnisse hat Brot für die Welt 1977 die Lebensstilkampagne »Aktion e« und 1981 das Jahresthema »Hunger durch

Überfluss?« aufgegriffen. Dabei wurde der Blick auf die Veränderungen gelenkt, die in den Industriestaaten im Interesse einer gerechten Weltentwicklung stattfinden müssen.

In den achtziger Jahren verschlechterten sich, u. a. infolge der Schuldenkrise, die Lebensverhältnisse der Armen in weiten Teilen der Welt. Brot für die Welt reagierte u. a. mit einer verstärkten Konzentration der Programmarbeit auf marginalisierte Gruppen und die Ärmsten der Armen. Gleichzeitig gewannen die Menschenrechtsarbeit und der Ansatz des »Empowerment« weiter an Bedeutung: durch Bewusstseinsbildung, Unterstützung von Netzwerken, die sich für die Rechte ihrer Mitglieder einsetzen, und einkommensschaffende Maßnahmen für benachteiligte Gruppen stärkte Brot für die Welt die Selbsthilfebemühungen der Partner. Mit der Erklärung »Den Armen Gerechtigkeit« wurde 1989 erstmals eine umfassende Grundorientierung verabschiedet, die neben den Strategien der Zusammenarbeit mit den Partnern in Übersee auch das Mandat für die Inlandsarbeit genauer definierte. Im Mittelpunkt stand der Befund, dass die Industriegesellschaften eine Mitverantwortung für die weltweite Ungerechtigkeit tragen. Brot für die Welt müsse sich daher verstärkt zum Anwalt seiner Partner und zu deren Sprachrohr in unserem Land machen. Zusätzlich wurde die Förderung von Geschlechtergerechtigkeit als Querschnittsaufgabe ausgewiesen.

Unter den Vorzeichen globaler Krisen wie dem Klimawandel, der Verknappung der Ressourcen und der Verletzung von Menschenrechten wurde in der kirchlichen Entwicklungsarbeit zunehmend deutlich: es geht nicht allein darum, dass die Wohlhabenden in der Welt den Armen beistehen müssen; vielmehr stehen wir vor der Herausforderung, gemeinsam solidarische Lösungen für Probleme zu finden, die die Integrität der Schöpfung als Ganzer gefährden, und gemeinsam nach Alternativen zu einer ungerechten und lebensbedrohlich gewordenen Weltordnung zu suchen.

Die Strukturen der kirchlichen Entwicklungszusammenarbeit haben sich an der Wende zum 21. Jahrhundert wesentlich verändert: 1999 entstand aus der Fusion von Dienste in Übersee, Evangelischer Zentralstelle für Entwicklungshilfe, Kirchlichem Entwicklungsdienst, Ökumenisch-Missionarischem Weltdienst

(EMW-ÖMW) und Ökumenischen Stipendienwerk der Evangelische Entwicklungsdienst (EED) in Bonn. Eine weitere Bündelung der Kräfte der evangelischen Entwicklungsarbeit wurde schließlich mit den Beschlüssen der Diakonischen Konferenz und der Mitgliederversammlung des EED vom Oktober 2008 zur Fusion von Diakonischem Werk und EED auf den Weg gebracht. Das neue Evangelische Werk für Diakonie und Entwicklung (EWDE) hat im Oktober 2012 in Berlin seine Arbeit aufgenommen. Die Zusammenführung von nationaler und weltweiter Diakonie und Entwicklungsdienst bringt zum Ausdruck, dass das Mandat der Diakonie, der Dienst am Nächsten in der Nähe wie in der Ferne, von Anfang an weltumspannend ist und niemanden ausschließt. Auch arbeiten Kirche und Diakonie in diesem Rahmen im sozial- und entwicklungspolitischen Feld enger denn je zusammen. Die evangelischen Kirchen haben sich mit der Verknüpfung ihres entwicklungspolitischen und diakonischen Handelns im In- und Ausland neu aufgestellt, um den Herausforderungen besser begegnen zu können, die sich aus der Globalisierung der sozialen Frage ergeben.

Die Potenziale, die eine engere Zusammenarbeit von nationaler und internationaler Diakonie eröffnen, zeigen sich derzeit insbesondere in der Flüchtlingsarbeit. Unter dem Dach des EWDE greift das komplementäre Engagement von Brot für die Welt, Diakonie Katastrophenhilfe und Diakonie Deutschland in der Unterstützung von Flüchtlingen und Migrantinnen und Migranten eng ineinander. Die Diakonie Katastrophenhilfe leistet beispielsweise Nothilfe für Flüchtlinge und Vertriebene im Nordirak, in der Türkei, im Libanon, in Jordanien, aber auch in europäischen Ländern wie Griechenland oder Serbien. Brot für die Welt arbeitet gemeinsam mit Partnerorganisationen vor Ort an der langfristigen Überwindung von Fluchtursachen, engagiert sich auf politischer Ebene für den Schutz der Menschenrechte von Flüchtlingen und Migranten insbesondere in den Transitländern und setzt sich für eine Migrationspolitik ein, die die sozio-ökonomische Entwicklung in Herkunfts- wie in Zielländern positiv zu unterstützen vermag. Die Diakonie Deutschland leistet Hilfe für Flüchtlinge in Deutschland. Der Schwerpunkt liegt derzeit in der unabhängigen Asylverfahrensberatung in

Erstaufnahmeeinrichtungen, in der Gemeinwesenarbeit der Migrationsfachdienste und der Koordination des freiwilligen Engagements. Zur Koordination der Arbeit der verschiedenen Programmlinien wurde im EWDE eine werksübergreifende Task Group eingerichtet. Mit einer Serie fortlaufend aktualisierter kurzgefasster Arbeitsmaterialien informiert das EWDE über die gemeinsamen Aktivitäten und gibt Kirchengemeinden Hintergrundinformationen und Anregungen zum eigenen Engagement in der Flüchtlingsarbeit[15].

Aber auch auf einem ganz anderen Feld sehen sich internationale und nationale Diakonie gemeinsam herausgefordert: im verantwortungsvollen Umgang mit den anvertrauten Ressourcen und der konsequenten Orientierung des eigenen Wirtschaftens an hohen ökologischen, sozialen und menschenrechtlichen Standards. So wurden gemeinsam anspruchsvolle ethische Kriterien für die Finanzanlagen des Werkes entwickelt und ein nachhaltiges Gesamtkonzept für das neue gemeinsame Bürogebäude umgesetzt. Dabei wird auf energiesparende Haustechnik ebenso Wert gelegt wie auf eine öko-faire Beschaffung oder die Kompensation von nicht vermeidbaren Emissionen über die im Haus ebenfalls ansässige »Klima-Kollekte«. Es ist Diakonie und Brot für die Welt gemeinsam daran gelegen, dass die Prinzipien für ein verantwortliches Handeln, deren Beachtung sie von anderen, insbesondere von Privatwirtschaft und Kommunen, anmahnen, auch in den eigenen Strukturen möglichst vorbildlich verwirklicht werden. Darüber hinaus ist das Werk darum bemüht, die Umsetzung eines öko-fairer Beschaffungswesen auch in anderen kirchlichen und diakonischen Einrichtungen voranzubringen. Eine eigens eingerichtete Internetplattform[16] bietet entsprechende Informationen und Angebote für ein zukunftsfähiges Wirtschaften.

15 www.brot-fuer-die-welt.de/weltgemeinde/gemeinde/fluechtlinge.html.
16 www.zu-wi.de.

6.2.4 Neue Herausforderungen für die Zusammenarbeit von Diakonie und Entwicklungsdienst

Die globale Landschaft der sozialen Ungleichheit hat sich seit Beginn der Globalisierung erheblich verändert. Die »soziale Frage« hat sich dabei nicht nur in quantitativer Hinsicht verschärft und in räumlicher Hinsicht ausgedehnt, sondern dazuhin auch einen dramatischen qualitativen Wandel vollzogen. Sie ist heute durch folgende Tendenzen charakterisiert:

1. Die Kluft zwischen Arm und Reich hat sich zwischen wie innerhalb vieler Länder weiter vertieft. An die Globalisierung geknüpfte Wohlstandserwartungen wurden für breite Bevölkerungsgruppen nicht eingelöst. Der Gesamtwohlstand der Welt ist zwar enorm gewachsen, Nahrungs- und Güterproduktion sind üppig genug, um allen Menschen ein menschenwürdiges Leben zu ermöglichen (»Es ist genug für alle da«), gleichwohl wachsen nicht nur der Wohlstand, sondern auch Armut, Hunger und Marginalisierung.
2. Fragen der sozialen Disparität können heute nicht mehr allein in nationalstaatlichen Kategorien behandelt und beantwortet werden. Der internationale Nord-Süd-Gegensatz ist mit einem Arm-Reich-Gegensatz verschränkt, der sich quer durch die Länder zieht. Die Entgrenzung der Armuts- und Entwicklungsproblematik fordert auch die Akteure der Entwicklungszusammenarbeit heraus, Strategien gegen Armut in weltweiter Dimension und nicht allein auf den sogenannten »Süden« bezogen zu bedenken und umzusetzen. Verarmungsprozesse verweisen unter den Bedingungen der Globalisierung auch auf gemeinsame Ursachen.
3. Ein großer Teil der Weltbevölkerung ist nicht nur arm in dem Sinne, dass betroffene Menschen ihr Leben am unteren Ende der Einkommenspyramide fristen müssen. Vielmehr kommt für wachsende Bevölkerungsgruppen in Nord und Süd, Ost und West zur materiellen Armut die Erfahrung des Ausgeschlossenseins, der sozialen Exklusion, hinzu. Armut führt für diese Menschen – in besonderer Weise sind Frauen betroffen – zum Verlust von Möglichkeiten, Lebenschancen er-

greifen zu können. Umso wichtiger wird es, die Potenziale der Armen zu stärken, damit sie ihre Teilhaberechte durchsetzen können. Gleichzeitig sind aber auch neue Formen sozialer Unterstützung und sozialer Sicherung für die benachteiligten Gruppen zu entwickeln, die z. B. wegen Alter oder Krankheit nur über ein begrenztes Selbsthilfepotenzial verfügen und somit nicht allein aus eigener Kraft die Voraussetzungen für menschenwürdige Lebensbedingungen schaffen können. Mit dem globalen Rückgang der absoluten Armut, der 2015 festzustellen ist, schält sich die Gruppe der Ärmsten der Armen, jener »bottom billion« die von vielen nationalen wie internationalen Entwicklungsprogrammen nicht mehr erreicht werden und in noch größere Armut abrutschen, umso schärfer heraus. Die zunehmende Exklusion von marginalisierten Bevölkerungsgruppen, die für das Funktionieren der globalisierten Ökonomie als »überflüssig« erachtet werden, macht soziale Ungleichheit zu einem Kernthema der politischen Auseinandersetzungen.

4. Die Globalisierung ist auch eine Triebkraft transnationaler Wanderungsbewegungen. Das wirtschaftliche Gefälle zwischen Armuts- und Wohlstandsregionen, aber auch politische Verfolgung, Bürgerkriege, Umweltkatastrophen und die Folgen des Klimawandels erhöhen den Migrationsdruck. Gleichzeitig haben sich Dynamik, Richtung und Formen der Migration verändert. Zunehmend gewinnen neue Migrationsformen wie Pendelmigration und zirkuläre Migration an Bedeutung, auf die das Ausländerrecht bzw. die Einwanderungsgesetzgebung noch nicht eingestellt sind. In Fragen des Umgangs mit den komplexen Problemlagen, die sich aus Migrationsprozessen ergeben – sowohl hinsichtlich der Chancen für Entwicklung und Einkommenstransfer, für kulturellen Austausch und demographischen Wandel, wie auch hinsichtlich der negativen Erscheinungen wie Menschenhandel, Menschenrechtsverletzungen gegenüber Flüchtlingen, den Folgen von Abschottungspolitik und Fremdenfeindlichkeit etc. – verzahnen sich traditionelle Arbeitsfelder von Entwicklungszusammenarbeit und Diakonie. Es geht mehr denn je darum, freiwillige Migration entwicklungsförderlich zu gestalten, so dass sie Ziel- wie Herkunftsländern

gleichermaßen zugute kommt und zugleich die Ursachen von Flucht zu bekämpfen und den Menschen, die vor Krieg und Gewalt Zuflucht suchen, Schutz zu gewähren.

5. Aus ökologischen Gründen ist weltweite Gerechtigkeit nicht auf dem Verbrauchsniveau der Industriestaaten zu verwirklichen. Das Wohlstandsniveau des Nordens ist nicht universalisierbar. Sachlich ist die soziale Frage heute mit der ökologischen aufs Engste verschränkt. Dies wird besonders deutlich an der Tatsache, dass die Hauptleidtragenden des Klimawandels gerade die verletzlichsten und ärmsten Bevölkerungsgruppen im Süden der Welt sind, denen die geringste Verantwortung für die klimaschädlichen Treibhausgasemissionen zukommt. Die Vision von einer Gesellschaft der Teilhabe, in der alle das Leben in Fülle haben[17], setzt die Achtung vor der Schöpfung und die Bewahrung unserer natürlichen Lebensgrundlagen voraus. Zwar ist es gelungen, den Anteil der Menschen, die in extremer Armut leben müssen, deutlich zu vermindern, gleichzeitig aber vertieft sich die soziale Kluft und wächst der Druck auf die globalen Umweltgüter. Der jetzt von vielen Schwellenländern eingeschlagene Weg einer »nachholenden Entwicklung« nach dem Muster der fossil befeuerten Industriezivilisation ist nicht zukunftsfähig.

Globale Probleme wie der Klimawandel, die wachsende Kluft zwischen Reich und Arm, die Zunahme gewaltsamer Auseinandersetzungen oder das zunehmende Schwinden fruchtbarer Böden und anderer lebenswichtiger Ressourcen haben ein Ausmaß angenommen, das uns spüren lässt: die Grenzen dieses Entwicklungs- und Wachstumsmodells sind erreicht.

Das Konzept einer industriellen Entwicklung, das sich auf die Ausbeutung fossiler Ressourcen stützte, war durchaus zeitweilig ein Erfolgsmodell und hat einer Minderheit der Weltbevölkerung erheblichen Wohlstand beschert. Aber es zeigt sich inzwischen: Es ist nicht universalisierbar, es ist nicht weltweit demokratisierbar, es kann nicht funktionieren, wenn alle Menschen daran teilhaben sollen.

17 Vgl. Kirchenamt, Leitbilder.

Unter den sozialen und ökologischen Verwerfungen, die das vorherrschende Konzept der industriellen Wachstumsgesellschaft hervorbringt, leiden schon heute der ärmere und von der Weltwirtschaft abgehängte größere Teil der Weltbevölkerung – von den Lebenschancen, um die wir die zukünftigen Generationen berauben, wenn wir ihnen einen ausgebluteten Planeten hinterlassen, gar nicht zu sprechen. Das Flüchtlingselend, das uns derzeit deutlich vor Augen tritt, ist nur ein Vorbote zukünftiger Krisen, die eine aus dem Ruder gelaufene globale Entwicklung mit sich bringt. Dass sich immer mehr Menschen aus Krisenregionen gezwungen sehen, ihre Heimat zu verlassen, um in anderen Ländern Zuflucht zu finden, hat auch etwas mit dem Scheitern eines Entwicklungskonzeptes zu tun, das die Auslagerung seiner ökologischen und sozialen Nebenfolgen und seiner Risiken hemmungslos überstrapaziert hat.

Die Aufgaben, die sich der internationalen Politik stellen, können nur im Rahmen grenzüberschreitender Kooperation bewältigt werden. Die Eindämmung des Klimawandels, der Schutz der Biodiversität und der Ozeane, die Bekämpfung von Epidemien oder des internationalen Terrorismus, die Stabilisierung internationaler Finanz- und Handelssysteme sind auf die Bereitschaft der Staaten, sich auf gemeinsame Lösungen einzulassen, angewiesen: Dies muss auch mit der Stärkung internationaler Institutionen, die dem globalen Gemeinwohl Rechnung tragen, einhergehen.

Auf der Suche nach Antworten auf die globalen Krisen hat die Staatengemeinschaft im September 2015 eine historische Weichenstellung vollzogen. Bei dem bisher größten Gipfeltreffen aller Zeiten haben die Vereinten Nationen im 70. Jahr ihres Bestehens die bisher anspruchsvollste Agenda für eine global nachhaltige Entwicklung verabschiedet. Kernstück dieser »Agenda 2030« sind 17 Ziele für nachhaltige Entwicklung, die innerhalb der nächsten 15 Jahre von allen Staaten erreicht werden sollen. Es geht dabei um nichts weniger als um die vollständige Abschaffung des Hungers und der extremen Armut, aber auch um den Schutz der natürlichen Lebensgrundlagen und die Verringerung der Ungleichheit in und zwischen den Ländern. Diese Agenda setzt den Rahmen für die internationale Zusammenarbeit wie für nationale Umwelt-

und Sozialpolitik der nächsten Jahre. Es gilt, den Weg zu einer nachhaltigen Entwicklung so zu gestalten, dass keine Menschen ausgeschlossen werden und die breite Bevölkerung nicht nur in naher Zukunft, sondern auch auf lange Sicht bessere Lebensbedingungen vorfindet.

Diese Ziele für eine nachhaltige Entwicklung, kurz »SDGs« (Sustainable Development Goals) genannt, sind nicht nur erheblich ambitionierter als die bisherigen »Millennium-Entwicklungsziele« (MDGs), die sie ab 2016 ablösen werden, sondern sie nehmen auch die wohlhabenden Staaten in die Pflicht. Die MDGs hatten sich in erster Linie auf die Entwicklungsländer konzentriert. Nun aber sind auch die Industrieländer ausdrücklich herausgefordert, von nicht-nachhaltigen Konsum- und Produktionsweisen abzurücken und der Vertiefung der sozialen Kluft entgegenzuwirken. Auch Deutschland erweist sich damit als Entwicklungsland mit erheblichem Korrekturbedarf in Sachen Nachhaltigkeit.

Bei der Suche nach neuen Maßstäben für eine alternative Entwicklung wird deutlich: Nachhaltige Entwicklung erfordert eine Verständigung in der Gesellschaft und zwischen den Gesellschaften über ethische Grundlagen unseres Handelns. Die Religionen bilden eine wichtige Quelle ethischen Denkens und Handelns. Darauf macht eine neue Studie der Kammer der EKD für nachhaltige Entwicklung aufmerksam, die sich als kirchlicher Beitrag zur Debatte über neue Leitbilder für eine zukunftsfähige Entwicklung versteht.[18] Darin wird herausgearbeitet, dass im offenen gesellschaftlichen Suchprozess nach neuen Leitbildern für eine zukunftsfähige Gestaltung von Wirtschaft und Gesellschaft, für die auf keine Blaupausen zurückgegriffen werden kann, das Orientierungswissen der Religionen gefragt ist. Dazu zählt auch, eine alternative Praxis zu etablieren, die Vorbildfunktion hat und zeigt, dass eine faire und gemeinwohlorientierte Lebensweise und eine lebensdienliche Ökonomie möglich sind.

Die Studie fragt nach neuen Leitbildern gesellschaftlicher Entwicklung, die vor allem unserer globalen Verantwortung und der

18 Kirchenamt der EKD, Leitbilder.

Verantwortung für zukünftige Generationen Rechnung tragen können. Was kann »gutes Leben« heute bedeuten und unter welchen gesellschaftlichen Bedingungen ist gutes Leben für alle Menschen unter Bewahrung der natürlichen Lebensgrundlagen auch für zukünftige Generationen möglich? Die ökumenische Diskussion über eine »Theologie des Lebens« bietet dafür reichhaltige Anregungen. Für den ökumenischen Diskurs über eine nachhaltige Entwicklung gilt, dass sich die Ökonomie in den Dienst des Lebens stellen muss, dem Wohlbefinden der Menschen und der Bewahrung der Schöpfung verpflichtet ist und dabei vor allem darauf zu achten hat, dass die Rechte und Ansprüche der Armen und Ausgegrenzten gewahrt werden.

Ein »Leben in voller Genüge« können wir nicht für uns alleine haben, indem wir uns auf einer Insel des Wohlstands in einem Meer des Elends zu verbarrikadieren versuchen. Zum Kernbestand eines christlichen Verständnisses des guten Lebens gehört, dass wir nur dann von einem guten Leben sprechen können, wenn es allen zuteil wird, d.h. wenn auch unsere nahen und fernen Nachbarn ein gutes Leben führen können.

Impulse:

- Die »Agenda 2030« ist ein weltweites Aktionsprogramm für die Überwindung der Armut und für eine nachhaltige Entwicklung, das im September 2015 unter dem Dach der UNO vereinbart worden ist. Die Agenda umfasst soziale, ökologische und ökonomische Ziele, die bis 2030 erreicht werden sollen. Betrachten Sie die 17 Ziele für eine global nachhaltige Entwicklung (SDGs) im Detail (https://sustainabledevelopment.un.org/post2015/summit) und identifizieren Sie die Ziele bzw. Unterziele, die für die diakonische Arbeit im Deutschland von hoher Relevanz sind. Im Blick auf welche Ziele hat Deutschland Ihrer Auffassung nach einen besonderen Handlungsbedarf?
- Kirchliche Entwicklungsarbeit ist dem eigenen Selbstverständnis nach daran orientiert, nicht nur Armut und Hunger lindern, sondern auch deren gesellschaftliche Ursachen dauerhaft überwinden zu wollen. Inwieweit löst der Entwicklungsdienst diesen Anspruch ein – und inwieweit wird dieser Impuls auch in der diakonischen Arbeit im Inland sichtbar?

- Die Enzyklika »Laudato si« von Papst Franziskus (2015) erfuhr in Politik und Fachöffentlichkeit eine große Resonanz und wurde als wichtiger Beitrag zur Debatte über ein neues Entwicklungsverständnis gewertet. Vergleichen Sie die päpstliche Enzyklika mit der ebenfalls 2015 herausgegebenen EKD-Studie »… damit sie das Leben und volle Genüge haben sollen« (EKD-Texte 122) und benennen Sie Gemeinsamkeiten und Unterschiede.

Literatur: Zum Weiterlesen

Brot für die Welt (Hg.), Fünf Jahrzehnte kirchliche Entwicklungszusammenarbeit. Wirkungen – Erfahrungen – Lernprozesse, Frankfurt 2008.

Eurich, Johannes/Hübner, Ingolf (Hg.), Diaconia against Poverty and Exclusion in Europe, Leipzig 2013.

Göpfert, Jörg (Hg.), Nachhaltige Grundsicherung. Armut überwinden – natürliche Lebensgrundlagen erhalten, Potsdam 2015.

Kemnitzer, Konstanze E., Der ferne Nächste. Zum Selbstverständnis der Aktion »Brot für die Welt«, Stuttgart 2008.

7. Diakonie als Wissenschaft

Ellen Eidt/Johannes Eurich

7.1 Theoretische Grundfragen und aktuelle Entwicklungen der Diakoniewissenschaft

Als elementare Charakteristika einer wissenschaftlichen Disziplin gelten häufig (1) deren systematische Begründung, (2) die Darstellung ihrer Entwicklungsgeschichte, (3) die Definition ihres Gegenstandsbereiches, (4) die Einordnung in einen Kanon von Bezugsdisziplinen und (5) die Beschreibung der Art und Weise ihres Gegenstandsbezugs und der von ihr dabei typischerweise gebrauchten Methoden.[1] Deshalb beginnt die folgende Darstellung mit diesen Aspekten der Diakoniewissenschaft, die anschließend durch Einblicke in deren gegenwärtige Entwicklungen und die ihr aktuell gestellten Herausforderungen weitergeführt werden.

7.1.1 Warum ist die wissenschaftliche Reflexion von Diakonie notwendig?

Judentum und Christentum bekennen sich zu einem Gott der Liebe, dessen Zuwendung zu den Menschen keine Grenzen kennt und der Nächstenliebe als menschliche Antwort erwartet.[2] Deshalb prägte diakonisches Handeln das Christentum von Anfang an. Vor diesem Hintergrund ist eine systematische und methodengeleitete Beschäftigung mit den theologischen Begründungen diakonischer

1 Vgl. Boschki, Blick, 26. Dort in Anm. 6 weitere Verweise für die Religionspädagogik. Allgemein Vgl. Guntau/Laitko, Entstehung, 17–88.
2 Vgl. Wichern, Gutachten, 131–135.

Praxis, der Geschichte ihrer verschiedenen Formen und den sich ihr aktuell stellenden Herausforderungen notwendig. Diakoniewissenschaft leistet so einen wichtigen Beitrag zur hermeneutischen Selbstverständigung des Christentums und dessen Glaubenspraxis unter den Bedingungen einer pluralen Gesellschaft. Die wissenschaftliche Reflexion diakonischer Praxis ermöglicht es den diakonisch handelnden Personen wie der Kirche auf gemeindlicher Ebene und den ihr zugehörigen diakonischen Institutionen und Organisationen, in den gesellschaftlichen Wandlungsprozessen sprach- und handlungsfähig zu bleiben. Sie eröffnet Perspektiven der Weiterentwicklung diakonischer Praxis auf der Basis ihrer historischen und theologischen Grundlagen in Verknüpfung mit dem aktuellen wissenschaftlichen Wissen und den Methoden ihrer Bezugsdisziplinen. Zugleich entwickelt sich die Diakoniewissenschaft jedoch auch selbst weiter, indem sie die sich verändernden Herausforderungen der Praxis aufnimmt.[3] Insofern kann Diakoniewissenschaft als theologisch orientierte Praxiswissenschaft verstanden werden.[4] Zugleich trägt sie auf ihre Weise dazu bei, eine Kultur der Nächstenliebe und des Helfens verstehend zu gestalten, deshalb kann sie auch selbst als Diakonie bezeichnet werden.[5]

7.1.2 Wie hat sich die Diakoniewissenschaft entwickelt?

Diakonie ist als »Wesens- und Lebensäußerung der Kirche«[6] ursprüngliches Charakteristikum christlicher Glaubenspraxis, die sich in verschiedenen Formen ausdifferenziert hat. So erscheint es fast selbstverständlich, dass sich parallel zur Entwicklung der Praktischen Theologie im 19. Jahrhundert auch eine »Wissenschaft von der Inneren Mission« – immer wieder auch als »Diakonik« bezeichnet – zu entwickeln begann. Der neue Zweig am Baum der theologischen Wissenschaften war klein, umstritten und nicht eindeutig zu verorten. Zwischen Praktischer und Syste-

3 Vgl. Eurich, Entwicklungen, 228 ff.
4 Vgl. Haslinger, Diakonie, 22 ff.
5 Vgl. Anselm, Diakonie, 10 f.
6 Vgl. Kirchenamt der EKD, Grundordnung, Art. 15,1.

matischer Theologie bewegte sich die »Wissenschaft von der Inneren Mission«; sie wurde einmal mehr der Seelsorge und dann doch wieder der Sozialethik zugeordnet.[7]

Mit dem »Berliner Institut für Sozialethik und Wissenschaft der Inneren Mission« und seinem Direktor Reinhold Seeberg (1859–1835) fand sich – in den Jahren 1927–1938 zunächst unter dem Dach der Systematischen Theologie – ein erster institutionalisierter Ort im Raum der Universität. Mit der Gründung des Diakoniewissenschaftlichen Instituts (DWI) an der Universität Heidelberg im Jahr 1954 wurde diesbezüglich Kontinuität erreicht und die Bezeichnung »Diakoniewissenschaft« etabliert. An weiteren universitären Lehrstühlen wurden diakoniewissenschaftliche Arbeitsbereiche gebildet. Seit den 1980er Jahren hat insbesondere Alfred Jäger in Bielefeld mit Diakoniemanagement-Modellen die Verbetrieblichung diakonischer Träger begleitet, woraus sich das Institut für Diakoniewissenschaft und Diakonie-Management (IDM) – heute an der Kirchlichen Hochschule Wuppertal – entwickelt hat. Die in den 1970er Jahren entstehenden Evangelischen Fachhochschulen knüpften zunächst vielfach an die Tradition der Diakonenschulen der Inneren Mission an. Seit den 1990er Jahren beteiligen sie sich mit wachsender Intensität an aktuellen akademischen und internationalen Entwicklungen. Sie sind es, die auf der Basis ihres Praxisbezugs, wesentlich zur Etablierung interdisziplinärer Ansätze in der Diakoniewissenschaft beitragen.[8]

7.1.3 Auf welchen Gegenstandsbereich bezieht sich die Diakoniewissenschaft?

Diakoniewissenschaft wird heute als Reflexion diakonischer Praxis verstanden. Doch wie lässt sich der Gegenstandsbereich »diakonische Praxis« definitorisch fassen? Was genau macht Handeln »diakonisch« und damit zum potenziellen Gegenstand diakonie-

7 Vgl. zum ganzen Abschnitt: Hörnig, Schwester, 102–116 und Herrmann, Geschichte, 95–108.

8 Vgl. Götzelmann/Herrmann, Reflexion, 496.

wissenschaftlicher Reflexion? In der Scientific Community der Diakoniewissenschaft hat sich bisher keine Konsensdefinition des Diakoniebegriffes herausgebildet. Vor diesem Hintergrund werden hier drei zentrale Spannungsfelder beschrieben, innerhalb derer sich verschiedene Diakoniedefinitionen in der Regel bewegen bzw. auf die bei wissenschaftlichen Beschreibungen diakonischen Handelns häufig Bezug genommen wird:[9]

Ein erstes Spannungsfeld ist durch zwei ineinander verwobene theologische Alternativen markiert, die sich auf die Fragen der Qualifizierung und Explikation diakonischer Praxis beziehen: Einerseits wird danach gefragt, ob als diakonisches Handeln nur das Tun gelten soll, das im weitesten Sinne christlich begründet, orientiert und/oder motiviert ist[10], oder ob allein das helfende Handeln als solches[11] für eine diakonische Qualifizierung ausschlaggebend sein kann. Zusätzlich stellt sich jeweils die Frage, durch wen bzw. auf welcher Ebene die Zuschreibung der christlichen Motivation oder der diakonischen Qualifizierung zu erfolgen hat. Geschieht die jeweilige Wahrnehmung und Zuschreibung »diakonischer Qualität« durch das handelnde Subjekt (Person, Organisation oder Institution), durch diejenigen, die Dienstleistungen empfangen oder Dienstleistungen beobachten, oder letztlich allein im Horizont Gottes? Und: Bedarf es in der konkreten Situation selbst einer Form der Explikation des christlich-diakonischen Deutungshorizontes einer Handlung um ihr tatsächlich diakonische Qualität zu verleihen? Oder genügt zunächst auch ein implizites Wissen darum – bei wem und auf welcher Ebene dies auch immer lokalisiert sein mag? Jede diakoniewissen-

9 Vgl. aus empirischer Perspektive: Eidt, Gretchenfrage, 78–95; verschiedene Perspektiven im Bereich des Diakoniemanagement in: Benad/Büscher/Krolzik, Diakoniewissenschaft.

10 Exemplarisch seien hier nur einige Stichworte genannt: Nächstenliebe (Gottfried Hammann), christliches Menschenbild in seinen verschiedenen Dimensionen (Beate Hofmann), Reich Gottes (Jürgen Moltmann), Versöhnung in Christus (Theodor Strohm), Soteriologie und Rechtfertigungslehre (Johannes Eurich), biblische Option für die Armen (Steffen Fleßa). Weiterführende Literatur dazu im Literaturverzeichnis unter den hier in Klammern genannten Verfassernamen.

11 Etwa im Sinne des Gleichnisses vom »Weltgericht« (Mt 25, 31–46) oder der Beispielerzählung vom »Barmherzigen Samariter« (Lk 10,25–37).

schaftliche Reflexion ist jedoch auf eine entsprechende explizite Einordnung zwingend angewiesen bzw. wird sie auf die eine oder andere Weise selbst vornehmen.

Ein zweites Spannungsfeld wird konstituiert durch die Frage danach, wie sich diakonisches Handeln konkretisiert: Im Zentrum dieses Spannungsfeldes steht hier der Begriff der »Hilfe«, ohne den kaum eine Diakoniedefinition auskommt. Problematisiert werden in diesem Zusammenhang vor allem vier Aspekte: Die mit dem Phänomen des Helfens gesetzte Asymmetrie – zwischen denjenigen, die Hilfe geben und denjenigen, die Hilfe empfangen – und deren mögliche Folgen machen eine Präzisierung des jeweiligen Hilfeverständnisses erforderlich.[12] Die Gefahr der Defizitfixierung im Hinblick auf Anlassfaktoren diakonischer Dienstleistungen rückt sowohl die Frage nach dem, einem konkreten Hilfeverständnis zugrunde liegenden, Gottes- und Menschenbild als auch nach der implizierten Zielorientierung helfenden Handeln ins Blickfeld. Darüber hinaus sind Phänomene wie (religiöse) Bildung[13], Bemühungen um eine diakonische Kultur oder politischer Lobbyismus kaum sachgemäß unter die Hilfekategorie zu subsumieren.[14] Diese letztgenannte Fragestellung wird durch eine exegetische Beobachtung untermauert und hinsichtlich ihrer Bedeutung erweitert: Die griechische Wortfamilie διακονεῖν wird biblisch und außerbiblisch eher selten im Zusammenhang von Hilfeleistungen im engeren Sinne verwendet, sondern findet eher dort Verwendung, wo es um die Ausführung von Aufträgen und die Übermittlung von Botschaften geht.[15]

Ein drittes Spannungsfeld entsteht durch die unterschiedlichen Systemrationalitäten, denen insbesondere professionelle soziale Verantwortungsübernahme in einer funktional differenzierten Gesellschaft – und noch dazu in einem Sozialstaat wie der Bundesrepublik Deutschland – unterworfen ist. Hier stellt sich grund-

12 Vgl. Albert, A., Helfen, 45–60.

13 Wesentliche Veröffentlichungen zum Bereich der Diakonischen Bildung sind Heinz Schmidt zu verdanken. Vgl. zuletzt: Schmidt/Kießling, Menschen.

14 Vgl. Grethlein, Kommunikation, 76f. und Maaser, Diakonie, 12f.

15 Vgl. Hentschel, Sprachverwirrung, mit Verweis auf John N. Collins; diakoniewissenschaftlich weitergeführt u.a. bei Dierk Starnitzke und Hans-Jürgen Benedict.

sätzlich die Frage danach, wie sich professionelle und zu bezahlende diakonische Dienstleistungen zur Letztverantwortung des Staates für ein funktionierendes Gesundheits- und Hilfesystem und den damit verbundenen rechtlichen und finanziellen Regelungen verhalten sollen. Diese Fragestellung hat durch die Einführung von neuen Steuerungs- und Finanzierungsmechanismen und der damit forcierten Entwicklung eines sogenannten Sozialmarktes eine zweite, noch weitergehende Zuspitzung erfahren.

An dieser Stelle schließt sich dann in gewisser Weise der Kreis zum erstgenannten Spannungsfeld: Je nach Gewichtung des normativen Anspruchs der theologischen Begründungs- und Zielperspektive, stellt sich die Frage nach dem sozialethisch verantwortbaren Maß der Refinanzierungs- und/oder Marktorientierung diakonischen Handelns einerseits oder einem (Teil-) Rückzug aus der gesamtgesellschaftlichen diakonischen Verantwortung andererseits.[16]

Abhängig von der Positionierung in diesen drei Spannungsfeldern finden sich innerhalb der diakoniewissenschaftlichen Scientific Community völlig verschiedene Diakoniedefinitionen und damit zugleich unterschiedliche Umrisse für den Gegenstandsbereich der Diakoniewissenschaft. Wo immer systematisch und methodengeleitet diakoniewissenschaftliche Reflexionen unternommen werden, sind deshalb – zumindest in Eckpunkten – Hinweise darauf notwendig, auf welchen Ausschnitt all dessen, was als Diakonie verstanden werden kann, sich die jeweiligen Ausführungen beziehen und welche Aspekte im konkreten Zusammenhang ausgeblendet werden.

7.1.4 Welche interdisziplinären Bezüge charakterisieren die Diakoniewissenschaft?

Geht man davon aus, dass wissenschaftliche Forschung und Reflexion mit Hilfe von Methoden von statten gehen sollen, die sich in angemessener Weise an ihrem Gegenstandsbereich orientie-

16 Hauschildt, E., Anschlussfähigkeit, 54f. Vgl. Eurich/Maaser, Sozialökonomie.

ren, so kann Diakoniewissenschaft nur als eine interdisziplinäre Wissenschaft konzipiert werden. Historisch ging es zunächst vor allem um die Verortung der Diakoniewissenschaft innerhalb der Theologie. Später stand die Theologie als »Leitwissenschaft« weitgehend unhinterfragt im Mittelpunkt einer sich interdisziplinär entwickelnden Diakoniewissenschaft.[17] Heute ist die Frage nach der Bedeutung der Normativität der Theologie ein Dreh- und Angelpunkt in den beginnenden wissenschaftstheoretischen Diskursen der Diakoniewissenschaft.[18]

Wissenschaftstheoretisch geht es hierbei zunächst um die grundsätzliche Einschätzung der wissenschaftlichen Qualität normativer Aussagen bzw. die methodischen Möglichkeiten und Grenzen im Hinblick auf Normsetzungen.

Geht man mit Max Weber davon aus, dass aus empirischen Erkenntnissen keine Werturteile ableitbar sind, dann kann Normsetzung keine wissenschaftliche Aufgabe im engeren Sinne sein. Gegenstand wissenschaftlicher Beschäftigung ist es dann jedoch – empirisch aufweisbare, aus religiösen oder weltanschaulichen Überzeugungen abgeleitete – normative Aussagen auf deren logische Widerspruchsfreiheit und ihre situative Angemessenheit zu prüfen. Auf diese Weise kann Wissenschaft auch widerstreitende normative Ansprüche gegeneinander abwägen oder die Eignung von Mitteln zur Erreichung normativ gesetzter Zwecke beurteilen.[19] Darüber hinaus ist aus wissenschaftstheoretischer Sicht jedoch ebenfalls zu berücksichtigen, dass keine Wissenschaft ohne normative Voraussetzungen oder Grundentscheidungen auskommt[20] und dass nach Einschätzung von Jürgen Habermas auch normative Orientierungen, die auf intersubjektiver Übereinstimmung beruhen, objektive Gültigkeit beanspruchen können.[21]

Vor diesem Hintergrund sind auch die aktuellen Versuche einer Bestimmung der Funktion theologischer Begründungen in-

17 Vgl. Götzelmann/Herrmann, Reflexion, 495.

18 Vgl. die Beiträge von Dierk Starnitzke, Johannes Degen und Ursula Krey in dem Band: Benad/Büscher/Krolzik, Diakoniewissenschaft.

19 Vgl. Weber, Objektivität, 146–214.

20 Vgl. Albert, H., Wertfreiheit, 196–225.

21 Vgl. Habermas, Logik.

nerhalb einer interdisziplinär angelegten Diakoniewissenschaft zu verstehen. In unterschiedlicher Akzentuierung verschiedener wissenschaftstheoretischer Grundpositionen werden der Theologie normorientierende Funktionen zugeschrieben, deren Aufzählung hier nur vorläufigen Charakter haben kann: Die Offenlegung der grundlegenden normativen Entscheidungen der Diakoniewissenschaft, die situationsorientierte Auslegung biblischer, historischer und dogmatischer Zeugnisse für die Herausforderungen der Gegenwart, die theologische Deutung aktueller Wertorientierungen in der diakonischen Praxis und deren Weiterentwicklung, die theologische Reflexion und Legitimation diakonischer Dienstleistungen und die Identifikation diakonischen Handlungsbedarfs jenseits der sozialstaatlichen und sozialmarktlichen Rationalitäten, die Verknüpfung theologischer Grundanliegen mit den Wert-, Zielsetzungs- und Begründungsdiskursen der verschiedenen Bezugsdisziplinen und die theologische Begründung und Reflexion des interreligiösen und interkulturellen Dialogs in diakonischen Kontexten.

Diese Auflistung der verschiedenen Funktionen der Theologie innerhalb der Diakoniewissenschaft enthält bereits eine Reihe von Hinweisen darauf, wie breit angelegt die interdisziplinären Bezüge der Diakoniewissenschaft sein müssen, um die aktuell an diakonisches Handeln gestellten Herausforderungen im privaten und öffentlichen Bereich, d. h. in staatlichen, wirtschaftlichen und zivilgesellschaftlichen Zusammenhängen und in den verschiedenen gesellschaftspolitischen, sozialen, gesundheits- und bildungsbezogenen Handlungsfeldern reflektierend und forschend zu bearbeiten. Grundsätzlich sind die interdisziplinären Bezüge der Diakoniewissenschaft genau so weit zu fassen wie die Grenzen ihres Gegenstandsbereiches.

Es sind vor allem die verschiedenen Disziplinen der Sozial-, Human-, Wirtschafts- und Staatswissenschaften, die im interdisziplinären Konzert der Diakoniewissenschaft neben der Theologie wichtige Funktionen wahrnehmen. Eine abschließende Aufzählung der Einzeldisziplinen ist jedoch ebenso wenig möglich wie eine exakte Festlegung der Rolle und des Gewichts jeder einzelnen Bezugswissenschaft im diakoniewissenschaftlichen Zusammenhang. Die präzise Zuordnung und Koordination der unterschiedlichen Disziplinen kann jeweils nur bezogen auf eine spezifische Fragestellung – nach Möglichkeit im interdisziplinären Diskurs – ausgehandelt bzw. festgelegt werden.[22]

7.1.5 Wie gestaltet sich der methodengeleitete Gegenstandsbezug der Diakoniewissenschaft?

Die Diakoniewissenschaft ist in Anlehnung an Schleiermachers Verständnis der Praktischen Theologie als Theorie der diakonischen Praxis zu verstehen.[23] Das bedeutet weder, dass sie lediglich nachträglich die vorfindliche diakonische Praxis reflektiert, noch dass diakonisches Handeln als praktische Umsetzung diakoniewissenschaftlicher Theoriebildung zu verstehen wäre. Vielmehr sind Theorie und Praxis in der Diakoniewissenschaft in verschiedener Hinsicht wechselseitig aufeinander bezogen. Einerseits analysiert die Diakoniewissenschaft die diakonische Praxis, um durch Abstraktion zu diakoniewissenschaftlicher Theoriebildung zu gelangen. Andererseits dient die Analyse aber auch der Praxisevaluation, also einer methoden- und kriteriengeleiteten Praxisbewertung. Am Ende zielen beide Modi der wissenschaftlichen Praxisbeobachtung auf ein vertieftes Verständnis der Diakonie und eine Entwicklung ihrer Praxis. Diese wechselseitige Bezogenheit von Theorie und Praxis ist als ein zirkulärer Prozess zu verstehen, der in beiden Richtungen rekursiv verläuft ohne zu einem wirklichen Ende zu gelangen.

Die dabei zur Anwendung kommenden Methoden orientieren sich idealerweise am jeweiligen Gegenstand, an der konkreten Herausforderung oder der verfolgten Fragestellung. Entsprechend der interdisziplinären Orientierung der Diakoniewissenschaft können grundsätzlich alle Methoden der beteiligten Disziplinen für die wissenschaftliche Reflexion und Forschung angewendet werden. Dabei darf jedoch nicht außer Acht bleiben, dass jede Methode ihre eigenen Voraussetzungen und Implikationen mit sich bringt. Entscheidend ist daher, wie die unterschiedlichen Methoden auf-

22 Aktuelle Versuche einer differenzierteren Systematisierung finden sich bei Brink, Interdisziplinarität, 51–62 und Krolzik, Kommentar, 63–65.

23 Vgl. Schleiermacher, Theologie, 12.

einander bezogen werden und welche Schlüsse aus welchen methodischen Grundlagen gezogen werden. Für das interdisziplinäre Arbeiten sind folglich besondere Anforderungen an eine transparente Darstellung des Erkenntnisweges zu stellen. Als methodologische Orientierungshilfe kann in diesem Kontext ein Vorgehen in vier Schritten (Orientieren – Sehen – Urteilen – Handeln) genutzt werden. Auch diese vier Schritte sind nicht als eine rein lineare Abfolge zu verstehen, die – einmal durchlaufen – ihr Ziel erreicht. Vielmehr handelt es sich auch hier um ein zirkuläres Vorgehen in rekursiven Schleifen. Jeder einzelne Schritt muss mit allen anderen Schritten vernetzt und von allen anderen abhängig gedacht werden.[24]

Der erste Schritt – das Orientieren – zielt auf die grundlegende Klärung des eigenen disziplinären Standpunktes: Welche normativen Orientierungen werden als gegeben vorausgesetzt? Welche Rahmenbedingungen sind zu beachten? Welche Implikationen werden mitlaufen? Was wird bewusst ausgeblendet? Wie verhalten sich die methodologischen oder ethischen Grundannahmen der einen Disziplin zu denen anderer, beteiligter Disziplinen? Werden derartige Grundentscheidungen – gerade im interdisziplinären Kontext – nicht konsequent offengelegt, ist Verständigung und Anknüpfung oft schwierig und ein möglicher Ideologieverdacht ggf. nur schwer auszuräumen.

Für den zweiten Schritt – das Sehen – können im Rahmen der Diakoniewissenschaft alle forschenden Formen der Annäherung an die verschiedenen Gegenstandsbereiche genutzt werden. Hier geht es also einerseits um empirische Zugänge zur physischen, psychischen und sozialen Welt von Menschen ebenso wie um

24 Der methodischen Dreischritt »Sehen – Urteilen – Handeln« stammt ursprünglich aus der katholischen Arbeiterbewegung und geht auf Kardinal Joseph Cardijn (1882–1967) zurück. Für die Praktische Theologie hat ihn v.a. Stephanie Klein (Erkenntnis, 53–93) fruchtbar gemacht und für die Diakoniewissenschaft wurde er von Christoph Schneider-Harpprecht (Diakonik, 733–792) aufgenommen. Die Notwendigkeit eines weiteren Schrittes der grundlegenden Orientierung, der aus wissenschaftstheoretischen Gründen vorangestellt werden sollte, postuliert hier für die Diakoniewissenschaft erstmals Ellen Eidt vor dem Hintergrund der Optionalität bzw. Standpunktgebundenheit wissenschaftsmethodischer Ansatzpunkte. Vgl. allgemein für die Praktische Theologie: Feiter, Engführung, 267f. und für die Religionspädagogik: Boschki, Blick, 39–41.

Analysemethoden für Institutionen, Organisationen und die Gesellschaft; während andererseits auch der Methodenkanon der Literatur- und Geschichtswissenschaft zum Einsatz kommt, wenn es um die Deutung biblischer, historischer und dogmatischer Quellen für den Bereich der Diakonie geht.
Um den dritten Schritt – das Urteilen – zu bewerkstelligen sind Bezugsgrößen außerhalb des untersuchten Gegenstandes notwendig. Solche Bezugspunkte, mit deren Hilfe das Gesehene geordnet, strukturiert und bewertet werden kann, lassen sich mit Hilfe hermeneutischer Methoden und mit den Methoden der ethischen Urteilbildung aus grundlegenden Wertorientierungen des christlichen Glaubens und den weltanschaulichen Grundlagen der verschiedenen Bezugsdisziplinen gewinnen. Im Zusammenhang der Diakoniewissenschaft werden dabei theologisch reflektierte christliche Werte und die verschiedenen Dimensionen des christlich-jüdischen Menschenbildes immer eine wichtige Orientierungsfunktion für die Urteilbildung haben.

Der vierte Schritt – das Handeln – ist im diakoniewissenschaftlichen Kontext zu verstehen als Bündelung der auf interdisziplinären Erkenntniswegen gewonnenen Ergebnisse zur Orientierung diakonischer Praxis. Dazu werden die Ergebnisse der vorausgegangenen Schritte im Sinne von Theoriebildung oder Evaluation, im Interesse einer Praxisentwicklung oder Innovation, für ein vertieftes Verstehens, eine verbesserte Anschlussfähigkeit an gesellschaftliche oder wissenschaftliche Diskurse gebündelt und in einer angemessenen Form zugänglich gemacht. Das methodische Vorgehen gewährleistet Transparenz und Nachvollziehbarkeit innerhalb und außerhalb der diakoniewissenschaftlichen Scientific Community.

Die Grenzen des hier vorgestellten, methodologisch begründeten, wissenschaftlichen Zugangs zur diakonischen Praxis liegen in jedem Fall darin, dass es nie gelingen wird, wirklich alle relevanten Faktoren in jedem einzelnen methodischen Schritt zu berücksichtigen. Aber unter der Bedingung, dass dieser Sachverhalt konsequent bewusst gehalten wird, kann die Diakoniewissenschaft ihren Teil dazu beitragen, dass die Komplexität der Praxis, die Notwendigkeit ihrer Deutung und Darstellung unter den Bedingungen einer sich ständig wandelnden, pluralen Gesellschaft bearbeitbar bleibt.[25] Im nächsten Abschnitt werden daher jüngere Entwicklungen in der wissenschaftlichen Analyse des Praxissektors nachgezeichnet, die auch zu einem interdisziplinär ausgerichteten Verständnis der Diakoniewissenschaft beigetragen haben.

7.1.6 Welche aktuellen Veränderungen gibt es in der wissenschaftlichen Beschreibung des Gegenstandsbereichs[26]

Die Diakoniewissenschaft befasst sich vornehmlich mit Einrichtungen und Organisationen aus dem Nonprofit-Bereich. Die Frage indes, ob Nonprofit-Organisationen eher der Zivilgesellschaft oder dem Dritten Sektor angehören, ist strittig und zurzeit nicht eindeutig geklärt. Grundsätzlich geht man von drei Basisinstitutionen aus, die moderne Gesellschaften konstituieren und die voneinander getrennt sind, aber miteinander interagieren: Staat, Markt und Gemeinschaft/Familie.[27] Vor zwanzig Jahren wurden Nonprofit-Organisationen als zivilgesellschaftliche Akteure aufgefasst, die entsprechend auch als Dritte-Sektor-Organisationen beschrieben werden konnten.[28] Unter Zivilgesellschaft wird dabei der öffentliche Raum verstanden, in dem Menschen in verschiedenen Vereinigungen (Verbänden, Vereinen, Interessengruppen, Initiativen) organisiert aktiv sind, die unabhängig vom Staat sind[29], wobei es auch unterschiedliche Auffassungen darüber gibt, was unter Zivilgesellschaft subsumiert werden kann.[30] Die Dritte-Sektor-Forschung hingegen betrachtet den Dritten Sektor als eigenständigen

25 Vgl. Baecker, Theorie, 94–96.
26 Die folgenden beiden Abschnitte folgen in der Argumentation dem Beitrag von Eurich, Entwicklungen, 229 ff.
27 Vgl. Esping-Andersen, Welfare State.
28 Vgl. DiMaggio/Anheier, Sociology sowie zur weiteren Diskussion Salamon/Anheier, nonprofit sector.
29 Vgl. hierzu die Definition von Pollack, Zivilgesellschaft, 153: »Unter Civil Society soll […] die Gesamtheit der öffentlichen Assoziationen, Vereinigungen, Bewegungen und Verbände verstanden werden, in denen sich Bürger auf freiwilliger Basis versammeln. Diese Assoziationen befinden sich im Raum der Öffentlichkeit und stehen prinzipiell jedem offen.«
30 Vgl. Olk/Klein/Hartnuß, Engagementpolitik sowie Adloff, Zivilgesellschaft.

Bereich neben Staat, Markt und Gemeinschaft/Familie (Zivilgesellschaft) und zieht deutliche Parallelen zum Konzept des Welfare Mix.[31] Der Dritte Sektor wird mithin als intermediäre Sphäre zwischen Staat, Markt und Gemeinschaft/Familie (Zivilgesellschaft) aufgefasst, deren Organisationen bestimmt sind durch freie Assoziationen im öffentlichen Raum, die von den Basisinstitutionen Staat, Markt, Gemeinschaft/Familie (Zivilgesellschaft) beeinflusst werden.[32] Die unterschiedlichen Begrifflichkeiten, die klare Zuordnungen oder Abgrenzungen schwierig machen, sind auch ein Spiegel der Verschiebungen, die gegenwärtig in der gesellschaftlichen Entwicklung erfolgen.

Wie bereits angedeutet wurde, ist die Bezugnahme auf die unterschiedlichen Methodiken der einzelnen Disziplinen und die Vermittlung der aus diesen gewonnenen Erkenntnissen bislang nicht hinreichend beantwortet – ein Problem, das sich grundsätzlich zwischen empirischer und hermeneutischer Forschung stellt. Man kann dieses Desiderat nicht dadurch beheben, dass man sich auf eine einzige Perspektive zurückzieht und z. B. nur noch theologische Begründungsmuster zur Beschreibung diakonischer Praxis verwendet. Ein solcher Versuch wäre schon deshalb unzulänglich, weil die Diakonie nicht nur Teil der Kirche, sondern zugleich auch Teil des Sozialstaats ist und genauso von dessen (rechtlichen) Grundsätzen und Politiken bestimmt wird wie von theologischen Ansätzen. Die jüngere Entwicklung in der Praxis aufnehmend wird heute zur Beschreibung des Gegenstandsbereichs der Diakonie neben deren Verortung als kirchliche Organisation in der Zivilgesellschaft und der Zugehörigkeit zum Sozialstaat seit der in den 1990er Jahren einsetzenden Ökonomisierung des Sozialbereichs auch der Markt als dritter Bezugsrahmen einbezogen. Die unterschiedlichen Rationalitäten und darin enthaltenen Logiken der gesellschaftlichen Sektoren Staat, Markt und Zivilgesellschaft bzw. Gemeinschaft treffen in einer diakonischen Organisation aufeinander und müssen miteinander vermittelt werden. Damit steht aber nicht mehr die theologische Programmatik, sondern in der Regel der Hilfe suchende Mensch im Mittelpunkt,

31 Vgl. Evers, welfare mix.
32 Vgl. Evers/Ewert, Organisationsformen.

von dem aus die Analyse des Hilfegeschehens unter Einbezug unterschiedlicher Wahrnehmungsperspektiven vorgenommen wird. Die christliche Deutung ist dabei mit anderen disziplinären Zugängen und Begründungszusammenhängen zu vermitteln. Neben der daraus resultierenden wissenschaftlichen Herausforderung muss dies z. B. auch als Steuerungsproblem für die Leitung der Einrichtung markiert werden.[33] Dieses Beispiel weist auf den Praxisbezug diakoniewissenschaftlicher Reflexion hin, der im folgenden Abschnitt angedeutet wird.

7.1.7 Welche Konsequenzen folgen aus diesem diakoniewissenschaftlichen Verständnis für die diakonische Praxis?

Zum einen »kann die Praxis der Diakonie nicht allein durch die theologische Perspektive angemessen reflektiert, geschweige denn bestimmt werden, weil die Diakonie nicht nur Wesens- und Lebensäußerung der Kirche ist, sondern zugleich auch dem von der Kirche getrennten Feld des Sozial- und Gesundheitswesens mit seinem eigenen Begründungsdiskurs und handlungsleitenden Prinzipien angehört.«[34] Daraus folgt, dass die in den einzelnen Praxisfeldern vorherrschenden Handlungstheorien nicht unbesehen als einzige theoretische Grundlage angewandt werden sollten, sondern entsprechend dem interdisziplinären Verständnis der Diakoniewissenschaft mit deren anderen Bezugswissenschaften zu vermitteln sind. Für eine christlich geprägte Diakonie wird dabei die Theologie unabdingbare Bezugswissenschaft bleiben. Nun sind unter wettbewerblichen Bedingungen oftmals ökonomische Kriterien zu den dominanten Steuerungskriterien diakonischer Praxis geworden, was die grundsätzliche Frage nach dem christlichen Selbstverständnis diakonischer Einrichtungen aufgeworfen hat. Das Ringen um ein diakonisches Profil bzw. um entsprechende Konzeptionen eines solchen Profils ist Ausdruck des Versuchs, christliche Grundlagen auch als Dienstleister

33 Vgl. Eurich, Organisationsformen.

34 Eurich, Entwicklungen, 229.

in einem Quasi-Sozialmarkt ausweisen zu können und innerhalb von Diakonie-Management-Modellen mit betriebswirtschaftlichen Aspekten zu verbinden. Zum anderen hat sich bislang »kein Modell durchgesetzt, mit dem die unterschiedlichen Rationalitäten in einer Organisation so verbunden werden könnten, dass ein konsistentes Führungshandeln möglich wäre«[35]. Gegenwärtig wird zur analytischen Erfassung diakonischer Organisationen das Hybrid-Modell vorgeschlagen, in welchem unterschiedliche Rationalitäten nebeneinander vorhanden sind und beispielsweise durch ein konstruktives »muddling through«[36] (etwa »Sich-Durchwursteln«) ausbalanciert werden – einem Verfahren aus der Organisationstheorie,[37] welches z. B. auf die Steuerung einer hybriden Organisation bezogen werden kann und in der Praxis wechselseitig untereinander erfolgende Abstimmungsprozesse aller beteiligten Handelnden vorsieht, um die Spannungen und Widersprüche etwa zwischen christlichen Grundlagen, ökonomischen Effizienzanforderungen und fachlichen (Qualitäts-)Standards von Fall zu Fall zu entscheiden oder aufzulösen. Weiterhin ist für die diakonische Praxis zu konstatieren, dass in den einzelnen Handlungsfeldern die Professionalisierung weit fortgeschritten ist und schon länger die professionsspezifischen Handlungswissenschaften zur Grundlage der fachlichen Professionalität geworden sind (etwa pflegewissenschaftliche Konzeptionen für das Pflege-Handeln). Selbst wenn ein Handlungsfeld wie die Pflege stark durch christliche Vorstellungen geprägt gewesen ist, werden erst in jüngerer Zeit wieder Ansätze wie etwa »Geistesgegenwärtig pflegen«[38] entwickelt, welche christliche Aspekte, hier unter dem Container-Begriff der »Spiritualität«, im Blick auf existenzielle Kommunikation erneut für pflegerisches Handeln zugänglich machen.

Wie das interdisziplinäre Gespräch im Anschluss an den Fachdiskurs auch in theologischer Perspektive aufgenommen werden kann, um so diakonische Praxis zu orientieren, soll im folgenden Beitrag weiter ausgeführt werden.

35 Ebd.
36 Bode, »muddling through«.
37 Vgl. Lindblom, Muddling-Through.
38 Vgl. Diakonisches Werk der EKD u. a., Geistesgegenwärtig Bd. 1 und Bd. 2.

Impulse:

- Skizzieren Sie die historische Entwicklung bei der Begründung und Zuordnung des Faches Diakoniewissenschaft innerhalb des theologischen Fächerkanons. Welche Gründe lassen sich für die unterschiedlichen Zuordnungen anführen und welche übergreifenden Entwicklungen in Kirche und Gesellschaft werden damit im Blick auf Diakonie angesprochen?
- Die Frage nach dem Gegenstandsbereich der Diakoniewissenschaft taucht in der Praxis oft als Frage nach der kirchlich-diakonischen Zuständigkeit für konkrete soziale Herausforderungen im Kontext des Sozialstaates auf. Welche Kriterien erscheinen Ihnen für die Beantwortung dieser Frage in der Praxis hilfreich? Diskutieren Sie diese Frage sowohl an konkreten Herausforderungen als auch auf der Metaebene.
- Auf welche Herausforderungen trifft der normative Anspruch biblisch-theologischer Diakoniebegründungen in einer weitgehend durch Marktgesetzmäßigkeiten geprägten Praxis? Welche Rolle könnte in diesem Zusammenhang eine wissenschaftstheoretisch reflektierte Haltung einerseits und der interdisziplinäre Dialog andererseits spielen. Prüfen Sie verschiedene denkbare Positionen auf deren theoretische und praktische Implikationen.

Literatur: Zum Weiterlesen

Benad, Mathias/Büscher, Martin/Krolzik, Udo (Hg.), Diakoniewissenschaft und Diakoniemanagement an der Kirchlichen Hochschule Wuppertal/Bethel. Interdisziplinarität, Normativität, Theorie-Praxis-Verbindung, Baden-Baden 2015.

Beate Hofmann

7.2 Formen der Interdisziplinarität in der Diakoniewissenschaft

Die Notwendigkeit, Diakoniewissenschaft interdisziplinär anzugehen, wurde im vorangehenden Beitrag bereits deutlich. Zentrale Frage in der Gestaltung dieses interdisziplinären Gesprächs ist das Verhältnis der beteiligten Wissenschaften zueinander und die Rolle der Theologie darin. Ist die Theologie für Diakoniewissenschaft die maßgebliche Basiswissenschaft oder eine von mehreren Bezugswissenschaften, die im Dialog oder Trialog miteinander soziale Phänomene untersuchen? Vertreter der ersten Position[1] weisen auf den interdisziplinären Charakter z. B. der Praktischen Theologie hin und pochen auf den originären Bezug der Diakonie zur Theologie, ohne den sie ihre Diakonizität verlieren würde. Der Theologie wird hier eine steuernde und normierende Funktion zugewiesen. Vertreter der anderen Position wollen das Verhältnis der beteiligten Wissenschaften offener gestalten und verstehen den Bezug von Diakoniewissenschaft und Theologie nicht normativ geprägt, sondern aus phänomenologischer Perspektive: Diakonie ist ein Phänomen, das in Verknüpfung mit Religion und ihren institutionalisierten Formen in Erscheinung tritt. Um es zu verstehen, braucht es verschiedene Bezugswissenschaften. Dabei hat die Theologie keine zentrale Steuerungsfunktion.

Wie ist das Verhältnis der Wissenschaften zu gestalten, wenn nicht eine der beteiligten Perspektiven tonangebend ist und die anderen als Hilfswissenschaften in ihrem epistemologischen Muster behandelt? Es gibt es Untersuchungen, wie sich Multirationalität,

1 Dieser Diskurs wird bisher vorrangig im Rahmen von Tagungen und im diakoniewissenschaftlichen Promotionsstudiengang am Institut für Diakoniewissenschaft und DiakonieManagement in Bethel geführt. Schriftliche, zitierfähige Quellen gibt es dazu bisher wenig, abgesehen von Benad/Büscher/Krolzik, Diakoniewissenschaft und Körtner, Diakonie.

d. h. das Miteinander verschiedener wissenschaftlicher Rationalitäten, gestalten lässt. Schedler/Rüegg-Stürm[2] haben für multirationale (oder auch hybride) Organisationen vier Muster herausgearbeitet, die sich auch auf das Verhältnis von Wissenschaften übertragen ließen: Eine der Rationalitäten kann dominieren, auch wenn anderes behauptet wird; es kann situativ entschieden werden, welcher Logik im konkreten Fall gefolgt wird; die Rationalitäten können im ständigen Wettkampf liegen oder im gleichberechtigten Dialog miteinander stehen. Nicht nur in Vorständen diakonischer Unternehmen, auch in Forschungsprojekten sind hier unterschiedliche Muster zu beobachten.

Als Grundstrukturen für den gleichberechtigten Dialog haben sich in der wissenschaftstheoretischen Diskussion drei unterschiedliche Muster entwickelt, die sich als Multi-, Inter- und Transdisziplinarität beschreiben lassen.[3] Sie unterscheiden sich im Blick auf die Dauer der Kooperation und die gegenseitige methodische und theoretische Durchdringung: Bei multidisziplinär angelegten Projekten wird ein Forschungsgegenstand zeitlich befristet parallel von verschiedenen Disziplinen bearbeitet und auch individuell interpretiert. Es ergeben sich verschiedene Perspektiven bezogen auf eine Fragestellung oder ein Problem. Brink beschreibt als Beispiel: »Was sich für den Ökonomen dann als Knappheitsproblem darstellt, ist für den Philosophen ein Gerechtigkeits-, für den Psychologen ein Framingproblem.«[4] Typische Darstellungsform multidisziplinärer Projekte ist der Sammelband.

Bei interdisziplinären Vorhaben wird ein Dialog auf Zeit zwischen beteiligten Disziplinen etabliert, um durch den Austausch von Wissen die Erkenntnis zu fördern. Es werden gemeinsam Fragestellungen entwickelt und durch die Verknüpfung unterschiedlicher Perspektiven gemeinsame Interpretationen erarbeitet, die in Ko-Autorenschaft dargestellt werden.[5]

2 Vgl. Schedler/Rüegg-Stürm, Bearbeitungsstrategien.

3 Vgl. Mittelstraß, Transdisziplinarität; Brink, Interdisziplinarität; Jungert, Was zwischen wem.

4 Brink, Interdisziplinarität, 55.

5 Ein Beispiel für eine interdisziplinäre Forschung eines einzelnen Autors ist Bartels, profil.

Transdisziplinarität als stärkste Form der Kooperation geht meist von außerwissenschaftlichen Problemen aus, z. B. vom Klimawandel, die sie durch eine dauerhafte Kooperation von Disziplinen zu bewältigen sucht. Dabei können auch disziplinäre Ordnungen verändert und Grenzen zwischen Disziplinen aufgelöst werden.[6] Transdisziplinäre Projekte weisen meist einen starken Praxisbezug auf und verknüpfen durch die Vielfalt der wissenschaftlichen Perspektiven Grundlagenfragen und anwendungsorientierte Forschung. Im Kontext diakoniewissenschaftlicher Forschung entwickeln sich transdisziplinäre Zugänge bisher nur vereinzelt und im Prozess. Eine eigene wissenschaftstheoretische und methodologische Grundlegung steht noch aus.

In der konkreten Forschung ist eine differenzierte Wahrnehmung des Gegenstands bzw. des Ausgangsproblems in seinem multirationalen Kontext erforderlich, eine Bearbeitung in verschiedenen disziplinären Perspektiven, sowie eine gründliche Reflexion der Methoden und ihrer epistemologischen Grundlagen.

Impulse:

- Diskutieren Sie Anforderungen an diakoniewissenschaftliche Forschungsprojekte, die interdisziplinär angelegt sein wollen.

Literatur: Zum Weiterlesen

Jungert, Michael, u. a. (Hg.), Interdisziplinarität. Theorie, Praxis, Probleme. Darmstadt ²2013.

6 Jungert, Was zwischen wem, 7, beschreibt die Transformation disziplinärer Orientierungen und die Beschäftigung mit außerwissenschaftlichen Problemstellungen als zentrale Merkmale, die Transdisziplinarität von Interdisziplinarität unterscheiden.

Christoph Sigrist

7.3 Diakonik im entkonfessionalisierten Kontext

7.3.1 Ausgangspunkt: Helfen ohne konfessionelles Pathos

Diakoniewissenschaft erschließt den sozial-diakonischen Auftrag der Kirche sowie das jüdisch-christliche Erbe eines universalen Hilfeethos für das gesellschaftliche und kirchliche Leben. Diese interdisziplinäre, Praxis und Reflexion integrierende Theorie diakonisch-sozialer Praxis wurde in Ansätzen bereits schon von Johann Heinrich Wichern (1808–1881) in seiner Denkschrift »Die Innere Mission der deutschen evangelischen Kirche« (1849) für die wissenschaftliche Beschäftigung der Theologie an der Universität eingefordert.[1] Sie kann in Anlehnung an Herbert Haslinger als Theorie der Praxis einer »kulturellen Diakonie« verstanden werden. Sie beschreibt jene Dimensionen helfenden Handelns, »welche die Hilfe für Menschen in Not bzw. den Einsatz für ihre Befreiung aus Notlagen speziell an dem Ziel ausrichtet, die andersartige, gerade in dieser Andersartigkeit aber eigenwertige Kultur der betroffenen Menschen zu bewahren bzw. wieder in ihr Recht einzusetzen, um so den Anspruch, ein eigenständiges, authentisches und erfülltes Leben zu ermöglichen, in seiner eigentlichen Konsequenz ernst zu nehmen.«[2]

Eine für kirchlich und theologisch interessierte Kreise äußerst herausfordernde Konsequenz des gesellschaftlichen Wandels in den letzten Jahrzehnten ist das Auseinanderfallen von Hilfe und Religion. Impulse, Motivationen, Begründungen und Initiativen

1 Vgl. zur Geschichte und Entwicklung der Diakoniewissenschaft: Götzelmann/Herrmann, Reflexion.

2 Haslinger, Diakonie, 400.

für die helfende Begleitung, Unterstützung und Solidarität mit Menschen in Not kommen immer weniger explizit und unmittelbar aus dem christlichen Umfeld. Konkret arbeiten heute Sozialarbeiter in einer Notunterkunft für Asylsuchende, die – in der katholischen Kirche aufgewachsen und gefirmt – sich als Atheisten bezeichnen oder die – in der evangelischen Kirche konfirmiert – aus der hinduistischen Religion von Hare Krishna ihre Wertvorstellungen schöpfen. Und beide begründen ihr Engagement mit der Einsicht, dass man einfach helfen muss.

Hilfe und Religion fallen auseinander, helfendes Handeln und religiöse Begründungen divergieren, keine Frage. Dabei lassen sich zwei Entwicklungen beobachten. Einerseits wird, nach Johannes Degen, der »religiöse Überschuss in der christlichen Nächstenliebe« samt seiner konfessionellen Prägung hinterfragt.[3] Die Reflexion des helfenden Handelns löse sich sowohl vom katholischen Modell der Selbstverwirklichung des Menschen wie vom protestantischen Modell der Seelennot und Glaubenslosigkeit gesellschaftlichen Lebens ab. Damit werde der Prozess der »Verdinglichung des Hilfeempfängers« unterbrochen, der Hilfeempfänger zum Objekt von Helfenden mit ihren eigenen Motiven und Absichten macht, die jenseits der Hilfe liegen. Das »Helfen ohne Pathos« führe denn auch zur Selbstbestimmung und Assistenz des Hilfesuchenden und so zu einer Kultur des Sorgetragens des eigenständigen und authentischen Lebens des Hilfesuchenden.

Neben dieser die Qualität der Hilfehandlung selber betreffenden Konsequenz kommt noch eine weitere Beobachtung dazu, die am Beispiel der Sozialarbeiter in der Asylnotunterkunft besonders deutlich wird. Hilfe und Religion in ihrer spezifisch konfessionellen Ausprägung christlichen Glaubens fallen insofern auseinander, als die konfessionelle Anbindung christlich erfahrener Frömmigkeit immer mehr zerfällt. Reflektiert Diakonik als handlungsleitende Theorie soziales, helfendes Handeln[4] in Kirche und Gesellschaft, hat sie einsichtig zu machen, in welcher Art und Weise dieser Prozess der als Loslösung von institutioneller Anbin-

3 Vgl. dazu: Degen, Freiheit, 54.

4 Vgl. zum Begriff des helfenden Handelns: Rüegger/Sigrist, Diakonie, 36–41.

dung verstandenen Entkonfessionalisierung auf das diakonische Handeln von Personen und Organisationen Auswirkungen hat.

Wenn mit Renate Zitt Diakoniewissenschaft als »wahrnehmende, reflektierende und erinnernde, erfahrungs- und sachbezogene, interdisziplinäre, handlungsorientierende Theorie diakonisch-sozialer Praxis in der Gesellschaft« verstanden wird, die einen Forschungs-, Bildungs- und Ausbildungsauftrag beinhaltet,[5] kann die im Folgenden entfaltete Aufgabenstellung mit Blick auf den Haslinger'schen Begriff der »kulturellen Diakonie« zur Beschreibung einer diakonischen Kultur des Sorgetragens führen, die eine Lösung religiöser Begründungszusammenhänge von konfessionell tradierten Lehrsätzen kirchlicher Institutionen konstitutiv für das helfende Handeln in pluralen Gesellschaftsformen zu verstehen versucht. Eine für die Diakonie prägende Kultur des Sorgetragens wird als Arbeitshypothese zuerst einmal als Helfen ohne konfessionelles Pathos beschrieben und verstanden.

Mit der Fokussierung auf eine Kultur des Sorgetragens kann Diakoniewissenschaft in Aufnahme eines Begriffs Reiner Anselms als »Kulturwissenschaft« verstanden werden, genauer als »Hermeneutik der christlichen Kultur des Helfens«[6]. Bestandteil solcher hermeneutischen Arbeit ist zum Ersten der Prozess der Entkonfessionalierung mit seinen Auswirkungen auf die Diakonie selber. Zum Zweiten sollen Kriterien entfaltet werden, die die »Hermeneutik der christlichen Kultur des Helfens« im Kontext entkonfessionalisierter Prozesse zu verstehen suchen. Schließlich, zum Dritten, sollen kontextuell bedingte Konsequenzen für die Diakoniewissenschaft angedacht werden.

7.3.2 Zur Entkonfessionalisierung im diakonischen Raum

Diakonie als helfendes Handeln geschieht nie »hors-sol«, ohne Boden, sondern war und ist immer schon eingebunden in den Kontext von Zeit, Raum und Gesellschaft. Diese Kohärenz von Diakonie und Sozialraum ist konstitutiv für das Handeln selbst wie auch für die Themen, denen sich die Diakoniewissenschaft

5 Vgl. Zitt, Perspektiven, 200.

6 Anselm, Diakonie, 10.

stellen muss. Hilfe und Sozialraum bedingen sich gegenseitig und fließen ineinander zu Spielräumen, in denen helfendes Handeln ausprobiert, eingeübt, initiiert und wieder beendet wird. Solche Spielräume können in Aufnahme eines Begriffes von Michael Foucault als Heterotopien diakonischer Räume beschrieben werden. An solchen Orten des Helfens wird das prosoziale Naturell des Menschen sichtbar, hilfe- und helfensbedürftig zu sein. Es werden die Achtsamkeit gegenüber dem Vorrang des Anderen in seiner Andersheit und Unterschiedenheit einschließlich der den Anderen transzendierenden Perspektiven spürbar. Außerdem werden die inkludierenden Kräfte erfahrbar, die veranlassen, Differenzerfahrungen unterschiedlichster Heterogenität für das gesellschaftliche Zusammenleben wertzuschätzen und als Zeichen einer Vision gelingenden Zusammenlebens in pluraler Gesellschaft wahrzunehmen.[7]

Die Transformationsprozesse schlagen sich nun unweigerlich auch in den so konnotierten Spielräumen der Diakonie nieder. Mit Recht hält Heinrich Pompey in Bezug auf Deutschland fest, dass die meisten Länder sich aktuell im europäischen Kontext »zu multikulturellen und multireligiösen Gesellschaften« entwickeln, so dass durch den Rückgang der beiden großen christlichen Konfessionen vermehrt »Bürger anderer Religion und Kultur eine Mitwirkung im deutschen Sozialstaat übernehmen müssen, so wie es der Jüdische Wohlfahrtsverband seit 90 Jahren praktiziert.«[8] Unter Bezug auf den Schweizerischen Kontext und auf die enge Frage nach der Konfessionsanbindung haben die beiden Religionssoziologen Jörg Stolz und Edmée Ballif jüngst in ihrer Studie zu der Zukunft der Reformierten diese Entwicklung untersucht.[9] Sie kommen zum Schluss, dass sich die religiöse Pluralisierung und die Zunahme der Konfessionslosen als Ausprägungen der sogenannten Megatrends in Zukunft vermehrt zeigen.[10] Die Lösung der Konfessionsbindung religiösen Lebens (in der Schweiz von 1,1 % im Jahr 1970 auf 11,1 % der Bevölkerung

7 Vgl. zu diakonischen Räumen, Sigrist, Bildungsorte, 55; Sigrist, Raum, 118–120.
8 Pompey, Diakonie, 158.
9 Stolz/Ballif, Zukunft, 13 ff.
10 Vgl. a. a. O., 48 f.

im Jahr 2000) sowie das Zerbrechen der institutionellen Anbindung religiösen Erlebens und Erfahrens haben große Auswirkungen auf das kirchliche Leben, ebenso die religiöse Pluralisierung durch Immigration sowie die Zunahme kleiner religiöser Gruppen, bei denen der Islam und das orthodoxe Christentum besonders im Fokus stehen. Die öffentlich-rechtliche Anerkennung der christlichen Kirchen gerät unter Druck, ebenso der oft nur durch die Großkirchen organisierte religiöse Service public (z. B. Krankenhausseelsorge oder im Fernsehen). Dazu kommt die Erwartung, dass sich die Kirchen auf dieses plurale Feld einstellen und einen integrativen Beitrag zum gelingenden Zusammenleben leisten.

Durch diesen Megatrend der Entkonfessionalisierung gerät nun auch der diakonische Auftrag der Kirchen unter Druck. Die exklusiv christlich konnotierte soziale Hilfe wird Teil eines Konglomerats von Begründungszusammenhängen von lauter religiösen Minderheiten innerhalb des gesellschaftlichen Lebens. Der organisierte kirchliche Service public helfenden Handelns ist nicht nur Teil des Wohlfahrtspluralismus mit seinen unterschiedlichen Räumen des Helfens, sondern wird durch andere organisierte religiöse oder weltanschauliche Serviceleistungen konkurrenziert. Und schließlich gerät die Frage nach dem Proprium diakonischer Hilfe durch die Erwartung, integrativ in der Gesellschaft zu wirken, unter Druck nach innen bezüglich der Frage nach der Identität von Organisation und Persönlichkeit, nach außen bezüglich der Frage nach der Exklusivität helfenden Handelns angesichts der allgemeinen menschlichen Not.[11]

7.3.3 Kriteriologie helfenden Handelns in entkonfessionalisierenden Prozessen

Wie ist nun Diakoniewissenschaft als eine handlungsleitende, interdisziplinäre Theorie helfenden Handelns in Kirchen, Werken und in gesellschaftlichen Räumen zu betreiben, die in ihrer Forschungsarbeit sowie in Ausbildungslehrgängen sich den entkon-

11 Vgl. zur Propriumsfrage in der Diakonie: Rüegger/Sigrist, Diakonie, 130–145.

fessionalisierenden Prozessen stellt und sie konstitutiv auf ihre Inhalte und hermeneutischen Denkstrukturen bezieht? Welches sind ihre Kriterien?

7.3.3.1 Diversität leitender Wissenschaften

Noch bis heute wird in diakoniewissenschaftlichen Diskursen wie auch in diakonischen Werken die Vorstellung gehegt, Theologie zeichne sich in Diakonie und Diakonik dadurch aus, dass sie die Rolle einer »Leitwissenschaft« spiele.[12] »Diakonik führt als interdisziplinäre Wissenschaft verschiedene für die diakonisch-soziale Praxis relevante Methoden und Erkenntnisse der Sozial- und Humanwissenschaften, wie etwa Soziologie, Psychologie, Sozialpädagogik, Ökonomie, Rechtswissenschaft und Ethik zusammen unter der Leitwissenschaft Theologie.«[13] Diese Rolle verlor die diakoniewissenschaftliche Reflexion jedoch aufgrund der Veränderungsprozesse innerhalb der Leitung und der Pflege diakonischer Werke, indem nicht mehr automatisch Theologen an die Spitze der Unternehmen gewählt werden und vielfach die Pflegenden an den Krankenbetten nicht mehr einer christlichen Konfession angehören.

Mit der De-Institutionalisierung der Religion geht eine Ent-Konfessionalisierung der Diakonie einher, die nicht zu unterschätzende Auswirkungen auf die theoretische Reflexion der Diakonie hat und so in jüngster Zeit auf den Punkt gebracht wurde: »Sachlich notwendig scheint uns, Diakoniewissenschaft als interdisziplinäres Forschungsgebiet zu verstehen, auf dem sich unterschiedliche Disziplinen (Sozialarbeit, Pflege, Medizin, Pädagogik, Ökonomie, Psychologie, Theologie etc.) begegnen können, um je ihre Erkenntnisperspektive und fachliche Kompetenz einzubringen. In einer sonderpädagogischen Bildungsinstitution für körperbehinderte Jugendliche sieht diese interdisziplinäre Mischung dann ganz anders aus als in einem Krankenhaus oder in einer Ehe- und Familienberatungsstelle.«[14] Mit anderen Worten: Mit der Entkonfessionalisierung der Diakonie verbunden ist eine De-Institutionalisierung der

12 Vgl. dazu: Rüegger/Sigrist, Diakonie, 160–163.
13 Götzelmann/Herrmann, Reflexion, 483.
14 Rüegger/Sigrist, Diakonie, 162.

theologischen Wissenschaft im Jäger'schen Sinn als »theologische Achse« einer diakonischen Institution oder eines spezifisch diakonischen Auftrags einer Kirche als Institution bzw. einer Kirchgemeinde oder Pfarrei, »um die sich das ganze Karussell des Unternehmens dreht, und die allem die innere Mitte gibt.«[15] Theologie wird zu einer »Bezugswissenschaft«[16] unter vielen anderen für die Diakonik, nicht weniger, jedoch auch nicht mehr.

Diese in der Tat notwendige Entmythologisierung der Theologie als exklusive Deutungshoheit für helfendes Handeln wird in der Praxis durch die Einsicht vorangetrieben, dass diakonische Werke als »hybride Organisationen« unterschiedlichen Handlungslogiken in unterschiedlichen sozialen, politischen und wirtschaftlichen Feldern unterliegen. So ist es – um im Bild zu bleiben – realitätsnäher, bei einem diakonischen Werk von einem Konglomerat von unterschiedlichen Achsen als komplexem Organismus zu reden, deren innere Mitte in einem Netzwerk mehrfachgezwirnter Fäden besteht.[17] Diese Relativierung der Rolle der Theologie bedeutet nun jedoch in der Theorie nicht, innerhalb des Faches Diakoniewissenschaft nicht theologisch zu reflektieren, was konzeptionell als diakonischer Auftrag und Praxis durchdacht wird. Entscheidend ist dabei zweierlei: Theologie ist erstens nicht mehr exklusiv Leitwissenschaft für die Handlungstheorie diakonischer Praxis, sondern ihre Rolle liegt vornehmlich im Bereich systematischer, ethischer und praktologischer Fragestellungen, ohne den gesamten Fächerkatalog der Theologie aus den Augen zu verlieren. Zweitens unterliegt die theologische Deutungsarbeit helfenden Handelns den divergierenden Kräften von entkonfessionalisierenden Prozessen in einer pluralen Welt. Theologische Reflexion diakonischer Praxis richtet nicht mehr exklusiv den Blick aufs Kreuz, sondern sieht sich multiperspektivisch mit unterschiedlichen theologischen Deutungskonzepten konfrontiert.

15 Jäger, Diakonie-Management, 176.

16 Schon 1998 haben Albert Mühlum und Joachim Walter Theologie neben den »Sozialarbeiterwissenschaft« als Bezugswissenschaft für die Diakoniewissenschaft proklamiert, vgl. Mühlum/Walter, Diakoniewissenschaft, 279.

17 Vgl. zu diakonischen Unternehmen als hybride Organisationen: Eurich/Maaser, Sozialökonomie, 239–257.

7.3.3.2 Diversität theologischer Begründungszusammenhänge

Reflektiert Diakoniewissenschaft in handlungsorientierten Theorieansätzen helfendes, solidarisches Handeln in christlicher Perspektive, so stellt sie einerseits fest, dass in der Praxis helfendes, christliches Handeln meist nicht von Formen des Helfens unterschieden werden kann, die Menschen aus nichtchristlichen, anders religiösen oder areligiösen Motiven ausführen. Weil sich aus historischen Gründen gerade in den deutschsprachigen Ländern der Begriff »Diakonie« für christlich konnotiertes helfendes Handeln geradezu als eigener »Brand« eingebrannt hat, stellt sich die Frage, was das Besondere daran ist und wie dieses »Proprium« theologisch zu begründen ist. In diese Debatte, die schon seit Jahrzehnten die Diakonik beschäftigt, haben sich in jüngster Zeit verschiedene Stimmen zu der Diversität theologischer Begründungszusammenhänge vernehmen lassen. In einer gemeinsamen Erklärung halten sie nach einem internationalen Forschungssymposium in Zürich im Januar 2014 fest:

> »Eine Pluralität theologischer Begründungsansätze von Diakonie ist angemessen und hilfreich. Schon von den biblischen Grundlagen her ist davon auszugehen, dass eine Pluralität theologischer Begründungen von Diakonie legitim, ja sinnvoll ist. Jeder Begründungsansatz hat spezifische Stärken und Schwächen. Daraus ergibt sich eine gegenseitige Korrektur im Blick auf einseitige Akzentuierungen und eine gegenseitige Ergänzung mit dem Ziel einer möglichst umfassenden Wahrnehmung dessen, worum es der Diakonie geht. Auch die Diakoniegeschichte zeigt, wie in unterschiedlichen Zeiten und Kontexten verschiedene Begründungsansätze ins Zentrum rückten. Entsprechend muss es heute darum gehen, eine mit dem gesellschaftlichen Wandel vermittelbare theologische Begründung diakonischen Handelns zu leisten.«[18]

Hinsichtlich der Diversität theologischer Begründungszusammenhänge hat sich die Einsicht durchgesetzt, dass keine konfessionell oder theologisch bedingte Verortung helfenden Handelns zur Überheblichkeit gegenüber anders begründetem helfendem Verhalten führen darf. Die Diakoniewissenschaft hat im Ge-

18 Sigrist/Rüegger, Handeln, 271.

spräch mit anderen Konfessionen und Religionen theologisch zu verantworten, wie helfendes Handeln spezifisch mit dem Wirken und der Person Jesu Christi zusammenhängt und wie dieser Zusammenhang in einem entkonfessionalisierten und pluralen Umfeld theologisch begründet werden kann. Eine offene Frage bleibt dabei, wie die beiden zentralen Begründungsansätze miteinander verbunden werden können. Einerseits ist der traditionell christologische Ansatz zu nennen, der helfendes Handeln aus dem soteriologischen Heilshandeln Christi und dessen Verankerung im Glauben der Christen versteht. Anderseits kommt neuerdings ein schöpfungstheologischer Ansatz zum Tragen, der diakonisches Handeln und damit soziales Handeln generell als allgemein menschliches Phänomen auffasst, das zwar konstitutiv für den christlichen Glauben ist, jedoch keine exklusiv christliche, geschweige denn konfessionelle Spezialität darstellt. In diesen Fragen steht die Diakoniewissenschaft erst am Anfang der Entwicklung von neuen Denkmodellen theologischer Verortung helfenden Handelns.

7.3.3.3 Diversität religiöser Perspektiven

Entkonfessionalisierung ist Teil des religiösen Pluralismus. Christlicher Glaube kann sich nur im religiösen Pluralismus artikulieren. Diakonie als aus dem christlichen Glauben begründetes helfendes Handeln sucht nach Johannes Eurich »theologische Anschlusspunkte in christlicher Perspektive für interreligiöse Begegnungen in der Diakonie«. Er sieht diese »Kennzeichnen christlichen Hilfeverständnisses« bei der »Rechtfertigung«, »Gottes Geist«, »Universalisierung des Liebesethos«, »Entmoralisierung des Hilfehandelns«, »Reflexive Wahrnehmung« und der »Liebe als Orientierung für die interreligiöse Begegnung.«[19] Religiöse Vielfalt als Ausdruck der Diversität religiöser Perspektiven ist Gegenstand kirchlicher Stellungnahmen geworden.[20] In der Praxis diakonischer Werke zeigt sich dieser Trend in der Frage, wie denn die Seelsorge im interreligiösen pluralen Umfeld wie in Aufnahmezentren

19 Vgl. Eurich/Maaser, Sozialökonomie, 208 ff.
20 Vgl. Evangelische Kirche in Deutschland, Vielfalt.

von Asylsuchenden oder in der Armee neu aufzustellen und auch institutionell zu verankern ist. In solch unterschiedlichen Übergangsphasen von einer exklusiv christlich verorteten Seelsorge hin zu einer unterschiedlich religiös begründeten Seelsorgetätigkeit von Pfarrpersonen, Imamen, Rabinnerinnen und Rabbinern und Priestern erweisen sich Seelsorgende christlicher Kirchen meist als »Erstadressaten«, die die Hilfesuchenden dann entsprechend weiterleiten.

Dieser Blick, der sich vom christlichen Horizont hin zu anderen religiösen Perspektiven öffnet, ist zu würdigen, greift jedoch zu kurz. Denn es geht darum, eine Haltung theoretisch zu reflektieren, die nicht aus einer christlichen Perspektive heraus andere religiöse Traditionen integriert, oft bewertet und damit noch häufiger unkommentiert sich selber positioniert. Vielmehr gilt es, sich in eine Haltung eines religiösen Dialogs einzuüben, die eine gemeinsame Sichtweise nur in der Vielfalt ihrer einzelnen Perspektiven gewinnt.

Ein religiöser Think-Tank von Theologinnen unterschiedlicher Religionen verfasste 2014 einen »Leitfaden für den interreligiösen Dialog.« Für die Herausforderung einer Diakoniewissenschaft, die sich im entkonfessionalisierten Umfeld mit einer zunehmenden Diversität religiöser Perspektiven konfrontiert sieht, ist folgende Leitlinie grundlegend: »Annahmen offenlegen und Bewertungen suspendieren. Uns der Weltbilder und subjektiven Bewertungen bewusst werden, die hinter unseren scheinbar objektiven Interpretationen der Wirklichkeit liegen. Damit ist gemeint, dass wir uns bewusst werden, dass unsere Interpretation der Wirklichkeit kulturell und persönlich geprägt ist und nicht für alle gilt. Dies ist nicht einfach, aber nötig, damit die anderen nicht nach unseren Maßstäben (ab-)gewertet werden. Solche Maßstäbe und Annahmen hat jede und jeder und oft sind sie einem nicht bewusst – auch nicht dem Gegenüber, wenn eine entsprechende Frage gestellt oder eine Aussage gemacht wird.«[21]

Diese Einsicht in die kontextuell divergierende kulturelle Einbindung hilft, »Grundelemente interkultureller Kompetenz« wie »Bewusste Wahrnehmung des Fremden und seiner kulturellen

21 Interreligiöser Think-Tank, Leitfaden, 44.

wie individuellen Verhaltensmuster«, oder »Interkulturelle Kommunikation« zu entwickeln und wird in den nächsten Jahren für die theoretische Reflexion diakonischer Praxis handlungs- und denkleitend.[22] Die Kontextualität helfendes Handeln kann als das für die wissenschaftliche Reflexion diakonischer Praxis entscheidende hermeneutische Paradigma verstanden werden, mit dem Paradoxien helfenden Handelns beschrieben werden. Es geht darum, Menschen in Not zu helfen, indem sie ihnen in einer Haltung von »Freiheit in Bezogenheit« (Ina Prätorius)[23] begegnet, ihnen die Teilhabe am Leben in der Dialektik von personaler Integration und struktureller Dissoziierung ermöglicht und Machtmechanismen und Asymmetrien in ihrer Reziprozität realisiert und nicht verdrängt.[24] Die Diversität religiöser Perspektiven führt unmittelbar zur diakoniewissenschaftlichen Reflexion der divergierenden Kontexte helfenden Handelns.

7.3.4 Ausblick: Kulturelle Kohärenz helfenden Handelns

Der Praktische Theologe Klaus-Peter Jörns hat im Blick auf das Abendmahl mit seiner Entwicklung von einer ursprünglich unblutigen Eucharistiefeier, wie es in der Didache beschrieben wird, hin zu einer Opfermahlfeier mit geradezu kannibalistischen Zügen das Gesetz der »kulturellen Kohärenz« ins Spiel gebracht. Neue Formen von Glauben haben sich immer mit alten Ritualen und dem damit verbundenen bleibenden kulturellen Gedächtnis zu verbinden. Damit gelingt es ihm, die unterschiedlichen Entwicklungslinien unabhängig von der Frage nach richtig oder falsch zu beschreiben, ohne die Wichtigkeit aus den Augen zu verlieren, wie sich die Prozesse entwickeln.[25]

Was vom praktisch ausgeübten Glauben gilt, gilt auch vom praktisch helfenden Handeln als konstitutives diakonisches Ele-

22 Zu den Grundelementen: Schneider-Harpprecht/Schweizer, Interkulturelles Lernen, 510 ff.

23 Prätorius, Beziehung.

24 Vgl. Sigrist, Das Eigene.

25 Vgl. Jörns, Lebensgaben, 143.

ment dieses Glaubens. Diakoniewissenschaft hat sich diesem Gesetz der kulturellen Kohärenz auch mit Blick auf das helfende Handeln zu stellen, indem es im Kontext kultureller, zeitgenössischer und gesellschaftlicher Zusammenhänge reflektiert und beschrieben wird. Ein Aspekt kultureller Kohärenz zeigt sich in der Entkonfessionalisierung der Gesellschaft und drückt sich in der Loslösung von Hilfe und christlichem Glaube, von helfendem, solidarischem Handeln und Religion aus. In diesem Übergang von der exklusiv christlichen Begründung der Hilfe hin zum konstitutiven, jedoch als einer unter vielen anderen christlichen und theologischen Begründungszusammenhänge, gilt es, jegliche Bewertungsmuster auf die Seite zu legen und Annahmen offenzulegen.

Gleichgültig wird es nicht sein, wie sich Diakonie als Wissenschaft in diesem pluralen Kontext entwickelt. Aufgrund der kulturellen Kohärenz wird sich jedoch der Weg weiter in Richtung Interdisziplinarität und Kontextualität fortsetzen. Auf diesem Weg schreibt sich das Fach zwei Aufgaben auf seine Fahne: Erstens soll die Not des Menschen in ihrer komplexen Kontextualität beschrieben und erfasst werden. Und zweitens soll die »Würde des Selbstverständlichen, das Gute zu tun« und Not zu lindern, in der Dialektik zwischen christlicher Nachfolge des Auferstandenen und humanitärem Engagement außerhalb jeglicher Weltanschauung reflektiert werden. Dass sich dabei das Gleichnis des barmherzigen Samariters ausgezeichnet als hermeneutischer Schlüssel zum Aushalten dieser Dialektik eignet, hat sich in der Diakoniegeschichte genügend erwiesen und wird auch in Zukunft theorie- und handlungsleitend für die Diakoniewissenschaft sein.

Impulse:

- Der Beitrag geht von einer entkonfessionalisierten und pluralisierten Gesellschaft als Voraussetzung von Hilfehandeln und sozialer Dienstleistung aus. Ist diese Diagnose zutreffend? Welche Folgerungen sollten sich aus der gesellschaftlichen Situation für das Hilfehandeln konfessioneller Anbieter ergeben?
- Was ist unter einer schöpfungstheologischen Begründung des Helfens zu verstehen und wie verhält sich diese zu einer christologischen Begründung?

Literatur: Zum Weiterlesen

SIGRIST, CHRISTOPH/RÜEGGER, HEINZ (Hg.), Helfendes Handeln im Spannungsfeld theologischer Begründungszusammenhänge, Zürich 2014.

EVANGELISCHE KIRCHE IN DEUTSCHLAND (EKD) (Hg.), Christlicher Glaube und religiöse Vielfalt in evangelischer Perspektive, Gütersloh 2015. (www.ekd.de/EKD-Texte/religioese_vielfalt.html letzter Aufruf: 16.02.2016).

Annette Noller

7.4 Diakoniewissenschaft als interdisziplinäre, doppelt qualifizierende Verbunddisziplin

7.4.1 Diakoniewissenschaft als praxisreflektierende Wissenschaft

Diakoniewissenschaftliche Lehrstühle sowie die mit ihr verbundene Forschung und Lehre finden sich gegenwärtig nicht nur in der Theolog/inn/enausbildung der theologischen Fakultäten, sondern insbesondere auch in der Diakon/inn/enausbildung an Evangelischen Hochschulen. Dieser auf angewandte Forschung und Lehre ausgerichtete Hochschultypos ist unter anderem aus ehemaligen Diakonenschulen und ihren diakonischen Gemeinschaften hervorgegangen. Die Einrichtungen und Werke der Inneren Mission benötigten seit dem 19. Jahrhundert Berufsarbeiter/innen, die neben praktischen, pädagogischen, pflegerischen, handwerklichen und hauswirtschaftlichen Kenntnissen auch theologische Bildung besaßen. Die Diakonenausbildungen im Rauhen Haus, auf der Karlshöhe in Ludwigsburg, in Rummelsberg, Neinstedt, Hephata, Wittekindshof oder Duisburg[1] vermittelten neben fachlichen Kenntnissen auch christliche Glaubenslehre, mit dem Ziel, den anvertrauten Kindern- und Jugendlichen, den Suchtgefährdeten und Straftäter/inne/n sowie den alten und kranken Menschen, die in Einrichtungen der Inneren Mission betreut wurden, neben tatkräftigen Hilfen auch die Werte des christlichen Glaubens zu vermitteln. Diakone und Diakonissen waren mit missionarisch-seelsorgerlichem Auftrag in vielfältigen Einsatzorten, in Kirchengemeinden, in Krankenhäusern und Pflegehei-

1 Zur aktuellen Übersicht der Ausbildungsstätten vgl. www.vedd.de letzter Aufruf: 01.03.2016.

men, in Kinder- und Jugendhilfeeinrichtungen, in der Stadtmission und in der seelsorgerlichen Begleitung von Emigrant/inn/en ebenso tätig wie in der Bahnhofsmission. Das Rettungshaus Wichern'scher Prägung intendierte nicht nur die Errettung aus Armutsrisiken und den verheerenden sozialen Missständen der beginnenden Industriellen Revolution, sondern auch die Errettung der von Glaubenskrisen und mangelnder christlicher Unterweisung gefährdeten Seelen der Zöglinge und Klient/inn/en. Auch die Vertreterinnen der weiblichen Diakonie, die Diakonissen, erhielten in Kaiserswerth, in Neuendettelsau, in Bad Kreuznach, Bethel und Zehlendorf nicht nur fachlich qualifizierte Ausbildungen, sondern auch geistlich-theologische Zurüstung für ihre vielfältigen Einsatzorten im In- und Ausland.[2] Die Absolventinnen und Absolventen dieser diakonischen Ausbildungsstätten, die in freier Trägerschaft lagen, wurden als Diakone und Diakonissen seit dem 19. Jahrhundert in den Diakonat eingesegnet. Im Diakonat ist das Handeln bis heute in die Spiritualität der Gemeinschaften von diakonischen Brüdern und Schwestern, Diakonen und Diakoninnen und Diakonissen der ehemaligen Mutter- und Rettungshausdiakonie eingebunden.

7.4.2 Diakoniewissenschaft und doppelte Qualifikation

Auch gegenwärtig werden in den diakoniewissenschaftlichen Studiengängen der Evangelischen Fachschulen und (Fach-)Hochschulen Professionelle für diakonische und kirchliche Handlungsfelder auf der Basis einer ›doppelten Qualifikation‹ ausgebildet.[3] Diese gilt als Merkmal der Berufsgruppen im Diakonat und ist in zahlreichen Kirchengesetzen der EKD die Voraussetzung zur Einsegnung in das Amt des Diakons bzw. der Diakonin.[4] Als doppelte Qualifikation wird ein Studium bzw. eine Ausbildung bezeichnet, die fachwissenschaftliche Kompetenzen

2 Vgl. Zur Geschichte des Diakonats: Noller, Diakonat; Dies, Kirchenreform.
3 Vgl. Hödl/Zippert, Doppelt qualifiziert; Noller/Fliege, Qualifikation.
4 Kirchenamt der EKD, Perspektiven, 83–87.

der Berufe im Sozial-, Bildungs-, und Gesundheitswesens verbindet mit theologischen, insbesondere diakoniewissenschaftlichen, gemeinde- und religionspädagogischen Kompetenzen. Die EKD hat den Ausbildungsstandard bereits 1996 als doppelten Bachelorabschluss bezeichnet.[5] Die in zahlreichen diakonischen und kirchlichen Handlungsfeldern arbeitenden Professionellen werden von der EKD in den Berufsgruppen der Diakone und Gemeindepädagoginnen zusammengefasst. 2014 hat die von der EKD eingesetzte ›Ad-hoc-Kommission zu diakonischen und gemeindepädagogischen Berufsprofilen‹ die doppelte Qualifikation mit staatlich anerkannten Studien- und Berufsabschlüssen als Standard reformuliert und unter der Trias unterstützen – bilden – verkündigen als Merkmal einer Ausbildung auf Niveau 6 des Deutschen Qualifikationsrahmens für lebenslanges Lernen (DQR) beschrieben.[6] Die doppelte Qualifikation wird heute in Verbindung mit Studienabschlüssen in Sozialer Arbeit, Pflegewissenschaften, Heilpädagogik oder Ausbildungen der frühkindlichen Bildung für vielfältige diakonische Handlungsfelder an Evangelischen Hochschulen und evangelischen Fachschulen gelehrt.[7] Mit mehr als 1.000 Absolvent/inn/en im Jahr[8] und ca. 20.000 Mitarbeiter/innen[9] in zahlreichen Handlungsfeldern in Diakonie und Kirche stellen die Berufsgruppen im Diakonat heute eine maßgebliche Gruppe kirchlich-diakonischer Professioneller dar, die *in*, aber auch über parochiale, kirchliche Arbeitsgebiete *hinaus* ins Gemeinwesen und die sozialen Diskurse einer sich verändernden Gesellschaft hineinwirken. Sie gestalten Kirche an pluralen Orten in Gemeinde und Gemein-

5 Vgl. Kirchenamt der EKD, Grundsätze, 21.

6 Vgl. Kirchenamt der EKD, Perspektiven, bes. 91 f.

7 Vgl. zur Ausbildungsvielfalt und zur Organisation der doppelten Qualifikation: Kirchenamt der EKD, Perspektiven, 55–73; Noller/Höfflin, Ausbildungsgänge, 38–45.

8 Vgl. Kirchenamt der EKD, Perspektiven, 54–71, Absolvierendenzahlen a. a. O., 56; Noller/Höfflin, Ausbildungsgänge, 23, 28–30, 34–38.

9 Nach Aussage des Verbandes evangelischer Diakonen-, Diakoninnen- und Diakonatsgemeinschaften in Deutschland (VEDD) arbeiteten im Jahr 2013 ca. 19.000 Mitarbeitende in den Verbänden im Diakonat. Vgl. Neumann, Zeit-Brüche, 363–409, Zahlenangabe: 387.

wesen.[10] Die Disziplin, die die Kommunikation des Evangeliums im Kontext sozialer Risiken und gesellschaftlicher Veränderungsprozesse reflektiert, ist die Diakoniewissenschaft. Diese wird an den Evangelischen Hochschulen im Verbund mit sozialwissenschaftlichen Kompetenzen als eine »Verbundwissenschaft«[11] aufgefasst. Die Konferenz der Ausbildungsleitenden des VEDD[12] hat 2005 eine Kompetenzmatrix erstellt, die den Verbund sozialwissenschaftlicher und theologischer Kompetenzen veranschaulicht. Sie gilt als Paradigma diakonischer Professionalität und diente als Grundlage für die curriculare Ausrichtung zahlreicher Studien- und Ausbildungsgänge im Diakonat.[13] Interdisziplinäre Kompetenzen des Leitungshandelns in sozialen und insbesondere diakonischen Organisationen werden auch in Masterstudiengängen im universitären Bereich angeboten. Diese Weiterbildungen vermitteln sozialwissenschaftliche, theoretische und empirische, sowie theologisch-diakoniewissenschaftliche Kompetenzen für innovatives, wertebasiertes Handeln.[14]

7.4.3 Diakoniewissenschaft – interdisziplinäre Integration von Sozial- und Gesundheitswissenschaften mit der Theologie

Joachim Walter und Albert Mühlum haben 1998 vor diesem Hintergrund die Diakoniewissenschaft zwischen »Theologie und Sozialarbeit«[15] verortet. Gegenüber einer disziplinären Auffassung,

10 Vgl. Noller, Kirchenreform.

11 Der Begriff ist dem religionspädagogischen Wissenschaftsdiskurs entnommen: Vgl. Leimgruber, Verbunddisziplin, 199–208.

12 VEDD: Verband Evangelischer Diakonen-, Diakoninnen und Diakonatsgemeinschaften in Deutschland e. V.

13 Vgl. VEDD, Kompetenzmatrix; Die Kompetenzmatrix ist z. B. abgedruckt in: Zippert, Ausbildung, 486.

14 Vgl. die Masterstudiengänge des Diakoniewissenschaftlichen Instituts der Universität Heidelberg und des Instituts für Diakoniewissenschaft und DiakonieManagement der Kirchlichen Hochschule Wuppertal/Bethel, sowie die Masterstudiengänge der Evangelischen Hochschulen.

15 Mühlum/Walter, Diakoniewissenschaft; Zitat aus dem Titel des Aufsatzes, ebd. 277.

die die Diakoniewissenschaft unter theologischer Leitdisziplin als eine Zusatzausbildung für Theologen und Theologinnen definiert, forderten Walter und Mühlum eine »Neuverortung …, die als eigenständige reflexive Instanz für diakonische Praxis konzipiert und mehr und etwas anderes ist, als wissenschaftliche Theologie oder genuine Sozialarbeitswissenschaft.«[16] Diakoniewissenschaft wird seit dem Beginn des 21. Jahrhunderts infolgedessen als eine interdisziplinäre Wissenschaft konzipiert, die beide Wissenschaften unter Erhaltung der je eigenen Wissenschaftsprogrammatik ins Gespräch miteinander bringt und die im Dialog von Theologie und Sozialer Arbeit (oder weiteren Fachdiskursen unterstützender und bildender Berufe) einen spezifisch diakonischen Wissenschaftstyp generiert[17], der theologisches und sozialwissenschaftliches Orientierungs- und Handlungswissen für die Praxis zur Verfügung stellt – und zwar unabhängig davon, ob die religiösen Begründungszusammenhänge in den jeweiligen diakonischen Handlungsfeldern explizit benannt oder implizit handlungsleitend, strategisch oder professionell motivierend unterlegt werden.

Diakoniewissenschaft als Verbundwissenschaft basiert auf einer doppelten Qualifikation. Sie vermittelt Kompetenzen des »diakonischen Kongruierens«[18] und darin die Fähigkeit, unterschiedliche wissenschaftliche Perspektiven auf eine diakonische Praxis in diversen Handlungsfeldern hin zu reflektieren. Diakoniewissenschaftliche Theoriebildung und Methodik erstrecken sich auf diakonisches Handeln in Kirchengemeinden und -bezirken, auf sozialdiakonische Handlungsfelder der Einrichtungs- und Unternehmensdiakonie, auf Heilpädagogik und Pflege ebenso wie auf Arbeitsfelder der frühkindlichen Bildung. Kirchliches und diakonisches Handeln findet sich in zahlreichen Handlungsfeldern des Sozial- und Gesundheitswesens.[19] Die diakoniewissenschaftliche Reflexion bezieht sich auf diese zahl-

16 A.a.O., 279.

17 Vgl. Hoburg, Theologie; Krockauer/Bohlen/Lehner, Theologie; Zitt u.a., Wahrnehmen.

18 Merz, Diakonische Professionalität, 71.

19 Vgl. exemplarisch: Ruddat/Schäfer, G., Kompendium; Noller/Höfflin, Ausbildungsgänge, 30f.

reichen Arbeitsfelder. Sie umfasst methodische, praxisfeldspezifische fachliche und theologische Fragestellungen. Durch ihre diakonische Fragestellung werden spezifisch diakonische Perspektiven in den unterschiedlichen Bezugsdisziplinen generiert.

7.4.3.1 Diakoniewissenschaft und diakonische Theologie

Diakoniewissenschaft gründet als theologische Wissenschaft in einer Theologie der Diakonie, die sich nicht allein auf den Auftrag zur Nächstenliebe bezieht. Diakonische Theologie orientiert ihre Fragestellung theologisch breiter, indem sie, wie es Johann Hinrich Wichern in seiner Rede auf dem Wittenberger Kirchentag (1848) dargelegt hat, davon ausgeht, dass sich Gottes Liebe nicht nur in Worten, sondern auch in den Taten der Nächstenliebe predigt.[20] Diakoniewissenschaft als theologische Wissenschaft basiert auf der Einsicht, dass zentrale Glaubensaussagen der Bibel eine diakonische Charakteristik aufweisen. So werden die Menschwerdung Gottes und die Hingabe Jesu am Kreuz zur Erlösung der Sünder/innen als Hinwendung Gottes zu seinen bedürftigen Geschöpfen diakonisch gelesen (Mk 10, 45). Jesu Kommen wendet sich marginalisierten und gesellschaftlich verachteten Menschen zu, die Verkündigung des Reiches Gottes geschieht im Horizont von Heilungswundern und Sündenvergebung und schließt die Verheißung eines neuen Himmels ein, in dem die Tränen abgewischt werden und Frieden und Gerechtigkeit herrschen (Jes 11,1–10; Offbg 21,1–6).

Diakoniewissenschaft reflektiert insbesondere soziale Herausforderungen im Kontext theologischer Glaubensaussagen. Für den Diakonat hat Thomas Zippert paradigmatisch ausgeführt: »Diakone und Diakoninnen sind Spezialisten des Ausgleichs von Ungleichheit bzw. Not, und zwar so und soweit, dass Kommunikation über das, was unser Leben trägt und ihm Sinn und Ziel gibt, wieder möglich wird.«[21] Insofern ist das Diakonenamt nach Zippert »… aus der Konstitutionslogik von Evangeliumskommunikation in der Gemeinde unter den Bedingungen von Ungleichheit ab-

20 Vgl. Wichern, Rede.

21 Zippert, Diakonenamt, 54 (Zitat im Original kursiv).

leitbar.«[22] Diakoniewissenschaft als wissenschaftliche Reflexion diakonischen Handelns reflektiert daher auch ekklesiologische Fragen des Gemeindeaufbaus und der Ämter aus einer spezifisch diakonisch-theologischen Perspektive.

7.4.3.2 Diakoniewissenschaft und professionelles Handeln im Sozial-, Gesundheits- und Bildungswesen

Diakoniewissenschaft reflektiert Bezugsdisziplinen sozialen, unterstützenden und bildenden Handelns. Sie tut dies in der ihr eigenen Sprach- und Handlungsform als Verbundwissenschaft. Das Studium der Sozialen Arbeit, der Theorien und Methoden der Sozial- und der Gesundheitswissenschaften werden in der ihr eigenen Fachlichkeit gelehrt. So finden sich im Studium der Diakoniewissenschaft heute die Standards sozialrechtlicher und sozialfachlicher Module wieder. Diese werden aber auch im Kontext biblischer Traditionen und diakonischer Kompetenzen studiert und beforscht. So werden in der Beratungspraxis und bei der Reflexion ihrer Methoden auch seelsorgerliche Tiefendimensionen wahrgenommen und ausgelotet; sozialrechtlich fundierte Gerechtigkeitskonzeptionen werden im Kontext biblischer Sozialgesetze formuliert; Managementmodelle werden auf ihre inhärenten und explizierten Visionen, ihre Spiritualität und Wertehaltungen hin untersucht und sozialräumliche, ressourcenorientierte Ansätze werden als gemeinwesendiakonische Konzepte adaptiert. Ansätze der frühkindlichen Bildung und Pädagogik werden auf diakonische und religionspädagogische Implikationen hin betrachtet. Die organisatorische und strategische Bedeutung kirchlicher Trägerschaften von Kindertagesstätten wird analysiert. Diakoniewissenschaftliche Forschung greift auf empirische Methoden ebenso zurück wie auf theologische Theoriebildung. Sie formt diese disziplinär zu einer eigenständigen, vernetzten Perspektive auf Forschung und Praxis. Diakoniewissenschaftliche Studiengänge vermitteln die Standards professionellen Handelns in unterstützenden und bildenden Professionen, mit dem Ziel, die

22 Ebd.

Verkündigung des Evangeliums in Wort und Tat in diversen diakonischen Handlungsfeldern theologisch reflektiert zu gestalten.

7.4.3.3 Diakoniewissenschaft als Disziplin sui generis

Insofern ist die Diakoniewissenschaft eine eigenständige Disziplin, die interdisziplinär vernetzt aufgestellt ist und auf intermediäre Handlungsfelder in Kirche und Diakonie hin forscht und lehrt. Sie sollte in den theologischen Fakultäten breiter verortet werden, um Forschungsfragen einer theologisch-diakoniewissenschaftlichen Grundlagenforschung aufzugreifen und um in der Theologenausbildung Anschlusswissen in diakonischer Theorie und Praxis zu vermitteln. In den Berufsgruppen im Diakonat und an Evangelischen Hochschulen hat die Diakoniewissenschaft ihren Ort in Forschung und Lehre für eine gemeindediakonische und sozialdiakonische Praxis in Diakonie und Kirche. Sie ist handlungs- und anwendungsorientiert und integriert Methoden der Sozial- und Gesundheitswissenschaften. Theologische und empirische Theoriebildung geschieht in diesem wissenschaftlichen Kontext als Diakoniewissenschaft.

Impulse:

- Diakoniewissenschaft als eine die soziale Praxis reflektierende theologische Verbunddisziplin arbeitet interdisziplinär und anwendungsbezogen. Nennen Sie Beispiele.
- Diakoniewissenschaft ist zu verstehen als ein eigenständiger, historisch gewachsener Wissenschaftstypus, der auf einer diakonischen Interpretation biblisch-theologischer Glaubensaussagen basiert. Skizzieren Sie die Entwicklung dieses Typus.

Literatur: Zum Weiterlesen

Hödl, Dieter/Zippert, Thomas (Hg.), Doppelt qualifiziert. Erfahrungsberichte und Reflexionen zum Selbstverständnis von Diakoninnen und Diakonen, Leipzig 2015.

Noller, Annette/Fliege, Thomas, Diakonat und doppelte Qualifikation – drei Typen diakonischen Handelns. Ein Werkstattbericht, in: Annette Noller/Ellen Eidt/Heinz Schmidt (Hg.), Diakonat – theologische und sozialwissenschaftliche Perspektiven auf ein kirchliches Amt, Stuttgart 2013, 179–195.

Noller, Annette/Höfflin, Peter, Diakonische und gemeindepädagogische Studien- und Ausbildungsgänge. Eine Erhebung im Raum der Evangelischen Kirche in Deutschland (EKD), Stuttgart 2015.

Noller, Annette, Diakonat und Kirchenreform. Empirische, historische und ekklesiologische Dimensionen einer diakonischen Kirche, Stuttgart 2016.

Literaturverzeichnis

Achenbach, Reinhard, gêr – nåkhrî – tôshav – zâr. Legal and *Sacral Distinctions* regarding Foreigners in the Pentateuch, in: Ders./Rainer Albertz/Jakob Wöhrle (Hg.), The Foreigner and the Law. Perspectives from the Hebrew Bible and the Ancient Near East (BZAR 16), Wiesbaden 2011, 29–51.

Adloff, Frank, *Zivilgesellschaft*. Theorie und politische Praxis, Frankfurt 2005

Albert, Anika C., *Helfen* als Gabe und Gegenseitigkeit. Perspektiven einer Theologie des Helfens im interdisziplinären Diskurs (VDWI 42), Heidelberg 2010.

–, Christologische *Begründung* diakonischen handelns im Lichte der Rechtfertigungslehre, in: Christoph Sigrist/Heinz Rüegger (Hg.), Helfendes Handeln im Spannungsfeld theologischer Begründungsansätze, Zürich 2014, 51–64.

Albert, Hans, *Wertfreiheit* als methodisches Prinzip. Zur Frage der Notwendigkeit einer normativen Sozialwissenschaft, in: Ernst Topitsch (Hg.), Logik der Sozialwissenschaften, Frankfurt [12]1993, 196–225.

Albert, Jürgen/Philippi, Paul, Art. Diakonie III: *Diakoniewissenschaft/Diakonik*, TRE 8, 1981, 656–660.

Albertz, Rainer, From *Aliens* to Proselytes. Non-priestly and Priestly Legalisation Concerning Strangers, in: Reinhard Achenbach/Ders./ Jakob Wöhrle (Hg.), The foreigner and the Law. Perspectives from the Hebrew Bible and the Ancient Near East (BZAR 16), Wiesbaden 2011, 53–69.

Von Alemann, Ulrich u.a. (Hg.), Ein soziales Europa ist möglich. Grundlagen und Handlungsoptionen, Wiesbaden 2015.

Anheier, Helmut/Salamon, Lester M., Die Internatiopnale *Systematik* der nonprofit-Organisationen. Zur Definition und Klassifikation des »Dritten Sektors« intermediärer Organisation, in: Rudolph Bauer (Hg.), Intermediäre Nonprofit-Organisationen in einem neuen Europa, Rheinfelden 1993, 1–16.

Anselm, Reiner, *Diakonie* als Wissenschaft. Überlegungen zum besonderen Charakter einer jungen theologischen Disziplin, in: ZEE 45, 2001, 8–16.

Arzt-Grabner, Peter, 2. *Korinther*. Papyrologische Kommentare zum Neuen Testament Bd. 4, Göttingen 2013.

Arenhövel, Mark, *Zivilgesellschaft*, Bürgergesellschaft, in: Wochenschau II/2, 2000, 55–64.

Asensio, Victor Morla, *Poverty* and Wealth: Ben Sira's View of Possessions, in: Renate Egger-Wenzel/Ingrit Krammer (Hg.), Der Einzelne und seine Gemeinschaft bei Ben Sira (BZAW 270), Berlin/New York 1998, 151–178.

Avalos, Hector/Melcher, Sarah J./Schipper, Jeremy (Hg.), This *Abled Body*. Rethinking Disabilities in Biblical Studies, Leiden u.a. 2007.

Bach, Ulrich, Dem *Traum* entsagen, mehr als ein Mensch zu sein. Auf dem Wege zu einer diakonischen Kirche, Neukirchen-Vluyn 1986.

–, Diakonie – Ein *Sektor* oder eine Dimension aller Theologie? Fragen und Aufgaben einer grundsätzlichen Neuorientierung theologischer Arbeit, in: Ders., Getrenntes wird versöhnt. Wider den Sozialrassismus in Theologie und Kirche, Neukirchen-Vluyn 1991, 181–199.

Backhaus-Maul, Holger, *Corporate Citizenship* im deutschen Sozialstaat, in: APuZ 14, 2004, 23–30.

Baecker, Dirk, *Theorie* und Praxis des Nichtwissens, in: Hans-Werner Franz u.a. (Hg.), Forschen – lernen – beraten. Der Wandel von Wissensproduktion und -transfer in den Sozialwissenschaften, Berlin 2003, 93–101.

Baldas, Eugen, Das *CO-Projekt* im Deutschen Caritasverband: Planung, Projektbeschreibung, Konzept der sozialethischen Begleitforschung und Projektkoordination, in: Ders. (Hg.), Community Organizing. Menschen gestalten ihren Sozialraum, Freiburg 2010, 37–57.

Baltruweit, Fritz/Haite, Dieter/Hellwig, Jan, *Kirche*, die sich öffnet. Modelle und Bausteine für ein neues liturgisches Erleben und Gestalten, Gütersloh 2001.

Bartels, Michael, diakonisches *profil* & universal design. Diakonie zwischen Verkirchlichung und Verweltlichung des Christentums, Baden-Baden 2015.

Barth, Karl, Kirchliche *Dogmatik*, Bd. III/4, Zollikon/Zürich 1951

Basse, Michael u.a. (Hg.), *Themenheft* Diakonie, GlLern 29, 2014.

Bauer, Michael W./Knöll, Ralf, Die *Methode* der offenen Koordinierung: Zukunft europäischer Politikgestaltung oder schleichende Zentralisierung?, in: APuZ B 01–02, 2003, 33–38.

Baur, Werner u.a. (Hg.), *Diakonat* für die Kirche der Zukunft, Stuttgart 2015.

Becker, Jürgen, Die *Testamente* der zwölf Patriarchen (JSHRZ III.1), Gütersloh 1980.

–, Pa*ulus*. Der Apostel der Völker, Stuttgart [3]1998.

Becker, Uwe (Hg.), *Perspektiven* der Diakonie im gesellschaftlichen Wandel. Eine Expertise im Auftrag der Diakonischen Konferenz des Diakonischen Werks der Evangelischen Kirche in Deutschland, Neukirchen-Vluyn ²2011.

Bedford-Strohm, Heinrich, *Menschenwürde* als ein Leitbegriff für die Diakonie, in: Michael Welker (Hg.), Brennpunkt Diakonie. FS Rudolf Werth zum 60. Geburtstag, Neunkirche-Vluyn 1997, 49–64.

–, *Gemeinschaft* aus kommunikativer Freiheit. Sozialer Zusammenhalt in der modernen Gesellschaft. ein theologischer Beitrag, Gütersloh 1999.

–, *Sozialethik* als öffentliche Theologie. Wie wirksam redet die Evangelische Kirche über wirtschaftliche Gerechtigkeit?, in: Ders. u.a. (Hg.), Kontinuität und Umbruch im deutschen Wirtschafts- und Sozialmodell (Jahrbuch Sozialer Protestantismus 1), Gütersloh 2007, 329–347.

Benad, Matthias, »Komme ich um, so komme ich um […]«, *Sterbelust* und Arbeitslast in der Betheler Diakonissenfrömmigkeit, in: JVWKG 97, 2002, 195–213.

Benad, Matthias/Büscher, Martin/Krolzik, Udo (Hg.), *Diakoniewissenschaft* und Diakoniemanagement an der Kirchlichen Hochschule Wuppertal/Bethel. Interdisziplinarität, Normativität, Theorie-Praxis-Verbindung, Baden-Baden 2015.

Benad, Matthias/Schmuhl, Hans-Walter/Stockhecke, Kerstin (Hg.), *Endstation* Freistatt. Fürsorgeerziehung in den v. Bodelschwinghschen Anstalten Bethel bis in die 1970er Jahre, Bielefeld 2009.

Benedict, Hans-Jürgen, Die größere *Diakonie.* Versuch einer Neubestimmung im Anschluss an John N. Collins, in: Volker Herrmann/Rainer Merz/Heinz Schmidt (Hg.), Diakonische Konturen. Theologie im Kontext Sozialer Arbeit (VDWI 18), Heidelberg 2003, 127–135; erstmals veröffentlicht in: WzM 53, 2001, 349–358.

–, Beruht der *Anspruch* der evangelischen Diakonie auf einer Missinterpretation der antiken Quellen? John N. Collins Untersuchung »Diakonia«, in: Ders. (Hg.), Barmherzigkeit und Diakonie. Von der rettenden Liebe zum gelingenden Leben, Stuttgart 2008, 114–128.

–, B*armherzigkeit* und Diakonie. Von der rettenden Liebe zum gelingenden Leben (Diakonie 7), Stuttgart 2008.

–, *Gott* und Mensch als Akteure des Sozialen im Dienst von Barmherzigkeit und Gerechtigkeit, in: Ralf Hoburg (Hg.), Theologie der Helfenden Berufe, Stuttgart 2008, 42–56.

Berg, Christian (Hg.), *Brot* für die Welt. Dokumente, Berichte, Rufe, Berlin/Stuttgart 1962.

Berger, Klaus, *Almosen* für Israel. Zum historischen Kontext der paulinischen Kollekte, in: NTS 23, 1977, 180–204.

Berges, Ulrich, *Armoede* en haar bestrijding in de wetten van het oude testament, Tijdschrift voor theologie 40, 2000, 227–250.

Bertholet, Alfred, Die Stellung der *Israeliten* und der Juden zu den Fremden, Freiburg/Leipzig 1896.

Beyer, Hermann Wolfgang, Art. *Diakoneo* dienen, ThWNT 2, 1935, 81–93.

Bianchi, Francesco, Das *Jobeljahr* in der hebräischen Bibel und in den nachkanonischen jüdischen Texten, in: Georg Scheuermann (Hg.), Das Jobeljahr im Wandel. Untersuchungen zu Erlaßjahr- und Jobeljahrtexten aus vier Jahrtausenden (FzB 94), Würzburg 2000, 55–104.

Bieker, Rudolf/Floerecke, Peter (Hg.), Träger, Arbeitsfelder und Zielgruppen der Sozialen Arbeit 8Grundwissen Soziale Arbeit 5/6), Stuttgart 2011.

Bischöfliches Ordinariat Diözese Rottenburg-Stuttgart (Hg.), Wir alle sind berufen zur *Caritas*. Gemeinsam diakonisch handeln in Kirchengemeinden und Seelsorgeeinheiten, Arbeitshilfe für das Netzwerk Caritas im pastoralen Raum, Stuttgart 2011.

Birnstein, Uwe, Der *Erzieher*. Wie Johann Hinrich Wichern Kinder und Kirche retten wollte. Berlin 2007.

Blasberg-Kuhnke, Martina/Wittrahm, Andreas (Hg.), *Altern* in Freiheit und Würde. Handbuch christliche Altenarbeit, München 2007.

Blaser, Klauspeter, Le *christianisme social*, Paris 2003.

Blomberg, Craig L., Neither *poverty* nor riches. A biblical theology of material possessions (NSBT 7), Leicester 1999.

Bode, Ingo, Konstruktives »*muddling through*« als Herausforderung an Organisationsentwicklung im Dritten Sektor, in: Katja Hein/Ansgar Klein (Hg.), Engagement und Erwerbsarbeit. Dokumentation der Fachtagung am 8. und 9. November 2007 in Berlin, 150–153.

–, *Vermarktlichung* der Zivilgesellschaft?. Die advokatorische Funktion des Sozialsektors im disorganisierten Wohlfahrtskapitalismus, in: Markus Linden/Winfried Thaa (Hg.), Die politische Repräsentation von Fremden und Armen, Baden-Baden 2009, 81–97.

Bonhoeffer, Dietrich, *Sanctorum* communio. Eine dogmatische Untersuchung zur Soziologie der Kirche (DBW 1), München 1986.

Bopp, Karl u. a., *Positionspapier.* »Der Deutsche Caritasverband als Anwalt und Partner Benachteiligter« (Leitbild Ziffer 20), in: Markus Lehner/Michael Manderscheid (Hg.), Anwaltschaft und Dienstleistung. Organisierte Caritas im Spannungsfeld, Freiburg 2001, 194–207.

Bösl, Elsbeth/Klein, Anne/Waldschmidt, Anne, Disability History. *Konstruktionen* von Behinderungen der Geschichte. Eine Einführung, Bielefeld 2010.

Boschki, Reinhold, Der phänomenologische *Blick*. »Vierschritt« statt »Dreischritt« in der Religionspädagogik, in: Ders./Matthias Gronover (Hg.), Junge Wissenschaftstheorie der Religionspädagogik, Berlin 2007, 25–47.

Bosman, Hendrik, L./Gous, Ignatius G. P./Spangenberg, Izak (Hg.), *Plutocrats* and paupers. Wealth and poverty in the Old Testament, Pretoria 1996.

Bourdieu, Pierre, Die verborgenen *Mechanismen* der Macht, Hamburg 1997.

Brandt, Wilhelm, *Dienst* und Dienen im Neuen Testament (NTF 2.5), Gütersloh 1931.

–, Der Dienst *Jesu*, in: Herbert Krimm (Hg.), Das diakonische Amt der Kirche, Stuttgart 1953, 15–59.

Braune-Krickau, Tobias/Ellinger, Staphan (Hg.), Handbuch diakonische *Jugendarbeit*, Neukirchen-Vluyn 2010.

Brink, Alexander, *Interdisziplinarität* im Kontext von Diakoniemanagement als Wissenschaft – ein Systematisierungsversuch, in: Matthias Benad/Martin Büscher/Udo Krolzik (Hg.), Diakoniewissenschaft und Diakoniemanagement an der Kirchlichen Hochschule Wuppertal/Bethel. Interdisziplinarität, Normativität, Theorie-Praxis-Verbindung, Baden-Baden 2015, 51–62.

Brot für die Welt (Hg.), 50 Jahre Brot für die Welt. *Standortbestimmung* und Selbstverständnis eines kirchlichen Entwicklungswerks, Stuttgart 2008.

– (Hg.), Fünf Jahrzehnte kirchliche Entwicklungszusammenarbeit. Wirkungen – Erfahrungen – Lernprozesse, Frankfurt 2008.

Brunner, Hellmut, Die religiöse *Wertung* der Armut im Alten Ägypten, in: Ders., Das hörende Herz. Kleine Schriften zur Religions- und Geistesgeschichte Ägyptens (OBO 80), Freiburg (Schweiz)/Göttingen 1988, 189–214.

Brunner-Traut, Emma, *Wohltätigkeit* und Armenfürsorge im Alten Ägypten, in: Gerhard K. Schäfer/Theodor Strom (Hg.), Diakonie – biblische Grundlagen und Orientierungen. Ein Arbeitsbuch zur theologischen Verständigung über den diakonischen Auftrag (VDWI 2), Heidelberg 1990, 23–43.

Bultmann, Rudolf, *Theologie* des Neuen Testaments, Tübingen [8]1980.

Bundesarbeitsgemeinschaft der Freien Wohlfahrtspflege (BAGFW) (Hg.), *Selbstverständnis* und Aufgaben der freien Wohlfahrtspflege in Deutschland, in: Caritas 5, 1998, 234–239.

–, *Gesamtstatistik* 2012. Einrichtungen und Dienste der Freien Wohlfahrtspflege, (www.bagfw.de/fileadmin/user_upload/Broschuere_Gesamtstatistik_2012_Webversion.pdf letzter Aufruf: 16.02.2016).

Burchard, Christoph, *Jesus* von Nazareth, in: Jürgen Becker/Christoph Burchard/Carsten Colpe (Hg.), Die Anfänge des Christentums, Stuttgart 1987, 12–58.

–, Das doppelte *Liebesgebot* in der frühen christlichen Überlieferung, in: Ders., Studien zu Theologie, Sprache und Umwelt des Neuen Testaments. Hg. von Dieter Sänger (WUNT 107), Tübingen 1998, 3–26.

Butterwegge, Christoph/Lösch, Bettina/Ptak, Ralf, Kritik des *Neoliberalismus*, Wiesbaden 2007.

Cardellini, Innocenzo, Die biblischen *»Sklaven«-Gesetze* im Lichte des keilschriftlichen Sklavenrechts. Ein Beitrag zur Tradition, Überlieferung und Redaktion der alttestamentlichen Rechtstexte (BBB 55), Königstein 1981.

Central-Ausschuss für die Innere Mission der deutschen evangelischen Kirche (Hg.), *Statistik* der Inneren Mission der deutschen evangelischen Kirche, Berlin 1899.

Clements, Ronald, *Poverty* and the Kingdom of God – an Old Testament View, in: Robin S. Barbour (Hg.), The Kingdom of God and Human Society. Essays by members of the Scripture, Theology and Society Group, Edinburgh 1993, 13–27.

Coenen-Marx, Cornelia, *Engagement* und Berufung. Kirche als profilierte Bündnispartner in der Zivilgesellschaft, in: eNewsletter Wegweiser Bürgergesellschaft 10, 2015 vom 03.06.2015.

Collins, John N., *Diakonia*. Re-interpreting the Ancient Sources, New York 1990.

–, *Deacons* and the church. Making connections between old and new, Herefordshire 2002.

Crisanto Tiquillahuanca, Narciso, *Die Armen* werden das Land besitzen. Eine exegetische Studie zu Psalm 37 (BVB 16), Münster 2008.

Credit Suisse (Hg.), Das weltweite *Gesamtvermögen* privater Haushalte steigt, 2014 (www.fundresearch.de/PartnerCenter/Credit-Suisse-Deutschland-AG/Nachrichten/Credit-Suisse-Das-weltweite-Gesamtvermoegen-privater-Haushalte-steigt.html letzter Aufruf: 16.02.2016)

Cremer, Georg, Dilemmata von *Wohlfahrtsverbänden* im Wettbewerb, in: René Andeßner u. a. (Hg.), Ressourcenmobilisierung durch Nonprofit-Organisationen, Linz 2015, 25–38.

Crüsemann, Frank, *Der Zehnte* in der israelitischen Königszeit, in: WuD 18, 1985, 21–48.

–, *Fremdenliebe* und Identitätssicherung. Zum Verständnis der »Fremden«-Gesetze im Alten Testament, in: WuD 19, 1987, 11–24.

–, Das Alte Testament als Grundlage der *Diakonie*, in: Gerhard K. Schäfer/Theodor Strohm (Hg.), Diakonie – biblische Grundlagen und Orientierungen. Ein Arbeitsbuch zur theologischen Verständigung über den diakonischen Auftrag (VDWI 2), Heidelberg 1990, 67–93.

Crüsemann, Marlene, *Trost*, charis und Kraft der Schwachen. Eine Christologie der Beziehung nach dem zweiten Brief an die Gemeinde in Korinth, in: Dies./Carsten Jochum-Bortfeld (Hg.), Christus und seine Geschwister. Christologie im Umfeld der Bibel in gerechter Sprache, Gütersloh 2009, 111–140.

Crüsemann Marlene/Schottroff Willy (Hg.), *Schuld* und Schulden. Biblische Traditionen in gegenwärtigen Konflikten (KT 121), München 1992.

Dahme, Heinz-Jürgen/Wohlfahrt, Norbert, Auf dem Weg zu einer neuen *Ordnungsstruktur* im Sozial- und Gesundheitssektor. Zur politischen Inszenierung von Wettbewerb und Vernetzung, in: Neue Praxis 30, 4/2000, 317–334.

Degen, Johannes, *Freiheit* und Profil. Wandlungen der Hilfekultur – Plädoyer für eine zukunftsfähige Diakonie, Gütersloh 2003.

–, Was heißt *Normativität* im Kontext von Diakoniemanagement als Wissenschaft?, in: Matthias Benad/Martin Büscher/Udo Krolzik (Hg.), Diakoniewissenschaft und Diakoniemanagement an der Kirchlichen Hochschule Wuppertal/Bethel. Interdisziplinarität, Normativität, Theorie-Praxis-Verbindung, Baden-Baden 2015, 69–73.

Degener, Theresia/Diehl, Elke (Hg.), Handbuch *Behindertenrechtskonvention*. Teilhabe als Menschenrecht – Inklusion als gesellschaftliche Aufgabe, Bonn 2015.

Dehn, Maria, Johann Hinrich *Wichern*. Der Herold der Inneren Mission, Konstanz 1961.

Diakonie Bundesverband/Deutscher Caritasverband (Hg.), *Rahmenbedingungen* einer christlichen Unternehmenskultur in Caritas und Diakonie. Freiburg/Berlin 2011.

Diakonie Deutschland – Evangelischer Bundesverband. Evangelisches Werk für Diakonie und Entwicklung e. V. (Hg.), Freiwilliges *Engagement* in Einrichtungen und Diensten der Diakonie. Eine repräsentative Studie (Diakonie.T 04.2012), Berlin 2012.

– (Hg.), Gesundheitspolitische *Perspektiven* der Diakonie 2014. Für ein solidarisches und integriertes Gesundheitswesen (Diakonie.T 11.2013), Berlin 2013.

– (Hg.), *Unionsbürgerinnen* und Unionsbürger in Deutschland. Freizügigkeitsrecht und Anspruch auf Sozialleistungen (Diakonie.T 6.2014), Berlin 2014.

– (Hg.), *Positionen* zur Aufnahme, Wohnraumversorgung und Unterbringung von Flüchtlingen (Diakonie.T 07.2014), Berlin 2014.
– (Hg.), *Einrichtungsstatistik*. Zum 1. Januar 2014. Daten zu Angeboten, Betten und Plätzen, Mitarbeitenden der Diakonie (Diakonie.T 04.2015), Berlin 2015.
– (Hg.), Auf einen *Blick*. Diakonie Deutschland. Selbstdarstellung, Berlin 2015 (www.diakonie.de/zahlen-und-fakten-9056.html letzter Aufruf: 16.02.2016).
– (Hg.), *Perspektiven*. Für Alle. Strategie der Diakonie Deutschland 2020, Berlin 2015.
Diakonie Deutschland – Evangelischer Bundesverband u.a. (Hg.), *Geistesgegenwärtig* pflegen. Existenzielle Kommunikation und spirituelle Ressourcen im Pflegeberuf. *Bd. 2*: Studien und Projektergebnisse, Neukirchen-Vluyn 2013.
Diakonisches Werk der EKD e.V. (Hg.), *Handlungsoption* Gemeinwesendiakonie. Die Gemeinschaftsinitiative Soziale Stadt als Herausforderung und Chance für Kirche und Diakonie (Diakonie.T 12.2007), Stuttgart 2007.
– (Hg.), Diakonie in der *Einwanderungsgesellschaft*. Mitten im Leben (Diakonie.T 17.2007), Berlin 2007.
– (Hg.), Diakonie und *Bildung* (Diakonie.T 11.2010), Berlin 2010.
Diakonisches Werk der EKD u.a. (Hg.), *Geistesgegenwärtig* pflegen. Existenzielle Kommunikation und spirituelle Ressourcen im Pflegeberuf. *Bd. 1*: Grundlegungen und Werkstattberichte, Neukirchen-Vluyn 2012.
Dietschy, Beat, *Diakonie* in entwicklungspolitischer Sicht, in: Christoph Sigrist/Heinz Rüegger (Hg.), Helfendes Handeln im Spannungsfeld theologischer Begründungsansätze, Zürich 2014, 165–183.
Dillmann, Rainer, *Armut* in biblischer Sicht. Wiedergewinnung eines diakonischen Ansatzes, in: KatBl 125, 2000, 22–26.
DiMaggio, Paul J./Anheier, Helmut K., The *Sociology* of Nonprofit Organizations and Sectors, in: Annual Review of Sociology 16, 1990, 137–159.
Dröge, Markus, Diakonie und *Entwicklung* – Wesensäußerungen der Kirche. Ein biblisch-theologisch fundierter Menschenrechtsansatz als hermeneutischer Bezugspunkt für diakonische und entwicklungspolitische Arbeit im Evangelischen Werk für Diakonie und Entwicklung, in: Uwe Becker/Gabriele Fischmann-Schulz/Katja Wäller, Diakonie, unbeschadet der Rechtsform. FS Moritz Linzbach, Berlin [2]2014, 39–50.
Düchting, Frank, Mit dem *Quartier* verbunden sein, Herausforderung für Kirchgemeinden und Diakonie, Evangelische Akademie der

Nordkirche, März 2013 (www.kirche-findet-stadt.de/pdf/downloads/Gemeinwesendiakonie_HH_2013.pdf letzter Aufruf: 16.02.2016).

von Dungern, helene, Art. *Diakonen* und Diakoniewesen, RGG[1] 2, 1910, 5–10.

Dupré, Louis/Saliers, Don E. (Hg.), Geschichte der christlichen *Spiritualität*. Bd. 3: Die Zeit der Reformation bis zur Gegenwart, Würzburg 1997.

Ebach, Jürgen, Biblische *Erinnerungen* im Fragenkreis von Krankheit, Behinderung, Integration und Autarkie, in: Annabelle Pithan u.a. (Hg.), Handbuch Integrative Religionspädagogik, Gütersloh 2002, 98–111.

–, Art. *chesed* (hebr.) – Freundlichkeit, Güte, Zuwendung, Gnade; *chen* (hebr.) – Anmut, Wohlwollen, Wohltaten; *chanun* (hebr.) – freundlich, gütig, gnädig; *charis* (griech.) – Anmut, Dank, Zuwendung, in: Ulrike Bail u.a. (Hg.), Bibel in gerechter Sprache, Gütersloh 2006, 2338–2340.

Ebach, Jürgen u. a. (Hg.), Leget Anmut in das Geben. Zum Verhältnis von Ökonomie und Theologie (Jabboq 1), Gütersloh 2001.

Ebersohn, Michael, Das *Nächstenliebegebot* in der synoptischen Tradition (MThSt 37), Marburg 1993.

Ebner, Martin u. a. (Hg.), Gott und *Geld* (JBTh 21), Neukirchen-Vluyn 2007.

Eckstein, Hans-Joachim, *Amt* und Amtsverständnis im Neuen Testament, in: Anette Noller/Ellen Eidt/Heinz Schmidt (Hg.), Diakonat. Theologische und sozialwissenschaftliche Perspektiven auf ein kirchliches Amt (Diakonat – Theoriekonzepte und Praxisentwicklung 3), Stuttgart 2013, 21–41.

Eichenhofer, Eberhard, Der deutsche *Sozialstaat* und Europa, in: Zeitschrift für europäisches Sozial- und Arbeitsrecht (ZESAR) 11, 2011, 455–462.

–, Sozialrecht der Europäischen Union, München [9]2015.

Eidt, Ellen, Was heißt hier eigentlich »diakonisch«? Das Modell der Maslow'schen Bedürfnishierarchie als Beitrag zur Lösung der *Gretchenfrage* der Diakonie und des Diakonats, in: Werner Baur u.a. (Hg.), Diakonat für die Kirche der Zukunft, Stuttgart 2015, 78–95.

Eisenbarth, Johannes/Wegner, Katharina, Europa sozial regieren. Mechanismen und Problemzusammenhänge der Entstehung europäischer Sozialpolitik, in: Traugott Jähnichen u. a. (Hg.), Jahrbuch Sozialer Protestantismus Bd. 7. Soziales Europa?, Gütersloh 2014, 15–45.

EKD-Synode 1998 (Hg.), *Kundgebung* der Synode zur Zukunft der Diakonie, in: Diakonie – gelebte Nächstenliebe. Texte von der Snode der Evangelischen Kirch in Deutschland 1998 zu ihrem Schwerpunktthema Diakonie (Diakonie.K 5/98), Reutlingen 1998.

EKD-Synode 2009 Ulm (Hg.), *Ehrenamt* Evangelisch. Engagiert, DEPD 51/2009. (www.ekd.de/synode2009_ulm/index.html letzter Aufruf: 16.02.2016)

Enggruber, Ruth, Kritische *Notizen* zum Empowerment-Konzept in der Sozialen Arbeit (soz-kult.hs-duesseldorf.de/personen/enggruber/Documents/document(3).pdf (letzter Aufruf: 16.02.2016)

Esping-Andersen, Gøsta, The *Three Worlds* of Welfare Capitalism, Cambridge 1990.

–, Why We Need a New *Welfare State*, Oxford 2002

Eurich, Johannes, Hybride *Organisationsformen* und multiple Identitäten im Dritten Sektor. Zum organisationalen Wandel der Dienstleistungserbringung und der Steuerungsformen in diakonischen Einrichtungen, in: Heinz Schmidt/Klaus D. Hildemann (Hg.), Nächstenliebe und Organisation. Zur Zukunft einer polyhybriden Diakonie in zivilgesellschaftlicher Perspektive (VWGTh 37), Leipzig 2012, 43–60.

–, zur theologischen Funktion und zivilgesellschaftlichen Einbettung der Diakonie, in: Johannes Eurich/Wolfgang Maaser (Hg.), Diakonie in der Sozialökonomie. Studien zu Folgen der neuen Wohlfahrtspolitik (VDWI 47), Leipzig 2013, 163–178.

–, Diakonie angesichts der Herausforderung interreligiöser *Begegnung*, in: Christoph Sigrist/Heinz Rüegger (Hg.), Helfendes Handeln im Spannungsfeld theologischer Begründungszusammenhänge, Zürich 2014, 199–220.

–, *Profillose* Diakonie? Zur Diskussion um die Begründung diakonischen Handelns, in: GlLern 29, 2014, 33–43.

–, Diakonie als kirchlicher Ort in der *Gesellschaft*, in: Ralph Kunz/Thomas Schlag (Hg.), Handbuch für Kirchen- und Gemeindeentwicklung, Neukirchen-Vluyn 2014, 261–268.

–, Zwischen Theologie und Sozialwissenschaft. Zu aktuellen *Entwicklungen* in der Diakoniewissenschaft, in: PrTh 50/4, 2015, 226–232.

–, *Das Alte Testament* als Basis der Liebestätigkeit der Kirche. Schwierigkeiten und Zugänge zu heutigem diakonischen Engagement, in: Manfred Oeming (Hg.), AHAVAH. Die Liebe Gottes als Zentrum alttestamentlicher Theologien, Leipzig 2016 (im Erscheinen).

Eurich, Johannes/Oelschlägel, Christian (Hg.), Diakonie und *Bildung*. Heinz Schmidt zum 65. Geburtstag, Stuttgart 2008.

Eurich, Johannes/Maaser, Wolfgang, Diakonie in der *Sozialökonomie*. Studien zur neuen Wohlfahrtspolitik (VDWI 47), Leipzig 2013.

Eurich, Johannes/Hübner, Ingolf (Hg.), Diaconia against Poverty and Exclusion in Europe, Leipzig 2013.

Eurich, Johannes, u. a. (Hg.), Kirchen aktiv gegen Armut und Ausgrenzung. Theologische Grundlagen und praktische Ansätze für Diakonie und Gemeinde, Stuttgart 2011.

Europäische Kommission, Beschluss der Kommission, *ABl. 2012/L7/3.*

– De-Minimis-VO, *ABl. 2012/C 8/23.*

– *Vorschläge* für Ansätze zur Messung der sozialen Wirkung, Brüssel, 2014.

– Die Wirtschafts- und *Währungsunion* vollenden, Brüssel 2015.

– *COM (2011) 682.*

– *COM (2013) 83.*

– *COM (2013) 690.*

– *COM (2014) 130.*

– *COM (2015) 215.*

European Economic and Social Committee (Hg.), *Opinion* of the European Economic ans Social Committee in Social Impact Investment, Brüssel 2014 (dm.eesc.europa.eu/EESCDocumentSearch/Pages/opinionsresults.aspx?k=%28adoptiondate:2014/09/01.2014/09/30 %29 %28rapporteur:RODERT%29 %28documentlanguage:EN%29 letzter Aufruf: 16.02.2016).

Evangelische Kirche in Deutschland (EKD) (Hg.), *Herz und Mund* und Tat und Leben. Grundlagen, Aufgaben und Zukunftsperspektiven der Diakonie. Eine evangelische Denkschrift, Hannover 1998.

– (Hg.), *Dienste* als Chance: Dienste am Menschen ausbauen, Menschen aktivieren, Menschen Arbeit geben. Eine Studie der Kammer der EKD für soziale Ordnung, Hannover 2002.

– (Hg.), Kirche der *Freiheit* – Perspektiven für die Evangelische Kirche im 21. Jahrhundert. Ein »Impulspapier« des Rates der EKD, Hannover 2006.

– (Hg.), *Engagement* und Indifferenz. Kirchenmitgliedschaft als soziale Praxis. V. EKD-Erhebung über Kirchenmitgliedschaft, Hannover 2014.

– (Hg.), Christlicher Glaube und religiöse *Vielfalt* in evangelischer Perspektive, Gütersloh 2015. (www.ekd.de/EKD-Texte/religioese_vielfalt.html letzter Aufruf: 16.02.2016).

Evangelische Stiftung Alsterdorf/Katholische Hochschule für Sozialwesen Berlin (Hg.), Enabling *Community.* Anstöße für Politik und soziale Praxis, Hamburg 2010.

Evangelischer Pressedienst (Hg.), *Reform* des kirchlichen Arbeitsrechts, DEPD 22/15, Frankfurt 2015.

Evangelisches Zentrum für Quartierentwicklung (Hg.), *Miteinander* anders. Quartiere neu gestalten, Düsseldorf (www.eeb-nordrhein.de/fileadmin/user_upload/downloads/alles_andere/Zentrum_fuer_Quartiersentwicklung.pdf letzter Aufruf: 16.02.2016).

Evers, Adalbert, Part of the *welfare mix*: The Third Sector as an intermediate area, in: Voluntas 6.2 (1995), 119–139.

Evers, Adalbert/Ewert, Benjamin, Hybride *Organisationsformen* im Bereich sozialer Dienste. Ein Konzept, sein Hintergrund und seine Implikationen, in: Thomas Kaletzki (Hg.), Soziale personenbezogene Dienstleistungsorganisationen. Soziologische Perspektiven, Wiesbaden 2010, 103–128.

Evers, Adalbert/Laville, Jean-Louis, *Social services* by Social enterprises. On the possible contributions of hybrid organizations and a civil society, in: Dies. (Hg.), The Third Sector in Europe (Globalization and Welfare), Cheltenham/Northampton 2004, 237–255.

Fabry, Heinz-Josef, *Deuteronomium 15*. Gedanken zur Geschwister-Ethik im Alten Testament, in: ZAR 3, 1997, 92–111.

Fehren, Oliver, *Sozialraumorientierung* Sozialer Dienste, in: Adalbert Evers/Rolf G. Heinze/Thomas Olk (Hg.), Handbuch Soziale Dienste, Wiesbaden 2011, 442–457.

Feiter, Reinhard, Von der pastoraltheologischen *Engführung* zur pastoraltheologischen Zuspitzung der Praktischen Theologie, in: Reinhard Göllner (Hg.), »Es ist so schwer, den falschen Weg zu meiden«. Bilanz und Perspektiven der theologischen Disziplinen, Münster 2004, 261–286.

Fischer, Georg, How can the rich love the poor? *Old Testament* suggestions for our present-day economy, in: Kuruvilla Pandikattu/Andreas Vonach (Hg.), Religion, society and economics. Eastern and western perspectives in dialogue (EHS.T 758), Frankfurt 2003, 15–22.

Flessa, Steffen, *Arme* habt ihr allezeit! Ein Plädoyer für eine armutsorientierte Diakonie, Göttingen 2003.

–, Geistlich *Führen* und Leiten in einem diakonischen Unternehmen – Die Perspektive der Betriebswirtschaftslehre, in: Michael Herbst/Ulrich Laeplle (Hg.), Das missionarische Mandat der Diakonie. Impulse Johann Hinrich Wicherns für eine evangelisch profilierte Diakonie im 21. Jahrhundert, Neukirchen-Vluyn 2009, 54–95.

Foucault, Michel, Überwachen und Strafen. Die Geburt des Gefängnisses (Wissenschaft 184), Frankfurt 1977.

Foitzik, Karl, *Mitarbeit* in Kirche und Gemeinde. Grundlagen, Didaktik, Arbeitsfelder, Stuttgart/Berlin/Köln 1998.

Frankfurt, Harry, *Freedom* of Will and the Concept of a Person, in: JPh 67, 1971, 5–20.

Frettlöh, Magdalene L., Der *Charme* der gerechten Gabe. Motive einer Theologie und Ethik der Gabe am Beispiel der paulinischen

Kollekte für Jerusalem, in: Jürgen Ebach u.a. (Hg.), »Leget Anmut in das Geben«. Zum Verhältnis von Ökonomie und Theologie (Jabboq 1), Gütersloh 2001, 105-161.

Frey-Anthes, Henrike, Art. *Krankheit* und Heilung (AT), Wibilex, 2007 letzter Aufruf: 23.02.2016.

Fritsch, Sigrid u.a., *Zivilgesellschaft* in Zahlen. Abschlussbericht Modul 1, Heidelberg 2011.

Füllkrug-Weitzel, Cornelia, Weltweite *Diakonie*, in: Günter Ruddat/Gerhard. K. Schäfer, Diakonisches Kompendium, Göttingen 2005, 597–612.

Gabriel, Karl, Die soziale *Herausforderung* des Sozialstaats und die kirchlichen Wohlfahrtsverbände, in: Ders. (Hg.), Herausforderungen kirchlicher Wohlfahrtsverbände. Perspektiven im Spannungsfeld von Wertbindung, Ökonomie und Politik (SAGG 25), Berlin 2001, 61–72.

–, Kirchen in der *Zivilgesellschaft*, in: Johannes Eurich u.a. (Hg.), Kirchen aktiv gegen Armut und Ausgrenzung. Theologische Grundlagen und praktische Ansätze für Diakonie und Gemeinde, Stuttgart 2011, 381–394.

Gensicke, Thomas/Geiss, Sabine, Hauptbericht des *Freiwilligensurveys* 2009. Ergebnisse der repräsentativen Trenderhebung zu Ehrenamt, Freiwilligenarbeit und Bürgerschaftlichem Engagement, vorgelegt von TNS Infratest, München 2010.

Georgi, Dieter, Der *Arme*n zu Gedenken. Die Geschichte der Kollekte des Paulus für Jerusalem, Neukirchen-Vluyn ^{2}1994.

Gerber, Christine, Der fröhliche *Geber*. Gütertausch und Unterhaltsverzicht in Metaphern der Paulusbriefe, in: Martin Ebner u.a. (Hg.), Gott und Geld (JBTh 21), Neukirchen-Vluyn 2007, 111–129.

Gillich, Stefan, *Lobbyarbeit*, Anwaltschaft, Parteilichkeit. Spurensuche und Erinnerung an ein vergessenes Versprechen, in: Alexander Dietz/Ders. (Hg.), Barmherzigkeit drängt auf Gerechtigkeit. Anwaltschaft, Parteilichkeit und Lobbyarbeit als Herausforderung für Soziale Arbeit und Verbände, Leipzig, 2013, 13–28.

Goffman, Erving, *Stigma*. Über Techniken der Bewältigung beschädigter Identität, Frankfurt 1975.

Göpfert, Jörg (Hg.), Nachhaltige Grundsicherung. Armut überwinden – natürliche Lebensgrundlagen erhalten, Potsdam 2015.

Götzelmann, Arnd, Evangelische Sozialpastoral. Zur diakonischen Qualifizierung christlicher Glaubenspraxis, Stuttgart 2005.

Götzelmann, Arnd/Herrmann, Volker, Zu den Grundlagen und Entwicklungen der wissenschaftlichen *Reflexion* diakonischen Handelns, in: Michael Schibilsky/Renate Zitt (Hg.), Theologie und Diakonie, Gütersloh 2004, 483–500.

Götzelmann, Arnd/Herrmann, Volker/Stein, Jürgen, Diakonie der *Versöhnung*. Eine Einführung, in: Dies. (Hg.), Diakonie der Versöhnung. Ethische Reflexion und soziale Arbeit in ökumenischer Verantwortung. FS Theodor Strohm, Stuttgart 1998, 15–37.

Gräbenteich, Erich, Die *Geschichte* der inneren Mission in Thüringen. Eisleben 1899.

Graf, Friedrich Wilhelm, Wie viel Ökonomie verträgt die soziale Arbeit? Zur ethischen Rationalität funktionierender Sozialmärkte, in: Diakonisches Werk der EKD, Diak(S) 2003. Nachhaltig solidarisch leben, Stuttgart 2003, 73–79.

Grethlein, Christian, Diakonisches Handeln als *Kommunikation* des Evangeliums, in: Werner Baur u. a. (Hg.), Diakonat für die Kirche der Zukunft, Stuttgart 2015, 62–77.

Grohs, Stephan/Schneiders, Katrin/Heinze, Rolf G., Mission *Wohlfahrtsmarkt*. Institutionelle Rahmenbedingungen, Strukturen und Verbreitung von Social Entrepreneurship in Deutschland, Baden-Baden 2014.

Gross, Walter, Die alttestamentlichen *Gesetze* zu Brache-, Sabbat-, Erlaß- und Jubeljahr und das Zinsverbot, in: ThQ 180, 2000, 1–15.

Grosse, Heinrich, »Wenn wir die Armen unser Herz finden lassen…« – *Kirchengemeinden* aktiv gegen Armut und Ausgrenzung, DEPD 34/2007 (www.ekd.de/si/download/Armut_H._Grosse.pdf letzter Aufruf: 23.02.2016.).

Grünstäudl, Wolfgang/Schiefer Ferrari, Markus (Hg.), Gestörte Lektüre. Disability als hermeneutische Leitkategorie biblischer Exegese (Behinderung – Theologie – Kirche 4), Stuttgart 2012.

Grunwald, Klaus, Art. *Sozialwirtschaft*, in: Hans-Uwe Otto/Hans Thiersch, Handbuch der Sozialarbeit/Sozialpädagogik, Neuwied [5]2015, 1654–1668.

Guntau, Martin/Laitko, Hubert, *Entstehung* und Wesen wissenschaftlicher Disziplinen, in: Dies. (Hg.), Der Ursprung der modernen Wissenschaften. Studien zur Entstehung wissenschaftlicher Disziplinen, Berlin 1987, 17–89.

Guttenberger, Gudrun, *Nächstenliebe*, Freiburg 2007.

Haas, Hanns-Stephan, *Unternehmen* für Menschen. Diakonische Grundlegung und Praxisherausforderungen, Stuttgart 2012.

–, Von *Dienstleister*n zu Service-Intermediären. Zur zukünftigen Rolle diakonischer Unternehmen im Sozialraum, in: Heinz Schmidt/Klaus D. Hildemann (Hg.), Nächstenliebe und Organisation. Zur Zukunft einer polyhybriden Diakonie in zivilgesellschaftlicher Perspektive, Leipzig 2012, 257–270.

Habermas, Jürgen, Zur *Logik* der Sozialwissenschaften, Frankfurt 1982.

Hagemann, Tim, *Arbeit*, Gesundheit, Spiritualität & Religiosität. Forschungsbericht, Bielefeld 2012.

Von Hagen, Jürgen/Welker, Michael, *Money* as God? The Monetization of the Market and its Impact on Religion, Politics, Law and Ethics, Cambridge 2014.

Hammer, Georg-Hinrich, *Geschichte* der Diakonie in Deutschland. Stuttgart 2013.

Hanselmann, Paul-Gerhardt, *Qualitätsentwicklung* in der Diakonie. Leitbild, System und Qualitätskultur (Diakonie 5), Stuttgart 2007.

Hansua, Barbara, Warum *Freiwilligenmanagement* für kirchliche Organisationen ein Thema sein sollte. Oder: kein Priestertum aller Getauften ohne Freiwilligenmangement, in: Dies./Gerhard Hess/Paul S. Roß (Hg.), Engagiert in der Kirche. Ehrenamtsförderung durch Freiwilligenmanagement, Stuttgart 2010, 47–65.

von Hase, Hans Christoph, Die Wiederentdeckung der dienenden *Gemeinde*, in: Ders. (Hg.), Diakonie der Gemeinde. Arbeitsbuch für die Nächstenhilfe (SDGB VI/1), Berlin/Stuttgart [2]1961, 15–43.

Haslinger, Herbert, *Diakonie*. Grundlagen für die Soziale Arbeit der Kirche, Paderborn u. a. 2009.

von Hauff, Adelheid M. (Hg.), *Frauen* gestalten Diakonie. Bd. 1 f. Stuttgart 2006 f.

Hauschild, Wolf-Dieter, Art. *Armenfürsorge* II: Alte Kirche, TRE 4, 1979, 14–23.

–, *Lehrbuch* der Kirchen- und Dogmengeschichte. *Bd. 1*: Alte Kirche und Mittelalter, Gütersloh [3]2007.

–, *Lehrbuch* der Kirchen und Dogmengeschichte. *Bd. 2*: Reformation und Neuzeit, Gütersloh [3]2005.

Hauschildt, Eberhard, Was bedeuten exegetische *Erkenntnisse* über den Begriff der Diakonie für die Diakonie heute? Eine historische und hermeneutische Skizze, in: Pastoraltheologie 97/9, 2008, 307–314.

–, *Anschlussfähigkeit* und Proprium von »Diakonie«. Zwischen Fachlichkeit, Ethik und Theologie, in: GlLern 29, 2014, 44–62.

Hauschildt, Eberhard/Blömeke, Bernd D. (Hg.), *Telefonseelsorge* interdisziplinär (APTLH 81), Göttingen 2016.

Heiligenthal, Roman, *Werke* der Barmherzigkeit oder Almosen? Zur Bedeutung von eleēmosynē, in: NT 25, 1983, 289–301.

Heinze, Rolf G./Schneiders, Katrin, Vom *Wohlfahrtskorporatismus* zur Sozialwirtschaft? Zur aktuellen Situation der Wohlfahrtspflege in Deutschland, in: ARCHIV für Wissenschaft und Praxis der sozialen Arbeit, 2/2013, 4–17.

Heinze, Rolf G./Schmid, Josef/Strünck, Christoph, Zur politischen Ökonomie der sozialen Dienstleistungsproduktion. Der Wandel der

Wohlfahrtsverbände und die Konjunkturen der Theoriebildung, in: KZSS 49, 1997, 242–271.
HEINZE, ROLF G./OLK, THOMAS, *Bürgerengagement* in Deutschland – Zum Stand der wissenschaftlichen und politischen Diskussion, in: Dies. (Hg.), Bürgerengagement in Deutschland. Bestandaufnahme und Perspektiven, Opladen 2001, 11–26.
HENGSBACH, FRIEDHELM, Die andern im *Blick*. Christliche Gesellschaftsethik in den Zeiten der Globalisierung, Darmstadt 2001.
HENNIG, MARTIN, *Quellenbuch* zur Geschichte der Inneren Mission. Hamburg 1912.
HENTSCHEL, ANNI, *Diakonia* im Neuen Testament (WUNT 2/226), Tübingen 2007.
–, *Gemeinde*, Ämter, Dienste. Perspektiven zur neutestamentlichen Ekklesiologie (BThSt 139), Neukirchen-Vluyn 2013.
–, Diakonie – *Sprachverwirrung* um einen griechischen Begriff, in: GlLern 29, 2014, 17–32.
HERBST, MICHAEL, Dem »Englischen *Patienten*« geht es besser – Was können wir von der Anglikanischen Kirche lernen?, in: Wolfgang Nethöfel/Klaus D. Grunwald (Hg.), Kirchenreform strategisch, Glashütten 2007, 463–488.
HERRIGER, NORBERT, *Empowerment* in der Sozialen Arbeit. Eine Einführung, Stuttgart 2010.
HERRMANN, VOLKER, *Theologie* der Diakonie in der zweiten Hälfte des 20. Jahrhunderts. Konzeptionen – Kontroversen – Konstitutiva, in: Volker Herrmann/Martin Horstmann (Hg.), Studienbuch Diakonik I. Biblische, historische und theologische Zugänge zur Diakonie, Neukirchen-Vluyn 2006, 257–271.
–, »…die Forderung einer eigenen Disziplin ›Diakonik‹ ist erst wenige Jahre alt«. Eine kleine Skizze der *Geschichte* der Diakoniewissenschaft im 19. Und 20. Jh., in: Johannes Eurich/Christian Oelschlägel (Hg.), Diakonie und Bildung. Heinz Schmidt zum 65. Geburtstag, Stuttgart 2008, 85–108.
–, Johann Hinrich *Wichern* – Martin Gerhardt – Jochen-Christoph Kaiser. Eine Skizze der Diakoniegeschichtsforschung, in: Jochen-Christoph Kaiser, Evangelische Kirche und sozialer Staat. Diakonie im 19. und 20. Jahrhundert, Stuttgart 2008, 11–15.
HERRMANN, VOLKER/STASCHEIT, ULRICH (Hg.), Armut und *Wohltätigkeit* im Alten Ägypten. Fünf Studien, Frankfurt 2002.
HERRMANN, VOLKER/HORSTMANN, MARTIN (Hg.), Studienbuch Diakonik. Bd. 1 f, Neukirchen-Vluyn, ^{2}2008.
HINTE, WOLFGANG, Von der *Gemeinwesenarbeit* zur Sozialraumorientierung, in: Volker Herrmann/Martin Horstmann (Hg.), Wichern

drei – gemeinwesendiakonische Impulse, Neukirchen-Vluyn 2010, 25–30.

Hoburg, Ralf (Hg.), *Theologie* der helfenden Berufe, Stuttgart 2008.

–, Soziales Handeln zwischen Diakonie- und Sozialwissenschaften, in: Christoph Sigrist/Heinz Rüegger (Hg.), Helfendes Handeln im Spannungsfeld theologischer Begründungsansätze, Zürich 2014, 251–268.

Hödl, Dieter/Zippert, Thomas (Hg.), *Doppelt qualifiziert.* Erfahrungsberichte und Reflexionen zum Selbstverständnis von Diakoninnen und Diakonen, Leipzig 2015.

Hofmann, Beate, *Fundament* oder Verzierung? Zur Funktion der Theologie in der Diakonie, in: Volker Herrmann/Rainer Merz/Heinz Schmidt (Hg.), Diakonische Konturen. Theologie im Kontext sozialer Arbeit, Heidelberg 2003, 229–239.

–, *Diakonisch*e Unternehmenskultur. Handbuch für Führungskräfte, Stuttgart 2008.

–, Diakonische *Unternehmenskultur.* Handbuch für Führungskräfte (Diakonie 2), Stuttgart [2]2010.

–, Gemeindepädagogische Arbeit zwischen *Engagement* und Profession, in: Peter Bubmann u. a. (Hg.) Gemeindepädagogik, Berlin/Boston 2012, 325–349.

–, Ekklesiologische *Begründungsansätze* von Diakonie, in: Christoph Sigrist/Heinz Rüegger (Hg.), Helfendes Handeln im Spannungsfeld theologischer Begründungsansätze, Zürich 2014, 95–108.

Hofmann, Beate/Puch, Hans-Joachim, Noch großes *Entwicklungspotenzial*, Evaluation des Ehrenamtsgesetztes der bayerischen Landeskirche, in: NELKB 7, 2006, 217–221.

Hofmann, Beate/Schibilsky, Michael (Hg.), *Spiritualität* in der Diakonie. Anstöße zur Erneuerung christlicher Kernkompetenz, Stuttgart/Berlin/Köln 2001.

Hörnig, J. Thomas, ›Aschenbrödels‹ kleine *Schwester.* Die Lehre von der Inneren Mission, Diakonik und Diakoniewissenschaft zwischen Praktischer Theologie und Sozialer Arbeit, in: Monika Barz/Christiane Schmieder (Hg.), Spielräume gestalten. Soziale Arbeit im Rampenlicht. Stuttgart 2014, 98–127.

–, ›Sollte unser himmlischer König es ungestraft lassen […]?‹ *Umbrüche* und notwendige Übergänge als Herausforderungen in der Geschichtsschreibung der Inneren Mission., in: Alexa Köhler-Offierski/Heike Stammer (Hg.), Übergänge und Umbrüche (Evangelische Hochschulperspektiven 10), Freiburg/Breisgau 2014, 127–138.

–, Die Mehrzahl der in den *Rettungsanstalten* erzogenen Zöglinge sind als für's bürgerliche Leben gerettet zu betrachten.‹ (Ludwig Völter).

Die württembergischen Rettungshäuser, Wichern und die Idee der ›Rettung‹, in: BWKG 114, 2014, 237–282.

–, Kommentierter *Datenatlas* zur deutschen Sonntagsschulgeschichte und zur Frühgeschichte der Inneren Mission. »Alle Agenten der inneren Mission fangen damit ihre Arbeit an […]«. Habilitationsschrift, Wuppertal-Bethel 2015. kidoks.bsz-bw.de/frontdoor/index/index/docId/481 (letzter Aufruf: 01.03.2016)

Horstmann, Martin, *Studie* zu ehrenamtlichen Tätigkeiten. Befragung von ehrenamtlichen in evangelischen Kirchengemeinden (Texte aus dem SI), Hannover 2013.

Horstmann, Martin/Neuhausen, Elke, *Mutig mittendrin*. Gemeinwesendiakonie in Deutschland. Eine Studie des sozialwissenschaftlichen Instituts der EKD (SI Konkret 2), Münster 2010.

Houston, Walter, The King's *Preferential Option* for the Poor: Rhetoric, Ideology and Ethics in Psalm 72, in: BibInt 7, 1999, 341–367.

Höver, Hendrik, Entscheidungsfähigkeit in diakonischen Unternehmen. Eine St. Galler management-Studie (LGG), Berlin u. a. 2015.

Howaldt, Jürgen/Domanski, Dmitri/Schwarz, Michael, *Rethinking* social entrepreneurship. The concept of social entrepreneurship under the perspective of socio-scientific innovation research, in: Journal of creativity and business innovation, 1/2015, 88–98.

Huber, Wolfgang, Kirche in der *Zeitenwende*, Gesellschaftlicher Wandel und Erneuerung der Kirche, Gütersloh ²1999.

–, Das *Profil* der Diakonie im gesellschaftlichen Umbruch. Zehn Thesen, in: Diakonisches Werk Berlin-Brandenburg (Hg.), Das Profil der Diakonie im gesellschaftlichen Umbruch. Jahresbericht 2000, Berlin 2000, 7–8.

–, *Gerechtigkeit* und Recht. Grundlinien christlicher Rechtsethik, Gütersloh ³2006.

Hübner, Ulrich, *Bemerkungen* zum Pfandrecht: Das judäische Ostrakon von Mešad H'ašavyahu, alttestamentliches und griechisches Pfandrecht sowie ein Graffito aus Marissa, in: UF 29, 1997, 215–225.

Interreligiöser Think-Tank (Hg.), *Leitfaden* für den interreligiösen Dialog, Basel 2014.

Israel, Christian Fr. Gilbert/Hackmann, Heinrich, Art. *Liebestätigkeit*, RGG¹ 3, 1912, 2130–2146.

Jäger, Alfred, Diakonie als ökonomisches Unternehmen, Bielefeld 1984.

–, Diakonie als *christliches Unternehmen*. Theologische Wirtschaftsethik im Kontext diakonischer Unternehmenspolitik, Gütersloh ³1990.

–, *Diakonie-Management* ist an der Zeit, in: Christoph Sigrist (Hg.), Diakonie und Ökonomie. Orientierungen im Europa des Wandels, Zürich 2006, 169–184.

JÄHNICHEN, TRAUGOTT u.a. (Hg.), *Dritter Weg*? Arbeitsbeziehungen in Kirche und Diakonie (Jahrbuch Sozialer Protestantismus 8), Gütersloh 2015.

JOANNÈS, FRANCIS, Private commerce and banking in Achaemenid *Babylon*, in: Jack M. Sasson u.a. (Hg.), Civilizations of the Ancient Near East. Bd. 3. New York 1995, 1475–1485.

JÖRNS, KLAUS-PETER, *Lebensgaben* Gottes feiern. Abschied vom Sühneopfermahl: eine neue Liturgie, Gütersloh 2007.

JOUBERT, STEPHAN, *Paul* as a Benefactor. Reciprocity, Strategy and Theological Reflection in Paul's Collection (WUNT 2/124), Tübingen 2000.

JOUSSEN, JACOB, Arbeitsrechtliche *Anforderungen* an die Mitarbeit in Kirche und Diakonie, in: ZEvKR 60, 2015, 63–93.

JUNGERT, MICHAEL, *Was zwischen wem* und warum eigentlich? Grundsätzliche Fragen der Interdisziplinarität, in: Ders. u.a. (Hg.) Interdisziplinarität. Theorie, Praxis, Probleme. Darmstadt [2]2013, 1–12.

KAISER, JOCHEN-CHRISTOPH, Art. *Innere Mission*, RGG[4] 4, 2001, 151–154.

KAMLAH, ERHARD, Art. *Barmherzigkeit* II: Neues Testament, TRE 5, 1980, 224–228.

KEGLER, JÜRGEN, Das *Zinsverbot* in der hebräischen Bibel, in: Marlene Crüsemann/Willy Schottroff (Hg.), Schuld und Schulden. Biblische Traditionen in gegenwärtigen Konflikten (KT 121), München 1992, 17–39.

KEHLBREIER, DIETMAR, Öffentliche Diakonie. *Wandlungen* im kirchlich-diakonischen Selbstverständnis in der Bundesrepublik der 1960er- und 1970er-Jahre (ÖfTh 23), Leipzig 2009.

KEMNITZER, KONSTANZE E., Der ferne Nächste. Zum Selbstverständnis der Aktion »Brot für die Welt«, Stuttgart 2008.

KESSL, FABIAN, *Teilnahme* ohne Teilhabe? Anmerkungen zur Debatte um die zivilgesellschaftlichen Potenziale des modernen Wohlfahrtsstaates, in: Neue Praxis 31, 2/2001, 129–145.

KESSLER, RAINER, Zur israelitischen *Löserinstitution*, in: Marlene Crüsemann/Willy Schottroff (Hg.), Schuld und Schulden. Biblische Traditionen in gegenwärtigen Konflikten (KT 121), München 1992, 40–53.

–, *Armenfürsorge* als Aufgabe der Gemeinde. Die Anfänge in Tempel und Synagoge, in: Frank Crüsemann u.a. (Hg.), Dem Tod nicht glauben. Sozialgeschichte der Bibel, FS L. Schottroff, Gütersloh 2004, 91–102.

–, *Sozialgeschichte* des alten Israel. Eine Einführung, Darmstadt [2]2008.

–, *Zinsverbot* und Zinskritik. Geltungsbereich und Begründung, in: Ingo Kottsieper/Rüdiger Schmitt/Jakob Wöhrle (Hg.), Berührungspunkte. Studien zur Sozial- und Religionsgeschichte Israels und seiner Umwelt (FS R. Albertz) (AOAT 350), Münster 2008, 133–149.

–, Das hebräische *Schuldenwesen*. Terminologie und Metaphorik, in: Ders., Studien zur Sozialgeschichte Israels (SBAB 46), Stuttgart 2009, 31–45.
–, »Es sollte überhaupt kein *Armer* unter euch sein« (Dtn 15,4). Alttestamentliche Grundlagen zum Umgang mit Armut und Armen, in: Johannes Eurich u. a. (Hg.), Kirchen aktiv gegen Armut und Ausgrenzung. Theologische Grundlagen und praktische Ansätze für Diakonie und Gemeinde, Stuttgart 2011, 19–35.
–, *Utopie* und Grenzen. Schabbatjahr und Jobeljahr in Lev 25, BiKi 69, 2014, 86–91
–, Art. Armut/Arme (AT), Wibilex, 2006, letzter Aufruf: 01.03.2016.
–, Art. Verschuldung, Wibilex, 2008, letzter Aufruf: 01.03.2016.
–, Art. Wucher, Wibilex, 2009, letzter Aufruf: 01.03.2016.
–, Art. Zehnter, Wibilex, 2009, letzter Aufruf: 01.03.2016.
–, Art. Zins/Zinsverbot, Wibilex, 2009, letzter Aufruf: 01.03.2016.
Kessler, Rainer/Loos, Eva, Eigentum: Freiheit und Fluch. Ökonomische und biblische Entwürfe (KT 175), Gütersloh 2000.
Keupp, Heiner, Mehr Amt als *Ehre*? Über den Sinn von freiwilliger Arbeit, in: Lernort Gemeinde 20, 2/2002, 3–8.
Kirchenamt der EKD (Hg.), *Amtsblatt 29*, 1975.
–, *Grundsätze* einer kirchlichen Bildungsordnung für gemeindebezogene Dienste (EKD Informationen), Hannover 1996.
– (Hg.), *Grundordnung* der Evangelischen Kirche in Deutschland. Vom 13. Juli 1948 in der Fassung der Bekanntmachung vom 20. November 2003 (ABl. EKD 1–6), Hannover 2004.
– (Hg.), Gerechte *Teilhabe*. Befähigung zu Eigenverantwortung und Solidarität. Eine Denkschrift des Rates der EKD zur Armut in Deutschland, Gütersloh 2006.
– (Hg.), *Perspektiven* für diakonisch-gemeindepädagogische Ausbildungs- und Berufsprofile. Tätigkeiten – Kompetenzprofil – Studium (EKD.T 118), Hannover 2014.
– (Hg.), Kirche sein in einer globalisierten Welt. Zur *Weggemeinschaft* in Mission und Entwicklung, Hannover 2015.
– (Hg.), »… damit sie das Leben und volle Genüge haben sollen. Ein Beitrag zur Debatte über neue *Leitbilder* für eine zukunftsfähige Entwicklung« (EKD.T 122), Hannover 2015.
Kirchhoff, Renate, »Das Problem an den *Heilungsgeschichten* ist, dass die Leute am Ende immer geheilt werden!«. Neutestamentliche Heilungsgeschichten und heutige Konstruktion von Behinderung, in: PGP 65.4, 2012, 33–35.
–, Biblische *Theologie* als Bezugswissenschaft der Sozialen Arbeit. Zu den Bedingungen disziplinären Lehrens und Lernens an einer Hoch-

schule für Soziale Arbeit, in: Desmond Bell/Dies./Bernhard Mutschler (Hg.), Lebenswelten – Textwelten – Diversität. Altes und Neues Testament an Hochschulen für Angewandte Wissenschaften (NET 20), Tübingen 2014, 3–23.

–, »Der *Text* ist eine Unverschämtheit!« – Von der emanzipatorisch motivierten Abwehr von Religion zur Reflexion der eigenen Praxis des Konstruierens von Wirklichkeit, in: Desmond Bell/Dies./Bernhard Mutschler (Hg.), Lebenswelten – Textwelten – Diversität. Altes und Neues Testament an Hochschulen für Angewandte Wissenschaft (NET 20), Tübingen 2014, 213–225.

Klee, Ernst (Hg.), »Euthanasie« im *NS-Staat*. Die »Vernichtung lebensunwerten Lebens«, Frankfurt [3]1983.

–, Dokumente zur »*Euthanasie*«. Frankfurt 1985.

–, »*Die SA Jesu Christi*«. Die Kirche im Banne Hitlers, Frankfurt 1989.

Klein, Stephanie, *Erkenntnis* und Methode in der Praktischen Theologie, Stuttgart 2005.

Kleine, Werner, Zwischen *Furcht* und Hoffnung. Eine textlinguistische Untersuchung des Briefes 2 Kor 1–9 zur wechselseitigen Bedeutsamkeit der Beziehung von Apostel und Gemeinde (BBB 141), Berlin 2002.

Klug, Wolfgang, *Wohlfahrtsverbände* zwischen Beharrung, Aufbruch und Neuorientierung, in: Archiv für Kommunalwissenschaften 38.1, 1999, 71–88.

Koch, Dietrich-Alex, *Geschichte* des Urchristentums. Ein Lehrbuch, Göttingen 2013.

Kollmann, Bernd, *Krankheitsbilder* und soziale Folgen: Blindheit, Lähmung, Aussatz, Taubheit oder Taubstummheit, in: Ruben Zimmermann (Hg.), Kompendium der frühchristlichen Wundererzählungen. Bd. 1: Die Wunder Jesu, Gütersloh 2013, 87–93.

König, Joachim/Maschke, Dietmar, *Abschlussbericht* »Ehrenamtlichkeit in der Evang.-Luth. Kirche in Bayern«, in: Ulrich Jakubek (Hg.), Evangelisch-Lutherische Kirche in Bayern: Ehrenamt sichtbar machen. Evaluation der Ehrenamtlichkeit in der ELKB und deren Konsequenzen, Nürnberg 2015.

Kooiman, Jan, *Governing* as Governance, London/Thousand Oaks 2003.

Kraus, Björn, *Erkennen* und Entscheiden. Grundlagen und Konsequenzen eines erkenntnistheoretischen Konstruktivismus für die Soziale Arbeit, Weinheim/Basel 2013.

Krauss, Anne, *Barrierefrei*e Theologie. Das Werk Ulrich Bachs vorgestellt und weitergedacht, Stuttgart 2014.

Köckert, Matthias, »*Land*« als theologisches Thema im Alten Testament, in: Angelika Berlejung/Raik Heckl (Hg.), Ex oriente Lux. Studien zur Theologie des Alten Testaments. FS Rüdiger Lux zum 65. Geburtstag (ABIG 39), Leipzig 2012, 503–522.

Körtner, Ulrich H. J., *Ethik* des Helfens – aus theologischer Sicht, in: ThBeitr 34/6, 2003, 306–322.

–, *Diakonie* und Wissenschaft, in: Markus Horneber/Peter Helbich/Klaus Raschzok (Hg.), Dynamisch Leben gestalten. Perspektiven zukunftsorientierter Unternehmen in der Sozial und Gesundheitswirtschaft Bd.1, Stuttgart 2010, 193–227.

Krech, Volkhard, Religiöse Programmatik und diakonisches Handeln. Erwägungen zur Spezifik kirchlicher Wohlfahrtsverbände, in: Karl Gabriel (Hg.), Herausforderungen kirchlicher Wohlfahrtsverbände. Perspektiven im Spannungsfeld von Wertbindung, Ökonomie und Politik (SAGG 25), Berlin 2001, 91–105.

Krey, Ursula, Das diakoniewissenschaftliche *Symposion* vom 20. Juni 2013. Dokumentation und Anmerkungen einer teilnehmenden Beobachterin, in: Matthias Benad/Martin Büscher/Udo Krolzik (Hg.), Diakoniewissenschaft und Diakoniemanagement an der Kirchlichen Hochschule Wuppertal/Bethel. Interdisziplinarität, Normativität, Theorie-Praxis-Verbindung, Baden-Baden 2015, 79–101.

Krimm, Herbert, *Quellen* zur Geschichte der Diakonie, *Bd. 1*: Altertum und Mittelalter, Stuttgart 1960.

–, *Quellen* zur Geschichte der Diakonie, *Bd.* 2: Reformation und Neuzeit, Stuttgart, 1963.

–, *Quellen* zur Geschichte der Diakonie, *Bd.* 3: Gegenwart, Stuttgart 1967.

–, Das diakonische *Amt* der Kirche. Stuttgart ^{2}1965

–, Diakonie als *Gestaltwerdung* der Kirche (1962), in: Volker Herrmann (Hg.), »Liturgie und Diakonie«. Zu Leben und Werk von Herbert Krimm (DWI-Info.S 3), Heidelberg 2003, 123–136.

Krockauer, Rainer/Bohlen, Stephanie/Lehner, Markus (Hg.), *Theologie* und Soziale Arbeit. Handbuch für Studium, Weiterbildung und Beruf, München 2006.

Krolzik, Udo, *Kommentar*, in: Matthias Benad/Martin Büscher/Ders. (Hg.), Diakoniewissenschaft und Diakoniemanagement an der Kirchlichen Hochschule Wuppertal/Bethel. Interdisziplinarität, Normativität, Theorie-Praxis-Verbindung, Baden-Baden 2015, 63–65.

Kruse, Elke/Tegeler, Evelyn (Hg.), Weibliche und männliche *Entwürfe* des Sozialen. Wohlfahrtsgeschichte im Spiegel der Genderforschung. Opladen/Farmington Hills 2007.

Kuhn, Karl Gustaf/Proksch, Otto, Art. *hagios* heilig, ThWNT 1, 1933, 87–116.

Kunstreich, Timm, *Grundkurs* Soziale Arbeit. Sieben Blicke auf Geschichte und Gegenwart Sozialer Arbeit. *Bd. 1* (1850.1890.1925.1935), Bielefeld ⁴2009.

–, *Grundkurs* Soziale Arbeit. Sieben Blicke auf Geschichte und Gegenwart Sozialer Arbeit. *Bd. 2* (1955.1970.1995. DDR), Bielefeld ⁴2009.

Kunz, Norbert, Soziales *Unternehmertum* in Europa, in: Diakonie unternehmen 11, 2014/1, 12–14.

Kuschke Arnulf, *Arm und reich* im Alten Testament mit besonderer Berücksichtigung der nachexilischen Zeit, ZAW 57, 1939, 31–57

Lang, Bernhard, The *Social Organization* of Peasant Poverty in Biblical Israel, in: Ders. (Hg.), Anthropological Approaches to the Old Testament (IRT 8), Philadelphia/London 1985, 83–99.

Lange, Ernst, *Kirche* für die Welt. Aufsätze zur Theorie kirchlichen Handelns, München/Gelnhausen 1981.

Langer, Andreas/Eurich, Johannes, Innovative Soziale *Dienstleistungen* in Europa, in: Bernadette Wüthrich/Jeremias Amstutz/Agnès Fritze (Hg.), Soziale Versorgung zukunftsfähig gestalten, Wiesbaden 2015, 89–109.

Leimgruber Stephan, Religionspädagogik als *Verbunddisziplin*, in: Schweizer, Friedrich/Schlag, Thomas (Hg.), Religionspädagogik im 21. Jahrhundert, Gütersloh 2004, 199–208.

Leutzsch, Martin, Das biblische *Zinsverbot*, in: Rainer Kessler/Eva Loos (Hg.), Eigentum: Freiheit und Fluch. Ökonomische und biblische Einwürfe (KT 175), Gütersloh 2000, 107–144.

Levin, Christoph, The poor in the *Old Testament*. Some observations, in: R&T 8, 2001, 253–273.

Lienhard, Fritz/Bölle, Adrian, Zur *Sprache* befreit – Diakonische Christologie. Theologischer Umgang mit dem Leiden, Neukirchen-Vluyn 2013.

Liberti, V. (Hg.), *Ricchezza* e povertà nella bibbia, Rom 1991.

Lijphart, Arend, The *Politics* of Accomodation. Pluralism and Democracy in the Netherlands, Berkeley/Los Angeles 1968.

Lindblom, Charles, E., The Science of *Muddling-Through*, in: Public Administration Review 9, 1959, 79–88.

Lindemann, Andreas, Der erste *Korintherbrief*, in: HNT 9.1, Tübingen 2000.

Lob-Hüdepohl, Andreas, *Vermarktlichung* des Sozialstaates? – Anmerkungen aus sozialethischer Sicht, in: Detlef Aufderheide/Martin Dabrowski (Hg.), Markt und Wettbewerb in der Sozialwirtschaft. Wirtschaftsethische und moralökonomische Perspektiven für den Pflegesektor, Berlin 2007, 109–119.

–, »*Community Organizing*« als Perspektive diakonischer Pastoral –

Praktisch-theologische Anmerkungen, in: Eugen Baldas, Community Organizing. Menschen gestalten ihren Sozialraum, Freibung 2010, 113–122.

Lohfink, Norbert, *Kohelet* und die Banken: zur Übersetzung von Kohelet V 12–16, in: VT 39, 1989, 488–495.

–, Die *Sorge* um die Armen im Alten Orient und in Israel (Impulse für die Pastorale Arbeit 5), Wien 1991.

Löhr, Winrich A., *Theodotus* der Lederarbeiter und Theodotus der Bankier – ein Beitrag zur römischen Theologiegeschichte des zweiten und dritten Jahrhunderts, in: ZNW 87, 1996, 101–125.

Lubatsch, Heike, *Führung* macht den Unterschied. Arbeitsbedingungen diakonischer Pflege im Krankenhaus (SI konkret 5), Berlin 2012.

Lämmlin, Georg, Protestantische *Religionspraxis* in der post-säkularen Gesellschaft. Studien zur Zukunft der Volkskirche, Berlin 2013.

Lukatis, Wolfgang/Wegner, Gerhard (Hg.), Das Christentum auf der *Expo* 2000, Würzburg 2001.

Luz, Ulrich, Biblische *Grundlagen* der Diakonie, in: Günter Ruddat/Gerhard K. Schäfer (Hg.), Diakonisches Kompendium, Göttingen 2005, 17–35.

Maaser, Wolfgang, *Werteorientierung* und Qualitätssicherung im Kontext Sozialer Arbeit, in: Christof Beckmann u. a. (Hg.), Qualität in der Sozialen Arbeit. Zwischen Nutzerinteresse und Kostenkontrolle, Wiesbaden 2004, 235–250.

–, *Wohlfahrtsverbände* und gesellschaftliche Solidarität – Problemdiagnosen zum Verhältnis von partikularen Hilfekulturen und Gerechtigkeitsansprüchen, in: Joachim Hruschka/Jan C. Joerden (Hg.), Grund und Grenzen der Solidarität in Recht und Ethik. Jahrbuch für Recht und Ethik 22, 2014, 349–363.

–, *Diakonie*, in: GlLern 29, 2014, 3–16.

Mahling, Friedrich, Art. *Diakonie*, RGG^2 1, 1927, 1903–1908.

Maimonides, Moses, *Mischne Tora*. Berlin 1862.

Manzeschke, Arne, *Eigeninteresse* und Verantwortung. Zur notwendigen Revision des homo-oeconomicus-Modells, in: Ders. (Hg.), Sei ökonomisch!. Prägende Menschenbilder zwischen Modellbildung und Wirkmächtigkeit (LGG 30), Münster 2010, 131–162.

Martin, Clarice J., Es liegt im *Blick* – Sklaven in den Gemeinschaften der Christus-Gläubigen, in: Richard A. Horsley (Hg.), Die ersten Christen. Sozialgeschichte des Christentums Bd. 1, Gütersloh 2007, 251–270.

Mathys, Hans-Peter, *Liebe* deinen Nächsten wie dich selbst. Untersuchungen zum alttestamentlichen Gebot der Nächstenliebe (Lev 19,18) (OBO 71), Freiburg (Schweiz) 1986.

Merchel, Joachim, *Trägerstrukturen* in der Sozialen Arbeit. Eine Einführung, Weinheim ²2008.

Merz, Rainer, *Diakonische Professionalität.* Zur wissenschaftlichen Rekonstruktion des beruflichen Selbstkonzeptes von Diakoninnen und Diakonen (VDWI 33), Heidelberg 2007.

Merz, Rainer/Schindler, Ulrich/Schmidt, Heinz (Hg.), *Dienst* und Profession. Diakoninnen und Diakone zwischen Anspruch und Wirklichkeit. Heidelberg 2008.

Meyer, Michael/Leitner, Johannes, *Warnung*: Zu viel Management kann Ihre NPO zerstören. Managerialismus und seine Folgen in NPO, in: Andreas Langer/Andreas Schröer (Hg.), Professionalisierung im Nonprofit-Management, Wiesbaden 2011, 87–104.

Mittelstrass, Jürgen, *Transdisziplinarität* – wissenschaftliche Zukunft und institutionelle Wirklichkeit, Konstanz 2003.

Moenikes, Ansgar, Der sozial-egalitäre Impetus der *Bibel* Jesu und das Liebesgebot als Quintessenz der Tora, Würzburg 2007.

Möhring-Hesse, Matthias, Diakonische *Inklusion.* Die Option für die Armen unter den Bedingungen des aktivierenden Sozialstaats, in: Ethik und Gesellschaft 1/2007, 1–65.

Mollat, Michael, Die Armen im *Mittelalter,* München 1984.

Molnar-Hidvegi, Nora, Art. Witwe und Waise (AT), Wibilex, 2010, letzter Aufruf: 01.03.2016.

Moltmann, Jürgen, Diakonie im *Horizont* des Reiches Gottes. Schritte zum Diakonentum aller Gläubigen. Neukirchen-Vluyn 1977.

–, Diakonie im Horizont des *Reich*es Gottes, Neukirchen-Vluyn ²1989.

Monopolkommission 1998, *Marktöffnung* umfassend verwirklichen. Zwölftes Hauptgutachten 1996/1997 (BT-Drucks. 13/11291), Monn 1998.

Mühlum, Albert/Walter, Joachim, *Diakoniewissenschaft* zwischen Theologie und Sozialarbeit, in: Arnd Götzelmann/Volker Herrmann/Jürgen Stein (Hg.), Diakonie der Versöhnung. Ethische Reflexion und soziale Arbeit in ökumenischer Verantwortung (FS Theodor Strohm), Stuttgart 1998, 277–289.

Müller, Klaus, Diakonie im *Dialog.* Eine Studie zu den Grundlagen sozialer Verantwortung im jüdisch-christlichen Gespräch (VDWI 11), Heidelberg 1999.

Neumann, Reinhard, In *Zeit-Brüche*n diakonisch handeln 1945–2013. Mit Beiträgen von Wilfried Brandt, Carl Christian Klein, Gert Müssig, Reinhard Neumann, Gottfried Schubert, Erhard Schübel, Martin Wolff, Thomas Zippert, Bielefeld 2013.

Newman, Janet, Modernising *Governance.* New Labour, Policy and Society, London/Thousand Oaks/New Delhi 2002.

Nitzsch, Carl Immanuel, Praktische *Theologie*, Bände I–III. Bonn 1847–1867.

Noack, Michael, Kompendium *Sozialraumorientierung*. Geschichte, theoretische Grundlagen, Methoden und kritische Positionen. Weinheim/Basel 2015.

Noller, Annette, Der *Diakonat* – historische Entwicklungen und gegenwärtige Herausforderungen, in: Dies./Ellen Eidt/Heinz Schmidt (Hg.), Diakonat – theologische und sozialwissenschaftliche Perspektiven auf ein kirchliches Amt, Stuttgart 2013, 42–84.

–, Diakonat und *Kirchenreform*. Empirische, historische und ekklesiologische Dimensionen einer diakonischen Kirche, Stuttgart 2016.

Noller, Annette/Höfflin, Peter, Diakonische und gemeindepädagogische Studien- und *Ausbildungsgänge*. Eine Erhebung im Raum der Evangelischen Kirche in Deutschland (EKD), Stuttgart 2015.

Noller, Annette/Fliege, Thomas, Diakonat und doppelte *Qualifikation* – drei Typen diakonischen Handelns. Ein Werkstattbericht, in: Annette Noller/Ellen Eidt/Heinz Schmidt (Hg.), Diakonat – theologische und sozialwissenschaftliche Perspektiven auf ein kirchliches Amt, Stuttgart 2013, 179–195.

Noller, Annette/Eidt, Ellen/Schmidt, Heinz (Hg.), Diakonat – theologische und sozialwissenschaftliche Perspektiven auf ein kirchliches Amt, Stuttgart 2013.

Nowak, Carsten, *Europarecht* nach Lissabon, Baden-Baden, 2011.

OECD, Social Impact *Investment*. Building the Evidence Base, Paris 2015 (www.oecd.org/sti/ind/social-impact-investment.pdf letzter Aufruf: 16.02.2016).

Oeming, Manfred, »Auge wurde ich dem Blinden, und Fuß dem Lahmen war ich!« (Hi 29,15). Zum theologischen Umgang mit *Behinderung* im Alten Testament, in: Johannes Eurich/Andreas Lob-Hüdepohl (Hg.), Inklusive Kirche (Behinderung – Theologie – Kirche 1), Stuttgart 2011, 81–100.

–, *Lichtblicke* der Mitmenschlichkeit. Umgang mit Behinderung im AT, in: RU heute 41, 2013, 7–12.

–, Behinderung als *Strafe*? Zum biblisch fundierten seelsorglichen Umgang mit dem Tun-Ergehen-Zusammenhang, in: Johannes Eurich/Andreas Lob-Hüdepohl (Hg.), Behinderung – Profile inklusiver Theologie, Diakonie und Kirche (Behinderung – Theologie – Kirche 7), Stuttgart 2014, 98–126.

Ohler, Annemarie, *Landbesitz* – Teilhabe am Gotteserbe. Alttestamentliche Vorstellungen von Grundbesitz, Grunderwerb und Solidarität mit den Armen, in: BiKi 36, 1981, 201–206.

Olyan, Saul M., *Disability* in the Hebrew Bible. Interpreting mental and Physical Differences, Cambridge u.a 2008.

Ökumenischer Rat der Kirchen (Hg.), Die Kirche für andere und die Kirche für die Welt im Ringen um *Strukturen* missionarischer Gemeinden, Schlussberichte. Schlussberichte des Referats der Verkündigung, Genf 1967.

Olk, Thomas, Vom »alten« zum »neuen« *Ehrenamt*, in: Blätter der Wohlfahrtspflege 136, 1989, 7–10.

Olk, Thomas/Klein, Ansgar/Hartnuss, Birger (Hg.), *Engagementpolitik*. Die Entwicklung der Zivilgesellschaft als politische Aufgabe, Wiesbaden 2010.

Olk, Thomas/Evers, Adalbert (Hg.), *Wohlfahrtspluralismus*. Vom Wohlfahrtsstaat zur Wohlfahrtsgesellschaft, Opladen 1996.

Ottnad, Adrian/Wahl, Stefanie/Miegel, Meinhard, Zwischen *Markt* und Mildtätigkeit. Die Bedeutung der freien Wohlfahrtspflege für Gesellschaft, Wirtschaft und Beschäftigung, Münschen 2000.

Otto, Eckard, Programme der sozialen *Gerechtigkeit*. Die neuassyrische an-durāru-Institution sozialen Ausgleichs und das deuteronomische Erlassjahr in Dtn 15., in: ZAR 3, 1997, 26–63.

Pannenberg, Wolfhart, Systematische *Theologie* Bd. 1, Göttingen 1988.

Papaderos, Alexandros K., Aspekte orthodoxer *Sozialethik*, in: Ingeborg Gabriel/Ders./Ulrich H. J. Körtner, Perspektiven ökumenischer Sozialethik. Der Auftrag der Kirchen im größeren Europa, Mainz 2005, 23–126.

Penta, Leo/Sander, Susanne, Community Organizing und *Bürgergesellschaft*. Einige Anmerkungen zur begrifflichen Klärung, in: Eugen Baldas, Community Organizing. Menschen gestalten ihren Sozialraum, Freibung 2010, 58–63.

Pesch, Rudolf, Die *Apostelgeschichte*, EKK 5/1, Zürich/Neukirchen-Vluyn 1986.

Philippi, Paul, *Christozentrische* Diakonie. Ein theologischer Entwurf, Stuttgart ^{2}1975.

–, Der systemantische Ort der *Diakonie* in der Theologie, in: Theodor Schober/Horst Seibert (Hg.), Theologie. Prägung und Deutung der kirchlichen Diakonie, Stuttgart 1982, 36–43.

Pickel, Gert, Religiöses *Sozialkapital*. Evangelische Kirche als Motor gesellschaftlichen Engagements, in: EKD (Hg.), Engagement und Indifferenz. Kirchenmitgliedschaft als soziale Praxis. V. EKD-Erhebung über Kirchenmitgliedschaft, Hannover 2014, 108–116.

Pickel, Gert/Gladkirch, Anja, *Säkularisierung*, religiöses Sozialkapital und Politik. Religiöses Sozialkapital als Faktor der Zivilgesellschaft und als kommunale Basis subjektiver Religiosität, in: Antonius Liedhegener/Ines-Jaqueline Werkner (Hg.), Religion zwischen Zivilgesellschaft und politischem System. Befunde – Positionen – Perspektiven, Wiesbaden 2011, 81–109.

Pollak, Detlef, Kirche zwischen Staat und *Zivilgesellschaft*. Überlegungen zum gesellschaftlichen Ort der Kirche in der westlichen Moderne, in: Ders., Rückkehr des Religiösen? Studien zum religiösen Wandel in Deutschland und Europa II, Tübingen 2009, 150–169.

Pompey, Heinrich, *Diakonie* im interreligiösen und interkulturellen Dialog, in: Günter Ruddat/Gerhard K. Schäfer (Hg.), Diakonisches Kompendium, Göttingen 2005, 158–186.

Porteous, Norman W., *Care* for the poor in the Old Testament, in: Ders. (Hg.), Living the Mystery. Collected Essays, Blackwell 1967, 143–155.

Prätorius, Ina (Hg.), Sich in *Beziehung* setzen. Zur Weltsicht der Freiheit in Bezogenheit, Königsstein/Taunus 2005.

Pratscher, Wilhelm, Der zweite *Clemensbrief*, in: KAV 3, Göttingen 2007.

Preuss, Horst Dietrich, Art. *Barmherzigkeit* I: Altes Testament, TRE 5, 1980, 215–224.

Priller, Eckhard/Zimmer, Annette/Anheier, Helmut K., *Der Dritte Sektor* in Deutschland. Entwicklungen, Potentiale, Erwartungen, in: APuZ 49, 9/1999, 13–17.

Prognos AG (Hg.), Kirchliche *Krankenhäuser* – werteorientiert, innovativ, wettbewerbsstark. Studie zu beitrag und Bedeutung kirchlicher Krankenhäuser im Gesundheitswesen in Deutschland, Basel 2009. (www.prognos.com/fileadmin/pdf/publikationsdatenbank/Prognos_Studie_Kirchliche_Krankenhaeuser_Oktober2009.pdf letzter Aufruf: 16.02.2016)

Putnam, Robert D./Goss, Kristin A., *Einleitung*, in: Robert D. Putnam (Hg.), Gesellschaft und Gemeinsinn. Sozialkapital im internationalen Vergleich, Gütersloh 2001, 15–44.

Räbiger, Julius Ferdinand, *Theologik* oder Encyklopädie, Leipzig 1880.

Rat der EKD (Hg.), Der *Entwicklungsdienst* der Kirche. Ein Beitrag für Frieden und Gerechtigkeit in der Welt. Eine Denkschrift der Kammer der Evangelischen Kirche in Deutschland für Kirchlichen Entwicklungsdienst, Gütersloh 1973.

– (Hg.), Es ist normal, verschieden zu sein. *Inklusion* leben in Kirche und Gesellschaft. Eine Orientierungshilfe des Rates der EKD, Gütersloh 2015.

Rausch, Stefanie, *Gemeinwesendiakonie* als strategische Orientierung kirchlicher Träger. Neue Perspektiven für kirchliche Gemeinden und Wohlfahrtsverbände auf der Stadtteilebene, Wiesbaden 2015.

REBER, JOACHIM, *Spiritualität* in sozialen Unternehmen. Mitarbeiterseelsorge, spirituelle Bildung, spirituelle Unternehmenskultur, Stuttgart 2009.

REESE-SCHÄFER, WALTER, *Grenzgötter* der Moral. Der neuere europäisch-amerikanische Diskurs zur politischen Ethik, Frankfurt 1997.

RIEDEL, HEINRICH, *Vorwort* zu: Brot für die Welt 1959/1960. Ein Bericht, in: Christian Berg (Hg.), Brot für die Welt. Dokumente, Berichte, Rufe, Berlin/Stuttgart 1962, 46–47.

RODD, CYRIL S., *Glimpses* of a strange Land. Studies in Old Testament Ethics (OTSt), Edinburgh 2001.

ROHRMANN, ECKHARD, *Mythen* und Realitäten des Anders-Seins. Gesellschaftliche Konstruktionen seit der frühen Neuzeit, Wiesbaden ²2011.

ROLOFF, JÜRGEN, Art. *Amt*/Ämter/Amtsverständnis IV: Neues Testament, TRE 2, 1978, 509–533.

ROOSE, HANNA, Art. *Sklaverei* (NT), Wibilex, 2010, letzter Aufruf: 23.02.2016.

ROSE, NIOKLAS, Tod des Sozialen? Eine *Neubestimmung* der Grenzen des Regierens, in: Ulrich Bröckling/Susanne Krasmann/Thomas Lemke (Hg.), Gouvernementalität der Gegenwart. Studien zur Ökonomisierung des Sozialen, Frankfurt 2000, 72–109.

RÖSER, KERSTIN, Lesen als ethischer Akt. Die Verantwortung der Lesenden in der Interpretation biblischer Texte, in: Marianne Heimbach-Steins/Georg Steins (Hg.), Bibelhermeneutik und christliche Sozialethik, Stuttgart 2012, 63–89.

ROSS, PAUL-STEFAN, Warum freiwilliges *Engagement* (wieder) ein Thema ist, in: Barbara Hanusa/Gerhard Hess/Ders. (Hg.), Engagiert in der Kirche. Ehrenamtsförderung durch Freiwilligenmanagement, Stuttgart 2010, 11–46.

ROTHE, RICHARD, Theologische *Ethik*, Bd. 1–3 [in zwei Bänden]. Wittenberg 1845–1848.

RUDDAT, GÜNTER/SCHÄFER, GERHARD K., *Diakonie* in der Gemeinde, in: Dies. (Hg.), Diakonisches Kompendium, Göttingen 2005, 203–227.

– (Hg.), Diakonisches *Kompendium*, Göttingen 2005.

RÜEGGER, HEINZ/SIGRIST, CHRISTOPH, *Diakonie* – Eine Einführung. Zur theologischen Begründung helfenden Handelns, Zürich 2011.

RUIZ, ELEUTERIO R., Das Land ist für die Armen da. *Psalm 37* und seine immer aktuelle Bedeutung (SBS 232), Stuttgart 2015.

SACHSSE, CHRISTOPH/TENNSTEDT, FLORIAN (Hg.), *Bettler*, Gauner und Proleten. Armut und Armenfürsorge in der deutschen Geschichte. Ein Bild-Lesebuch. Reinbek bei Hamburg 1983.

–, Geschichte der *Armenfürsorge* in Deutschland. *Bd. 1*: Vom Spätmittelalter bis zum 1. Weltkrieg, Stuttgart/Berlin/Köln [2]1998.

–, Geschichte der *Armenfürsorge* in Deutschland. *Bd. 2*: Fürsorge und Wohlfahrtspflege 1871 bis 1929, Stuttgart u.a. 1988.

–, Geschichte der *Armenfürsorge* in Deutschland. *Bd. 3*: Der Wohlfahrtsstaat im Nationalsozialismus, Stuttgart/Berlin/Köln 1992.

–, Geschichte der *Armenfürsorge* in Deutschland. *Bd. 4*: Fürsorge und Wohlfahrtspflege in der Nachkriegszeit 1945–1953, Stuttgart 2012.

Salamon, Lester M./Anheier, Helmut K., The emerging *nonprofit sector*. An overview, Manchester 1996.

Salzmann, Christian Gotthilf, *Carl von Carlsberg* oder über das menschliche Elend. Bd. 1 f, Karlsruhe 1783.

Sattler, Dietrich, *Anwalt* der Armen, Missionar der Kirche – Johann Hinrich Wichern (1808–1881), Norderstedt 2007.

Schäfer, Theodor, *Diakonik* oder Theorie und Geschichte der inneren Mission, in: Otto Zöckler (Hg.), Handbuch der theologischen Wissenschaften in encyklopädischer Darstellung Bd. 4, München [3]1890, 511–597

Schäfer, Gerhard K., Evangelisch-theologische *Konzeptionen* und Diskussionslinien der Diakonie, in: Günter Ruddat/Gerhard K. Schäfer (Hg.), Diakonisches Kompendium, Göttingen 2005, 91–121.

–, *Aspekte* und Linien der theologischen Diskussion um die Diakonie nach 1945, in: Volker Herrmann/Martin Horstmann (Hg.), Studienbuch Diakonik I. Biblische, historische und theologische Zugänge zur Diakonie, Neukirchen-Vluyn 2006, 249–256.

–, Kirche und Diakonie. Bestandsaufnahmen und Perspektiven, in: Heinz Schmidt/Klaus D. Hildemann (Hg.) Nächstenliebe und Organisation, Leipzig 2012, 124–148.

Schäfer, Gerhard K./Herrmann, Volker, Geschichtliche *Entwicklungen* der Diakonie, in: Günter Ruddat/Gerhard K. Schäfer (Hg.), Diakonisches Kompendium, Göttingen 2005, 36–87.

Schäfer, Gerhard K./Strohm, Theodor (Hg.), *Diakonie* – biblische Grundlagen und Orientierung. Ein Arbeitsbuch (VDWI 2), Heidelberg [3]1998.

Schäfer, Gerhard K./Maaser, Wolfgang, (Hg.), *Geschichte* der Diakonie in Quellen. Vom Anfang des 19. Jahrhunderts bis zur Gegenwart, Neukirchen-Vluyn 2016, 568–621.(im Erscheinen)

Schäfer, Gerhard K. u.a. (Hg.), *Nah dran*. Werkstattbuch für Gemeindediakonie, Neukirchen-Vluyn 2015.

Schäfer-Lichtenberger, Christa/Schottroff, Luise, Art. *Schulden*, in: Frank Crüsemann u.a. (Hg.), Sozialgeschichtliches Wörterbuch zur Bibel, Gütersloh 2009, 509–515.

Schäper, Sabine, Ökonomisierung in der Behindertenhilfe. Praktisch-theologische Rekonstruktionen und Erkundungen zu den Ambivalenzen eines diakonischen Praxisfeldes (Diakonik 5), Berlin 2006.

Schapdick, Stefan, The *Collection* for the Saints in Jerusalem on mia sabbatou (1 Cor 16, 2), in: Christopher Tuckett (Hg.), Feasts and Festivals, Leuven/Paris 2009, 147–161.

Schedler, Kuno/Rüegg-Stürm, Johannes, *Bearbeitungsstrategien* mulitpler Rationalitäten, in: Dies. (Hg.), Multirationales Management. Der erfolgreiche Umgang mit widersprüchlichen Anforderungen an die Organisation, Bern 2013, 185–227.

Schein, Edgar H., *Unternehmenskultur.* Ein Handbuch für Führungskräfte, Frankfurt/New York 1995.

Schellenberg, Annette, *Hilfe* für Witwen und Waisen. Ein gemeinaltorientalisches Motiv in wechselnden alttestamentlichen Diskussionszusammenhängen, in: ZAW 124, 2012, 180–200.

Schendel, Gunther, Zivilgesellschaftliche *Potentiale.* Warum die Kirchen einen wichtigen Beitrag zur Zivilgesellschaft leisten (und wie sie selbst davon profitieren können), in: eNewsletter Wegweiser Bürgergesellschaft 10, 2015 vom 03.06.2015.

Schenker, Adrian, Die *Freilassung* der hebräischen Sklaven nach Dtn 15,12 und Jer 34,8–22, in: Ders., Recht und Kult im Alten Testament. Achtzehn Studien (OBO 172), Freiburg (Schweiz)/Göttingen 2000, 150–157.

Scheuerle, Thomas u.a., Social *Entrepreneurship* in Deutschland. Potentiale und Wachstumsproblematiken. Gesamtreport, Heidelberg 2013.

Schian, Martin, Art. *Innere Mission* (in der deutschen evangelischen Kirche), RGG[1] 3, 1912, 515–537.

Schibilsky, Michael, *Ethik* der Menschenwürde. Das Menschenbild in der Diakonie, in: Des. (Hg.), Kursbuch Diakonie, Neukirchen-Vluyn 1991, 209–227.

Schiefer Ferrari, Markus, (Un)gestörte *Lektüre* von Lk 14,12–14. Deutung, Differenz und Disability, in: Wolfgang Grünstäudl/Markus Schiefer Ferrari (Hg.), Gestörte Lektüre. Disability als hermeneutische Leitkategorie biblischer Exegese (Behinderung – Theologie – Kirche 4), Stuttgart 2012, 13–47.

Schleiermacher, Friedrich D.E., Die praktische *Theologie* nach den Grundsätzen der evangelischen Kirche im Zusammenhang dargestellt, hg. von Jacob Frerichs, Berlin 1850.

Schmidt, Heinz, *Gerechtigkeit* und Liebe im Dienst der Versöhnung. Zum Ethos diakonischen Handelns und Lernens, in: Norbert Collmar/Christian Rose (Hg.), Das Soziale lernen – das Soziale tun. Spurensuche zwischen Diakonie, Religionspädagogik und sozialer Arbeit, Neukirchen-Vluyn 2003, 27–38.

–, *Zusammenschau* und Ausblicke, in: Anette Noller/Ellen Eidt/Heinz Schmidt (Hg.), Diakonat. Theologische und sozialwissenschaftliche Perspektiven auf ein kirchliches Amt (Diakonat – Theoriekonzepte und Praxisentwicklung 3), Stuttgart 2013, 330–344.

Schmidt, Heinz/Kiessling, Klaus (Hg.), Diakonisch *Menschen* bilden. Motivationen – Grundierungen – Impulse, Stuttgart 2014.

Schmidt, Josef, *Wohlfahrtsstaaten* im Vergleich, Wiesbaden 2010.

Schmidt, Reinhard K. W., Zur Konstruktion der *Sozialität* durch Diakonie, Frankfurt/München 1976.

Schmuhl, Hans-Walter/Winkler, Ulrike, »Als wären wir zur Strafe hier«. *Gewalt* gegen Menschen mit geistiger Behinderung – der Wittekindhof in den 1950er und 1960er Jahren, Bielefeld 2011.

–, »Der das Schreien der jungen Raben nicht überhört«. Der *Wittekindshof* – eine Einrichtung für Menschen mit geistiger Behinderung, 1887–2012, Bielefeld 2012.

Schneider-Harpprecht, Christoph, *Diakonik*, in: Christian Grethlein/Helmut Schwier (Hg.), Praktische Theologie. Eine Theorie- und Problemgeschichte. Leipzig 2007, 733–792.

Schneider-Harpprecht, Christoph/Schweitzer, Friedrich, *Interkulturelles Lernen* in Theologie und Diakoniewissenschaft, in: Michael Schibilsky/Renate Zitt (Hg.), Theologie der Diakonie, Gütersloh 2004, 500–521.

Schneiders, Katrin, Die *Internationalisierung* der Pflegesektors, in: Hans-Georg Soeffner (Hg.), Transnationale Vergesellschaftungen. Verhandlungen des 35. Kongresses der Deutschen Gesellschaft für Soziologie in Frankfurt am Main 2010 Bd. 2, Wiesbaden 2012.

Schorch, Stefan, Art. *Behinderung* (AT), Wibilex, 2008, letzter Aufruf: 23.02.2016.

Schreiner, Ottmar, Das kirchliche *Arbeitsrecht* in der politischen Bewertung, Eichstätt 2012.

Schröder, Gerhard/Blair, Tony, Der Weg nach vorne für Europas *Sozialdemokraten*, in: Blätter für deutsche und internationale Politik 7, 1999, 887–896.

Schröter, Jens, *Jesus* von Nazareth. Jude aus Galiläa – Retter der Welt (Biblische Gestalten 15), Leipzig [4]2012.

Schulte, Bernd, Das deutsche System der sozialen *Sicherheit*. Ein Überblick, in: Jutta Allmendinger/Wolfgang Ludwig-Mayerhofer (Hg.), Soziologie des Sozialstaats. Gesellschaftliche Grundlagen, historische Zusammenhänge und aktuelle Entwicklungstendenzen, Weinheim/München 2000, 15–38.

Schulz, Andreas D., *Organisationen* zwischen Markt, Staat und Zivilgesellschaft. Arbeitsmarktförderung von Langzeitarbeitslosen im Deutschen Caritasverband, Wiesbaden 2010.

Schulz, Claudia, Empirische *Forschung* als Praktische Theologie. Theoretische Grundlagen und sachgerechte Anwendung, Göttingen 2013.

Schulz-Weidner, Wolfgang/Wölfle, Ilka, Art. Soziale *Sicherheit* in der Europäischen Union, Lexikon der Sozialen Arbeit, Berlin 2011, 809–810.

Schütz, Hans-Georg, Mobile *Standort-Bestimmung.* Diakonie zwischen Kirche und Gesellschaft, in Michael Schibilsky (Hg.), Kursbuch Diakonie, Neukirchen-Vluyn 1991, 127–142.

Schütze, Otto, Die *Innere Mission* in Schlesien. Hamburg 1883.

Schwantes, Milton, Das *Recht der Armen*, Frankfurt 1977.

–, Es fließe das Recht der Armen. Die Armen und die *Bibel*, Ordensnachrichten 41, 2002, 3–10.

Sechste Altenberichtskommision (Hg.), Sechster *Bericht* zur Lage der älteren Generation in der Bundesrepublik Deutschland. Altersbilder in der Gesellschaft, Berlin 2010. (www.bmfsfj.de/RedaktionBMFSFJ/Pressestelle/Pdf-Anlagen/sechster-altenbericht,property=pdf,bereich=bmfsfj,sprache=de,rwb=true.pdf letzter Aufruf: 16.02.2016)

Seeligmann, Isac Leo, *Darlehen*, Bürgschaft und Zins in Recht und Gedankenwelt der hebräischen Bibel, in: Ders., Gesammelte Studien zur Hebräischen Bibel (FAT 41), Tübingen 2004, 319–348.

Segbers, Franz, Die *Hausordnung* der Tora. Biblische Impulse für eine theologische Wirtschaftsethik (Theologie in Geschichte und Gesellschaft 7), Luzern ^{3}2002.

Seibert, Horst, *Gedanken* zur theologischen Begründung gegenwärtiger Diakonie durch den Bezug auf die Diakonie Jesu – Ein Plädoyer für eine exegetische orientierte Theologie der Diakonie, in: Theodor Schober/Horst Seibert (Hg.), Theologie. Prägung und Deutung der kirchlichen Diakonie, Stuttgart 1982, 237–253.

–, Diakonie. *Hilfehandeln* Jesu und Soziale Arbeit des Diakonischen Werkes. Eine Überprüfung der Gegenwärtigen Diakonie an ihrem theologischen und sozialen Anspruch, Gütersloh 1983.

Seitz, Klaus, *Diaconia* and Ecological Crisis. Challenges for International Diaconia, in: Johannes Eurich/Ingolf Hübner (Hg.), Diaconia against Poverty and Exclusion in Europe, Leipzig 2013, 90–102.

Sen, Amartya, Rationale *Trottel.* Eine Kritik der behavioristischen Grundlagen der Wirtschaftstheorie, in: Stefan Gosepath (Hg.), Motive, Gründe, Zwecke. Theorien praktischer Rationalität, Frankfurt 1999, 76–104.

–, Ökonomie für den Menschen. Wege zu Gerechtigkeit und Solidarität in der Marktwirtschaft, München 2000.

Siegrist, Johannes, Sozial ungleiche *Gesundheitschancen*. Prävention als solidarisches Handeln, in: Anja K. Weilert (Hg.), Gesundheitsverantwortung zwischen Markt und Staat. Interdisziplinäre Zugänge, Baden-Baden 2015, 257–274.

Siegrist, Johannes/Marmot, Michael, *Einleitung*, in: Dies. (Hg.), Soziale Ungleichheit und Gesundheit. Erklärungsansätze und gesundheitspolitische Folgerungen, Bern 2008, 15–44.

Sigrist, Christoph, Kirchen Diakonie *Raum*. Untersuchungen zu einer diakonischen Nutzung von Kirchenräumen, Zürich 2014.

–, Diakonische Räume als *Bildungsorte*, in: Klaus Kiessling/Heinz Schmidt (Hg.), Diakonisch Menschen bilden. Motivationen, Grundierungen, Impulse, Stuttgart 2014, 49–66.

–, *Das Eigene* der Diakonie, in: Matthias Mettner/Joseph Jung (Hg.), Das eigene Leben – jemand sein dürfen, statt etwas sein müssen, Zürich 2015, 45–58.

Sigrist, Christoph/Rüegger, Heinz (Hg.), Helfendes *Handeln* im Spannungsfeld theologischer Begründungszusammenhänge, Zürich 2014.

Simons, Eduard, Art. *Armenpflege*, kirchliche, RGG[1] 1, 1909, 707–715.

Smith, Adam, Der *Wohlstand* der Nationen. Eine Untersuchung der Natur und seiner Ursachen, Frankfurt [4]1988.

Söding, Thomas, »Nicht bedient zu werden, sondern zu dienen« (Mk 10,45). Diakonie und Diakonat im *Licht* des Neuen Testaments, in: Klemens Armbruster/Matthias Mühl (Hg.), Bereit wozu? Geweiht für was? Zur Diskussion um den Ständigen Diakonat (QD 232), Freiburg u. a. 2009, 30–62.

Spenn, Matthias u. a. (Hg.), *Handbuch*. Arbeit mit Kindern – Evangelische Perspektiven, Gütersloh 2007.

Staib, Tobias, Diakonisches Hilfehandeln als Vertrauensbeziehung. Eine institutionenökonomische Analyse unter besonderer Berücksichtigung diakonischer Finanzierungsstrukturen (VDWI 51), Leipzig 2013.

Städtler-Mach, Barbara, Zukunft des Helfens und der Dienstleistung, in: Heinz Schmidt/Klaus D. Hildemann (Hg.), Nächstenliebe und Organisation. Zur Zukunft einer polyhybriden in zivilgesellschaftlicher Perspektive (VWGTh 37), Leipzig 2012, 349–365.

Standhartinger, Angela, *Witwen* im Neuen Testament, in: Adelheid. M. von Hauff (Hg.), Frauen gestalten Diakonie. Bd 1: Von der biblischen Zeit bis zum Pietismus, Stuttgart 2007, 141–154.

Starnitzke, Dierk, Diakonie in biblischer *Orientierung*. Biblische Grundlagen – ethische Konkretionen – diakonisches Leitungshandeln, Stuttgart 2011.

–, Überlegungen zum wissenschaftstheoretischen Profil der Diakoniewissenschaft – aus theologischer Sicht, in: Matthias Benad/Martin Büscher/Udo Krolzik (Hg.), Diakoniewissenschaft und Diakoniemanagement an der Kirchlichen Hochschule Wuppertal/Bethel. Interdisziplinarität, Normativität, Theorie-Praxis-Verbindung, Baden-Baden 2015, 27–37.

Statistisches Bundesamt (Hg.), 20,3 % der *Bevölkerung* Deutschlands von Armut oder sozialer Ausgrenzung betroffen, Wiesbaden 2014 (www.destatis.de/DE/PresseService/Presse/Pressemitteilungen/2014/12/PD14_454_634.html letzter Aufruf: 16.02.2016)

Steinacker, Hans/Schnetter, Oskar in Verbindung mit dem »Evangelischen Seniorenwerk – Bundesverband für Frauen und Männer im Ruhestand e. V., Johann Hinrich *Wichern*. Ein Menschenfischer aus Passion. Neuhausen-Stuttgart 1998.

Steinkamp, Hermann, Diakonisches *Handeln*, in: Edmund Arens (Hg.), Gottesrede – Glaubenspraxis. Perspektiven theologischer Handlungstheorie, Darmstadt 1994, 134–139.

–, Selbsthilfe- und *Initiativgruppen*, in: Günter Ruddat/Gerhard K. Schäfer (Hg.), Diakonisches Kompendium, Göttingen 2005, 189–202.

–, *Diakonie statt Pastoral*. Ein überfälliger Perspektivenwechsel, Berlin 2012.

Stegemann, Ekkehard, Zwischen *Juden* und Heiden, aber »mehr« als Juden und Heiden? Neutestamentliche Anmerkungen zur Identitätsproblematik des frühen Christentums (KuI 9), 1994, 53–69.

Stol, Marten/Vleeming, Sven P., The care of the elderly in the ancient *Near East* (SHANE 14), Leiden/Boston/Köln 1998.

Stolz, Jörg/Ballif, Edmée, Die *Zukunft* der Reformierten. Gesellschaftliche Megatrends – kirchliche Reaktionen, Zürich ^{2}2010.

Strauss, Hans, »Armut« und »Reichtum« im *Horizont* biblischer, vor allem alttestamentlicher Aussagen, in: Frank Crüsemann (Hg.), Was ist der Mensch …?. Beiträge zur Anthropologie des Alten Testaments. FS Hans Walter Wolff, München 1992, 179–193.

Strecker, Christian, *Jesus* und die Besessenen. Zum Umgang mit Alterität im Neuen Testament am Beispiel der Exorzismen Jesu, in: Wolfgang Stegemann/Bruce J. Malina/Gerd Theißen (Hg.), Jesus in neuen Kontexten, Stuttgart 2002, 53–63.

Strohm, Theodor, Art. *Diakoniewissenschaft*, RGG^{4} 2, 1998, 801–803.

–, »Wichern drei«. Die neue *Kultur* des Sozialen, in: ZEE 42, 1998, 171–175.

–, Diakonie der *Versöhnung* und ihre aktuellen Konsequenzen, in: Michael Schibilsky/Renate Zitt (Hg.), Theologie und Diakonie, Gütersloh 2004, 150–161.

–, Die permanente *Herausforderung*. Zum Verhältnis von Theologie und Diakonie seit Wichern, in: Volker Herrmann/Martin Horstmann (Hg.), Studienbuch Diakonik I. Biblische, historische und theologische Zugänge zur Diakonie, Neukirchen-Vluyn 2006, 237–248.

–, *Wichern drei* – auf dem Weg zu einer neuen Kultur des Sozialen, in: Volker Herrmann/Martin Horstmann (Hg.), Wichern drei – gemeinwesendiakonische Impulse, Neukirchen- Vluyn 2010, 17–25.

–, *Thesen* zu: Ökumenische Diakonie im Horizont des Reiches Gottes, in: International Journal of Orthodox Theology 3.1, 2012, 142–162.

Strohm, Theodor/Bierlein, Karl heinz, Diakonie als *Versöhnung* – Kirche und Diakonie, in: Michael Schibilsky/Renate Zitt (Hg.), Theologie und Diakonie, Gütersloh 2004, 150–166.

Strotmann, Angelika, Der historische *Jesus*. Eine Einführung, Paderborn 2012.

Stutz, Ulrich, Das *Studium* des Kirchenrechts an den deutschen Universitäten, in: Deutsche Akademische Rundschau 6.5, 1924, 1–4.

Süssmilch, Johann Peter, Die göttlichen *Ordnungen* in den Veränderungen des menschlichen Geschlechts aus der Geburt, dem Tode und der Fortpflanzung derselben erwiesen, Berlin [2]1762.

Taylor, Charles, Negative Freiheit? Zur Kritik des neuzeitlichen Individualismus, Frankfurt 1988.

Theissen, Gerd, Universales *Hilfsethos* im Neuen Testament? Mt 25, 31–46 und Lk 10, 25–37 und das christliche Verständnis des Helfens, in: GlLern 15, 2000, 22–37.

–, Die *Jesusbewegung*. Sozialgeschichte einer Revolution der Werte, Gütersloh 2004.

–, Die Bibel diakonisch lesen. Die *Legitimitätskrise* des Helfens und der barmherzige Samariter, in: Volker Herrmann/Martin Horstmann (Hg.), Studienbuch Diakonik I. Biblische, historische und theologische Zugänge zur Diakonie, Neukirchen-Vluyn 2006, 88–116.

Theissen, Gerd/Merz, Annette, Der historische *Jesus*. Ein Lehrbuch, Göttingen [4]2011.

Thiel, Winfried, *Gerechtigkeit* als Gemeinschaftsgemäßheit. Alttestamentliche Perspektiven, in: Peter Dabrock u.a. (Hg.), Kriterien der Gerechtigkeit. Begründungen – Anwendungen – Vermittlungen, Gütersloh 2003, 19–29

Thies, Reinhard/Karin Vorhoff (Hg.), *Kirche* als zivilgesellschaftlicher Akteur in Netzwerken der Stadtentwicklung. Erfahrungen, Handlungsempfehlungen, Perspektiven. Kirche findet Stadt, Berlin 2013.

(www.kirche-findet-stadt.de/pdf/downloads/KfS-Dokumentation-2013_web.pdf letzter Aufruf: 16.02.2016).

THRAEDE, KLAUS, Diakonie und *Kirchenfinanzen* im Frühchristentum, in: Wolfgang Lienemann (Hg.), Die Finanzen der Kirche, München 1989, 555–573.

–, Soziales Verhalten und *Wohlfahrtspflege* in der griechisch-römischen Antike (späte Republik und frühe Kaiserzeit), in: Gerhard K. Schäfer/Theodor Strom (Hg.), Diakonie – biblische Grundlagen und Orientierungen. Ein Arbeitsbuch zur theologischen Verständigung über den diakonischen Auftrag (VDWI 2), Heidelberg 1990, 44–63.

TURRE, REINHARD, *Diakonik*. Grundlegung und Gestaltung der Diakonie, Neukirchen-Vluyn 1991.

UHLHORN, GERHARD, Die christliche *Liebesthätigkeit*. Neukirchen [2]1895.

VEDD (Hg.), Was sollen Diakone und Diakoninnen können? *Kompetenzmatrix* für die Ausbildung von Diakoninnen und Diakonen im Rahmen der doppelten Qualifikation. erarbeitet und beschlossen von der »Ständigen Konferenz der Ausbildungsleiter und -leiterinnen im VEDD« (KAL) im Frühjahr 2004, in: Impuls III/2004, Kassel, 2004. (www.vedd.de/obj/Bilder_und_Dokumente/pdf-Daten/Impulse/Impuls200403.pdf letzter Aufruf: 16.02.2016)

WAGNER, JOCHEN, Die *Anfänge* des Amtes in der Kirche. Presbyter und Episkopen in der frühchristlichen Literatur (TANZ 53), Tübingen 2011.

WALZER, MICHAEL, Zivile *Gesellschaft* und amerikanische Demokratie, Berlin 1992.

WEBER, MAX, Die »*Objektivität*« sozialwissenschaftlicher und sozialpolitischer Erkenntnis, in: Ders., Gesammelte Aufsätze zur Wissenschaftslehre. Hg. v. Johannes Winckelmann, Tübingen 1988, 146–214.

WEISSENRIEDER, ANNETTE, Die *Plage* der Unreinheit? Das antike Krankheitskonstrukt »Blutfluss« in Lk 8,43–48, in: Wolfgang Stegemann/Bruce J. Malina/Gerd Theißen (Hg.), Jesus in neuen Kontexten, Stuttgart 2002, 75–85.

–, Images of *Illness* in the Gospel of Luke (WUNT 2/164), Tübingen 2003.

WENDLAND, HEINZ-DIETRICH, Die *Kirche* in der modernen Gesellschaft. Entscheidungsfragen für das kirchliche Handeln im Zeitalter der Massenwelt, Hamburg 1956.

–, *Christus Diakonos*, Christus Doulos. Zur theologischen Begründung der Diakonie (1962), in: Volker Herrmann (Hg.), »Liturgie und Diakonie«. Zu Leben und Werk von Herbert Krimm (DWI-Info.S 3), Heidelberg 2003, 110–122.

WENGST, KLAUS, Das Johannesevangelium II. Kapitel 11–21 (ThKNT 4.2), Stuttgart [2]2007.

–, Das *Regierungsprogramm* des Himmelreichs. Eine Auslegung der Bergpredigt in ihrem jüdischen Kontext, Stuttgart 2010

Wensierski, Peter, *Schläge* im Namen des Herrn. Die verdrängte Geschichte der Heimkinder in der Bundesrepublik, München 2006.

Weth, Rudolf, Der eine *Gott* der Diakonie. Diakonie als Problem und Aufgabe Biblischer Theologie, in: Volker Herrmann/Martin Horstmann (Hg.), Studienbuch Diakonik I. Biblische, historische und theologische Zugänge zur Diakonie, Neukirchen-Vluyn 2006, 42–57

Wichern, Johann Hinrich, Die *Innere Mission* der deutschen evangelischen Kirche. Eine Denkschrift an die dieutsche Nation; zum hundertjährigen Bestehen des Centralausschusses, hg. v. Martin Gerhardt, Hamburg 1948.

–, Ausgewählte *Schriften*, Bd. 3, hg. von Karl Jansen und Rudolph Sieverts, Gütersloh 1962.

–, Erklärung, *Rede* und Vortrag auf dem Wittenberger Kirchentag (1848), in: Ders., Sämtliche Werke, Bd. I: Die Kirche und ihr soziales Handeln. Grundsätzliches und Allgemeines, hg. v. Meinhold, Peter, Berlin/Hamburg, 1962, 155–171.

–, Einleitende *Bemerkungen* Wicherns zu seinem Gutachten über die Diakonie und den Diakonat (1856), in: Ders., Sämtliche Werke, Bd. III/1, hg. von Peter Meinhold, Berlin/Hamburg 1968.

–, *Gutachten* über die Diakonie und den Diakonat (1856), in: Ders., Sämtliche Werke, Bd. III/1, hg. v. Peter Meinold, Berlin/Hamburg 1968, 130–184.

Wilhelm, Dorothee, *Wer heilt* hier wen? Und vor allem: wovon? Über biblische Heilungsgeschichten und andere Ärgernisse, in: Schlangenbrut 62, 1998, 10–12.

Willems, Ulrich, *Entwicklung*, Interesse und Moral. Die Entwicklungspolitik der Evangelischen Kirche in Deutschland, Opladen 1998.

Windhoff-Heritier, Adrienne, Institutionelle *Interessenvermittlung* im Sozialsektor. Strukturmuster verbandlicher Beteiligung und deren Folgen, in: Hans-Hermann Hartwich (Hg.), Macht und Ohnmacht politischer Institutionen, Opladen 1989, 158–176.

Wittmütz, Volkmar, 100 Jahre *Bergische Diakonie* Aprath. ›Niemanden und nichts aufgeben‹ (Karl Heinersdorff) (SVRKG 69), Köln 1982.

Wolf, Erik, Zur rechtstheologischen *Dialektik* von Recht und Liebe (1961), in: Ders., Rechtstheologische Studien, Frankfurt 1972, 115–137.

Wolff, Christian, Der zweite Brief des Paulus an die *Korinther*, ThKNT 8, Berlin [2]2011.

Württembergische Landeskirche (Hg.), *Diakonisches Handeln* in Kirchengemeinde und Kirchenbezirk, Stuttgart 2006.

ZACHER, HANS F./KESSLER, FRANCIS, Die Rolle der öffentlichen *Verwaltung* und der privaten Träger in der sozialen Sicherheit, in: Zeitschrift für internationales Arbeits- und Sozialrecht 4, 1990, 97–157.

ZAPF, WOLFGANG, Über soziale *Innovationen*, in: Soziale Welt 40.1–2, 1989, 170–183.

ZEHNDER, MARKUS, Art. *Fremder* (AT) Wibilex, 2009, letzter Aufruf: 23.02.2016.

ZELLFELDER-HELD, PAUL-HERMANN, Solidarische *Gemeinde*. Ein Praxisbuch für diakonische Gemeindeentwicklung, Neuendettelsau 2002.

ZIMMER, ANDREAS u.a., Sexueller *Kindesmissbrauch* in kirchlichen Institutionen – Zeugnisse, Hinweise, Prävention. Erebnisse der Auswertung der Hotline der Deutschen Bischofskonferenz für Opfer sexuelle Gewalt, Weinheim/Basel 2014.

ZIMMER, ANNETTE/PAULSEN, FRIEDRICH/HALLMANN, THORSTEN, Zur volkswirtschaftlichen Bedeutung der *Sozialwirtschaft*, in: Ulli Arnold u.a. (Hg.), Lehrbuch der Sozialwirtschaft, Baden-Baden [4]2014, 185–205

ZIPPERT, THOMAS, Das *Diakonenamt* in einer Kirche wachsender Ungleichheit. Neubegründung seiner Normalität neben Pfarr- und Lehramt, in: Rainer Merz/Ulrich Schindler/Heinz Schmidt (Hg.), Dienst und Profession. Diakoninnen und Diakone zwischen Anspruch und Wirklichkeit (VDWI 34), Heidelberg 2008, 46–69.

–, *Ausbildung*, in: Neumann, Reinhard, In Zeit-Brüchen diakonisch handeln 1945–2013. mit Beiträgen von Wilfried Brandt, Carl Christian Klein, Gert Müssig, Reinhard Neumann, Gottfried Schubert, Erhard Schübel, Martin Wolff, Thomas Zippert, Bielefeld 2013, 447–533.

–, Sozialräumliches *Wahrnehmen*, in: Renate Zitt u.a., Wahrnehmen (Theologie und Soziale Wirklichkeit. Studium – Lehre – Praxis 2), Stuttgart 2013, 182–208.

ZITT, RENATE, Zwischen Innerer Mission und staatlicher *Sozialpolitik*. Der protestantische Sozialreformer Theodor Lohmann (1831–1905). Eine Studie zum sozialen Protestantismus im 19. Jahrhundert, Heidelberg 1997.

– Diakonische *Perspektiven* für theologische Bildung und Ausbildung, in: Helmut Hanischt/Heinz Schmidt (Hg.), Diakonische Bildung, Heidelberg 2004, 194–218.

ZITT, RENATE u.a., *Wahrnehmen* (Theologie und Soziale Wirklichkeit. Studium – Lehre – Praxis 2), Stuttgart 2013.

Webseiten

www.sustainabledevelopment.un.org/post2015/summit, letzter Aufruf: 08.03.2016.

www.allianz.com/v_1443701019000/media/economic_research/research_data/german_documents/vermoegen_privater_haushalte/VermphW.pdf, letzter Aufruf: 08.03.2016.

www.behindertenrechtskonvention.info, letzter Aufruf: 16.02.2016.

www.bethel-historisch.de, letzter Aufruf: 01.03.2016.

www.brot-fuer-die-welt.de/weltgemeinde/gemeinde/fluechtlinge.html, letzter Aufruf: 01.03.2016.

www.destis.de/DE/ZahlenFakten/GesellschaftStaat/EinkommenKonsum Lebensbedingungen/LebensbedingungenArmutsgefaehrdung/Aktuell_Hauptindikatoren_SILC.html;jsessionid=F217662FEBB0A8EEA83E61DCFFF5DDD9.cae4, letzter Aufruf 08.03.2016.

www.diakonisch.wordpress.com/dossiers/dossier-gemeinwesen, letzter Aufruf: 16.02.2016.

www.diakonisches-werk-hannover.de/hausgemeinschaften_waldeseck/konzept.html, letzter Aufruf: 22.12.2015.

www.eiche-oehjne.de, letzter Aufruf: 22.12.2015.

www.gemeindediakonie-mannheim.de, letzter Aufruf: 01.03.2016.

www.gemeinwesen-diakonie.de, letzter Aufruf: 16.02.2016.

www.igl-duesseldorf.de, letzter Aufruf: 22.12.2015.

www.kapellengemeinde.de, letzter Aufruf: 22.12.2015.

www.kirche-findet-stadt.de/index.php/referenzplattform/referenzstandorte/region-nord/101-kiel-gaarden, letzter Aufruf: 16.02.2016.

www.kirche-findet-stadt.de/index.php/referenzplattform/referenzstandorte/region-nord/102-itzehoe-innenstadt, letzter Aufruf: 01.03.2016.

www.mehrgenerationenhaus-heidelberg.de/mehrgenerationenhaus, letzter Aufruf: 22.12.2015.

www.mehrgenerationenhaus-heidelberg.de/struktur, letzter Aufruf: 22.12.2015.

www.osterkirchengemeinde.de/Kindertagesstaetten, letzter Aufruf: 22.12.2015.

www.prien-evangelisch.de/index.php?id=63, letzter Aufruf: 22.12.2015.

www.siebter-altenbericht.de, letzter Aufruf: 16.02.2016.

www.upj.de, letzter Aufruf: 01.03.2016.

www.vedd.de, letzter Aufruf: 01.03.2016.

www.zu-wi.de, letzter Aufruf: 01.03.2016.

www.diakonie.de/zahlen-und-fakten-9056.html, letzter Aufruf: 06.07.2016.